GOVERNO LULA 3

RECONSTRUÇÃO DEMOCRÁTICA E IMPASSES POLÍTICOS

FÁBIO KERCHE
MARJORIE MARONA
(ORGS.)

GOVERNO LULA 3

RECONSTRUÇÃO DEMOCRÁTICA E IMPASSES POLÍTICOS

autêntica

Copyright © 2025 Os organizadores
Copyright desta edição © 2025 Autêntica Editora

Todos os direitos reservados pela Autêntica Editora Ltda. Nenhuma parte desta publicação poderá ser reproduzida, seja por meios mecânicos, eletrônicos, seja via cópia xerográfica, sem a autorização prévia da Editora.

EDITORAS RESPONSÁVEIS
Rejane Dias
Cecilia Martins

PREPARAÇÃO DE TEXTO
Thaísa Burani

REVISÃO
Anna Izabella Miranda
Carolina Lins
Mariana Faria

CAPA
Diogo Droschi
(sobre imagem de Adobe Stock)

DIAGRAMAÇÃO
Guilherme Fagundes
Waldênia Alvarenga

Dados Internacionais de Catalogação na Publicação (CIP)
(Câmara Brasileira do Livro, SP, Brasil)

Governo Lula 3: reconstrução democrática e impasses políticos / organização Fábio Kerche, Marjorie Marona. -- 1. ed. -- Belo Horizonte, MG : Autêntica Editora, 2025.

Vários autores.
Bibliografia.
ISBN 978-65-5928-541-9

1. Brasil - Política e governo 2. Democracia 3. Desigualdades sociais 4. Economia - Brasil 5. Políticas públicas 6. Silva, Luiz Inácio Lula da, 1945- I. Kerche, Fábio. II. Marona, Marjorie.

25-253840

CDD-320.981

Índices para catálogo sistemático:
1. Brasil : Política e governo 320.981
Aline Graziele Benitez - Bibliotecária - CRB-1/3129

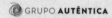

Belo Horizonte
Rua Carlos Turner, 420
Silveira . 31140-520
Belo Horizonte . MG
Tel.: (55 31) 3465 4500

São Paulo
Av. Paulista, 2.073, Conjunto Nacional
Horsa I . Salas 404-406 . Bela Vista
01311-940 . São Paulo . SP
Tel.: (55 11) 3034 4468

www.grupoautentica.com.br
SAC: atendimentoleitor@grupoautentica.com.br

*Em memória de Charles Pessanha —
querido amigo, referência intelectual e exemplo
de compromisso com a democracia.*

SUMÁRIO

11   Prefácio
Marjorie Marona e Fábio Kerche

Parte I: Lula 3 e a nova conjuntura política brasileira

25   O Sertão vai virar mar? De império escravista a voz do Sul Global, desafios do Brasil sob Lula 3
Bruno P. W. Reis

37   Lula 3: presidencialismo de coalizão em tempos de governo congressual
Cláudio Gonçalves Couto

53   Aprendizados na relação com o Estado e apostas sobre Lula 3: interpretações feministas e antirracistas
Flávia Biroli, Luciana Tatagiba e Isabela Andrade

65   Desafios no governo Lula: o fenômeno Pablo Marçal, extrema direita, juventude e indústria da influência
Thais Pavez, Camila Rocha e Esther Solano

Parte II: Poderes e federalismo

77   A presidência e o Executivo no governo Lula 3
Magna Inácio e Filipe Recch

91   Lula e a "terra incógnita": a relação Executivo-Legislativo no Brasil sob nova égide institucional
Lucio Rennó e Isaac Sassi

101   Lula 3: a difícil saga de um governo minoritário na Câmara dos Deputados
Carlos Ranulfo Melo

111   Relação entre partidos políticos e governo: de Bolsonaro a Lula 3
Maria do Socorro S. Braga e Leone S. Alexandre

121 Lula e o Supremo: os estertores do presidencialismo de coalizão
Marjorie Marona e Shandor Torok Moreira

131 Os desafios para a cooperação intergovernamental: a relação entre os governos estaduais e o governo Lula 3
Luciana Santana

141 "A casa está aberta, mais uma vez": o terceiro mandato de Lula e o diálogo com os municípios.
Marta Mendes da Rocha

Parte III: Instituições de Controle, burocracia e militares

153 *Accountability*
Fabio de Sa e Silva e Iagê Z. Miola

163 O procurador-geral da República não é mais um problema
Fábio Kerche

171 Os sentidos da política na Polícia Federal: entre captura corporativa e institucionalidade
Fabiano Engelmann e Lucas Batista Pilau

181 Reconstrução do estado administrativo: desafios da burocracia brasileira
Gabriela Spanghero Lotta, Mariana Costa Silveira e Pedro Vianna Godinho Peria

191 Um balanço das relações civis-militares no Governo Lula
Anaís Medeiros Passos

Parte IV: Políticas públicas

199 Duzentos anos não são duzentos dias: a política externa, sob Lula, retoma o seu curso histórico
Dawisson Belém Lopes

213 As políticas ambientais em disputa
Caio Pompeia

225 A política econômica do terceiro governo Lula: herança do desmonte social e reconstrução em cenário adverso
Frederico G. Jayme Jr.

241 Governo Lula 3: alguns avanços e muitos impasses nas questões trabalhista e previdenciária
Frederico Luiz Barbosa de Melo e Maria de Fátima Lage Guerra

255 As políticas de saúde no governo Lula 3: o difícil esforço de reconstrução
Michelle Fernandez e Vanessa Elias de Oliveira

265 Os desafios do MEC no governo Lula 3: quando reconstruir não é voltar ao mesmo ponto
Fernando Luiz Abrucio e Fernanda Castro Marques

279 Entre o desarmamento e a liberação? Disputas políticas sobre o controle de armas no Brasil (2003-2024)
Ludmila Ribeiro, Valéria Oliveira e Amanda Lagreca

295 No atual combate à pobreza e à desigualdade, por que a melhora tem teto?
Natália Sátyro

305 O feminismo estatal participativo no governo Lula 3: continuidades, inovações e desafios
Clarisse Paradis

317 As políticas antirracistas no Lula 3
Luiz Augusto Campos

327 A política reconfigurada: gênero, sexualidade e silenciamento em Lula 3
José Szwako e Adrian Gurza Lavalle

Parte V: Cultura política, valores democráticos, representação e participação

341 A cultura política no terceiro mandato de Lula: o desafio da governabilidade mediante as marcas da comunicação digital da extrema direita nos valores dos brasileiros
Luciana Fernandes Veiga

351 Valores democráticos
Ricardo Fabrino Mendonça

363 Lula 3 e a representação: inovação ou reedição?
Debora Rezende de Almeida

375 A política nas ruas: entre inflexões da extrema direita, dilemas do campo progressista e uma pitada de solidariedade
Priscila Delgado de Carvalho

385 Evangélicos e esquerdas: um diálogo difícil
Ronaldo de Almeida

Parte VI: Opinião pública e comunicação política

401 Os 24 meses iniciais de avaliação do governo Lula 3: quando a boca do jacaré se fecha
Arthur Ituassu e Emerson Cervi

411 Lula 3: o persistente desafio da esquerda na arena digital
Marisa von Bülow e Max Stabile

421 Lula 3 e a relação com a imprensa: a difícil retomada de um patamar civilizatório
Ana Paola Amorim

433 Bibliografia consolidada

481 Sobre os autores

Prefácio

Marjorie Marona e Fábio Kerche

Esta coletânea, que você tem em mãos, analisa, sobretudo, os dois primeiros anos do terceiro mandato de Lula como presidente. A obra investiga os desafios da democracia brasileira e a reconstrução das políticas públicas, abordando, entre outros aspectos, a relação do governo com a sociedade civil e a opinião pública. Resultado do trabalho de 55 pesquisadores de diversas universidades brasileiras e estrangeiras, o livro explora os temas mais relevantes da atual gestão, combinando acessibilidade de linguagem com rigor acadêmico.

Dessa análise, emerge um panorama que caracteriza a primeira metade do terceiro mandato de Lula como um período marcado, de um lado, pelo esforço de reconstrução após o desmonte institucional e a erosão dos valores democráticos promovidos pelo governo Bolsonaro e agravados pela tentativa de golpe de Estado. De outro, evidencia-se um conjunto de desafios políticos e administrativos inéditos, distintos tanto dos enfrentados nos mandatos anteriores de Lula quanto daqueles vivenciados pelos demais presidentes da Nova República. O Brasil não saiu incólume da era Bolsonaro.

Esta obra pode ser vista como uma continuidade do livro *Governo Bolsonaro: retrocesso democrático e degradação política*, lançado em 2021 e organizado por nós, em parceria com Leonardo Avritzer. Naquela ocasião, praticamente os mesmos pesquisadores que contribuem para este volume analisaram temas semelhantes nos dois primeiros anos do governo Bolsonaro.

Neste novo livro, a maioria dos pesquisadores, ao investigar seus respectivos campos de *expertise* no terceiro mandato de Lula, adota uma abordagem retrospectiva, incorporando também uma análise dos dois últimos anos da gestão Bolsonaro. O resultado é que, quando lidos em conjunto, os dois volumes oferecem uma visão sofisticada e abrangente dos acontecimentos políticos recentes no Brasil.

Este livro está estruturado em seis partes e 35 capítulos. A primeira parte examina o governo Lula 3 em uma perspectiva mais abrangente. Em seus respectivos capítulos, Bruno P. W. Reis e Cláudio Gonçalves Couto convergem na análise de que a crise política deflagrada em 2013, intensificada pela Operação Lava Jato (2014-2015) e culminada no *impeachment* de Dilma Rousseff (2016) e na eleição de Jair Bolsonaro (2018), representou um desafio profundo à ordem constitucional de 1988. O "presidencialismo de coalizão" mostrou-se vulnerável diante da crescente fragmentação partidária e da redução do controle do Executivo sobre o Legislativo. Durante o governo Bolsonaro, essa dinâmica se intensificou, e o Congresso Nacional ampliou seu poder, consolidando o "orçamento secreto" como um instrumento central de barganha política.

Diferentemente de Bolsonaro, que pareceu ter abandonado a lógica do presidencialismo de coalizão, Lula 3 busca ativamente restaurá-la, ampliando sua base parlamentar e recorrendo ao Supremo Tribunal Federal (STF) como aliado estratégico para viabilizar sua agenda. No entanto, o modelo original perdeu eficácia, e o governo adota, na prática, uma política de "redução de danos", na qual a governabilidade depende de negociações permanentes e concessões significativas. O grande desafio do terceiro mandato de Lula reside, portanto, na busca por um equilíbrio entre a estabilidade institucional e a defesa da democracia em um contexto de tensão entre os poderes e reposicionamento do Executivo.

Por outro lado, a transição para o governo Lula 3 gerou expectativas renovadas entre movimentos feministas e antirracistas, que enfrentaram anos de hostilidade sob a administração Bolsonaro. No entanto, como demonstram Flávia Biroli, Luciana Tatagiba e Isabela Andrade, persiste a desconfiança quanto aos limites da democracia brasileira, especialmente diante das barreiras impostas pelas alianças conservadoras. A experiência dos governos petistas anteriores revelou um "pluralismo ambivalente", no qual avanços parciais em agendas igualitárias coexistiram com silenciamentos estratégicos em nome da governabilidade.

A nomeação de Sonia Guajajara para o Ministério dos Povos Indígenas e de Cida Gonçalves para o Ministério das Mulheres sinalizou um compromisso com a diversidade, mas, no geral, a composição ministerial foi alvo de críticas devido à baixa representatividade plural. Diante desse cenário, a estratégia das lideranças feministas e antirracistas combina ocupação de espaços institucionais com uma postura crítica e pragmática, buscando avançar na agenda da igualdade de gênero e raça sem depender exclusivamente do governo. Na relação com a sociedade civil, Lula enfrenta, portanto, outro desafio crucial para sua administração: equilibrar a ampliação e a diversificação da participação institucional com a necessidade de preservar a autonomia dos movimentos sociais.

O cenário político que Lula enfrenta é, ademais, caracterizado pela resiliência de uma oposição conservadora cada vez mais sofisticada em suas estratégias. Thais Pavez, Camila Rocha e Esther Solano destacam que as eleições municipais evidenciaram o impacto da indústria da influência digital na formação do comportamento eleitoral. A ascensão de Pablo Marçal na corrida eleitoral em São Paulo ilustra uma reconfiguração do bolsonarismo, agora plenamente adaptado ao ecossistema digital e às expectativas de uma nova geração de eleitores. Trata-se de uma transformação significativa, que impõe a Lula o desafio adicional de enfrentar uma direita renovada, altamente conectada e capaz de mobilizar massas à margem das estruturas tradicionais da política.

A preservação da estabilidade democrática exigirá do governo não apenas habilidade política para negociar com um Congresso mais conservador e fortalecido, mas também a capacidade de articular uma agenda inclusiva que dialogue com os movimentos sociais sem cooptá-los ou silenciá-los. Esse desafio se desenrola em um ambiente dinâmico e multifacetado, no qual novas configurações eleitorais e comunicacionais favorecem discursos antissistemas de influenciadores digitais e conferem à mobilização das redes sociais um papel estratégico na disputa política.

Diante desse contexto, a seção de abertura da obra revela um Brasil em transformação, onde o sistema político se reconfigura em múltiplas frentes. No epicentro desse processo, o terceiro mandato de Lula se apresenta como um ponto de inflexão. A eleição de 2022 trouxe consigo a expectativa de restaurar a previsibilidade no processo decisório e de reposicionar a Presidência da República como eixo central da política nacional. No entanto, desde os primeiros meses, o governo Lula 3 deparou-se com uma conjuntura adversa, caracterizada pela persistente polarização política, pelo desmonte das capacidades institucionais herdado da administração Bolsonaro e pela necessidade premente de reconstruir alianças políticas competitivas.

Ao longo da Parte II, torna-se evidente que o governo Lula 3 enfrenta uma configuração institucional inédita na Nova República. A coalizão dilatada, embora tenha ampliado numericamente a base governista, revelou-se instável e onerosa. O Legislativo, fortalecido, impôs ao Executivo a necessidade de constantes negociações e concessões substanciais. O STF emergiu como um ator fundamental na mediação de conflitos e na defesa da democracia. E, no âmbito federativo, apesar dos esforços para reconstruir o diálogo intergovernamental, a autonomia crescente de governadores e prefeitos oposicionistas continua a representar um desafio à governabilidade.

Magna Inácio e Filipe Recch apontam que, para enfrentar os desafios políticos, Lula adotou a "coalizão dilatada", incorporando partidos historicamente adversários do PT. Embora tenha ampliado sua base na Câmara, indo de 51% para 70%, a aliança mostrou-se instável, com apoios voláteis e altos custos de coordenação. Carlos Ranulfo Melo reforça essa análise, destacando a fragilidade do presidencialismo de coalizão, evidenciada por oscilações no apoio parlamentar. Apesar das vitórias em pautas econômicas, o governo sofreu derrotas expressivas em temas ideológicos, como o Marco Temporal e o uso de agrotóxicos, recorrendo a decretos administrativos (PADs) para contornar a resistência do Congresso.

Desde 2013, a relação Executivo-Legislativo passou por transformações estruturais. O "presidencialismo de coalizão", antes funcional, perdeu força diante da crescente autonomia orçamentária e legislativa do Congresso. Lúcio Rennó e Isaac Sassi destacam que reformas institucionais ampliaram o poder do Legislativo, fortalecendo emendas impositivas e reduzindo a influência presidencial. No governo Lula 3, essa dinâmica se consolidou. O Congresso assumiu protagonismo no processo legislativo, e a taxa de sucesso do Executivo caiu.

O Legislativo não apenas expandiu seu controle sobre o orçamento, mas também se tornou mais independente. Na Câmara, a média de votos nas vitórias governistas foi de 329, caindo para 120 nas derrotas, sendo que parte dos votos contrários veio de partidos da base, como MDB, PSD e União Brasil. Maria do Socorro S. Braga e Leone S. Alexandre exploram o conceito de "hiperpresidencialismo" de Arthur Lira, ressaltando que o governo precisou intensificar negociações e concessões para aprovar sua agenda, apesar de uma base teórica de 360 deputados, mas efetiva de apenas 150.

O fortalecimento do Congresso também ampliou o papel do STF, conforme analisam Marjorie Marona e Shandor Torok. Se no governo Bolsonaro o Supremo foi alvo de ataques da extrema direita, no governo Lula 3 tornou-se peça-chave da governabilidade. A proximidade entre Executivo e Corte, reforçada pelas nomeações de Cristiano Zanin e Flávio Dino, consolidou essa aliança. O STF atuou na mediação de disputas orçamentárias, na contenção do "orçamento secreto" e na responsabilização dos envolvidos nos atos golpistas de 2023. Assim, o equilíbrio institucional hoje depende não só da relação Executivo-Legislativo, como também da capacidade do STF de arbitrar conflitos e garantir estabilidade democrática.

Outro eixo de análise da seção aborda o federalismo. Durante o governo Bolsonaro, a centralização e o confronto com estados e municípios fragilizaram o federalismo cooperativo, agravando a crise da pandemia de covid-19. A ausência de coordenação fortaleceu os governos locais e expôs a fragilidade do Executivo na gestão de crises, como demonstra Luciana Santana. Desde 2023, Lula busca reconstruir relações federativas. Marta Mendes da Rocha destaca a criação do Conselho da Federação, em abril de 2023, como um avanço no diálogo intergovernamental, reunindo ministros, governadores e prefeitos para negociações de políticas públicas. Além disso, programas como o "Novo PAC Seleções" reafirmaram o compromisso com o financiamento de obras municipais.

Entretanto, desafios persistem. A polarização, a autonomia crescente dos municípios por meio de emendas parlamentares e a dificuldade de consolidar apoio nos estados seguem como entraves. As eleições municipais de 2024 fortaleceram a centro-direita e a direita, reduzindo o espaço político da esquerda e exigindo maior habilidade de articulação do governo. Para alcançar a governabilidade e avançar em sua agenda, o governo Lula 3 precisará tanto reforçar suas bases parlamentares quanto aprofundar o diálogo federativo e manter o STF como um aliado institucional. O desafio reside em equilibrar a manutenção da estabilidade política com a implementação de reformas estruturais e políticas inclusivas, navegando entre as antigas e novas tormentas da política brasileira.

A Parte III examina os desafios estruturais da reconstrução do Estado no governo Lula 3, com foco na reforma das instituições de controle, no fortalecimento da burocracia e na reconfiguração das relações civis-militares. Fabio de Sa e Silva e Iagê Z. Miola, baseando-se na concepção de *accountability* de Taylor e Da Ros (2021), traçam a evolução do controle democrático no Brasil pós-1988. O fortalecimento inicial, impulsionado pelo combate à corrupção e pela transparência institucional, foi seguido por um período de enfraquecimento (2014-2022), marcado pela Operação Lava Jato e pela ascensão do bolsonarismo, que comprometeram os mecanismos de fiscalização. No atual momento de reconstrução, Lula 3 reverteu medidas como o sigilo de 100 anos e a extinção de conselhos participativos, mas enfrenta obstáculos como a resistência do Congresso à transparência orçamentária e os desafios na responsabilização dos envolvidos no golpe de 8 de janeiro de 2023. O sucesso desse processo será decisivo para a solidez da *accountability* e a prevenção de novos retrocessos institucionais.

Fábio Kerche analisa a mudança na nomeação do procurador-geral da República (PGR) no governo Lula 3. A substituição de Augusto Aras por Paulo Gonet, sem seguir a lista tríplice, reforçou a proximidade entre o Ministério Público, o Executivo e o STF. A lista tríplice, que garantia maior autonomia ao PGR, também resultou em excessos, como na Lava Jato. Por outro lado, a nomeação direta pelo presidente pode moderar o órgão, mas reduz sua independência. O posicionamento de Gonet nos processos contra Bolsonaro e aliados testará os limites da *accountability* e da estabilidade democrática.

Fabiano Engelmann e Lucas Batista Pilau examinam a trajetória da Polícia Federal (PF), oscilando entre autonomia e instrumentalização política. No governo Bolsonaro, interferências diretas e alinhamento ideológico de parte da corporação resultaram em investigações seletivas e no aumento de candidaturas de policiais federais a direita e extrema direita. Lula 3 busca reverter essa politização por meio da nomeação de Andrei Augusto Passos Rodrigues e da proposta da Lei Orgânica da PF, que prevê mandato fixo para o diretor-geral e restrições à participação política de seus membros. No entanto, a resistência interna evidencia os desafios de consolidar uma PF técnica e independente.

Gabriela Spanghero Lotta, Mariana Costa Silveira e Pedro Vianna Godinho Peria analisam os impactos do governo Bolsonaro sobre a burocracia federal, que sofreu desmonte institucional, militarização e assédio contra servidores técnicos. Como legado, Lula 3 herdou um funcionalismo desmotivado e fragmentado entre aqueles que resistiram e aqueles que aderiram ao bolsonarismo. Para reverter esse quadro, o governo aposta na revalorização do Estado, reintegrando burocratas à formulação de políticas, retomando programas descontinuados e ampliando concursos públicos. No entanto, enfrenta desafios como a recomposição lenta do funcionalismo, a fragmentação interna do governo e restrições fiscais. O sucesso da reconstrução dependerá da capacidade de fortalecer as capacidades institucionais sem sobrecarregar servidores ou gerar instabilidade organizacional.

Anaís Medeiros Passos analisa a influência militar no sistema político, que atingiu seu auge sob Bolsonaro, com a ocupação de cargos estratégicos e o envolvimento de parte da corporação em tentativas de golpe. Em resposta, Lula 3 adotou uma estratégia de contenção, promovendo mudanças no Ministério da Defesa, investigando militares envolvidos nos atos de 8 de janeiro e reduzindo sua presença no Executivo. Porém, o orçamento da Defesa segue elevado, e a anistia de militares golpistas ainda está em debate no Congresso, demonstrando que a influência política das Forças Armadas não foi totalmente neutralizada. A consolidação do controle civil sobre os militares exige reformas estruturais, como a revisão dos currículos das academias, a reforma do artigo 142 da Constituição – eliminando a justificativa para intervenções militares sob a "garantia da lei e da ordem" – e a regulamentação da participação política de militares. O êxito dessas medidas será decisivo para conter a ingerência castrense e fortalecer a democracia brasileira.

Em conjunto, os capítulos da terceira parte mostram que a reconstrução do Estado sob Lula 3 ocorre em um ambiente de resistência institucional e polarização política, tornando a governabilidade um exercício complexo de articulação. O sucesso desse processo dependerá da capacidade do governo de fortalecer a *accountability* – revigorando as instituições de controle –, recompor a burocracia e limitar a influência militar sobre a política. Se bem-sucedidas, essas reformas consolidarão avanços democráticos e mitigarão riscos institucionais. Caso contrário, o país permanecerá vulnerável a novas crises, comprometendo a estabilidade política e a governança democrática.

A Parte IV do livro examina as principais políticas públicas do governo Lula 3, destacando sua reconstrução após os desmontes da era Bolsonaro e os desafios impostos pelo atual cenário institucional. As análises estruturam-se em três eixos centrais: (1) a retomada do papel do Estado na política externa, na agenda ambiental, na economia e no mundo do trabalho; (2) a reconstrução de políticas estruturantes em saúde, educação e segurança pública; e (3) a retomada de iniciativas voltadas à redução das desigualdades de classe, raça, gênero e sexualidade.

O primeiro bloco de capítulos analisa a reconfiguração da política externa, a agenda ambiental, a economia e a regulação do mercado de trabalho. Dawisson Belém Lopes argumenta que o governo Lula 3 resgatou a diplomacia multilateral e reposicionou o Brasil como ator global relevante, adotando uma estratégia de "não alinhamento ativo" para evitar submissão a potências. No campo ambiental, Caio Pompeia destaca os esforços para reverter a devastação promovida pelo governo Bolsonaro e reduzir o desmatamento. No entanto, um Congresso dominado pelo agronegócio e uma base governista fragmentada colocam limites em políticas mais ambiciosas.

No plano econômico, Frederico G. Jayme Jr. aponta que o governo tem buscado equilibrar crescimento e responsabilidade fiscal em um cenário de forte restrição orçamentária herdada dos governos Temer e Bolsonaro. O novo arcabouço fiscal trouxe maior flexibilidade, mas ainda mantém certos limites ao investimento público. Na política trabalhista, Frederico Luiz Barbosa de Melo e Maria de Fátima Lage Guerra indicam que, embora o governo tenha priorizado a valorização do salário mínimo e a reconstrução de direitos, enfrenta um Congresso hostil que impede revisões significativas das reformas trabalhista e previdenciária, mantendo a precarização do trabalho e enfraquecendo os sindicatos.

A reconstrução das políticas sociais também enfrenta desafios. Na saúde pública, Michelle Fernandez e Vanessa Elias de Oliveira ressaltam que o governo tem trabalhado para reverter os cortes no SUS e reorganizar o sistema após a descoordenação da resposta à pandemia, mas a falta de financiamento e as desigualdades no acesso persistem como entraves. Na educação, Fernando Luiz Abrucio e Fernanda Castro Marques destacam a retomada de políticas inclusivas, como o Pé-de-Meia e a reforma do Novo Ensino Médio, embora a resistência de estados e de setores bolsonaristas, que defendem as escolas cívico-militares, represente um obstáculo à sua implementação. Na segurança pública, Ludmila Ribeiro, Valéria Oliveira e Amanda Lagreca analisam a reversão parcial da flexibilização do porte de armas promovida por Bolsonaro, observando que o governo tem adotado uma postura moderada para evitar confrontos diretos com setores armamentistas, o que mantém o país com altos índices de circulação de armas.

No eixo das políticas voltadas à redução das desigualdades, Natália Sátyro avalia que a retomada do Bolsa Família gerou impactos positivos na recuperação econômica, mas o governo enfrenta restrições estruturais, como a concentração do orçamento sob controle do Congresso e um sistema tributário regressivo. Clarisse Paradis argumenta que as políticas de igualdade de gênero avançaram com a criação da Política Nacional de Cuidados e o fortalecimento do Ministério das Mulheres, mas esbarram na forte resistência da direita no Legislativo. No campo da agenda antirracista, Luiz Augusto Campos aponta avanços, como a ampliação das cotas e o Plano Juventude Negra Viva, embora persistam desafios estruturais, como a desigualdade racial no mercado de trabalho e a violência policial contra a população negra. José Szwako e Adrian Gurza Lavalle, por sua vez, destacam os limites políticos e institucionais enfrentados pelo governo ao abordar questões de gênero e sexualidade, exemplificados pelo silenciámento desses temas no Plano Nacional de Educação. Esse caso ilustra como a política brasileira continua fortemente moldada por disputas morais, exigindo do governo um equilíbrio constante entre compromissos com diferentes setores.

De forma geral, as análises demonstram que, apesar dos avanços na reconstrução do aparato estatal e das políticas públicas desmontadas nos últimos anos, o governo Lula 3 ainda enfrenta barreiras institucionais que dificultam mudanças estruturais mais profundas. O grande desafio reside na conciliação entre disputas no Congresso e a necessidade de promover transformações capazes de garantir um modelo de desenvolvimento mais justo e sustentável.

A quinta parte desta obra examina as transformações na cultura política brasileira na última década e seus impactos sobre a governabilidade, a dinâmica democrática e a relação entre Estado e sociedade civil. Luciana Fernandes Veiga inaugura a seção abordando a crise da cultura política no Brasil contemporâneo, destacando a ascensão da extrema direita, impulsionada pelas redes sociais e pela disseminação de desinformação. A sociedade brasileira encontra-se dividida entre valores progressistas e conservadores, o que se reflete na fragmentação da opinião pública e no enfraquecimento da confiança nas instituições. O legado do governo Bolsonaro consolidou uma base política mobilizada digitalmente, sustentando discursos antissistema e ampliando a desconfiança no Judiciário, na imprensa e no Congresso. Em contrapartida, o governo Lula 3 enfrenta dificuldades na construção de uma narrativa digital coesa, dada a fragmentação de seu eleitorado e os desafios de comunicação em um ambiente dominado por bolhas informacionais. A disputa pela cultura política ocorre, assim, tanto no campo institucional quanto no espaço simbólico e digital, tornando-se um fator central para a governabilidade.

Nesse contexto de erosão da confiança democrática, Ricardo Fabrino Mendonça analisa os esforços do governo Lula 3 para restaurar os valores democráticos, em contraste com o enfraquecimento institucional promovido por Bolsonaro. A reconstrução democrática envolve a ampliação da participação política, a redução das desigualdades sociais e o fortalecimento da transparência governamental. Medidas como a Lei da Igualdade Salarial, a retomada de políticas de igualdade racial e o combate à pobreza indicam avanços concretos, mas não eliminam desafios estruturais da democracia brasileira. A reestruturação da participação política, por meio da reativação de conselhos e da criação de novos mecanismos de consulta, como o Plano Plurianual Participativo (PPA 2024-2027), representa um avanço, ainda que seu alcance continue limitado pela influência do Congresso e de grupos econômicos. A polarização e a desinformação permanecem como obstáculos à construção de uma democracia mais inclusiva e participativa.

Debora Rezende de Almeida e Priscila Delgado de Carvalho aprofundam essa discussão ao analisar as relações entre representação e participação política e os desafios da reconstrução dos canais de interlocução entre Estado e sociedade. Almeida explora as diferenças entre a abordagem plebiscitária e personalista do governo Bolsonaro e a tentativa de Lula de fortalecer a democracia participativa. A reativação de conselhos e fóruns de diálogo reflete esse esforço, porém ainda enfrenta barreiras institucionais e resistência no Congresso. A digitalização da participação, por meio da plataforma Brasil Participativo, surge como inovação, ainda que seja necessário algum aprimoramento capaz de garantir deliberações mais substantivas e evitar consultas públicas superficiais.

Priscila Delgado de Carvalho complementa essa análise ao examinar as relações entre governo, movimentos sociais e protestos. Historicamente, o PT manteve forte conexão com os movimentos sociais, contudo esse vínculo foi abalado pelas jornadas de junho de 2013 e pelo avanço do bolsonarismo. No governo Lula 3, os canais de diálogo foram reabertos, enquanto setores progressistas – como indígenas, feministas e o Movimento dos Trabalhadores Rurais Sem Terra (MST) – seguem pressionando por mudanças mais profundas. Enquanto isso, a extrema direita mantém sua capacidade de mobilização, organizando protestos em defesa da anistia aos presos do 8 de Janeiro e contra o STF. A disputa pelo espaço público segue como elemento central da política brasileira.

Por fim, Ronaldo de Almeida examina um dos desafios políticos mais relevantes para o governo Lula 3: a ascensão dos evangélicos e seu impacto no cenário eleitoral. Apesar de serem frequentemente tratados como um bloco homogêneo, os evangélicos formam um grupo diverso, com distinções entre pentecostais, neopentecostais e protestantes históricos. Desde 2010, o antipetismo e o alinhamento conservador se consolidaram nesse segmento, tornando-se pilares da base bolsonarista a partir de 2018. No entanto, há disputas internas que podem ser exploradas pelo governo, especialmente por meio do diálogo com evangélicos progressistas e do foco em políticas sociais e segurança pública, temas prioritários para esse eleitorado. O desafio do governo é reconstruir pontes com tal segmento sem abrir mão de suas pautas progressistas, ao mesmo tempo que enfrenta uma Bancada Evangélica fortemente conservadora no Congresso.

O conjunto dessas análises revela que a reconstrução democrática no terceiro governo Lula ultrapassa as esferas institucionais: trata-se de uma disputa de valores no campo da cultura política, da representação e da participação. O governo precisa reconstruir a confiança nas instituições, fortalecer a participação popular e ampliar sua base de apoio em um ambiente de extrema polarização. A resiliência da democracia brasileira dependerá da capacidade do governo de consolidar esses avanços e de enfrentar os desafios impostos por um cenário político em constante transformação.

A parte final da obra é dedicada à opinião pública e à comunicação política no governo Lula 3, analisando o declínio da popularidade presidencial e os desafios estruturais impostos pelas transformações digitais. O foco recai tanto no uso das redes sociais pela direita e pela esquerda quanto na relação do governo com a grande imprensa. Os capítulos demonstram que, mais do que crises pontuais, há um realinhamento profundo na disputa pela hegemonia do espaço público.

Arthur Ituassu e Emerson Cervi argumentam que a queda na aprovação de Lula 3 – de 35% (dezembro de 2024) para 24% (fevereiro de 2025) – reflete um padrão global de desgaste presidencial. A volatilidade da opinião pública não se explica apenas por fatores econômicos, mas sim por mudanças estruturais na cultura política e no ecossistema midiático. A ascensão de valores pós-materiais e identitários, a radicalização do debate político e a fragmentação informacional tornaram a avaliação do governo menos sensível a indicadores clássicos, como desemprego e crescimento econômico, enquanto a polarização e a guerra cultural ganharam protagonismo.

O desgaste da presidência, antes associado a crises de governança, agora se insere em um ciclo natural e acelerado, impulsionado pela descentralização da construção da opinião pública e pelo enfraquecimento dos filtros tradicionais de informação. O crescimento dos evangélicos como força política e sua rejeição crescente à esquerda, somado à consolidação de um ecossistema digital conservador, impõe desafios adicionais à comunicação do governo.

Marisa von Bülow e Max Stabile demonstram que o avanço da direita nas redes sociais foi um processo gradual, iniciado em 2013 e consolidado com o bolsonarismo. Bolsonaro estruturou um modelo de mobilização digital contínua, enquanto a esquerda oscilou entre momentos de maior e menor engajamento, sem construir uma presença digital permanente. A campanha de 2022 provou que a esquerda pode competir na arena digital, mas a vantagem estrutural da direita permanece evidente.

Os algoritmos favorecem conteúdos polarizadores e emocionais, nos quais a extrema direita se sobressai, enquanto a esquerda ainda depende de figuras institucionais, como Lula. O modelo descentralizado da direita, baseado em redes de influenciadores e militância espontânea, tem se mostrado mais eficaz na manutenção do engajamento contínuo. Para reduzir essa disparidade, a esquerda precisa expandir sua presença digital, investindo em comunicação popular e na formação de lideranças digitais, sem depender exclusivamente do período eleitoral.

No entanto, o governo Lula 3 obteve avanços na liberdade de imprensa, revertendo parte dos retrocessos ocorridos no governo Bolsonaro e elevando a posição do Brasil nos *rankings* internacionais, como aponta Ana Paola Amorim. Ainda assim, a relação entre o PT e a grande mídia segue marcada por desconfiança mútua. A cobertura da imprensa tradicional tende a ser mais crítica ao governo Lula do que à direita, especialmente em pautas econômicas, evidenciando a permanência de uma perspectiva liberal e fiscalmente austera nos grandes veículos.

Além disso, o governo enfrenta dificuldades na regulação da desinformação e das redes sociais. A criação da Secretaria de Políticas Digitais e o apoio ao PL das Fake News (PL n.º 2.630/2020) encontram forte resistência de *big techs* e do campo conservador, o que limita avanços concretos no combate à disseminação de informações falsas.

Outro desafio estrutural é a concentração midiática, que restringe a democratização da comunicação. O governo aposta na reconstrução da Empresa Brasil de Comunicação (EBC) como instrumento para fortalecer a comunicação pública, mas evita embates diretos com os grandes conglomerados midiáticos. A retomada da comunicação institucional representa um avanço; porém, sem um debate mais amplo sobre regulação da mídia e a criação de alternativas informativas, o país continuará refém do oligopólio midiático e da extrema direita digital.

A comunicação política no governo Lula 3 enfrenta, portanto, três grandes desafios: a erosão acelerada da popularidade presidencial, a dificuldade de competir com a direita na mobilização digital e a relação tensa com a grande imprensa. A interseção entre opinião pública, redes sociais e mídia tradicional exige que o governo desenvolva novas estratégias para disputar narrativas políticas em um ambiente fragmentado.

Para evitar um desgaste ainda maior, é essencial que o governo consolide uma presença digital orgânica e contínua, fortaleça sua base de apoio sem depender exclusivamente da figura de Lula e amplie o diálogo com diferentes setores da sociedade. A comunicação política deixou de ser apenas uma ferramenta de governo e tornou-se um elemento essencial da governabilidade em tempos de polarização e disputa de narrativas.

As análises desta obra convergem na identificação de avanços importantes do governo Lula 3, mas ressaltam os desafios estruturais e conjunturais que persistem. A escassez de recursos, a necessidade constante de negociações políticas e a complexidade do cenário internacional exigem do governo uma articulação sofisticada e uma capacidade de adaptação permanente. Além disso, o equilíbrio entre demandas de movimentos sociais e de grandes setores econômicos reforça o caráter desafiador da governabilidade no Brasil atual.

A abordagem crítica adotada ao longo da obra evidencia que, para consolidar a democracia e efetivar a reconstrução institucional, o governo Lula 3 precisará não apenas navegar pelas dinâmicas políticas complexas, mas também inovar nas estratégias de articulação com diversos atores sociais, políticos e econômicos. Em um cenário de mudanças aceleradas e disputas intensificadas, a capacidade de adaptação e a inovação na comunicação política serão determinantes para o futuro da governabilidade no Brasil.

Parte I:
Lula 3 e a nova conjuntura política brasileira

O Sertão vai virar mar? De império escravista a voz do Sul Global, desafios do Brasil sob Lula 3

Bruno P. W. Reis

A deriva autodestrutiva dos anos 2010

A crise política brasileira da década passada tornou-se visível a partir de junho de 2013; aprofundou-se com a Lava Jato ao longo de 2014-2015; culminou no *impeachment* de Dilma Rousseff em 2016 e na prisão de Lula em 2018 – e foi desaguar na eleição do notório predador Jair Bolsonaro ao final daquele mesmo ano. Depois dessa deriva autodestrutiva, em fins de outubro de 2022 a ordem constitucional vigente desde 1988 ganhou uma improvável segunda chance. Esse precário sucesso requereu a derrota de um presidente institucionalmente predatório em busca de sua reeleição – e disposto ao crime para manter-se no poder, incluindo, pelo que aponta inquérito em andamento, o recurso ao assassinato dos adversários, e à ruptura institucional pela força.

Embora a ciência política brasileira tenha alcançado merecida ressonância internacional com uma descrição bem-sucedida do *modus operandi* de nosso "presidencialismo de coalizão" (FIGUEIREDO; LIMONGI, 1999), é preciso admitir que o diagnóstico não tecia considerações sobre a estabilidade esperável do arranjo, suas perspectivas de sustentação no tempo. Ali consideravam-se os plenários legislativos já constituídos: dadas as bancadas, examinava-se o conjunto de instrumentos e prerrogativas de que a presidência da República, com o apoio dos líderes da situação e das mesas dirigentes das casas legislativas, deveria dispor para constituir e manter as maiorias necessárias à agenda governamental. A fragmentação dos plenários era irrelevante para a dinâmica do modelo, desde que a presidência dispusesse de um amplo conjunto de prerrogativas e o manejasse de maneira apta, considerando as inclinações dos plenários ao pautar sua agenda. Embora governável em tese, a própria ortodoxia ali emergente descrevia, portanto, um arranjo complexo, de condução delicada, dependente do manejo apto de sua "caixa de ferramentas" pela chefia do poder executivo, para coordenação de plenários legislativos com dezenas de partidos a serem cooptados e mantidos leais de maneira *ad hoc*, depois de consumadas as eleições.

Em retrospecto, é plausível alegar que o chão começa a sair do lugar a partir de 2011 (BILENKY; TOLEDO, 2024), quando a presidenta Dilma Rousseff, ainda recém-empossada, se dispõe a exonerar ministros indicados por partidos da sua coalizão ante qualquer denúncia de corrupção, bem como blindar alguns dos órgãos com maiores orçamentos. A então chamada "faxina" pode bem ter desestabilizado a sensível tessitura de apoio parlamentar naquele sistema, à medida que sinalizou redução da influência das bancadas sobre a composição ministerial, e mesmo relativa irrelevância dessa composição, já que o orçamento poderia terminar fora de seu alcance ainda assim. Certa insatisfação quanto a esse estado de coisas terá favorecido o fortalecimento, no Congresso, de adversários oportunistas como Eduardo Cunha, que em 2015 se elegeria presidente da Câmara dos Deputados prometendo maior independência parlamentar por intermédio do orçamento impositivo, o que anos mais tarde evoluiria rumo a uma progressiva captura do orçamento pelo Congresso.

Se a fragmentação era pouco relevante em nosso diagnóstico, menos importante ainda seria a dinâmica das campanhas para o Legislativo e o seu financiamento. Mas ali se deu o desastre. Exatos dez anos antes da eclosão de junho de 2013, PT, PSDB, PFL e PMDB (que reuniam mais de 60% do plenário da Câmara) deram apoio ao relatório elaborado por Ronaldo Caiado (PFL), na comissão formada para a consolidação das propostas de reforma política, reunida ainda no primeiro ano do primeiro mandato de Lula. Era uma proposta que tentou dar atenção prioritária à melhoria do controle sobre o financiamento das campanhas eleitorais. Para tanto, formulou a proposta heterodoxa de financiamento exclusivamente público para as campanhas, complementada por listas preordenadas para as eleições proporcionais, que alinhavam o caso brasileiro à experiência internacional. Mal recebida pela imprensa, a proposta tramitou em surdina até 2007, quando o PSDB recuou de seu apoio e precipitou o arquivamento, sem repercussão alguma nos jornais. Embora propostas parecidas sempre voltassem à baila nos dez anos seguintes, nunca mais houve consenso de abrangência parecida no Congresso Nacional.

É verdade que o sistema eleitoral brasileiro interage mal com as regras do financiamento de campanhas vigentes desde 1992. Do ponto de vista da demanda por recursos financeiros, nossas listas não ordenadas de candidaturas individuais a deputado e vereador em distritos que podem ter grande magnitude produzem o efeito singular de abrigar rotineiramente centenas de candidaturas, disputando dezenas de cadeiras em distritos com milhões de eleitores. Isso, além de onerar a Justiça Eleitoral em seu papel de aprovar as contas, ainda torna a disputa politicamente pouco inteligível, peculiarmente sensível a dinheiro, dada a fragmentação da demanda por recursos. Do lado da oferta de dinheiro, desde 1992, pessoas físicas podem doar, a campanhas eleitorais, até 10% de seu rendimento bruto no ano anterior (até 2014, também pessoas jurídicas podiam fazê-lo, até 2% de seu faturamento bruto). Esse dispositivo tornou o Brasil o único país do mundo a limitar as doações de maneira proporcional à renda bruta do doador (AUSTIN; TJEMSTRÖM, 2003; ÖHMAN; ZAINULBHAI, 2009).

Com isso, um bilionário pode exercer patronato exclusivo sobre várias candidaturas, mas uma candidatura que queira arrecadar de outras fontes será obrigada a arcar com o esforço de obter recursos com origem pulverizada. Isso confere clara vantagem tática a candidaturas que simplesmente batam à porta de grandes doadores. Pulverizamos a demanda por recursos, concentramos as fontes da oferta de financiamento (REIS, 2020). O sistema produziu viés de seleção favorável a candidaturas bem conectadas com doadores poderosos. Tipicamente, setores voltados à captura de rendas do estado, como apontou Carazza dos Santos (2016). Com poucos (e grandes) doadores ditando seus termos na relação com centenas de candidaturas, os financiadores têm a mão forte no financiamento de campanhas, e assim se produz uma elite parlamentar dócil aos seus interesses.

Do outro lado, se houve algo em que a nova Constituição terá inovado, talvez tenha sido na organização e nas competências do Ministério Público, com um mandato amplo de defesa da sociedade e da cidadania perante o Estado, que terminou por favorecer a judicialização de conflitos coletivos e a politização das instituições judiciais (ARANTES, 1999). Na falta de controles externos bem-posicionados, em poucas décadas se produziu uma corporação que, com ampla autonomia funcional, saiu em busca de autoafirmação institucional (OLIVEIRA; LOTTA; VASCONCELOS, 2020). O choque entre esses dois movimentos, ambos com raízes fundas na institucionalidade vigente – as anomalias do financiamento de campanhas e a autonomia insulada dos sistemas de controle –, não teria sido facilmente evitável; tampouco seria facilmente remediável, uma vez iniciado.

As debilidades do primeiro mandato de Dilma Rousseff engendraram uma conjuntura propícia à deflagração do choque: economia debilitada pela adoção de políticas expansionistas tanto fiscais (proliferação de isenções tributárias) quanto monetárias (redução de juros), e articulação política frouxa, com a presidência isolada politicamente no Congresso e na sociedade civil, em seu próprio partido, junto ao empresariado, aos militares, em sua diplomacia, etc. Com popularidade em baixa desde junho de 2013, o governo encontrou-se exposto à tempestade, sem muitos anteparos: impotente, viu um adversário assumir a presidência da Câmara dos Deputados logo após a reeleição e as investigações de casos de corrupção ganharem uma escala salvacionista desestabilizadora, com precaríssima imposição de limites pelo STF e as chamas sopradas com entusiasmo pela imprensa. A superposição da crise econômica com a operação Lava Jato compeliu a fração parlamentar do PMDB à destituição da presidenta e arrastou consigo, progressivamente, tanto o PSDB quanto um arco cada vez maior de interesses econômicos. Depois de certa autocomplacência decorrente da excepcional rotinização da vida política nacional durante os mandatos de Fernando Henrique e de Lula (entre 1995 e 2010), foi bastante deprimente a experiência de acompanharmos, perplexos, o país derivar, na década seguinte, rumo ao desmanche conduzido por um notório predador que se abrigara por quase trinta anos no baixo clero da Câmara dos Deputados – com alguma ressonância, mas tomado a sério por ninguém, até 2018.

A interrupção do mandato presidencial com motivação casuística e a instalação de um governo liderado por um vice-presidente com baixa afinidade política com a titular deposta produziram um hiato de legitimação democrática e uma desconexão entre prioridades governamentais e inclinações eleitorais que induziram o governo, desde a ascensão de Michel Temer, a mover-se de maneira peculiarmente agressiva rumo a uma agenda antirregulatória que talvez tivesse sido inviável sob normalidade eleitoral. Essa supressão de direitos sociais somou-se à ostensiva fragilização de direitos e garantias constitucionais, ao nível processual, que viera no bojo da operação Lava Jato, e chegou ao seu paroxismo no *lawfare* contra o então ex-presidente Lula, que liderou as pesquisas para a eleição presidencial de 2018 até ser preso e excluído do processo.

A partir de 2019, com Bolsonaro na presidência, os polos políticos no país passaram a ser definidos pelo bolsonarismo de um lado e o petismo do outro, tendo o PSDB como o grande perdedor do vendaval, deslocado pela extrema direita na antagonização da esquerda. Ironicamente, a sobrevivência política do PT e de Lula – que não assinaram a Carta – terminou por se tornar o principal lastro eleitoral remanescente da ordem erigida em 1988, e hoje o foco de aglutinação da coalizão improvisada em sua defesa. Porém, o sistema político que começa a se esboçar a partir de 2019 tem o polo à direita ocupado por uma liderança de pendor autoritário e anti-institucional. Na presidência, Bolsonaro conspirou ostensivamente contra a Constituição e as instituições democráticas, facilitou como pôde a circulação de armas no país e procurou desmantelar ou manietar toda política pública existente. Incluídos os órgãos de controle, naturalmente. Pois espasmos demagógicos não constroem novas rotinas, menos ainda procedimentos de controle. Ao contrário, podem desfazer rapidamente longos processos de construção institucional, como os que estavam em curso no Brasil.

A face internacional da crise

A excepcional resiliência eleitoral de Lula ofereceu ao Brasil a oportunidade de evitar as consequências prováveis de uma reeleição de Bolsonaro em 2022. Ficou claro, contudo, que não há caminho de volta ao fio anterior à crise. Ainda estamos por descobrir qual será o novo equilíbrio político, tanto nas relações entre governo e Congresso quanto no desenho da clivagem eleitoral básica para os próximos ciclos eleitorais. Certo é que nunca mais o contraponto eleitoral ao petismo, ou ao polo lulista, será uma coalizão encabeçada por certo tucanismo paulistano de perfil *à la* FHC: moderado, cultivado, elitista. Com ou sem Bolsonaro, amplos setores de inclinação conservadora agora sabem que têm um caminho competitivo para a presidência, numa coalizão que é mais autoritária politicamente, menos tolerante e pluralista, com viés desregulamentador e anti-Estado e, fundamentalmente, conservadora nos costumes – pois o voto religioso é o principal caminho para a disputa do eleitorado popular em larga escala por essa coalizão.

Ao longo do mandato de Bolsonaro, o Brasil compreensivelmente se perguntou se as instituições estariam funcionando. Durante a pandemia, o país enfrentou uma catástrofe humanitária cujos números foram sabidamente multiplicados por ações e omissões do governo federal, fartamente documentadas. Se ainda assim o país se mostrou incapaz de sancionar a conduta do governo, então temos um problema que deve ser levado em conta para um diagnóstico operacional do sistema político. É grave, para um diagnóstico do sistema, que sua chefia seja ocupada por um presidente que se dedica cotidianamente a utilizar suas prerrogativas institucionais para solapar a operação de todas as normas e procedimentos por cujo funcionamento lhe cabe zelar. É verdade que a ordem constitucional sobreviveu a um primeiro mandato sob um presidente hostil, e isso está longe de ser irrelevante. Mas há questões importantes para além de sua estrita sobrevivência, pois instituições são construídas com propósitos específicos, e uma questão analítica crucial é a medida em que as instituições cumprem os propósitos para os quais foram manifestamente criadas e publicamente justificadas. Em que medida elas concretizam valores e objetivos coletivos em rotinas públicas (PARSONS, 1965; LOCKWOOD, 1956). Se o que instituições fazem, em seu plano mais fundamental, é acoplar rotinas a valores, então a força das instituições não reside nelas mesmas, mas fora delas, na sua aceitação, sua naturalização junto ao público. Em sua autoridade, em suma.

É essa materialização de valores em rotinas (e a recíproca consagração de rotinas em valores) que chamamos meio irrefletidamente de institucionalização. Por isso instituições serão tanto mais fortes quanto mais naturalizadas forem, quanto mais *invisíveis* forem. Se discutimos sempre seu desenho, é porque elas nos parecem substituíveis, portanto, artificiais. Se discutimos se são fortes, é porque já estão frágeis em alguma medida.

O realinhamento observado na política brasileira de fato é consistente com o padrão globalmente corrente. O modelo de negócios e a regulamentação vigentes sobre internet e redes sociais engendraram um ambiente informacional que favorece ligação direta entre eleitorado e candidaturas, desautorizando mediação partidária, e que, portanto, desaconselha moderação e compromisso, resultando em certo esvaziamento do centro político e baixa propensão a acomodação e barganha entre interesses distintos, precisamente o cerne da concepção pluralista da democracia moderna, apoiada num princípio de tolerância mútua exercido entre *grupos organizados* com interesses (materiais ou ideais) legitimamente distintos (KORNHAUSER, 1959). A mudança nos meios de comunicação alterou o cardápio de estratégias políticas mais eficazes, favorecendo uma comunicação política mais intolerante, para gerar engajamento, com menor exigência de organização prévia. A possibilidade nova de se fragmentar o discurso com produtos para públicos específicos também fragmenta a experiência das campanhas eleitorais como rituais públicos, disseminando um estranhamento radical quanto às razões dos demais – e realimentando intolerância.

Os ventos hoje sopram contra alguns dos principais mecanismos de operação da fórmula da democracia pluralista: associativismo em baixa, ligação direta com eleitores com frágil mediação partidária e mobilização radicalizada nas redes. Há 50 anos, o mundo estava apinhado de ditaduras (também porque isso era consistente com o interesse imediato de ambas as superpotências da época), mas acreditávamos saber, melhor que hoje, o que fazer para uma democracia funcionar devidamente. Isso vale também para a Europa Ocidental e sobretudo os próprios Estados Unidos, que desde os anos 1980 se radicalizaram numa deriva intolerante e dogmática que foi normalizada por sua excepcional influência.

A superação da crise e o *front* externo

O contexto em que se deu a eleição e a posse do presidente Lula em seu terceiro mandato foi muito peculiar, nada tranquilizador. Eleito no fim de outubro de 2022 por uma margem inferior a dois pontos percentuais sobre Jair Bolsonaro, antes mesmo da posse enfrentou protestos coordenados com bloqueios de estradas e acampamentos diante de quartéis, mantidos por dois meses sob a complacência cúmplice do Exército e de forças policiais, além de atos pontuais de sabotagem à infraestrutura e um plano de assassinato concebido por setores do Exército, sob o beneplácito do presidente derrotado. Apenas uma semana depois da posse, houve a invasão e a vandalização das sedes dos Três Poderes, de novo com a omissão das forças de segurança.

Desde os primeiros dias de novembro, quando a imprensa no Brasil negava legitimidade ou crédito à contestação do resultado eleitoral, o comentarista Tucker Carlson já havia dado à Fox News a primazia do alinhamento de um grande veículo de mídia aos manifestantes nas estradas e quartéis brasileiros, endossando a plausibilidade das alegações falsas levantadas por círculos bolsonaristas contra a vitória de Lula semanas antes. Ali soubemos que a estabilização (ou não) do mandato de Lula e das instituições políticas brasileiras seria decidida também (e talvez principalmente) fora do país.

Certamente não é a primeira vez: os destinos de um país, em raros casos, se definirão inteiramente dentro de suas fronteiras. No caso brasileiro, além da proatividade dos Estados Unidos na indução do golpe militar de 1964 (RICUPERO, 2017), caberá a nós nos perguntarmos até que ponto a deterioração política da última década não encontrará suas raízes mais profundas nesse jogo que a Fox ajuda a vocalizar, dada a homologia formal com várias crises pelo mundo afora no mesmo período: movimentos locais com dinheiro e simpatia externa; violência tópica inusitada em manifestações até ali usualmente pacíficas; uso estratégico das redes com promoção de novos atores online etc. Acrescente-se à complexidade do cenário o fato de que a interferência externa não necessariamente se dará sob a condução ou mesmo a aprovação de governos estrangeiros. Os revezes para interesses geopolíticos dos Estados Unidos produzidos por decisões tomadas pelo governo americano nas últimas décadas – como o reforço da posição estratégica do Irã a partir da invasão do Iraque sob alegações falsas, ou a deterioração das relações com a Rússia *pari passu* com a expansão da Organização do Tratado do Atlântico Norte (Otan) para o leste, mesmo sob advertência em contrário por membros proeminentes de seu *establishment* diplomático mais realista – sugere que razões de Estado simplesmente vêm perdendo peso no processo decisório.

O quadro tecnológico (internet, redes sociais) e econômico (desregulamentação da economia e incapacitação do Estado) está tendo um claro efeito desorganizador sobre a política, mundialmente. E a política não apenas funciona diferente de cinquenta anos atrás, mas ela também parece *perder capacidade* em termos operacionais. Sistemas políticos hoje conseguem entregar menos coisas do que já entregaram. Nesse caldo, atores com fontes de poder extrapolíticas (econômicas, simbólicas etc.) se tornam mais poderosos. Se o sistema político se torna mais fraco, então o Estado perde poder frente a plutocratas privados, canais oficiais perdem influência para redes sociais, partidos perdem protagonismo para movimentos aleatórios com base na rede, e o aparato coercitivo do Estado perde peso perante as milícias da vida.

Num cenário como esse, a ascensão de Bolsonaro não apenas ganha enquadramento mais largo como também sua eventual queda ou neutralização não nos autorizaria a esperar superação decisiva do quadro. É possível que ele seja apenas o cavalo em que interesses relevantes, também externos, e não necessariamente governamentais, terão resolvido circunstancialmente apostar. E que estes gravitarão em outros rumos análogos quando calhar. Tais interesses externos, não sendo necessariamente governamentais, tornam mais complexa a resposta a ser produzida. Não há protocolos para o relacionamento diplomático com interesses privados que se contrapõem à institucionalidade multilateral global reunida em torno do sistema ONU, com alianças governamentais mais ou menos flutuantes ao sabor do pêndulo eleitoral de cada país. Lula é um *popstar* do multilateralismo, mas fala em nome de um país relativamente periférico, de peso econômico mediano, e dispõe de recursos políticos e diplomáticos relativamente reduzidos para lidar com essa frente, povoada de bilionários privados que não se subordinam a mecanismos políticos de controle, transparência e prestação de contas.

Lula parece ciente de que seu sucesso dependerá de boa inserção diplomática. A agenda ambiental é moeda de troca incontornável, por mais que o governo brasileiro precise de crescimento econômico para poder acomodar elevação da renda de seu bastião no voto popular sem aguçar conflitos insustentáveis com o topo da pirâmide social. O país, portanto, precisa intensificar seus compromissos internacionais, até para lastrear em termos econômicos e diplomáticos sua ordem constitucional doméstica. O desafio é diversificar a atuação diplomática sem ceder à tentação de proselitismo hostil que possa favorecer antagonismo pelos Estados Unidos. Há muito por fazer na articulação Sul-Sul, mais ainda na integração regional com a vizinhança sul-americana. Com Joe Biden, Lula encontrou no governo americano uma disposição relativamente amigável. Sob Trump, o cenário será diferente. No entanto, a retomada dessa integração é um objetivo a que o Brasil não pode renunciar sem abrir mão de qualquer pretensão de autonomia estratégica.

No entanto, defesa não é um assunto a que o Brasil esteja acostumado a dar atenção. Com 150 anos sem guerras na vizinhança, as Forças Armadas entram no noticiário pela ameaça interna que costumam representar para a democracia e pelo ônus fiscal de suas pensões. Mas o caminho de integração continental e inserção diplomática proativa na ordem multilateral tem custos nada irrelevantes em defesa, e pode adicionar uma pressão não desprezível sobre as contas públicas. Esse reposicionamento requererá melhorias na produtividade da economia. E aqui volta à questão o sistema político. Até 2013, o sistema político brasileiro, bem ou mal, funcionava. Talvez a um custo relativamente alto, dadas tanto a necessidade de cooptar e manter uma coalizão *ad hoc* no Congresso quanto a dependência frente a financiamento eleitoral por setores *rent-seekers*, de produtividade caracteristicamente baixa (CARAZZA DOS SANTOS, 2016). Não é trivial equacionar eficiência política e econômica, mas o Brasil será pressionado a melhorar sua eficiência logística, fiscal e decisória para que possa esperar aumento de sua influência internacional, enfrentando ao mesmo tempo problemas domésticos de desigualdade e pobreza. Até aqui, porém, se houve uma adaptação importante ao longo da deriva institucional corrosiva da última década, ela foi na direção contrária: a captura do orçamento público pelo Congresso Nacional e sua dispersão crescente em emendas parlamentares têm claramente deteriorado a capacidade de ação estratégica do Estado brasileiro e comprometido ainda mais qualquer ambição de eficiência – tanto decisória quanto alocativa.

No plano doméstico, dado o anti-institucionalismo predatório do governo Bolsonaro, Lula viu cair-lhe ao colo a liderança de uma coalizão que tem seu traço mais saliente na defesa da ordem constitucional democrática. A clivagem política que daqui se projeta para o Brasil, portanto (e nisso não tem sido tão diferente do resto do mundo), opõe uma coalizão de centro-esquerda que é institucionalmente conservadora, hoje liderada por Lula, a uma coalizão de direita institucionalmente iconoclasta, por enquanto ainda galvanizada pelo extremista Jair Bolsonaro. Trata-se de uma característica recorrente do autoritarismo de inclinação fascistoide: ele embrulha sua agenda regressiva e intolerante numa retórica revolucionária, de rechaço às instituições vigentes – de onde resulta sua peculiar brutalidade, seu culto à violência e às armas.

A ordem constitucional de 1988 e, com ela, nossa democracia foram socorridas em outubro de 2022 por vários dos estratos sociais mais vulneráveis, situados próximos à base da pirâmide social: a população de renda mais baixa, os negros, as mulheres, as populações indígenas remanescentes. É claro, porém, que isso não se deu por apego intrínseco dessas camadas da população ao *status quo* institucional, e sim pela memória muito concreta de ganhos tangíveis e políticas de proteção obtidos na primeira passagem de Lula pela presidência. Num país como o Brasil, o apego da população à manutenção da ordem institucional será caracteristicamente baixo, e ela só se manterá enquanto durar uma expectativa plausível de ganhos de bem-estar. O governo Lula está, portanto, obrigado a entregar melhorias de bem-estar para a população, ou terá dificuldades de controlar a própria sucessão. E a tarefa, se nunca foi fácil, hoje é dificultada pela política de terra arrasada e a predação do Estado levada a cabo pelo antecessor (SÁTYRO, 2024), somada à captura do orçamento pelo Congresso.

Os resultados obtidos na primeira passagem de Lula pela presidência sugerem que há espaço para conquistas sociais concomitantes à melhoria da situação fiscal do Estado. Mas o efeito requer habilidade e prudência no manejo da política econômica, já que os eventuais ganhos de bem-estar dependerão da sustentabilidade a longo prazo das políticas adotadas. Críticos céticos sempre pontuam que as melhorias obtidas no primeiro governo Lula foram beneficiadas por um ciclo favorável no preço das *commodities*. É justo reconhecer, porém, que nem tudo foi tão tranquilo na conjuntura internacional daquele tempo, e houve também considerável proatividade fiscal. É muito claro que a atual equipe econômica, com Fernando Haddad e Simone Tebet à frente, procura sinalizar a importância da sustentabilidade fiscal de médio prazo pela qual governos logram rolar suas dívidas em prazos mais longos e juros baixos. Conquistas e concessões relevantes têm sido feitas, com a reforma tributária e o arcabouço fiscal que sucedeu o natimorto teto de gastos. Como se sabe, há muitas transferências, subsídios e isenções fiscais que concentram renda e sustentam privilégios no país, e o Ministério da Fazenda sob Haddad fez um claro esforço de arrecadação por reonerações no primeiro ano do governo. Mercados não elegem governos – mas derrubam. E, depois de "ter experimentado o gostinho" do apoio à interrupção casuística de um mandato presidencial para instalar uma opção mais a seu gosto, e de ter dado carta branca a todas as extravagâncias de um dos seus no Ministério da Fazenda, a Faria Lima parece inebriada com o poder que acredita possuir. E, embora eles não sejam os *king makers* que gostariam de ser, seu poder é grande o bastante para produzir dano real à política econômica.

A elevação da tração internacional do Brasil, ancorada em integração regional crescente (com criação de espaço, até fiscal, para crescimento econômico regional, lastreando perspectivas de retomada de uma elevação sustentável da renda *per capita*), e a coordenação e articulação política entre as várias frentes implicadas, sempre serão pontos desafiadores. Embora pareça possível em tese, tudo isso só será viável se o "Partido da Constituição" que venceu (muito apertado) em 2022 permanecer coeso, num governo de frente ampla, com efetiva concertação e sincera abertura ao compromisso entre os atores que saíram juntos em defesa da democracia que herdamos de 1985. Ou não haverá lastro doméstico para resistir à guerra de fricção conduzida de fora e vocalizada pela Fox News.

O longo caminho

Preservada sua improvável unidade no momento da independência, o Brasil constituiu-se, no século XIX, como o "império escravista", única monarquia americana, com proporções imperiais e pretensões iniciais expansionistas, assentado em trabalho escravizado e na continuidade do tráfico odioso, alinhado aos princípios conservadores da Santa Aliança que resistira a Napoleão. Fundado sob a liderança do próprio príncipe herdeiro de Portugal, rodeado por uma elite burocrática educada e treinada na metrópole, o país fazia um contraste marcante com as repúblicas que se formavam na América espanhola, emancipadas pela geração de lideranças militares eternizada como os "Libertadores da América", no vazio propiciado pela derrubada da Coroa espanhola sob a ocupação napoleônica (ALENCASTRO, 1987).

Embora o reinado do príncipe desterrado não tenha durado dez anos (e, para muitos de seu tempo, já fosse tarde...), a mentalidade do colonizador desterrado, que cultiva a evocação de uma pátria mitológica em outro lugar, fincou raízes, permaneceu. Concentrado no litoral atlântico, o Brasil ficou de costas não só para a América espanhola, mas principalmente para o oeste do próprio Brasil, para o Brasil profundo, de costas para o sertão. Por tempo demais olhamos para nós mesmos como alteridade a ser desbravada, civilizada, modernizada segundo algum modelo demiúrgico que estaria fora de nós, além-mar, no norte, na "civilização". Talvez seja acima de tudo um ajuste de contas consigo mesmo o que irá preparar o Brasil para integrar-se mais plenamente com o mundo – ou, de modo recíproco, em escala regional, será a intensificação do contato com a vizinhança o que tornará orgânica a integração interna.

Tem sido um longo caminho para o império escravista do século XIX tornar-se um representante crível do sul global no plano multilateral. Isso é apoiado não apenas pelo bordão "o Brasil voltou", que acompanhou mundo afora a eleição de Lula para seu terceiro mandato. Foi também favorecido pela posição atípica de país grande o bastante para ser econômica e diplomaticamente relevante, mas fraco demais para nutrir aspirações hegemônicas realistas. Progressivamente alinhou-se ao sistema internacional e identificou nessa adesão sua melhor chance de influência. Esta já era uma realidade muito antes de Lula chegar ao poder pela primeira vez. Como conta Celso Amorim, então representante do Brasil em Genebra, durante as penosas negociações para quebra de patentes de medicamentos contra a aids na Organização Mundial do Comércio (OMC), ainda sob Fernando Henrique, o representante de Camarões teve ocasião de declarar que "se o Brasil entrar, estamos representados" (COSTA, 2023, p. 23).

Neste momento especialmente difícil, será por um autorreconhecimento numa identidade multifacetada, mas coesa, modestamente orgulhosa de si, de seu lugar e de seu papel no mundo, composta sem ressalvas ou embaraços pelo povo do sertão, das comunidades quilombolas e das periferias urbanas, seus costumes, suas necessidades prementes e seu repertório cultural próprio, em sua comunhão de interesses com outros países periféricos com menor peso diplomático, que o Brasil poderá cumprir com plenitude sua metamorfose. Precisaremos de uma coesão que nunca tivemos.

Lula 3: presidencialismo de coalizão em tempos de governo congressual

Cláudio Gonçalves Couto

Presidencialismo de coalizão na Nova República

Tornou-se corrente entre analistas e estudiosos da política brasileira lançar mão da noção de "presidencialismo de coalizão" para compreender o sistema de governo do país. De uma categoria de análise antes restrita acadêmicos, ela se tornou expressão de uso comum também entre jornalistas, políticos e até mesmo cidadãos comuns afeitos à discussão sobre assuntos públicos da conjuntura imediata.

O conceito foi proposto originalmente por Abranches (1988, p. 21) diante do que considerava "uma singularidade" brasileira: "o Brasil é o único país que, além de combinar a proporcionalidade, o multipartidarismo e o 'presidencialismo imperial', organiza o Executivo com base em grandes coalizões". Depois, o conceito foi retomado por estudiosos devotados a compreender a dinâmica desse sistema presidencial nos marcos na Constituição de 1988, destacadamente Figueiredo e Limongi (2008), que decifraram com maior detalhe seus mecanismos. Demonstraram que o Poder Executivo tinha a capacidade de determinar a agenda congressual e fazer avançar suas prioridades legislativas, prevalecendo como principal ator do processo decisório – desde que, claro, construísse coalizões de sustentação parlamentar. Nos termos desses autores:

> Problemas de governabilidade, se o termo é entendido em sua acepção mais imediata e direta, por certo não há. O governo é capaz de aprovar leis e não encontra no Congresso Nacional um obstáculo às suas pretensões. Não há paralisia decisória. Mudanças em políticas públicas, vistas como impossíveis sob as instituições vigentes, muitas delas requerendo emendas constitucionais, foram aprovadas no Congresso (FIGUEIREDO; LIMONGI, 2008, p. 187-188).

Posteriormente, outros autores, como Bertholini e Pereira (2017), ressaltaram que não basta construir uma coalizão, mesmo que ampla, pois é fundamental que o Executivo a gerencie de forma competente para ter sucesso na relação com o Congresso. Além de formar uma aliança com bancadas que assegurassem uma maioria legislativa, seria preciso que os partidos da coalizão fossem contemplados no gabinete com um peso proporcional à sua dimensão parlamentar – ou seja, que a distribuição de ministérios fosse coalescente com o tamanho das bancadas legislativas, nos termos originalmente propostos por Amorim Neto (2000, p. 482): "quanto maior a proporcionalidade entre as cotas ministeriais dos partidos e seus pesos parlamentares, mais coalescente será o ministério".

Ademais, ainda segundo Bertholini e Pereira, a proximidade ideológica entre os partidos da aliança seria também um fator essencial para garantir a governabilidade. Coalizões heterogêneas quanto à ideologia e desequilibradas na distribuição de poder ministerial entre os membros da coalizão seriam instáveis, levando o Executivo a tentar compensar tal incongruência se valendo de outros tipos retribuição – como a corrupção.

Os fatores cruciais para o bom funcionamento do presidencialismo de coalizão na ordem constitucional estabelecida em 1988 foram de natureza institucional (FIGUEIREDO; LIMONGI, 2008). Destacam-se aí as prerrogativas formais do presidente: seu poder de agenda (capaz de determinar a pauta e o ritmo de votações no Congresso) e sua capacidade legislativa própria, seja de tipo proativo ou reativo, nos termos de Carey e Shugart (1998, p. 5-6). No presidencialismo brasileiro, a capacidade proativa se traduz no poder de propor de projetos legislativos (em algumas matérias de maneira exclusiva), na estipulação de regime de urgência para apreciação de projetos do Executivo no Congresso (acelerando a decisão) e na edição de medidas provisórias (decretos presidenciais com força de lei e vigência imediata). Já a capacidade reativa se dá com o uso do veto total ou parcial a normas legais que tenham sido aprovadas pelo Congresso. Embora o quórum necessário para a derrubada do veto presidencial no Brasil seja comparativamente baixo (metade mais um dos membros das duas casas do Congresso), o veto parcial (apenas a trechos específicos da lei, não à norma inteira), que não é comum em outras democracias, dá ao Executivo uma vantagem estratégica. Afinal, o veto a partes específicas da norma legal aprovada pelo Legislativo tem a possibilidade de contrariar apenas alguns grupos parlamentares, reduzindo a chance de sua derrogação pela maioria.

Além disso, tem grande importância a capacidade dos líderes partidários de manter disciplinadas suas bancadas, gozando de instrumentos para premiar ou punir os parlamentares de acordo com sua obediência às orientações estabelecidas para a votação das matérias. Desse modo, bancadas de partidos situacionistas no Congresso operariam de forma articulada ao Executivo, assegurando o apoio de seus membros à agenda governamental.

Após a redemocratização, desde a inauguração da nova ordem institucional estabelecida pela Constituição de 1988, um instrumento cardeal para a manutenção da disciplina foi a execução das emendas orçamentárias propostas pelo Legislativo. Até 2015, o orçamento federal tinha caráter apenas autorizativo – ou seja, o Poder Executivo poderia decidir discricionariamente por efetivar ou não gastos previstos na Lei Orçamentária Anual (LOA), seja por razões de gestão financeira, seja por considerações de ordem política. Nesse segundo caso, poder-se-ia considerar, por exemplo, não executar emendas orçamentárias de congressistas indisciplinados da base situacionista. Assim, ao punir individualmente os legisladores não cooperativos, o governo contribuiria para que os líderes dos partidos da base fossem capazes de a manter unida.

Isso é apontado por Pereira e Mueller. Os autores demonstram que o governo tinha no manejo da execução ou retenção das emendas orçamentárias um "instrumento de controle dos membros de sua coalizão nas votações no Congresso. Em outras palavras, o uso estratégico da liberação das emendas propicia ao Executivo o ganho de votos favoráveis que mais do que compensa a perda decorrente da alteração de sua proposta [orçamentária] inicial" (PEREIRA; MUELLER, 2002, p. 295). Em outro trabalho, os mesmos autores mostram como parlamentares dos partidos da coalizão legislativa tinham executadas proporcionalmente muito mais emendas do que seus colegas da oposição, havendo uma forte correlação positiva entre os votos favoráveis ao governo em matérias controversas e a execução das emendas orçamentárias propostas pelos legisladores (PEREIRA; MUELLER, 2003, p. 753-759).

É importante enfatizar que o manejo das emendas parlamentares ao orçamento não substituía a repartição de cargos no governo entre os partidos da coalizão, como se a manipulação dos dispêndios pelo Executivo pudesse por si só assegurar sustentação legislativa, estabelecendo um controle individual de cada congressista diretamente pelo Executivo. Na verdade, o manejo da execução de emendas e a distribuição de portfólios ministeriais não são excludentes, mas complementares, articulando-se por meio dos partidos da coalizão. Essa imbricação das posições partidárias no gabinete ministerial e no Congresso no trato das emendas orçamentárias foi demonstrado por Baião, Couto e Jucá:

> [...] as emendas cujo autor e ministro responsável pela dotação orçamentária são do mesmo partido apresentam grau de execução superior em comparação com aquelas em que não há o alinhamento partidário

entre os dois atores. Os ministros, portanto, parecem priorizar, dentre as emendas sob responsabilidade de seu órgão, aquelas enviadas por seus colegas de partido. Isso revela, ao mesmo tempo, uma conexão intrapartidária que se estende além das paredes das casas legislativas e uma vantagem que parceiros da coalizão desfrutam ao controlar um ministério (Baião; Couto; Jucá, 2018, p. 78, grifo meu).

Consideremos os dois achados empíricos, de Pereira e Mueller (2002; 2003) e de Baião, Couto e Jucá (2018). Os primeiros autores demonstraram que a execução das emendas orçamentárias individuais apresentava forte correlação com a votação favorável a propostas do governo; os segundos constataram que os ministros priorizavam as emendas orçamentárias de seus correligionários congressuais. Nota-se que a distribuição das pastas ministeriais e a execução de emendas parlamentares ocorriam de forma articulada. Os próprios ministros atuavam como representantes das bancadas congressuais de seus partidos a partir do Executivo, sem que isso impedisse os ministérios responsáveis pela gestão financeira de atuarem também como órgãos de disciplinamento político geral da coalizão por meio do contingenciamento orçamentário das emendas – isto é, gerir o orçamento era um instrumento para gerir a coalizão.

Um Congresso mais poderoso

Esse modo de funcionamento do presidencialismo brasileiro começou a se transformar em 2015, primeiro ano do novo mandato da presidenta Dilma Rousseff. Já no começo daquele ano, com menos de dois meses do início de seu segundo governo, a mandatária dava sinais de fragilidade: o Congresso impunha repetidas derrotas ao Executivo, a economia claramente piorava, sinalizando para a vinda de uma brutal recessão, e se avolumavam mobilizações e pedidos pelo seu *impeachment* (Redação ConJur, 2015). Matéria publicada pelo *El País Brasil* em 14 de fevereiro relatava:

> A gritaria contra a presidenta Dilma Rousseff soa isolada em ruas e redes sociais desde o dia de sua reeleição, em 26 de outubro do ano passado, mas entrou na pauta política do país com o surgimento das primeiras ramificações políticas da Operação Lava Jato, principalmente depois da denúncia de que o tesoureiro do PT, João Vaccari Neto, teria recebido 200 milhões de dólares em propina por meio de contratos da Petrobras. Foi nesse contexto que o jurista Ives Gandra Martins redigiu um parecer para dizer que já existe base jurídica para um pedido de impedimento da presidenta.

[...]

Os opositores do Governo resistem em defender abertamente o impeachment de Dilma Rousseff neste momento, mas, apostando no desgaste da gestão Dilma, não deixam o assunto sair do foco, e alguns deles, como o senador Ronaldo Caiado (DEM), ensaiam ir à passeata contra a presidenta marcada para 15 de março. O movimento, que conta com adesões em quinze estados, ganhou força depois que pesquisa Datafolha mostrou uma brusca queda de popularidade da presidenta Dilma Rousseff (BORGES, 2015).

E, de fato, uma grande mobilização pelo *impeachment* de Dilma ocorreu em 15 de março daquele ano, com manifestantes trajados de verde-amarelo, muitos deles bradando contra a corrupção e o comunismo, e tantos outros pedindo um golpe militar – o então deputado federal de ultradireita e futuro presidente Jair Bolsonaro já marcava presença nessas manifestações (BETIM, 2015).

Dois dias após os grandes protestos contra Rousseff, o Senado Federal promulgou a Emenda Constitucional n.º 86, tornando "impositiva a execução das emendas individuais dos parlamentares ao Orçamento da União [...]", obrigando "o governo a executar as emendas parlamentares à lei orçamentária até o limite de 1,2% da receita corrente líquida (RCL) realizada no ano anterior. Desse total, metade – ou seja, 0,6% da RCL – terá de ser aplicada na área de saúde" (SENADO FEDERAL, 2015). Essa mudança não ocorreu à toa; ela indicava a fragilidade do apoio parlamentar da presidente, que já esboroava desde o mandato anterior. Num contexto de debilidade do Executivo, o Congresso encontrou espaço não apenas para lhe impor derrotas circunstanciais, mas também para transformar de forma perene a institucionalidade definidora das relações entre os dois poderes.

A emenda fora aprovada inicialmente pelo Senado dois anos antes, em novembro de 2013, ano em que a popularidade da presidente despencou após as grandes jornadas de protesto contra o *establishment* político iniciadas em junho (ALONSO, 2023). Apesar disso, não avançou durante todo o ano eleitoral de 2014, quando Rousseff foi reconduzida ao cargo numa disputa apertada. Em fevereiro de 2015, apenas dez dias após o início da nova legislatura, a mudança constitucional foi finalmente confirmada na Câmara, que acabara de guindar à presidência da casa Eduardo Cunha (PMDB-RJ), desafeto declarado do governo petista.

A nova norma constitucional retirava da presidente e dos ministros da coalizão um instrumento de negociação e coordenação das bancadas congressuais, pois não haveria mais como condicionar a execução de emendas orçamentárias individuais à cooperação dos legisladores. A balança do poder de comando da agenda legislativa oscilava em favor do Congresso – e não apenas conjunturalmente, mas de forma estrutural. A inapetência de Dilma Rousseff para liderar sua coalizão gerou efeitos que dificultariam a relação com o Legislativo não somente para si, mas também para futuros presidentes, que seriam privados de uma ferramenta útil a todos os seus antecessores durante a Nova República.

Após o *impeachment*, o sucessor de Dilma na presidência, Michel Temer, seu vice, teve menos dificuldades no entendimento com o Congresso. Primeiro, porque o mesmo processo de construção da maioria para derrubar a mandatária petista foi o que propiciou a montagem da base de sustentação do novo chefe de governo. Segundo, porque essa maioria, de perfil conservador, tinha com Temer afinidades programáticas bem maiores do que com sua predecessora. Terceiro, porque o novo presidente era um representante orgânico dessa maioria, composta sobretudo pelos partidos de adesão,[1] usualmente denominados como "Centrão" pela crônica política brasileira: Temer chefiara por três vezes a Câmara dos Deputados e por mais de uma década sua própria agremiação, o PMDB – principal partido de adesão à época. Quarto, porque o pemedebista, diferentemente da antecessora, era dado a dialogar com os congressistas. Levantamento do jornal *Valor Econômico* comparando as duas agendas presidenciais mostrou que, em noventa dias de governo, o novo mandatário recebeu mais parlamentares do que Dilma durante cinco anos e meio (JUBÉ; PUPO; PERES, 2016).

Assim, mesmo sem dispor da ferramenta do contingenciamento das emendas individuais para disciplinar sua base, Temer ainda contava com outros expedientes institucionais e, principalmente, desfrutava de características pessoais e condições políticas conjunturais favoráveis. Por isso, teve sucesso na aprovação de propostas importantes de sua agenda econômica, como uma reforma trabalhista e o estabelecimento – mediante emenda constitucional – de um teto de gastos públicos. De seu interesse próprio, obteve da Câmara dos Deputados por duas vezes a negativa para que fossem instaurados processos criminais contra

---

[1] Estipulei o conceito de partido de adesão originalmente em Couto (2010, p. 133): "Os partidos de direita no Brasil correspondem à maior parte das agremiações que podemos denominar como partidos de adesão, embora o maior dentre os partidos com esta característica seja uma organização de centro, o PMDB. Defino como partidos de adesão aquelas organizações que, carecendo de um conteúdo programático consistente e/ou de um projeto de poder autônomo no plano nacional no qual figurem como protagonistas ou parceiros preferenciais de uma agremiação mais destacada, optam então por aderir ao governo do dia, qualquer que seja sua orientação programática ou ideológica mais geral". E cumpre acrescentar: aderem intercambiando apoio pelo acesso a recursos orçamentários e cargos públicos.

si no Supremo Tribunal Federal (AGÊNCIA BRASIL, 2018; PIOVESAN; JÚNIOR; TRIBOLI, 2017; PIOVESAN; SIQUEIRA; TRIBOLI, 2017).

Sucessor de Temer, Jair Bolsonaro seguiu uma linha distinta de todos os seus antecessores: a da abdicação do presidencialismo de coalizão. Optou por não tentar construir uma aliança partidária e, por isso mesmo, abdicou de qualquer tentativa de liderar uma coalizão legislativa no Congresso. Em vez disso, escolheu negociar com os parlamentares projeto a projeto, tentando angariar apoio mais perene junto às frentes parlamentares formadas por congressistas de partidos diversos em torno de temas particulares: Frente Parlamentar da Agropecuária (conhecida como Bancada Ruralista), Frente Parlamentar da Segurança Pública (Bancada da Bala) e Frente Parlamentar Evangélica do Congresso Nacional (Bancada Evangélica) (MAIA, SOARES, GAMBA, 2019).

Como seria de se esperar, isso não funcionou, e o presidente acumulou derrotas em seu primeiro ano de governo (PORTINARI; GULLINO, 2019; SCHREIBER, 2019), batendo recordes de derrubada de vetos presidenciais e caducidade de medidas provisórias. Embora se articulem quando matérias diretamente relacionadas a seus temas específicos estejam em pauta, as frentes parlamentares – que nem sequer são mencionadas nos regimentos da Câmara e do Senado – não contam com recursos institucionais privativos dos partidos, necessários para disciplinar as bancadas e operar de forma estruturada no legislativo. Não são elas que indicam membros para comissões, negociam lugares na Mesa Diretora, participam do Colégio de Líderes ou definem a ordem do dia. Tendo exercido sete mandatos consecutivos de deputado federal, o novo presidente certamente não ignorava isso, mas ainda assim abdicou da construção de uma coalizão partidária e do papel presidencial de liderá-la.

Essa escolha de Bolsonaro abriu espaço para que novamente o Congresso avançasse sobre o vácuo de poder deixado pelo Executivo. Não à toa, em junho de 2019 o Senado promulgou a Emenda Constitucional n.º 100, tornando impositivas também as emendas orçamentárias de bancadas estaduais (SENADO FEDERAL, 2019). A proposta que lhe deu origem foi submetida em 2015, mesmo ano de aprovação da impositividade das emendas orçamentárias individuais. Apresentada num momento de fragilidade da presidência, essa outra proposta hibernou durante quatro anos para ser finalmente transformada em norma constitucional numa nova conjuntura, de um presidente incapaz de se entender com o Congresso. Desse modo, novamente a balança do poder pendia em prol do Legislativo, acentuando a mudança de equilíbrio iniciada em 2015.

E não foi tudo. Também em 2019 foi aprovada outra emenda constitucional, de n.º 105, acrescentando mais um artigo à Carta, também tratando de emendas parlamentares ao orçamento da União. Ela possibilitava a realização de "transferências especiais" a governos subnacionais (estados e municípios) sem a celebração de convênio com o governo federal, tendo como condicionantes apenas a aplicação dos recursos em áreas de competência do ente federado e a destinação de ao menos 70% do dinheiro para despesas de capital – sem qualquer outra especificação ou exigência de prestação de contas.

O governo mudou sua estratégia em meados de 2020. Ameaçado por investigações sobre sua família e possíveis processos de *impeachment*, Bolsonaro iniciou uma aproximação com os partidos de adesão, cedendo-lhes cargos no governo. Era o fim das tentativas inócuas de buscar apoio junto às frentes parlamentares (OLIVEIRA, 2020). Era também uma guinada em relação ao *modus operandi* anterior, em que o presidente hostilizava o Legislativo e outras instituições, inclusive convocando seus apoiadores para manifestações de ataque ao Congresso (MORTARI, 2020). Embora tenha mantido e até mesmo aumentado seus ataques ao Poder Judiciário, após essa aproximação com o Legislativo Bolsonaro passou a poupar este poder de suas investidas (COUTO, 2023b).

Essa tendência se intensificou no segundo semestre daquele ano, quando Jair Bolsonaro se via ainda mais ameaçado pelo *impeachment* após a prisão de Fabrício Queiroz, antigo auxiliar dele e de Flávio, seu filho mais velho, que se encontrava foragido, escondido numa casa do advogado de sua família, Frederick Wassef (*G1 SP*, 2020). Mais do que uma base de sustentação para levar adiante sua agenda governamental, o chefe do Executivo tinha como objetivo criar um escudo de proteção contra processos criminais ou sua eventual cassação (RIBEIRO, 2020).

A preocupação do presidente era se proteger, mais do que levar adiante qualquer agenda legislativa. Por isso, Bolsonaro seguiu abdicando, sem atuar como um líder de coalizão mesmo após construir uma base congressual protetiva – deixando tal incumbência a cargo dos presidentes das duas casas do Congresso, que ganharam protagonismo cada vez maior, valendo-se de suas prerrogativas institucionais, que lhes permitiam definir a agenda legislativa e coordenar maiorias parlamentares.

A postura omissa do presidente, contudo, não se refletiu no grau de governismo do Legislativo, se medido com base nos padrões de votação da maioria dos parlamentares em propostas de interesse do Executivo. Dois levantamentos feitos à época mostravam que havia grande alinhamento entre as posições do governo e os votos de uma maioria de congressistas. O primeiro, feito pelo Observatório do Legislativo Brasileiro (OLB) da Universidade do Estado do Rio de Janeiro (UERJ), mostrava que, numa escala de governismo de 0 a 10, durante o primeiro ano de governo, 73% dos deputados e 64% dos senadores tinham notas iguais ou superiores a 7 (OLB, 2020). O segundo levantamento, do *Congresso em Foco*, site jornalístico especializado em cobertura do Legislativo, mostrava que 62% dos deputados, filiados a doze partidos, votaram alinhados ao governo em 90% das votações nominais durante o primeiro biênio da presidência de Bolsonaro (FREY, 2020).

Como explicar essa aparente disjuntiva de um presidente que não liderava uma coalizão legislativa, mas ainda assim contava com o voto favorável de uma maioria congressual para projetos que seu governo apoiava? Responder a tal pergunta é o objetivo da próxima seção.

O governo congressual

Como apontam Barbosa, Feres Júnior e Meireles (2020) no estudo do OLB, a aprovação no Legislativo de matérias enviadas pelo Executivo ou de seu interesse se deveu sobretudo à liderança, no Congresso, dos presidentes de suas duas casas. Na Câmara, Rodrigo Maia (DEM-RJ) foi o principal promotor da reforma da previdência social, bem como de outras medidas importantes para a política econômica alardeada pelo então ministro da Economia, Paulo Guedes.

O presidente da Câmara se empenhou não por ser um apoiador de Bolsonaro (que o tinha como desafeto), mas por concordar com o teor das medidas. Especificamente no caso da reforma previdenciária, a proposta aprovada fora desenvolvida ainda durante o governo de Michel Temer (este, sim, aliado de Maia), e apenas não havia sido votada devido ao enfraquecimento do então chefe do Executivo por seguidos escândalos de corrupção, que culminaram nas denúncias ao STF bloqueadas pela Câmara, à época já chefiada por Maia. Este retomou uma agenda anterior e lhe deu seguimento, assumindo no Congresso a coordenação de uma coalizão economicamente liberal, de modo a ocupar a lacuna de liderança criada pela abdicação de Bolsonaro do papel de líder do processo do decisório junto ao Legislativo.

Nos termos de Barbosa, Feres Júnior e Meireles (2020):

> Na reforma da previdência, houve certa convergência entre as principais lideranças do Congresso e o governo. De fato, a aprovação de reforma dessa envergadura deveu-se em grande parte ao protagonismo exercido pelo presidente da Câmara dos Deputados, Rodrigo Maia (DEM-RJ), que articulou maioria sólida a seu favor.

O protagonismo de Maia, secundado por Davi Alcolumbre (DEM-AP) na presidência do Senado, fez com que muitos observadores se referissem ao novo padrão de relacionamento entre os poderes como "parlamentarismo branco"

(BENITES, 2019). Essa é uma definição errônea, pois, na situação brasileira, o líder da maioria parlamentar dentro do Legislativo, embora responsável por capitanear o processo decisório nesse âmbito, não ocupa posições de mando no Executivo – como ocorreria num parlamentarismo. A dinâmica aqui foi exatamente a inversa: Executivo e Legislativo, em vez de se imbricarem, afastaram-se e, diante na inoperância do presidente da República, os chefes das duas casas do Congresso capitanearam o processo decisório. É tendo em vista essa liderança congressual do processo decisório – em especial o protagonismo crescente dos chefes do poder Legislativo – que denomino tal dinâmica do presidencialismo brasileiro como "governo congressual" (COUTO, 2020; 2021b; 2023a).[2]

Novamente, contudo, não se trata *apenas* de uma situação circunstancial advinda da incapacidade do chefe do Executivo de liderar uma coalizão parlamentar. Embora se trate disso *também*, há mudanças institucionais que devem ser levadas em consideração: como já foi apontado, as transformações das regras orçamentárias, com a captura de uma fatia significativa do orçamento discricionário pelo Legislativo, aumentaram o poder do Congresso em detrimento do Executivo e deram aos presidentes das duas casas um papel fulcral na articulação de decisões políticas e na condução da agenda decisória.

Além da perda do poder de barganha do governo decorrente da impositividade das emendas orçamentárias individuais, parte delas passou a ser transferida pelos congressistas diretamente a governos subnacionais sem direcionamento específico, com a Emenda Constitucional n.º 105 de 2019 – modalidade depois alcunhada como "emenda Pix", gerando opacidade e dificultando o controle do gasto público.

Porém, algo mais ocorria em relação à política orçamentária no Congresso: um colossal crescimento do gasto com emendas parlamentares durante o governo Bolsonaro (MONTEIRO, 2022). A média de custo anual delas subiu de R$ 20,9 bilhões entre 2017 e 2019 para R$ 45,4 bilhões entre 2020 e 2022 – 117% de aumento. Tal expansão foi gerada pelo novo uso dado às emendas do relator-geral do orçamento. De mecanismos legislativos utilizados apenas para

---

[2] Propus essa definição originalmente em Couto (2021b): "O presidente é mais caudatário de uma coalizão legislativa à qual aderiu do que o contrário. Durante o biênio de Rodrigo Maia, se falava em *parlamentarismo branco*, uma analogia imprecisa para descrever o que era, na realidade, um *governo congressual*. Nesse contexto, o Executivo, indisposto a articular uma base parlamentar e incapaz de liderar o processo legislativo, reivindicava os méritos pela aprovação de medidas que, embora convergissem com sua agenda na área econômica, eram aprovadas mais a despeito do que graças ao governo. Não à toa colheu seguidas derrotas na derrubada de vetos, caducidade de medidas provisórias e irrelevância congressual da pauta reacionária de costumes".

pequenos ajustes na peça orçamentária, as emendas do relator se converteram num generoso manancial de recursos para congressistas direcionarem a suas bases eleitorais. Do primeiro governo Lula até Temer (2003-2018), o montante médio anual dessas emendas foi de R$ 5,8 bilhões; com Bolsonaro, saltou para R$ 26,2 bilhões entre 2020 e 2022 – crescimento de 351% (MONTEIRO, 2022).

Diferentemente das outras modalidades de emendas congressuais ao orçamento, as do relator-geral não eram impositivas. Porém, o volume alentado delas (que se somava ao das outras emendas) proporcionava a seu autor imenso poder de barganha junto aos demais legisladores. Tal poderio lhe permitia atuar como intermediário do governo nesta nova forma de negociação, que ganhou função análoga àquela antes reservada às emendas tornadas de execução obrigatória. Desse modo, embora o Executivo deixasse de definir o destino de um volume ainda maior de verbas orçamentárias, que passavam ao controle do Legislativo, valia-se disso para barganhar apoio parlamentar (VALFRÉ; BRENO, 2021).

Tanto assim que sua instrumentalização foi peça-chave na negociação travada para a sucessão nas presidências das duas casas do Congresso no início de 2021. Em conluio com o Palácio do Planalto, destinavam-se grandes montantes de recursos aos parlamentares comprometidos a votar nos candidatos favoritos de Bolsonaro para as presidências da Câmara (Arthur Lira, PP-AL) e do Senado (Rodrigo Pacheco, DEM-MG) (PIRES; CAMPOREZ, 2021). Iniciava-se um esquema não publicizado de direcionamento de vultosos recursos públicos de forma discricionária e opaca – depois conhecido como "orçamento secreto" (PIRES, 2021). Mediante ofícios reservados encaminhados a órgãos do Executivo, parlamentares situacionistas requeriam o direcionamento de verbas para suas bases eleitorais, gerando gastos adicionais muito superiores àqueles das emendas individuais e de bancada (SHALDERS; PIRES, 2021; VALFRÉ; SHALDERS, 2021). A esse propósito, aliás, a emenda constitucional n.º 126, de 21 de dezembro de 2022, elevou de 1,2% para 2% o limite da receita corrente líquida a ser gasto em emendas orçamentárias individuais, reforçando ainda mais o poder orçamentário independente dos congressistas.

Em sentido contrário, dois dias antes da aprovação dessa emenda constitucional, em 19 de dezembro, o Supremo Tribunal Federal (STF) julgou inconstitucional o uso das emendas de relator-geral na forma do "orçamento secreto" devido à falta de transparência e rastreabilidade (BBC NEWS BRASIL, 2022; STF, 2022). Em princípio essa seria uma vitória de Lula, crítico contumaz do instrumento, que seria empossado poucos dias depois. Contudo, algumas lideranças do partido do novo mandatário reconheciam que a manutenção do mecanismo poderia ser útil em negociações com o Congresso – como fora para Bolsonaro.

Presidencialismo de coalizão no governo Lula 3:
política de redução de danos

O governo congressual não foi efêmero, restrito às presidências de Bolsonaro e Rousseff, presidentes incompetentes no trato com o Legislativo; ele se cristalizou institucionalmente pela mudança das regras formais, permanecendo como legado para futuros chefes do Executivo. Mesmo com a declaração da inconstitucionalidade do "orçamento secreto", o Congresso seguia empoderado e controlando fatia significativa do orçamento discricionário da União. Ademais, a legislatura eleita em 2022 foi provavelmente a mais à direita desde 1985, início da redemocratização. Além de significativa bancada de ultradireita eleita para a Câmara e o Senado pelo Partido Liberal de Bolsonaro, havia bolsonaristas espalhados em partidos de adesão. Tudo isso tornava árduo o desafio de Lula para governar.

Contudo, diferentemente de seu antecessor e apesar das novas condições institucionais e conjunturais postas, o presidente petista, em vez de abdicar, procurou formar e liderar uma coalizão parlamentar. Sua construção começou já durante o processo eleitoral de forma restrita a partidos de esquerda unidos em torno da candidatura de Lula (PT, PSB, PCdoB, PSOL e Rede) e pequenos partidos de adesão (Solidariedade, Avante, Agir e PROS). O segundo turno não aumentou de forma relevante a aliança partidariamente; dentre agremiações relevantes, apenas PDT e Cidadania apoiaram formalmente Lula, enquanto as demais permaneceram neutras e se dividiram, com lideranças anunciando individualmente apoio a Lula ou a Bolsonaro (MOLITERNO; SAPIO, 2022).[3]

Após a vitória, ao montar seu ministério, Lula conseguiu ampliar a coalizão, embora excluindo os partidos de adesão que integraram sua coligação eleitoral, dado o pouco peso que tinham no Congresso. Partidos de adesão neutros no segundo turno foram incorporados desde o início: MDB, PSD e União Brasil. No segundo semestre, duas novas agremiações desse tipo foram contempladas, PP e Republicanos (CRAVO *et al.*, 2022; LOPES, 2022; RODRIGUES, 2023); ambas haviam integrado a coligação eleitoral de Bolsonaro em 2022.

---

[3] Caso curioso foi o do Novo, partido criado com a promessa de se tornar uma agremiação liberal, mas que rapidamente rumou à ultradireita, tornando-se satélite do bolsonarismo. O partido anunciou neutralidade no segundo turno de 2022, mas, quando seu primeiro presidente e idealizador, o então candidato presidencial João Amoedo, anunciou apoio a Lula no segundo turno, por entender que Bolsonaro ameaçava a democracia, o partido o suspendeu e iniciou um processo de expulsão. Um mês depois, Amoedo se desfiliou por iniciativa própria, dizendo já não reconhecer o partido que fundara (G1, 2022; XAVIER, 2022).

Tais alianças foram importantes para que o Executivo avançasse com suas propostas mais importantes, inclusive em temas delicados, como o novo marco fiscal e a reforma tributária – que há décadas era discutida sem que prosperasse. Na política econômica havia maior convergência entre o governo e uma maioria congressual, o que não significava a aprovação das propostas em sua integralidade, sem grandes concessões. Levantamento feito pelo "Radar do Congresso", projeto do site jornalístico *Congresso em Foco*, mostrava alinhamento com as posições do governo de 78% na Câmara e 75% no Senado até o fim de 2024 (RADAR DO CONGRESSO, 2024).

A dimensão das concessões feitas pode ser estimada pelo grau de alinhamento com o Executivo de partidos e parlamentares indiscutivelmente oposicionistas. Admitindo-se que apenas votam com o governo quando significativas concessões são feitas, podemos tomar seu patamar de alinhamento como um piso.

Durante o primeiro biênio de Lula, a convergência média do PL bolsonarista com o governo na Câmara e no Senado era de, respectivamente, 47% e 58%. O deputado Eduardo Bolsonaro (PL-SP) votou com o governo em 41% das vezes; seu irmão senador, Flávio (PL-RJ), em 55%. Dos partidos detentores de ministérios, o que votava menos alinhado ao Executivo na Câmara era o União Brasil: 72% (menos até do que o formalmente oposicionista PSDB, com 76%); no Senado, o menos alinhado dos partidos com ministros era o Republicanos: 55% – mesmo índice do senador Flávio Bolsonaro (RADAR DO CONGRESSO, 2024).

É preciso decifrar o que ocorre quando agremiações parlamentares formalmente integrantes da coalizão, pois agraciadas com pastas ministeriais e outros cargos importantes da administração, votam tão pouco com o Executivo. Se é para obter tão pouco apoio, por que o presidente cede tais posições a membros desses partidos? Talvez porque o chefe de governo, ciente da impossibilidade de contar com a lealdade integral dessas agremiações, opta por uma política de redução de danos: melhor dispor de algum apoio delas, ainda que pouco, do que as ter totalmente na oposição.

Ademais, o governo precisa se ater a uma pauta legislativa minimalista: sabedor das divergências programáticas significativas com a maioria congressual, opta por levar adiante apenas temas nos quais haja mais pontos de convergência, desistindo de seguir com agendas potencialmente conflituosas e que possam levar a impasses ou a derrotas certas. Nos poucos momentos em que o Executivo se arriscou, como nas tentativas de reduzir as renúncias tributárias a determinados setores, viu-se obrigado a recuar (MÁXIMO, 2024; QUINTINO, 2024).

Transformações significativas ocorreram no sistema partidário parlamentar brasileiro com o avanço eleitoral e a consolidação da direita e da ultradireita durante o quadriênio de Bolsonaro na presidência. Os partidos de adesão se tornaram menos aderentes do que foram até então: não são mais unicamente uma direita pragmática disposta a renunciar a preferências programáticas e ideológicas em troca de acesso a recursos orçamentários e cargos públicos; ganharam maior densidade ideológica e se tornaram menos dependentes de concessões ao Executivo como contrapartida à obtenção de recursos que, agora, controlam diretamente, graças às mudanças institucionais geradoras do governo congressual. Por isso, o presidencialismo de coalizão brasileiro, embora siga existindo, já não tem as mesmas características anteriores. São essas as condições com que Lula precisou lidar para governar.

Considerações finais

Compreender as condições de governabilidade do Lula 3 exige ter em perspectiva as significativas transformações políticas ocorridas no Brasil desde 2015. Já não é possível analisar a conjuntura política com base na concepção de presidencialismo de coalizão vigente até então sem submetê-la a revisões. Mudaram as regras do jogo no relacionamento entre Executivo e Legislativo; mudou também o sistema partidário. Surgiu uma ultradireita de dimensões relevantes, e os partidos de adesão ganharam densidade ideológica à direita, tornando-se menos disponíveis para apoiar governos em troca de recursos públicos, sem maiores preocupações com questões programáticas. Isso é ainda mais verdadeiro no caso de governos a cargo de presidentes do campo progressista, que perdem margem de manobra no âmbito programático.

Diante das maiores dificuldades com o Congresso, o governo Lula procurou se aproximar da cúpula do Judiciário – mais especificamente, do Supremo Tribunal Federal –, tentando obter pela via judicial o que não consegue pela negociação com o Legislativo. As recentes ameaças à democracia brasileira por parte da ultradireita estimularam essa aproximação, já que Lula foi eleito em 2022 como a alternativa democrática ao autoritarismo bolsonarista. Porém, essa estratégia de aproximação também tem custos não negligenciáveis e oferece riscos significativos, diante do tensionamento crescente entre o Congresso e o STF.

Em boa medida esse tensionamento ainda é o rescaldo dos enfrentamentos da Corte Suprema com a ultradireita; em parte, porém, ele se deve a desentendimentos que antecedem a ascensão do bolsonarismo e seus ataques à ordem institucional, refreados pelo Judiciário. Ao longo de anos, um Supremo Tribunal proativo na adjudicação de questões que poderiam ter sido solucionadas pelo Legislativo, bem como o ativismo individualista de algum de seus magistrados, deram razões àqueles que enxergam excessos na atuação do STF. Analistas preocupados com a defesa democracia e o risco dos conflitos entre os poderes têm apontado esses problemas há vários anos (ARGUELHES; RIBEIRO, 2018; GLEZER; VIEIRA, 2024; VIEIRA, 2008; VIEIRA; GLEZER; BARBOSA, 2022). Por isso, não é trivial que um Executivo premido por um Congresso empoderado e, por vezes, hostil busque no STF uma salvaguarda. Ainda mais quando ameaças à democracia não se dissiparam e a normalização da ultradireita pelos partidos de adesão segue operante.

Nota-se, assim, que o empoderamento do Congresso afeta não apenas as relações entre Executivo e Legislativo, mas também a interação desses dois poderes com o Judiciário. E é nessa interação que está o destino da democracia brasileira nos próximos anos. Em seu terceiro mandato, Lula não poderá simplesmente tentar governar como outrora, mas precisará lidar com esse problema de maior magnitude. O que está em jogo não é só *policy* ou *politics*, mas principalmente *polity*.[4]

---

[4] *"Policy"* se refere a políticas públicas, as ações de governo; *"politics"*, à atividade política, o jogo do poder; e *"polity"*, à estrutura política, o sistema político ou o Estado. Adoto aqui a terminologia em inglês porque, além de ser corriqueira no debate da ciência política, na língua portuguesa não há diferenciação entre "política" como política pública ou "política" como atividade política, além de simplesmente não existir termo que corresponda a *"polity"* (derivado do grego Πολιτεία).

Aprendizados na relação com o Estado e apostas sobre Lula 3: interpretações feministas e antirracistas

Flávia Biroli, Luciana Tatagiba e Isabela Andrade

Em 1º de janeiro de 2023, após ser eleito presidente, Luiz Inácio Lula da Silva quebra o protocolo e sobe a rampa do Palácio do Planalto acompanhado de uma criança, uma pessoa com deficiência, mulheres, negras(os), trabalhadoras(es) e uma histórica liderança indígena – pessoas que foram selecionadas para representar o que seria a diversidade do povo brasileiro, em uma clara intenção de se diferenciar de seu antecessor. Diante da recusa de Bolsonaro em estar presente na cerimônia, a faixa presidencial passou de mão em mão entre todos os presentes até ser finalmente entregue a Lula. O gesto visava indicar uma correção de rumos nas tendências autocráticas que, iniciadas em 2016, se acentuaram ao longo do governo da extrema direita.

Para movimentos igualitários e de direitos humanos, como os feministas e antirracistas, o novo ciclo eleitoral encerrava um período de hostilidade aberta. Essa pesquisa se situa nessa quadra e busca flagrar, no calor do momento, as expectativas de lideranças feministas e antirracistas com o novo ciclo da esquerda no poder. Orientadas pelo diálogo entre o campo de estudos de gênero e de participação e movimentos sociais, a metodologia consistiu na realização de vinte entrevistas em profundidade com ativistas feministas e antirracistas com perfis diversos em termos raciais (brancas, negras e indígenas), etários (jovens e maduras), de lócus de incidência (urbano, rural e digital), agenda prioritária (igualdade racial, direitos sexuais e reprodutivos, violência de gênero, dentre outras) e inserção institucional/partidária (com ou sem vínculos partidários e cargos nos governos petistas).[1] O roteiro de perguntas buscou identificar, dentre outros temas, como as entrevistadas analisavam o novo contexto político e as disputas colocadas no governo de

---

[1] O perfil detalhado das entrevistadas pode ser consultado no QR Code disponível ao fim do capítulo.

Lula 3.[2] Dos resultados, trazemos para discussão as referências aos *aprendizados sobre a relação com o Estado*.

As entrevistas permitem acessar uma dimensão concreta da democracia enquanto experiência vivida, que se expressa nas relações das mulheres e de suas organizações com o Estado brasileiro. Atentas aos recentes processos políticos que marcaram o país, as interlocutoras destacaram os retrocessos da experiência da ruptura radical representada pelos governos de Michel Temer e, especialmente, de Jair Bolsonaro, quando o Estado se torna abertamente hostil às agendas de gênero. Tais reações remetem às transformações das relações de gênero em um nível social mais amplo (BIROLI; CAMINOTTI, 2020).

Ao mesmo tempo, elas teceram considerações sobre os limites da democracia, analisando as possibilidades e tensões de luta pela cidadania. Desde a transição democrática, movimentos sociais, sobretudo os feministas, constroem elaborações a respeito das possibilidades e entraves que a atuação partidária e o engajamento junto ao Estado podem suscitar (ALVAREZ, 1990). Essas análises adquirem ainda maior saliência quando ponderadas a partir do contexto de permeabilidade do aparelho estatal às organizações da sociedade civil, como ocorreu durante os governos do Partido dos Trabalhadores (PT) entre 2003 e 2016,[3] em um regime que denominamos de "pluralismo ambivalente". Essa definição busca captar a tensão entre a relativa abertura do Executivo federal às demandas feministas e antirracistas e o bloqueio para avanço de determinadas agendas relativas aos direitos sexuais e reprodutivos, em razão da natureza da coalizão de sustentação do governo e do crescente conservadorismo na base da sociedade (TATAGIBA; BIROLI, 2025).

---

[2] As entrevistas foram realizadas na modalidade online, entre fevereiro e agosto de 2023, e integram as ações empreendidas no âmbito do projeto de pesquisa intitulado "Avanços e reações às políticas feministas e de igualdade de gênero nas democracias contemporâneas", coordenado por Flávia Biroli e Luciana Tatagiba. O projeto recebeu apoio do CNPq, por meio de bolsas de produtividade e financiamento de pesquisa no âmbito do edital Universal, e da ONU Mulheres. Teve como assistentes de pesquisa Débora Françolin Quintela, doutoranda do IPOL/UnB, e Isabela Andrade, doutoranda do PPGCP/Unicamp. As etapas anteriores desse projeto consistiram em um mapeamento de atores que lideraram as políticas de gênero no governo Bolsonaro, analisando também suas estratégias em três temas: aborto, educação sexual ou em perspectiva de gênero e violência. Ver Biroli, Tatagiba e Quintela (2024) e Biroli e Tatagiba (2025). O projeto de pesquisa foi submetido e aprovado pelo Comitê de Ética sob o Certificado de Apresentação de Apreciação Ética n.º 82828924.5.0000.8142.

[3] Em outro texto, discutimos mais detidamente essas elaborações, argumentando que a posição relativa das lideranças – sobretudo em termos raciais e étnicos – se conecta à saliência maior de dimensões estruturais ou conjunturais na análise do Estado (TATAGIBA; BIROLI, 2025).

A partir desse e histórico, as entrevistas localizaram disputas e assimetrias que informam sua leitura dos desafios atuais, quando orientamos seus olhares para Lula 3 (2023-2026). Assim, a reflexão sobre a conjuntura atual aparece informada pelos *aprendizados* desse passado recente e tensionada por desafios experienciados antes e identificados no presente. A aposta nas arenas estatais, que volta a incluir o Executivo, incorpora a experiência (direta ou indireta) das possibilidades e dos limites encontrados no ciclo progressista. As narrativas apontam para uma análise relacional apurada, que incorpora o conservadorismo como problema político, e as alianças, voltadas para a manutenção da governabilidade, como barreiras para o avanço das agendas de igualdade de gênero.

Dinâmicas do ativismo em uma coalizão convergente antifeminista

Ao longo de todo o governo da extrema direita, gênero foi uma categoria que articulou e justificou orientações conservadoras e reativas a direitos, com forte potencial de mobilização social, ao mesmo tempo que orientou o reenquadramento e desmonte das políticas públicas (BIROLI; TATAGIBA; QUINTELA, 2024). Em contextos de retrocessos democráticos, em que o neoliberalismo e a austeridade representam variáveis importantes na perda de direitos, como no caso do Brasil, é comum que políticas redistributivas sejam substituídas pelo familismo, que entra em cena como uma categoria política reguladora (BIROLI; QUINTELA, 2021).

Em um governo abertamente contrário aos feminismos e às agendas de direitos humanos, o ativismo contra o gênero encontrou novos espaços, e o antifeminismo pôde ser anunciado como discurso oficial. Nosso estudo da ocupação do Estado no governo Bolsonaro (2019-2022), em ministérios estratégicos à garantia dos direitos das mulheres, argumenta que se estabeleceu, nesse governo, uma coalizão heterogênea, mas convergente nas posições contrárias às agendas de direitos humanos. Formada sobretudo por ativistas antiaborto, mas também constituída por proprietários de terra, militares, grupos ideológicos de extrema direita, direita partidária tradicional e conservadores religiosos, a presença dessa coalizão no Estado tornou possível a instauração de um projeto antifeminista (2019-2022). No caso brasileiro, o Executivo federal não apenas assumiu uma postura, pública e militante, ativamente hostil às causas feministas, como também impediu que grupos sociais vinculados a essa agenda participassem da construção das políticas públicas (BIROLI; TATAGIBA; QUINTELA, 2024), ao longo dos quatro anos.

Esse contexto impactou profundamente os movimentos e suas lideranças. As ameaças e perseguições, a violência física e simbólica e o medo da morte assombraram as ativistas ao longo de todo o período. Movimentos antigênero e antifeministas já atuavam no Judiciário, no Legislativo e nos governos subnacionais. A diferença é que agora passaram a ganhar maior força e recursos, pelo alinhamento à política oficial do governo da extrema direita. Os efeitos variaram de acordo com a posição das ativistas, confirmando a relevância de abordagens interseccionais que levem em conta a configuração múltipla das identidades e seu significado em contextos sociais específicos (VIVEROS VIGOYA, 2016). Assim, a condição foi ainda mais dramática para os movimentos de mulheres indígenas, dados seu histórico abandono político e a violência sofrida pela população a que pertencem:

> Fazer todo esse enfrentamento no governo Bolsonaro sem amparo nenhum do Estado foi muito difícil, porque teve muitas lideranças que foram executadas. [ ] A gente teve que ficar mudando de casa em casa para sobreviver, porque o povo vinha mesmo, vinha em cima, partia para cima da casa da gente, invadia, executava, ameaçava os nossos familiares. [ ] E tudo isso, mesmo a gente registrando, tendo todas as provas, o Estado nos ignorou (C2 – Direitos Indígenas).

As agressões, segundo elas, não vinham apenas do Estado, mas da sociedade, principalmente a partir dos discursos de ódio nas mídias digitais contra as ativistas. Nesse caso, não apenas a configuração das identidades coletivas, mas também a agenda em que atuam incidiram em como viveram o período, indicando que os efeitos das políticas da extrema direita variaram também segundo as agendas – algo que já havíamos identificado ao analisar as políticas públicas e as estratégias discursivas para legitimá-las (BIROLI; TATAGIBA; QUINTELA, 2024).

Para responder a esse contexto, elas mobilizaram um repertório variado, com destaque para a aposta na política institucional, sobretudo na representação no Legislativo. O foco principal estava na expansão da presença progressista nos espaços legislativos, numa resposta à reação conservadora e ao crescimento da extrema direita. Nas falas de várias de nossas entrevistadas, há a avaliação de que o custo de não estar presente para disputar os espaços em que as decisões são tomadas é alto demais. Essa compreensão aparece com igual intensidade entre as ativistas mais jovens, de movimentos feministas antiproibicionistas e por direitos reprodutivos, e entre as mais experientes, de movimentos de mulheres negras e movimentos mistos, como os movimentos de mulheres camponesas.

> Porque mesmo sendo nessa adversidade toda que estava posta, se a gente fosse ficar chorando as nossas pitangas, a gente não avançava […]. Ele [o governo Bolsonaro] nem se apercebeu, e, quando ele foi acordar, nós

tínhamos duas travestis eleitas deputadas federais [...]. E ele comeu mosca, porque a gente diz assim: "a gente veio da margem, e para a margem a gente não vai voltar". Então, vamos aqui chamar as nossas, vamos articular esse jogo e vamos começar jogar bola (I1 – Direitos de pessoas trans e travestis).[4]

Uma decisão do movimento, a partir do que aconteceu do Bolsonaro, de tudo isso, foi que a gente iria disputar as eleições. E nós disputamos eleições pela primeira vez articulados pela direção nacional, coordenado pela direção, e elegemos alguns deputados federais, estaduais. [...] Vai fazer diferença? Aquele negócio de uma andorinha só não faz verão, mas uma andorinha só faz confusão, [faz] pelo menos barulho, zoa, atrapalha (J1 – Reforma agrária).

Essa aposta na política parece decorrer, sobretudo, de um aprendizado produzido no campo progressista por alguns processos subsequentes: o término do ciclo em que se contava, ao menos até certo ponto, com um Executivo progressista; os impactos da ampliação, ao longo dos anos, da maioria conservadora no Congresso Nacional, que passa a contar com mais ativistas antifeministas; e, por fim, a emergência de um governo de extrema direita com agenda abertamente antifeminista. Em conjunto, esses processos parecem ter evidenciado que, sem lideranças políticas com compromisso feminista e antirracista no Legislativo, é difícil atuar para conter retrocessos e, principalmente, avançar em pautas igualitárias e de direitos, daí a ênfase em preparar candidatas e eleger mulheres, em particular negras, indígenas e trans.

Lula 3: aprendizados e apostas

A vitória de Lula I no pleito de 2002 inaugurou um novo padrão de ocupação do Estado, tornando-o mais permeável às demandas da sociedade civil. Além de absorver ativistas em postos no aparelho estatal, arenas destinadas à participação social foram ampliadas e conselhos e conferências de políticas públicas se apresentaram como instâncias de interação entre Estado e organizações da sociedade civil, corroborando a tese da mútua constituição entre movimentos sociais e políticas públicas (ABERS; SILVA; TATAGIBA, 2018; ABERS; SERAFIM; TATAGIBA, 2014). Lideranças feministas e atuantes partidárias ocuparam cargos

---

[4] A entrevistada I1 chama-se Keila Simpson e é presidente da Associação Nacional de Travestis e Transexuais. Ela recusou o anonimato que lhe foi proposto.

no Executivo federal, especialmente na Secretaria de Políticas para Mulheres (SPM), que existiu com *status* ministerial entre 2003 e 2015. Nessas posições, elas exerceram o que se convencionou chamar de "ativismo institucional" (ABERS; SERAFIM; TATAGIBA, 2014) e buscaram avançar a agenda da igualdade de gênero na administração pública de maneira transversal, na direção de um "feminismo estatal participativo" (MATOS; ALVAREZ, 2018).

Entretanto, tais feitos não se mantiveram até o fim desse primeiro ciclo petista, uma vez que, mesmo antes da destituição de Rousseff (2016), pautas caras aos movimentos feministas começaram a sofrer importantes interdições no Executivo. As reações ao Plano Nacional de Direitos Humanos 3 (PNDH-3, de 2009) e ao Plano Nacional de Educação para o decênio 2014-2024, discutido no Congresso em 2014, anunciavam novos padrões (BIROLI, 2018, capítulos 3 e 4). Em 2015, a pressão da base aliada sobre a presidenta Dilma Rousseff levou a uma reforma ministerial em que a SPM, a Secretaria de Políticas para a Igualdade Racial (Sepir) e a Secretaria Especial de Direitos Humanos foram fundidas no Ministério das Mulheres, da Igualdade Racial, da Juventude e dos Direitos Humanos.

Para algumas das entrevistadas, a disputa se tornou aguda já nos dois primeiros mandatos de Lula (2003-2010), principalmente nas pautas relacionadas ao aborto. O processo político mostrou que aliados conservadores podem não apenas reorientar, como também bloquear ações, independentemente de sua posição individual ou da posição programática de seu partido. Embora saibamos que isso tenha se dado em alianças complexas, que envolvem católicos e evangélicos (BIROLI; MACHADO; VAGGIONE, 2020), estudos têm apontado que a maior presença de evangélicos conservadores no Congresso potencializa o veto a políticas para a igualdade de gênero e diversidade sexual (CORRALES, 2017). A ambivalência de um governo aberto ao diálogo e mais permeável à participação desses movimentos, mas seletivo em relação às pautas, estabeleceu uma dinâmica de tensionamento entre expectativas, limites e formas de (auto)silenciamento.

O tema do aborto é uma chave para essas ambivalências. No entanto, uma contribuição da nossa pesquisa é apontar para as diferenças na experiência das ativistas, de acordo com sua perspectiva em pelo menos dois sentidos: a proximidade em relação ao governo federal e a interseccionalidade. Entre mulheres negras e indígenas, o problema das alianças governistas foi associado ao das desigualdades sociais e no acesso ao Estado, assim como ao das violências estruturais e persistentes. Enfim, como dito por uma ativista do movimento de mulheres negras, os governos do PT não foram capazes de lidar com "lacunas" que "classificam a democracia brasileira como inconclusa" (H2 – Igualdade racial e de gênero). Compor alianças nesse contexto não é uma tarefa simples:

> A primeira coisa que eles dizem para nós é que a nossa luta não faz sentido, que os movimentos são identitários, [que] não lutamos pelas causas justas. Então, quando a gente apanha, apanha sozinho (H1 – Igualdade racial e de gênero).

> A tese de marco temporal foi construída e fortalecida ao longo do governo do PT. Então, onde estava o interesse, por exemplo, do PT nos últimos anos em arquivar, ou em discutir, o marco temporal mais favorável aos povos indígenas, por exemplo? (C2 – Direitos indígenas)

Assim, apontamos para as implicações teóricas que conectam o pluralismo ambivalente, nas democracias liberais, ao silenciamento de problemas e necessidades de grupos marginalizados e vulnerabilizados, permitindo qualificar de maneira mais complexa o acesso aos espaços estatais (TATAGIBA; BIROLI, 2025). Ressaltamos que o espaço estatal é hierárquico, tem centro e margens. Em algumas entrevistas, essa elaboração é orientada para uma crítica aberta ao PT, na qual tem papel central a desconfiança em relação a alianças amplas, características do lulismo. É algo que não se limita ao nível federal, mas que remete à política do PT nos estados (Bahia tendo sido citada como exemplo) e à diferenciação político-partidária no campo da esquerda

Os aprendizados sobre o alcance da participação em governos de coalizão ampla levaram, assim, a uma dupla orientação das nossas entrevistadas. Se não é possível deixar de apostar nas arenas institucionais – e ocupar cargos em governos mais alinhados às pautas dos movimentos é parte disso –, tampouco seria viável colocar "todos os ovos em uma mesma cesta".

> "Cadê Fulana?", "Tá no governo". Chegava a encher a boca. Agora não […]. Então aí é o movimento […] se sair mais gente, vai de fato enfraquecer (H3 – Igualdade racial e de gênero).

> Eu acho que cooptou mais a gente para dentro do Estado do que o fortalecimento do movimento. […] Silenciou mais o movimento do que potencializou o movimento (H4 – Igualdade racial e de gênero).

> E a gente já tem muita tarefa interna […] para a gente ficar se disponibilizando para o Executivo. Eles sugam demais a gente. […] É por isso que a gente também não vai se disponibilizar para o Executivo, entendeu? (H5 – Igualdade racial e de gênero).

As desconfianças se estendem aos partidos, de uma forma geral. Mesmo quando não há hostilidade, há resistências em incorporar as agendas feministas, e mesmo as mulheres, nas decisões internas e apostas eleitorais. Isso é dito tanto por entrevistadas da nova geração quanto pelas mais velhas, inclusive aquelas que mantêm militância partidária ativa:

> As nossas agendas progressistas, de mulheres, feministas, LGBT, de mulheres negras, de enfrentamento ao racismo, essas agendas são muito ousadas para um partido político (B2 – Apoio a organizações).

> Nós não temos, neste momento, partidos inspiradores em lugar nenhum. Nós temos partidos extremamente limitados para o que são os nossos desafios neste momento (F1 – Economia feminista anticapitalista).

> Os partidos, infelizmente, para nós são os principais violadores [...]. Nenhuma dessas candidatas que a gente teve, nenhuma delas passaram pelo processo sem viver violência política, e existe uma resistência dos partidos à nossa presença, [dos] movimentos sociais, e a essas candidaturas meio que autônomas, sabe? (G1 – Feminismo antiproibicionista).

A composição dos ministérios é também lembrada como marcador do caráter predominantemente masculino da política, enquanto um elemento que atravessa os ciclos eleitorais:

> A gente viu que os cargos maiores da economia, da decisão da política, não estão com as mulheres. [ ] Na Casa Civil é um homem, no Ministério de Desenvolvimento da Agricultura Familiar [MDAF] é homem. E, diga-se de passagem, no MDAF [ ] as quatro principais secretarias são todas [chefiadas por] homens. Só para ter uma ideia, o ministro é homem, e as secretarias do Ministério da Agricultura Familiar e da Reforma Agrária são de homens (J1 – Reforma agrária).

Apesar disso, é justamente a dimensão da representação descritiva, da presença, que as leva a ver o cenário atual como mais positivo. Lula 3, dizem, é um governo composto por quem entende "as nossas dores" e "sabe onde o nosso corpo sangra" (C2 – Direitos indígenas):

> A ministra [Sonia Guajajara], ela conhece as nossas pautas, ela conhece as nossas especificidades e ela sabe onde a gente não cabe dentro das pautas do governo. [...] Então, assim, ter uma ministra tem uma diferença: ela sabe onde o nosso corpo sangra. É lá que ela vai fazer os encaminhamentos (C2 – Direitos indígenas).

> A primeira ação dessa secretária, qual é? É criar o Conselho Nacional LGBT, […]. Agora sim, a gente retoma o fio da história e aí a gente vai recontar a partir de agora […]. A gente vai ter embate que a gente vai fazer, mas vai ter embate agora com o governo que, pelo menos, conhece as nossas dores e compreende um pouco delas também (I1 – Direitos de pessoas trans e travestis).

> Existem pessoas ali que são pessoas competentes, sensíveis às suas pautas, dispostas a fazer. [...] Ontem eu saí de uma reunião dizendo "que maravilha não precisa convencer [que existe] o racismo no país", porque aí você já vai para um outro nível de conversa. Se eu tiver que te provar que tem, aí, putz, não dá pra conversar, entendeu? (H2 – Igualdade racial e de gênero).

Em relação ao Ministério das Mulheres, predominou, até então, a ampla concordância das entrevistadas com a indicação de Cida Gonçalves para seu comando. Mas há ressalvas que, embora reconheçam a competência da equipe que compõe a pasta, a consideram "pouco ampla" (F1 – Economia feminista anticapitalista). Essa falta de pluralidade pode ser vista como um grande desafio, uma vez que pode significar dificuldades para dialogar com um campo feminista em franca transformação (K2 – Violência contra as mulheres).

Os afetos são ativados para demarcar a diferença entre a esperança, em 2002, início do ciclo de governos de esquerda no país, e a reticência, em 2023, quando realizamos as entrevistas. Assim, a crítica ressalta não só os limites da democracia e das transformações em direção igualitária em momentos favoráveis, mas também as ameaças que se apresentaram com o crescimento da extrema direita. Com isso, uma avaliação estratégica complexa substituiu o que poderíamos caracterizar como um certo encantamento pela abertura relativa do Estado.

> Talvez, em 2002 nós estávamos completamente apaixonados, apaixonadas, apaixonades […]. Então, é aquilo: quando você está apaixonado, você não vê um palmo diante do nariz. Esse amor todo, essa paixão, nesse governo, não rola. Está todo mundo muito esperto. Então, Lula sabe também que aquele povo ingênuo que estava em 2002 […] que não tem mais nenhum besta agora. Não tem. […]. A cena que não sai da minha cabeça é a do povo brincando com as carpas na posse do Lula. Acabou aquilo, não tem mais (H3 – Igualdade racial e de gênero).

> A gente comemora, mas também não comemora, porque o governo hoje ainda é muito conservador. A grande maioria hoje na Câmara, por

exemplo, os deputados são os conservadores. A gente venceu e não venceu de alguma forma. […] Então, assim, até a gente acessar, até a gente tentar que seja feito algo por nós, já foram os quatro anos do governo Lula (C2 – Direitos indígenas).

Em síntese, as entrevistas evidenciam as diferentes implicações para o ativismo feminista de atuar em um contexto no qual a extrema direita ocupou o Estado – e, a partir dessa posição, operou mudanças discursivas e estratégicas em sentido antifeminista – e em outro no qual os alinhamentos entre governo e movimentos feministas permitiram retomar as agendas igualitárias, contudo, sob os marcos de alianças para a governabilidade que produziram bloqueios e silenciamentos. As apostas desse campo em Lula 3 aparecem mediados por esses aprendizados, a partir do reconhecimento de que, embora o bolsonarismo tenha sido derrotado nas urnas, segue forte na base da sociedade.

Considerações finais

As entrevistas expressam o entendimento de que desde os anos 2000 um conjunto de atores em coalizões mais ou menos coesas se organizou para estrategicamente conter mudanças e garantir o controle sobre o Estado, em uma direção antifeminista. A percepção das ativistas é que a força social e política dos setores conservadores e de extrema direita, que têm aumentado seu acesso ao Estado, é um fator conjuntural que ampliou os riscos para os direitos das mulheres e as ameaças às suas vidas. Nesse sentido, confirmam as abordagens que destacam uma reação a transformações políticas e sociais nas relações de gênero (BIROLI; CAMINOTTI, 2020). Reforçam, além disso, a importância de investigar como mudanças nos governos incidem não apenas sobre o Estado, mas também sobre os movimentos e as disputas, produzindo novas leituras e estratégias.

Por outro lado, as entrevistadas analisaram as possibilidades e tensões de luta pela cidadania em um contexto de governo aliado, como é o caso do PT, em que identificaram uma disputa permanente, apontando para as ambivalências dos governos progressistas na promoção da participação, na incorporação de políticas igualitárias e na melhoria das condições de vida das mulheres. O conjunto de entrevistas, definido pelo reconhecimento da heterogeneidade do campo, mostrou a importância de considerar essas contradições para entender os repertórios de resistência e os sentidos que imprimem à luta institucional uma estratégia muito valorizada no conjunto das entrevistas.

Atuar sobre as instituições e disputar os rumos da política nacional aparece como importante para todas as entrevistadas, seja porque a violência se intensifica quando pactos democráticos anteriores se rompem, seja porque as oportunidades de participação sob governos de esquerda permitem disputar os recursos do Estado de outras maneiras. Novas estruturas de oportunidades se apresentam porque os movimentos já pressionavam, de dentro, partidos que ascendem ao poder. Quando aliados históricos assumem o governo, as chances de incidência sobre as políticas públicas se ampliam, e os riscos aos ativismos diminuem. A aposta na participação segue como horizonte normativo, mas ela hoje convive com um relativo ceticismo que considera a frente ampla formada pelo PT, o recrudescimento do conservadorismo e a expansão da extrema direita como barreiras para fazer avançar os direitos das mulheres.

ANEXO

Identificação
das entrevistadas

Desafios no governo Lula: o fenômeno Pablo Marçal, extrema direita, juventude e indústria da influência

Thais Pavez, Camila Rocha e Esther Solano

São Paulo foi o centro das atenções durante as eleições municipais de 2024. A cidade foi a capital brasileira mais importante em que o lulismo venceu em 2022, o que fez de 2024 um bom termômetro para avaliar a força política e eleitoral do bolsonarismo.

O contexto não era favorável para a extrema direita na capital. Em 2022, não apenas Bolsonaro perdeu na cidade, mas Tarcísio de Freitas, atual governador do estado de São Paulo, e Marcos Pontes, candidato ao Senado, também perderam na capital. Além disso, em 2023, dezenas de pessoas foram presas e condenadas pelos ataques do 8 de janeiro em Brasília, e o ex-presidente Jair Bolsonaro foi declarado inelegível pelos próximos oito anos pelo Tribunal Superior Eleitoral (TSE).

Inicialmente, o pleito de 2024 seguiu um rumo esperado. De um lado, o candidato de esquerda Guilherme Boulos (PSOL) foi apoiado por Lula e, do outro, o então prefeito Ricardo Nunes (MDB), na busca pela reeleição, foi apoiado por Bolsonaro. Entretanto, a campanha sofreu uma reviravolta, com a entrada do influenciador e candidato de extrema direita Pablo Marçal (PRTB). Fazendo uso intensivo das redes sociais e de estratégias de comunicação inéditas até então, o influenciador viu sua intenção de voto crescer vertiginosamente, o que resultou em um triplo empate técnico com os outros dois candidatos às vésperas do primeiro turno.

Pablo Marçal obteve 28,14% dos votos e ficou de fora do segundo turno por uma margem estreita, cerca de um ponto percentual em relação ao segundo colocado, Guilherme Boulos (29,07%), e em relação ao então prefeito, Ricardo Nunes (29,48%). O influenciador também conquistou votos em bairros periféricos da Zona Leste, além dos tradicionais redutos do conservadorismo popular reativados pelo bolsonarismo, também localizados na Zona Leste, porém mais próximos ao centro, e bairros da Zona Norte (MARCONDES, 2022).

O feito foi conquistado sem o apoio de Jair Bolsonaro, sob ataques do líder evangélico Silas Malafaia – um dos principais nomes do bolsonarismo no campo religioso –, com um partido pequeno (sem representação na Câmara dos Deputados) e sem contar com tempo expressivo no horário eleitoral gratuito em rádio e TV. Apesar disso, Marçal alcançou um resultado importante o suficiente para ganhar projeção nacional. Em uma pesquisa de intenção de voto publicada em outubro pela Quaest (GALISI, 2024), o influenciador apareceu com 18% das intenções de voto para a presidência em 2026, à frente de Tarcísio de Freitas (Republicanos), governador de São Paulo, que registra 15%, mas atrás de Lula, que lidera com 32%. O candidato derrotado em São Paulo supera o governador em todas as regiões do Brasil, exceto no Sudeste, e empata com Lula no Sul do país (SOUZA, 2024).Diante desse cenário, como entender a divisão no interior do bolsonarismo? Em que consiste a força de atração eleitoral de Pablo Marçal? Como a interpenetração entre a indústria da influência digital e a esfera política se relaciona com o bolsonarismo?

Para responder a essas perguntas, argumentamos que o resultado alcançado por Pablo Marçal em São Paulo remete a um fenômeno mais amplo: a entrada direta de figuras nativas da indústria da influência digital na esfera política, sem necessariamente seguir o caminho tradicional de formação de quadros em partidos políticos.

O uso de ferramentas típicas da indústria da influência digital em campanhas eleitorais, capaz de alavancar rapidamente influenciadores para a política nacional, tem ganhado proporções significativas no Brasil e no mundo. Tais candidatos exercem forte apelo entre jovens que, sobretudo a partir da pandemia de covid-19, passaram a encontrar nas redes sociais um refúgio e uma forma de alimentar sonhos de prosperidade baseado em métodos de "auto-otimização" e motivação para o progresso individual (PINHEIRO-MACHADO, 2023; NUNES, 2022). Para tanto, combina elementos do discurso religioso pentecostal com técnicas de disciplina mental e espiritual, conselhos sobre investimentos financeiros e cursos online.

Marçal emerge justamente desse segmento. Assim como outros influenciadores, o empresário se promove como exemplo de sucesso do próprio método que ensina. Além disso, o fato de Marçal ser um influenciador, e não um político profissional, reforça sua imagem antissistema, condição que, aos olhos dos eleitores do campo bolsonarista, é essencial para enfrentar a "corrupção" do sistema político e levar adiante um projeto alinhado aos valores da extrema direita.

Com base em duas pesquisas realizadas nos últimos anos – uma pesquisa qualitativa com eleitores de Bolsonaro em três capitais brasileiras realizada em 2024 e outra sobre influenciadores, jovens e política na América

Latina[1] –, trabalhamos com a hipótese de que a divisão no campo da extrema direita pode ser interpretada como uma inovação. O bolsonarismo demonstrou ser um movimento político com força suficiente para se expandir e alavancar novas lideranças, capazes de levar adiante seu projeto político, ao mesmo tempo que radicaliza e inova seu discurso antissistema.

A nova variedade tem um apelo particular entre os jovens, que, por um lado, sentem-se cansados com a política brasileira, palco de uma polarização política intensa, e, por outro, fazem uso intenso das redes sociais e se encontram imersos no ecossistema dos influenciadores digitais. Esse cenário permite à extrema direita renovar seu alcance entre as novas gerações, utilizando ferramentas do mundo digital e da indústria da influência.

Bolsonarismo para além de Bolsonaro

Com a declaração de inelegibilidade de Jair Bolsonaro e a divulgação na imprensa dos resultados das investigações da Polícia Federal sobre a tentativa de golpe, as dinâmicas de poder dentro do bolsonarismo se tornaram menos evidentes. Como suas bases reagiriam às acusações e à ausência do ex-presidente nas eleições de 2026? O contexto político das eleições municipais de 2024 ofereceu a oportunidade de investigar se os eleitores continuariam a aderir às pautas da extrema direita e seriam fiéis aos candidatos e candidatas que se declaram bolsonaristas.

Entre fevereiro e março, com apoio da Fundação Friedrich Ebert Brasil, conduzimos um estudo qualitativo com mulheres e homens moradores do Rio de Janeiro, de São Paulo e Belo Horizonte, com idades entre 35 e 60 anos, pertencentes às faixas de renda C e D, com diferentes perfis ideológicos, que votaram em Jair Bolsonaro em ambos os turnos das últimas eleições presidenciais.[2] Com o uso da técnica qualitativa de minigrupos focais, exploramos ideias, opiniões, percepções e aparentes paradoxos apresentados pelos entrevistados.

A partir dos dados coletados, constatamos que Bolsonaro continuava a exercer uma forte liderança entre seus eleitores. Nas imagens e narrativas que emergiram

---

[1] A pesquisa *Influenciadores, jovens e América Latina: a perspectiva dos jovens latino-americanos* foi realizada entre 2023 e 2024, em parceria com o Internetlab e CCI/Cebrap, com apoio da Luminate. Conduziu-se um levantamento online com 350 jovens de cinco países latino-americanos (Argentina, Brasil, Chile, Colômbia e México) e, destes, 90 foram recrutados para serem entrevistados em minigrupos focais. A pesquisa completa encontra-se disponível online, em: <internetlab.org.br>.

[2] A pesquisa completa encontra-se disponível online para download no site da Fundação Friedrich Ebert Brasil, em: <brasil.fes.de/>.

durante as entrevistas, o ex-presidente era frequentemente descrito como estando rodeado por multidões nas ruas e em manifestações lotadas, o que demonstraria sua capacidade de mobilização e uma alta aprovação popular. A contraposição com a esquerda reforçava a percepção de superioridade da extrema direita. Os entrevistados relataram que Lula era frequentemente recebido com vaias, e que os atos promovidos por seu partido eram vistos como menores e menos expressivos.

> Eu também acho que ele continua muito forte. Até hoje eu não consigo entender, na verdade, como ele não ganhou, porque a gente vê aí as passeatas, tudo o que vem acontecendo, cada vez mais lotadas, vários apoiadores, várias pessoas sempre juntas com ele (Mulher, 32 anos, perfil neoliberal, Rio de Janeiro).

> Eu também acredito que ele tenha muitas pessoas o apoiando ainda. Eu sou uma delas, porque ele vem com isso de família. Ele segue os princípios que nós, cristãos, seguimos também, que é o princípio da Bíblia. É isso que a gente leva para nós. E hoje, com o governo atual, é muita coisa que é surreal, mas, a gente falando do Bolsonaro, é uma pessoa que é um líder ainda. A gente fala pela última manifestação que houve na Paulista. Foram milhares de pessoas (Mulher, 40 anos, perfil conservador, São Paulo).

> E se você for ver hoje, quando o Bolsonaro está em algum lugar [...] a massa toda vai atrás dele. Quando o Lula faz qualquer coisa, a gente viu aí, no Sete de Setembro, estava lá ele, a esposa e meia dúzia de gatos pingados (Mulher, 48 anos, perfil conservador, São Paulo).

O que veio à tona na narrativa dos entrevistados não foi o medo em relação à eventual saída de cena de Bolsonaro, mas sim um desejo de mudar radicalmente o país que aponta para o futuro. O governo Bolsonaro provocou um "rebuliço" e iniciou uma "arrumação do país", que deveria ser levada adiante e concluída. O ex-presidente ainda era visto como alguém capaz de conduzir esse projeto de transformação do Brasil. Segundo os entrevistados, Bolsonaro deveria ter permanecido no governo para continuar as mudanças que começou e que a pandemia obstaculizou.

Na visão dos entrevistados, a chegada de Bolsonaro à presidência teria deflagrado um movimento que promete corrigir ou sanar os problemas da nação, cujas bandeiras são centrais na visão de mundo compartilhada por seus seguidores: os valores cristãos, a defesa do armamento, a rejeição à legalização do aborto, o apoio a medidas severas contra o crime e a valorização do empreendedorismo. É com essas expectativas de mudança que a luta contra a corrupção emerge como um elemento central, descrita como a principal linha de ação de lideranças que se apresentam como agentes de um projeto de transformação. O ex-presidente é percebido por seus seguidores mais fiéis como um líder *antissistema*, perseguido porque encontra resistência do "sistema", ou seja, daqueles que buscam apenas se perpetuar no poder:

> Ele sabia que sozinho não ia conseguir, mas então ele começou a levantar uma massa que poderia pensar com ele, aí sim muda tudo definitivamente. As pessoas começaram a ter voz, porque a gente começou a entender que poderia falar, que poderia reivindicar (Mulher, 44 anos, perfil conservador, São Paulo).

O bolsonarismo avivou expectativas de transformação. Seus apoiadores sentem que o movimento continua *vivo*, tende a crescer e que é necessário para dar continuidade ao projeto de um novo país. Porém, Bolsonaro não é seu único líder. Os entrevistados apontam que outras figuras podem conduzir seu projeto político ou substituí-lo nas próximas eleições:

> Eu acho que se criou um movimento de pessoas que querem fazer história, querem mudar alguma coisa. Essa é a impressão que eu tenho. Caso não seja o Bolsonaro, vai se levantar alguém ali desse meio com a mesma representatividade, tentando trilhar esse caminho. Então, eu acho que vai muito além do Bolsonaro agora. Acho que isso é legal. Quebrou lá aquele negócio de direita e esquerda, e só a esquerda presta, e a direita não sei o quê. Porque tem algumas pessoas que vão migrar, vão entender o momento político que a gente está vivendo, que é de mudança, e vão colocar alguém lá (Mulher, 38 anos, perfil neoliberal, Rio de Janeiro).

Tarcísio de Freitas (Republicanos) despertou entusiasmo entre os entrevistados, inclusive entre aqueles de outros estados, devido à percepção de que está atuando contra o crime organizado em São Paulo e de ser a favor das privatizações. No entanto, alguns eleitores expressaram receio que ele pudesse "dar um passo atrás" ou "trair" o campo bolsonarista. Um exemplo citado nesse sentido foi o do ex-governador de São Paulo João Doria (PSDB), que recebeu o apoio de Bolsonaro, mas depois se mostrou favorável a medidas restritivas na pandemia de covid-19.

Também foi mencionado o caso do ex-governador do Rio de Janeiro, Wilson Witzel (ex-PSC), afastado por envolvimento em casos de corrupção e lavagem de dinheiro. Para os eleitores, o apoio de Bolsonaro, por si só, não é suficiente para garantir que um candidato permaneça fiel aos valores e às ideias que os eleitores identificam como fundamentais para a continuidade do movimento, como a luta contra a corrupção.

Os entrevistados também identificaram Nikolas Ferreira (PL) como um líder mais radical na defesa dos valores bolsonaristas. Contudo, ainda é considerado jovem demais para concorrer à presidência em 2026.

A partir dos achados da pesquisa, o surgimento de novas lideranças no campo das direitas é bem recebido pelos eleitores, independentemente do apoio de Jair Bolsonaro, como foi o caso de Pablo Marçal em São Paulo.

A política *influencer*

Nos últimos anos, houve rápidas transformações nas campanhas eleitorais, impulsionadas pelas dinâmicas das redes sociais. A eleição municipal de 2024, no entanto, trouxe algo novo: a candidatura de figuras nativas da comunicação digital e o uso das ferramentas típicas da indústria da influência. Ainda que seja exemplar, o caso de Pablo Marçal não foi o único. Outros candidatos-influenciadores também obtiveram resultados expressivos. O bolsonarista Lucas Pavanato (PL), por exemplo, foi o vereador mais votado em São Paulo (e o mais votado do Brasil), e o influenciador Vinícius de Oliveira (Cidadania) foi o segundo mais votado em Campinas (SP). O fenômeno não se restringe ao Brasil. Na Argentina, por exemplo, Lilia Lemoine, *cosplayer*[3] e influenciadora digital, foi eleita deputada pela Libertad Avanza (LLA), partido de Javier Milei. A influenciadora teve papel central na campanha de comunicação do Milei e protagonizou ao seu lado um dos "cortes"[4] que viralizaram durante a disputa, no qual Milei destrói uma maquete do Banco Central argentino com um martelo.

Essas novas figuras na política e suas estratégias movimentam uma indústria da influência que tem atraído enormes investimentos publicitários, impulsionados principalmente pela monetização de vídeos curtos. O mercado digital, no entanto, vai muito além da venda de produtos por meio de redes sociais: oferece cursos online e mentorias sobre assuntos espirituais, terapêuticos e religiosos, videogames, apostas, investimentos, entre outros, frequentemente acompanhados de promessas de resultados rápidos e eficazes.

Na etapa qualitativa do estudo conduzido com o InternetLab sobre influenciadores e política, observamos que a pandemia impulsionou uma expansão do

---

[3] *Cosplay* é uma performance lúdica que envolve se fantasiar de personagens de desenhos, mangás, *games*, séries, filmes etc.

[4] Vídeos curtos com conteúdos impactantes que são utilizados em redes sociais com objetivo de se tornarem virais.

universo dos influenciadores, e as práticas digitais ganharam força. As redes sociais serviram como um "refúgio" para muitos jovens que viram seu contato social drasticamente reduzido, criando uma disponibilidade emocional, e de tempo, significativa para o consumo de conteúdos digitais. A busca por entretenimento nas redes para aliviar a ansiedade ou sentimentos de angústia coincidiu com o *boom* do TikTok. A plataforma permite aos usuários espontaneamente criar e subir vídeos nas redes sociais de modo rápido e fácil, o que possibilita o surgimento de novos influenciadores.

Esses nativos digitais apresentam um potencial de identificação maior com seus seguidores, por se tratar de pessoas comuns e que passam por problemas semelhantes. Após a pandemia, o "hábito" de seguir influenciadores não só permaneceu como foi fortalecido entre os jovens. A própria ideia de ser um influenciador para ganhar a vida se disseminou entre as novas gerações.

Os influenciadores que entram na esfera política mobilizam justamente as relações de identificação e afeto características do ecossistema em que estão inseridos, além das ferramentas típicas da indústria da influência. Um exemplo nesse sentido foi a competição de "cortes" promovida pela campanha de Pablo Marçal. A política começou a adquirir características análogas às práticas e à realidade digital, moldando até o comportamento de políticos tradicionais.

Os influenciadores dependem quase exclusivamente da relação com seus *fandoms*[5] para manter seu apelo e *status* nas redes sociais e rentabilizar sua popularidade. Essa relação é sustentada pela percepção de confiança, proximidade, autenticidade e identificação com o influenciador, que reforça entre os seguidores o aspecto carismático dessas lideranças. Tais percepções passaram a ser mais críveis à medida que os influenciadores começaram a falar cada vez mais sobre seu próprio cotidiano, sobretudo durante a pandemia de covid-19. Além disso, ao não estarem vinculados a uma grande empresa, grupo de mídia ou partido, na visão dos seguidores, certos influenciadores teriam mais "liberdade" para agir espontaneamente e mostrar a realidade.

É justamente a fabricação da proximidade e da "autenticidade" que cria as condições para a identificação com o *influencer*. O humor é, sem dúvida, um elemento central, que ajuda a transmitir espontaneidade, aliado ao acompanhamento do dia a dia dos influenciadores, inclusive em suas rotinas mais simples e familiares. Além disso, eles compartilham seus problemas e preocupações, e até prestam contas aos seguidores quando passam um período sem produzir conteúdo.

---

[5] O "*fandom*" é uma comunidade que une fãs entusiasmados por uma determinada pessoa, coisa ou temática.

Assim, seus seguidores sentem e imaginam uma relação mais próxima com os influenciadores por meio dos canais de comunicação que estes disponibilizam, pelas *lives* ou encontros presenciais (*fun meetings*) organizadas, ou pela resposta a comentários postados. Esse vínculo gera sentimentos de afeto e proximidade.

No Brasil, entre os 85 perfis mais citados espontaneamente e com os quais os jovens afirmaram se identificar, apenas dois pertencem a influenciadores políticos: Jair Bolsonaro, com 25,8 milhões de seguidores no Instagram e 5,8 milhões no TikTok, e Nikolas Ferreira, atualmente deputado federal, com 11,6 milhões no Instagram e 6 milhões no TikTok. O deputado mineiro demonstra uma elaboração consciente sobre a importância de influenciar a opinião pública e a política, incentivando seus seguidores a atuarem como disseminadores ativos de suas ideias. Em seu curso online *O cristão e a política*, Ferreira define política como "a capacidade de influenciar o outro". Entre os jovens brasileiros entrevistados, alguns apontaram a postura de Nikolas como polêmica. Assim como no caso do atual presidente argentino, Javier Milei, essa polêmica, combinada com a produção de "cortes", desempenha um papel central na geração de engajamento e na ampliação do alcance de seus conteúdos nas redes sociais.

O embate pelos jovens em um mundo em crise

Mantendo a defesa das bandeiras bolsonaristas e o uso da linguagem bíblica, Pablo Marçal radicalizou a comunicação digital na política, projetando uma imagem inovadora em contraste com o "marketing tradicional". O influenciador construiu um campo semântico e simbólico da política que se caracteriza pela "inovação" e pela gestão baseada na tecnologia, contrapondo-se à política tradicional. Nesse contexto, a direita antissistema é apresentada como a alternativa política capaz de promover uma nova forma de governar, conectada aos cidadãos-seguidores e à ideia de prosperidade financeira, alcançável por meio de ferramentas e métodos corretos. Em contraste, a esquerda é associada à dependência do Estado.

Marçal trouxe novos elementos e sentimentos ao discurso da extrema direita, abrindo espaço na polarização política, que tem gerado desgaste, especialmente entre os jovens. Durante as entrevistas com jovens brasileiros, são comuns relatos de exaustão com o ambiente polarizado após quatro anos de governo da extrema direita. Brigas entre familiares e amigos por questões políticas tornaram-se rotina, e tanto bolsonaristas quanto lulistas foram vistos como semelhantes em seu comportamento, que inclui apontar falhas nos adversários e disseminar *fake news*.

Na eleição municipal, Marçal liderou as intenções de voto entre jovens paulistanos de 16 a 24 anos, mesmo com uma rejeição crescente no mesmo segmento. Na pesquisa divulgada às vésperas do primeiro turno, o *influencer* registrava 29% das intenções de voto dos mais jovens, disputando na margem de erro com Guilherme Boulos, que tinha 22%. Além disso, Marçal obteve votos em bairros da Zona Leste de São Paulo próximos à periferia, ampliando o reduto bolsonarista em regiões como Itaquera, onde se concentram segmentos da classe média baixa. Nesse sentido, estudos qualitativos recentes indicam possíveis conexões entre o discurso da extrema direita e as experiências de vida de jovens trabalhadores precarizados.

Na Argentina, o antropólogo Pablo Semán (2023) conduziu entrevistas etnográficas com jovens eleitores de Javier Milei. Entre aqueles que trabalhavam em plataformas digitais ou buscavam oportunidades no mercado tecnológico, havia uma valorização do empreendedorismo e do esforço individual como meios para atingir objetivos. Esses jovens encontravam nas redes sociais e na literatura de autoajuda uma série de métodos, cursos e oportunidades para "auto-otimização" para enfrentarem a disputa pelo trabalho, num mundo em que apenas uma parcela cada vez mais restrita da população tem acesso a empregos formais e à proteção social. Segundo Semán, esse universo reflete um modo de vida encarado como um combate, que exige disciplina, estratégia, força física e moral.

Os influenciadores desempenham papel central, inspirando e motivando seus seguidores a "serem a melhor versão de si mesmos" e promovendo ideias como autocuidado, prosperidade financeira e superação pessoal. Ainda refletindo sobre essa aproximação da extrema direita aos trabalhadores precarizados, a antropóloga Rosana Pinheiro-Machado (2024) apontou que aqueles que sobrevivem materialmente a partir da economia digital por meio, por exemplo, da venda de produtos online tendem a seguir influenciadores para melhorar suas habilidades digitais e empreendedoras. Esse tipo de *influencer* motiva e estimula o empreendedorismo, vendendo um estilo de vida associado ao sucesso e à prosperidade material. Nesse sentido, destaca-se, por exemplo, uma rede de *coaches* que ensinam a usar ferramentas do marketing digital para ganhar dinheiro e novos seguidores, ou formas de investimentos para alcançar o primeiro milhão. A partir dos perfis de vendedores online, Pinheiro-Machado descobriu que cerca de 80% dos influenciadores-chave seguidos na pesquisa apresentavam um engajamento político online pró-Bolsonaro.

Na pesquisa que realizamos junto com o InternetLab, também foi possível identificar um conjunto de influenciadores que chamamos de "*coaches* da prosperidade". Estes oferecem cursos, palestras, livros e métodos para alcançar riqueza e sucesso, para abandonar a "vida mediana", nas palavras do *coach* Wendell Carvalho. Entre os mais mencionados estavam Pablo Marçal e Thiago

Nigro, ambos com milhões de seguidores no Instagram. Esses influenciadores frequentemente fazem referências a Deus como central para a prosperidade e expõem sua religiosidade, embora não estejam necessariamente vinculados a igrejas específicas. Assim, é possível identificar uma proximidade formal entre o *coaching* e a pregação religiosa. Isso fica evidente considerando-se não só o conteúdo a respeito da prosperidade como também o aspecto motivacional fortemente emotivo, que inclui imagens do *coach*/pregador diante de uma massa de seguidores, os quais se mostram, em geral, inspirados pelas palavras ouvidas.

Considerações finais

Durante as eleições de 2024, Pablo Marçal mobilizou dinâmicas de identificação e afeto típicas do ecossistema dos influenciadores. Para tanto, apresentou um futuro em que tecnologia e estratégias individuais de auto-otimização são alternativas para prosperar em tempos de crise. Tais elementos organizam uma força de atração entre jovens que buscam transformar sua vida material por meio do empreendedorismo ou do mundo digital. Ao reforçar a promessa de "desintermediação" proporcionada pelas redes sociais, Marçal consolidou sua imagem como um candidato antissistema e transformador no campo da extrema direita, tendo em vista seu alinhamento com os princípios associados ao campo bolsonarista. Por isso, a despeito de não ter sido apoiado formalmente por Jair Bolsonaro, foi identificado por muitos de seus eleitores como o candidato mais alinhado à extrema direita, como havia apontado previamente a pesquisa com eleitores de Bolsonaro analisada na primeira seção.

No entanto, a inovação política da candidatura de Pablo Marçal vai além. Esse tipo de mutação do bolsonarismo supõe um desafio gigantesco para o governo Lula e para a esquerda brasileira de forma geral, porque o influenciador propõe uma mudança não apenas no país mas também na mentalidade individual, com o uso de técnicas comuns ao universo dos *coaches* e dos mentores, e amplamente disseminadas nas redes sociais, como a inteligência emocional e a educação financeira, a "empresarização" e o uso de tecnologia em todas as esferas de vida social e pública. Nesse sentido, concluímos que não apenas os influenciadores e políticos percebidos como "novos" empregam ferramentas e técnicas importadas da indústria da influência digital em suas campanhas e governos, como, no campo da extrema direita, os próprios valores e as formas de interpretar e estar no mundo, associados a grandes nichos de influenciadores, influenciam, ideologicamente, as plataformas e os discursos do que é percebido como uma "nova política".

Parte II:
Poderes e federalismo

A presidência e o Executivo no governo Lula 3

Magna Inácio e Filipe Recch

Introdução: navegando em velhas e novas tormentas

Após um longo período de crises e retrocessos, a eleição de 2022 gerou expectativas de um novo ciclo de estabilidade política com a restauração da presidência como agente coordenador do processo decisório brasileiro. Mas o desfecho eleitoral e a formação do governo revelaram a magnitude desse desafio a ser enfrentado pelo presidente eleito, Luiz Inácio Lula da Silva (doravante, Lula 3). Dois fatores principais concorrem para isso.

Lula é o primeiro a chegar, pela via eleitoral, à presidência da República para um terceiro mandato. A vitória em 2022 garantiu o retorno do PT ao Planalto após um ciclo de quatro vitórias consecutivas e 13 anos e meio na presidência, interrompido pelo *impeachment* da presidente Dilma Rousseff, em 2016. O PT se manteve como partido estruturante da competição presidencial, mas envolto em incertezas sobre o seu futuro e a viabilidade eleitoral do seu principal líder, Lula. Não foi, portanto, o retorno ao poder como parte do jogo rotineiro de alternância política em democracias. O governo Lula 3 começou sob fortes demandas para reconectar o ciclo passado a uma perspectiva de futuro para o PT, o que implica mais pressões do partido sobre a condução política e administrativa do presidente.

O segundo desafio é o de suceder um governo polarizador e radicalizado. Em seu mandato único, o presidente Bolsonaro empreendeu *policy shifts* deliberadas, por meio de inação ou desmantelamento ostensivo, de políticas e de capacidades de Estado (GOMIDE; SILVA; LEOPOLDI, 2023a; INÁCIO; RECCH; GUERRERO, 2023). O Executivo foi o *front* privilegiado desse presidente minoritário, liderado a partir do unilateralismo presidencial, em especial, por meio de decretos administrativos (INÁCIO, 2021). Consequentemente, a agenda inaugural do governo Lula 3 acabou sobrecarregada pelo esforço de revogar as decisões de seu antecessor, concorrendo com o tempo e a energia disponíveis para estabelecer as marcas da nova administração. A magnitude desse problema, porém, vai além desse esforço revogatório. A ascensão e os feitos do governo Bolsonaro evidenciam a emergência de novas coalizões políticas e distributivas com densidade eleitoral. O desafio, portanto, é de reconstruir o Estado e as políticas, mas também de forjar novas coalizões políticas capazes de competir, nos planos eleitoral e de governo, com aquelas que viabilizaram Bolsonaro.

A vitória de Lula por estreita margem de votos e a presença de maiorias ideologicamente distantes no Congresso sinalizaram, claramente, custos mais elevados para o enfrentamento desses desafios pela via costumeira do presidencialismo de coalizão. Por sua vez, os violentos ataques contra o governo e as instituições democráticas ocorridos no dia 8 de janeiro de 2023 evidenciaram o recrudescimento da polarização política e, com ela, o espaço para uma oposição radicalizada ao governo.

Assim, este capítulo analisa as estratégias presidenciais de desenho e de coordenação da presidência e do Executivo no governo Lula 3 em face desses desafios. A configuração partidária do Congresso, a polarização política entre os Três Poderes e o perfil da coalizão de governo são variáveis críticas na análise dessas estratégias nos primeiros dois anos do mandato presidencial de Lula 3.

O capítulo está organizado em três seções, além desta introdução. A primeira aborda a opção do presidente por uma coalizão dilatada, forjada em resposta aos desafios destacados anteriormente, que moldou o redesenho da arquitetura do Executivo e da presidência. A segunda seção aborda o uso dos poderes administrativos do Executivo pelo governo, identificando as agendas prioritárias e os instrumentos para implementá-las nesses dois primeiros anos de governo. Ao final, são destacados os principais achados da análise do governo Lula 3, com foco no Executivo, e o que eles nos dizem sobre a superação dos desafios colocados ao presidente.

De volta ao (novo) presidencialismo de coalizão: o redesenho do Executivo e da presidência

Nós argumentamos que a política de coalizão dilatada é um dos diferenciais do governo Lula 3, aspecto central para se entenderem os impasses e as estratégias de organização e uso dos poderes do Executivo nesse mandato. Formada em face dos constrangimentos eleitorais e de governo, a coalizão é orientada para recompor o campo gravitacional do PT no contexto de reestruturação da competição político-partidária no país, cujo centro se deslocou para a direita (MELO, 2024). Dilatar a coalizão, nesse caso, não significa apenas torná-la mais heterogênea, dado que as coalizões anteriores do PT já incluíam partidos ideologicamente distantes. A dilatação busca ampliar o arco de aliança para abarcar, no campo dessa direita com densidade eleitoral, aqueles que, até então, orbitavam em torno de desafiantes históricos do PT.

Os primeiros sinais dessa nova política aliancista ficaram claros com a seleção de um antigo adversário do PT, Geraldo Alckmin, para vice-presidente, seguida pela nomeação de Simone Tebet, terceira colocada na eleição presidencial, como ministra. Entretanto, o Congresso mais forte, mais polarizado e com a liderança da oposição em disputa alargaram o horizonte temporal de formação dessa coalizão dilatada. Como o campo de oposição se mostrava atrativo e com a liderança em aberto, os partidos de direita resistiram ao alinhamento com o PT e entraram divididos, com "um pé dentro e outro fora", no governo. O União Brasil, um partido ideologicamente distante e central no polo que historicamente antagonizou o PT, aderiu ao governo a partir de negociações com a ala senatorial do partido. As transações com os Republicanos e com o PP, que já governaram com o PT, foram mais custosas diante do apoio de parte de seus membros a Bolsonaro. A coalizão dilatada ganhou seus contornos finais com a entrada desses dois partidos no gabinete presidencial em setembro de 2023, mas esse processo evidenciou a desconexão entre a coalizão no Planalto e a coalizão legislativa, com custos mais elevados de coordenação do governo.

Mas como essa política de coalizão tem impactado as estratégias presidenciais do governo Lula na liderança do poder Executivo no terceiro mandato? O presidente mobiliza os recursos do Executivo para responder política e organizacionalmente aos constrangimentos e desafios colocados ao seu governo? Se sim, de que maneira?

Coalizão dilatada para governar: as tarefas de coordenação dentro do Executivo

Em janeiro de 2023, o governo Lula 3 tomou posse com uma coalizão minimamente vitoriosa (51% das cadeiras da Câmara dos Deputados), composta por nove partidos.[1] Com base nesse parâmetro, cadeiras legislativas na Câmara dos Deputados, o maior partido da coalizão é o partido do presidente (15,8%), mas seguido de partidos relativamente médios (MDB e PSD, ambos com 8,2%) e grande (União Brasil [UB], com 11,5%). O gabinete presidencial foi formado

---

[1] Federação PT, PcdoB, PSB, Rede, PSOL, PSD, UB, MDB, PDT. O PV faz parte da federação do PT, mas não foi contemplado com ministérios. Avante, Agir, PROS e Solidariedade, partidos da coligação eleitoral, não foram nomeados para ministérios.

mediante o redesenho do gabinete, com expansão do número de ministérios, que passou a contar com 37 deles, incluindo 7 secretarias ou unidades com *status* ministerial, distribuídos entre os partidos da coalizão.

Embora seja o mais coalescente entre os gabinetes inaugurais do PT (SANTOS; LUZ, 2023), essa distribuição dos portfólios se revelou um equilíbrio provisório com as negociações em curso para a entrada de novos partidos e ajustes no bônus ministerial dos maiores partidos. Desde então, foram realizadas sete mudanças ministeriais que, em parte, beneficiaram partidos ideologicamente mais distantes da coalizão, o União Brasil e os novos membros, PP e Republicanos. Essa reestruturação do gabinete ministerial se deu por meio do remanejamento de partidos da aliança pré-eleitoral e da criação de nova pasta (Empreendedorismo, da Microempresa e da Empresa de Pequeno Porte), com agravamento de tensões e conflitos intracoalizão.

O redesenho do gabinete viabilizou a estratégia de recrutamento ministerial para blindagem, interna e externa, do governo. O objetivo de formar um gabinete política e administrativamente forte orientou a seleção de ministros dentre políticos e lideranças experientes, dos quais sete senadores e oito ex-governadores,[2] além de ex-prefeitos e deputados. Foi um movimento ostensivo de fortalecimento político do Executivo, que retirou quadros partidários experientes da base do governo no Senado. A partidarização do governo foi adensada com a seleção de dois ex (e potencialmente futuros) candidatos à presidência, Fernando Haddad (PT) e Simone Tebet (MDB). É uma composição política que, por agregar ministros experientes e com motivações eleitorais de curto prazo, pode elevar os custos de coordenação do gabinete e de manutenção da coalizão dilatada.

O critério partidário foi predominante, mas a seleção dos ministros revelou a atenção do governo à composição de gênero e à participação da sociedade civil no gabinete. A combinação desses critérios, recorrente em governos do PT, tornou-se mais relevante no contexto da polarização política acirrada. O gabinete de transição de governo, que contou com o Conselho de Participação Social, fez parte dos esforços de adensamento da "frente ampla" que impulsionou a vitória de Lula, com expressiva participação da sociedade civil nos grupos de trabalho. O redesenho do Executivo e o recrutamento ministerial absorveram,

---

[2] Senadores Alexandre Silveira (PSD-MG) e Simone Tebet (MDB-MS), Carlos Fávaro (PSD-MT) e os recém-eleitos Camilo Santana (PT-CE), Flávio Dino (PSB-MA), Renan Filho (MDB-AL) e Wellington Dias (PT-PI). Estes quatro últimos nomes foram também governadores, além de Geraldo Alckmin (PSB, vice-presidente nomeado ministro), Márcio França (PSB), Rui Costa (PT) e Waldez Góes (PDT, mas indicado por Davi Alcolumbre, UB).

parcialmente, as pautas prioritárias e as demandas por espaços institucionais, resultando na seleção de lideranças de movimentos sociais, nomeação de dez mulheres ministras – maior número em um gabinete inaugural desde 1990 – e da primeira mulher indígena nomeada ministra na história do Brasil.

Redesenho do gabinete e seleção ministerial são desafios precificados de antemão por um novo governo. Entretanto, a sucessão de governos polarizadores e radicais pode adicionar um ingrediente novo à montagem do governo: burocracias divergentes e polarizadas. Durante o governo Bolsonaro, nomeações e decisões administrativas foram utilizadas de forma ostensiva para aprofundar polarizações e acirrar disputas em diversas áreas de políticas públicas do Executivo federal. O número sem precedente de militares em posições de comando ministerial subverteu o processo, em curso desde a redemocratização, de manter a administração pública federal e as instituições militares sob controle civil.

A radicalização de segmentos da burocracia, em particular dos militares e das forças de segurança, evidenciou um novo vetor de divergências, com potencial de gerar conflitos dentro e fora do Executivo. Nos dois primeiros anos do governo Lula 3, ficou evidente a profundidade da polarização herdada, em especial a politização das forças armadas associada à disfuncionalidade dos serviços de Inteligência (RODRIGUES, 2023). A reversão desse processo se revelou uma tarefa complexa, mesmo após a nomeação de um ministro civil e próximo aos militares para a pasta da Defesa e a reorganização de órgãos de segurança e de inteligência. O envolvimento de militares e forças de segurança do Executivo em atos para impedir a posse de Lula 3 e, depois, nos eventos antidemocráticos do 8 de janeiro de 2024 tem gerado crises recorrentes, incluindo a primeira queda de ministro, o chefe do Gabinete de Segurança Institucional, órgão da Presidência, quatro meses após a posse do governo.

Desenho do Executivo e o gabinete ministerial

Presidentes agenciam ministros e partidos, mas, antes, moldam administrativamente o seu campo de ação. A envergadura do redesenho do Executivo pelo governo Lula 3 foi maior diante da profunda reestruturação organizacional feita pelos governos Temer e, principalmente, Bolsonaro. Entretanto, tal esforço foi além da reconstituição dessas estruturas, buscando realinhá-las à política de coalizão e de coordenação adotadas pelo novo governo.

De forma semelhante aos gabinetes dos governos anteriores do PT, o presidente remontou um gabinete amplo. Porém, o fez no terceiro mandato, sob nova configuração interna. As mudanças remodelaram o Executivo em três direções principais: (a) maior descentralização de tarefas de governo para os ministérios, (b) "ministerialização" de novas áreas de políticas e (c) coordenação interna baseada em "gabinete centrado na presidência".

O desmantelamento da estrutura hipertrofiada da gestão Bolsonaro e a reconstrução dos ministérios foram direcionados para maior descentralização de tarefas de governo entre essas unidades. A principal estratégia foi o desmembramento de ministérios, sendo nove divididos em 17 novas pastas, restabelecendo, parcialmente, o desenho do gabinete nos governos anteriores do PT. Na área econômica, os ministérios da Fazenda; do Planejamento e Orçamento; do Desenvolvimento, Indústria, Comércio e Serviços foram recriados, mas agora em companhia de uma nova estrutura, o ministério da Gestão e da Inovação em Serviços Públicos. Divergências sobre políticas foram antecipadas e orientaram a segmentação de áreas de políticas. O Ministério do Desenvolvimento Agrário e Agricultura Familiar foi novamente apartado da pasta de Agricultura e Pecuária. A pasta do Desenvolvimento Regional deu lugar ao Ministério da Integração e do Desenvolvimento Regional, e o Ministério das Cidades foi recriado. No entanto, o alcance dessa nova arquitetura, via desmembramento e criação de novos ministérios, foi ampliado pela realocação e sobreposição de jurisdições dos ministérios, que, ao final, definem quem pode fazer o quê.

Essa nova arquitetura gerou divergências no Congresso. Parlamentares tentaram reverter parte das mudanças implementadas por Lula 3, via medida provisória de organização da presidência e ministérios (MPV n.º 1.154/2023). Durante sua deliberação, os parlamentares se opuseram à realocação de unidades e de jurisdições entre ministérios e as barganhas se estenderam até o último de vigência da MPV. O governo recuou em alguns pontos, antecipando conflitos potenciais entre membros da coalizão. O Ministério do Meio Ambiente e Mudança do Clima sofreu dupla perda, com a transferência da gestão do Cadastro Ambiental Rural para o Ministério da Gestão e da Inovação em Serviços Públicos e a transferência da Agência Nacional de Águas e Saneamento Básico (ANA) para o Ministério da Integração e do Desenvolvimento Regional.[3] Outras mudanças feitas pelo Congresso, na conversão da MPV para a Lei n.º 14.600/2023, foram vetadas pelo presidente, preservando a arquitetura implementada.

---

[3] A MPV original da reforma (n.º 1.154/2023) alocou a ANA e, sob sua responsabilidade, a Política Nacional de Recursos e de Segurança Hídrica no Ministério do Meio Ambiente e Mudança do Clima (MMA) e no Ministério da Integração e do Desenvolvimento Regional (MIDR). Essa duplicidade e a vinculação ao MMA foi revista pela MPV n.º 1.161/2023. Porém, o Congresso alterou essa mudança, transferindo a agência para o MIDR, ao converter a medida provisória na Lei n.º 14.600/2023.

O segundo movimento de remodelagem do gabinete presidencial se deu por meio da "ministerialização" das políticas de Igualdade Racial, de Direitos Humanos e Cidadania, e dos Povos Indígenas. Essas políticas estiveram, até então, restritas ao segundo escalão em governos anteriores ou às secretarias presidenciais nos governos anteriores do PT. Com o redesenho do gabinete, essas políticas entraram, finalmente, na Esplanada do Ministérios, com estrutura e orçamentos próprios. Mas essa expansão dos ministérios ampliou também as tarefas do governo relativas à construção das suas bases institucionais e organizacionais no âmbito da administração federal.

Cabe salientar que o fortalecimento da arena ministerial, mediante descentralização de tarefas de governo e criação de novos ministérios, foi mediado pela recomposição da infraestrutura participativa do Executivo federal. Uma nova unidade, a assessoria de participação social, foi criada dentro de cada ministério como um órgão de assistência direta e imediata ao ministro de Estado. Essas unidades foram incorporadas aos velhos e novos ministérios por meio dos decretos de reorganização da "estrutura regimental e o quadro demonstrativo dos cargos em comissão e das funções de confiança", editados nos primeiros dias do Comissão de governo. Essa inovação foi uma das recomendações do Conselho de Participação Social do Gabinete da Transição (Souza, 2024). A consolidação dessa infraestrutura se deu com a instituição do Sistema de Participação Social no âmbito da administração pública federal direta (Decreto n.º 11.407/2023), que colocou a coordenação das unidades de participação social dos ministérios nas mãos da Secretaria-Geral da Presidência.

Presidência e os desafios de coordenação de uma coalizão dilatada

Nessa nova arquitetura, a presidência foi remodelada para dar ancoragem a um "gabinete centrado na presidência", um modelo predominante no presidencialismo de coalizão brasileiro (Inácio, 2018). Esse arranjo gerencia o gabinete a partir do compartilhamento de tarefas de *policy-making* com os ministérios, mas com incremento de mecanismos de coordenação de políticas e articulação intragovernamental sob controle direto do *staff* presidencial.

Como discutido anteriormente, as relações entre presidência e ministérios foram reorganizadas a partir das estratégias de descentralização de tarefas para os ministérios e de criação de novos portfólios. No entanto, isso foi ancorado no redesenho da presidência, que guiou a remodelagem das estruturas do Executivo.

Em primeiro lugar, o redesenho reconstruiu o núcleo coordenador da presidência, mediante a recriação e realocação de jurisdições entre as suas unidades.

A recomposição dos mecanismos de coordenação do gabinete pela presidência tem se dado, principalmente, pelo fortalecimento da Casa Civil (CC), da Secretaria de Relações Institucionais (SRI), da Secretaria-Geral (SG) e pela recriação da Secretaria de Comunicação. Programas considerados estratégicos para o governo centralizados na Casa Civil foram robustecidos organizacionalmente com a criação de secretarias especiais para gestão do Programa de Parcerias de Investimentos (PPI) em 2023 e do Programa de Aceleração do Crescimento da Casa Civil (Novo PAC), em agosto de 2024. No contexto de maior participação dos parlamentares na política distributiva com recursos da União, por força do orçamento impositivo e dos valores crescentes por eles alocados, a SRI, responsável pela articulação do Executivo com o Congresso, assumiu funções de coordenação da execução das emendas parlamentares ao orçamento da União, juntamente com os ministérios do Planejamento e Orçamento e da Gestão e da Inovação em Serviços Públicos.

As unidades de assessoramento presidencial foram restabelecidas, como o Conselho de Desenvolvimento Econômico Social Sustentável e o Conselho Nacional de Segurança Alimentar e Nutricional. Uma inovação foi a criação do Conselho da Federação, mediante decreto (n.º 11.495/2023), que se sobrepõe e se articula às unidades presidenciais com competências em matérias federativas. Frente ao Congresso ideologicamente distante e polarizado, o presidente constituiu um canal de negociação direta do presidente com os governos subnacionais, que pode gerar não só focos de pressão sobre o Congresso como também a articulação federativa para execução de políticas a partir dos poderes administrativos dos Executivos em cada nível de governo.

A estrutura da presidência do governo Lula 3 é relativamente enxuta. Isso reflete, diretamente, a estratégia de "ministerialização" de áreas de políticas. Desta forma, a presidência deixou de contar com secretarias de Estado com *status* ministerial para execução de políticas públicas, que foi um componente central da presidência nos governos anteriores do PT.

Uma presidência mais compacta não necessariamente estreita a base informacional de assessoramento presidencial, uma vez que redes e fluxos de informação podem ser acionados de diversas formas. Um exemplo disso é a centralização, na Secretaria-Geral, da coordenação das assessorias de participação social e diversidade criadas em quase todos os ministérios. Mas a presidência do governo Lula 3 é mais homogênea politicamente, sendo todos os assessores presidenciais com vínculos partidários filiados ao partido presidencial, PT. Essa estrutura compacta e politicamente mais homogênea pode implicar uma base informacional menos heterogênea e plural em apoio às decisões presidenciais.

A agenda de governo e a via administrativa de implementação de prioridades presidenciais

Congresso forte e polarizado, de um lado, e a coalizão de governo dilatada e dividida, de outro, têm levado à implementação custosa da agenda legislativa do Executivo. O Congresso tem se mostrado recalcitrante, principalmente a partir do governo Dilma 2, às medidas legislativas unilaterais dos presidentes. Desde 2015, é crescente o número de medidas provisórias, principal instrumento do Executivo para execução acelerada de decisões, que o Congresso rejeita ou deixa expirar a sua vigência. Considerando as medidas provisórias não orçamentárias editadas por Lula 3 e que tiveram tramitação concluída até setembro de 2024, 56% delas perderam a eficácia, ou seja, expiraram por falta de decisão congressual. De forma excepcional, o governo tem buscado mitigar essas derrotas mediante a proposição de iniciativas de igual conteúdo, mas sob a forma de projetos de lei ordinária, sem a força de lei que a MPV faculta. Por outro lado, as mudanças na legislação orçamentária, com a crescente impositividade de execução das emendas parlamentares, tem reduzido as vantagens estratégicas do Executivo em barganhas legislativas.

Como isso afeta o uso pelo presidente de seus poderes legislativos e administrativos na execução de sua agenda e prioridades de governo?

Para identificar as prioridades de agenda e os instrumentos que o presidente Lula 3 tem utilizado para implementá-las, nós analisamos o conteúdo das medidas provisórias (MPVs) e dos decretos administrativos (PADs) publicados durante os dois primeiros anos de seu governo.[4] Nós utilizamos a modelagem de tópicos estrutural (STM, do inglês *structural topic modeling*), um método computacional que permite identificar tópicos latentes em grandes *corpora*, considerando variáveis contextuais relevantes (metadados). Em nosso modelo, incluímos como metadados o ano de edição, o tipo de documento (MPV ou PAD), o presidente responsável pela edição e uma medida de distância ideológica entre o presidente e o legislador mediano da Câmara dos Deputados (ZUCCO; POWER, 2024). Essas variáveis nos permitiram analisar como diferentes contextos políticos influenciam o conteúdo temático dos atos normativos e administrativos, bem como se o presidente usa estrategicamente esses instrumentos, MPV ou PAD, a depender dos constrangimentos políticos que enfrenta.

O uso da STM é relevante para lidar com esse conjunto de dados extenso e complexo na identificação dos focos da atenção e decisão pelos presidentes.

---

[4] Para uma análise mais detalhada dessa estratégia empírica, ver Inácio, Recch e Guerrero (2023).

A estimação desses tópicos ou decisões do presidente é parte de uma análise comparativa das decisões unilaterais dos presidentes brasileiros, desde 1990, que totalizam 1.749 MPVs e 27.935 PADs. No caso do governo Lula 3, foram editados 104 MPVs e 854 PADs desde a posse do presidente, em janeiro de 2023, até setembro de 2024.

Para determinar o número ideal de tópicos do modelo, testamos variações entre 20 e 60 tópicos, utilizando medidas de coerência semântica e análise de resíduos para identificar os modelos mais promissores. Após a avaliação qualitativa dos resultados, determinamos que o modelo com 42 tópicos apresentou o melhor desempenho em termos de clareza, coerência e facilidade de interpretação. O Gráfico 1 apresenta, comparativamente entre MPV e PAD, a prevalência média de cada tópico nos documentos editados por decisões unilaterais do presidente durante o governo Lula 3.

Gráfico 1: Prevalência média dos tópicos temáticos no conjunto de MPVs e PADs editados no governo Lula 3, 2023-2024.

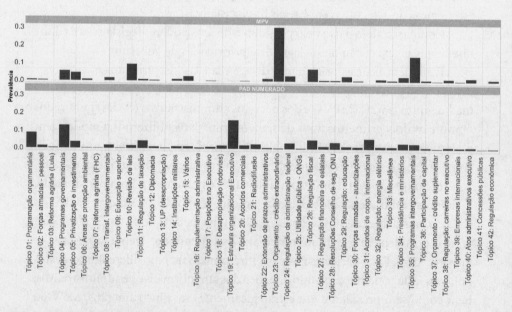

Fonte: *Unilateralismo administrativo: seletividade regulatória e particularismo presidencial*, UFMG, 2024. CNPq; FAPEMIG. Dados coletados até 12 de setembro de 2014.

Em termos da prevalência no conjunto dessas decisões, três tópicos se destacam nas MPVs editadas: abertura de créditos orçamentários extraordinários (tópico 23), programas intergovernamentais (tópico 35, notadamente transferências de recursos e programas especiais para o estado do Rio Grande do Sul, devido à emergência climática em abril de 2023) e revisão de leis (tópico 10). Esse último tópico reflete, em parte, o esforço de revogação de decisões do governo Bolsonaro que, em alguns casos, requer decisão legislativa. É o caso da extinção do programa Casa Verde e Amarela, instituído como uma das marcas do governo Bolsonaro (MPV no Medida Provisória n.º 996, de 2020, convertida na Lei n.º 14.118, de 2021), e a recriação do programa Minha Casa, Minha Vida (MPV n.º 1.162, de 2023, convertida na Lei n.º 14.620, de 2023), também um símbolo do ciclo do PT na presidência.

No entanto, um governo não se constrói só por leis. Os decretos administrativos facultam ao presidente modular a sua agenda de governo com base nas prerrogativas do Executivo e, em grande medida, independem de legislação prévia. O contexto de alternância ideológica, mas principalmente a profundidade das mudanças na estrutura organizacional do Estado e de suas agências conduzidas pelos governos Temer e Bolsonaro impuseram ao governo Lula 3 prioridades, essencialmente, administrativas –ou seja, passíveis de serem executadas por recurso aos poderes administrativos do Executivo para redesenhar as suas estruturas organizacionais e redirecionar políticas governamentais.

Os resultados obtidos confirmam o impacto dessas prioridades na agenda presidencial na fase inicial do seu governo e a sua execução via poderes administrativos. No conjunto dos decretos, os tópicos com maior prevalência são os relativos à estrutura organizacional do Executivo, a programas governamentais (tópico 4) e à programação orçamentária (tópico 1).

Após a reforma ministerial implementada por MPV, a arquitetura do Executivo ganhou forma por meio dos decretos que definem as estruturas organizacionais do Executivo, mediante alterações na estrutura regimental e no quadro de cargos de comissão e gratificação das suas unidades. De modo importante, a prevalência deste tópico envolve não só a edição desses decretos como também revisões subsequentes de tais atos, indicando um processo mais complexo de reacomodação das estruturas de governo do que a simples revogação das estruturas anteriores.

Porém, os decretos administrativos no governo Lula 3 também foram utilizados para a revisão de políticas públicas e (re)criação de programas governamentais. Essa agenda foi um dos focos do Gabinete de Transição, que, com a participação de representantes de diversos setores e movimentos sociais, elencou um conjunto de medidas do governo Bolsonaro a serem revogadas. No primeiro dia de governo, Lula revogou os decretos relativos à aquisição e ao registro de armas de fogo, ao programa de apoio à mineração artesanal – considerado um incentivo ao garimpo ilegal em terras indígenas e áreas de proteção ambiental – e à criação da Política Nacional de Educação Especial (PNEE), criticada por desincentivar a inclusão de estudantes com deficiência em turmas regulares nas instituições de ensino. Os primeiros meses de governo foram marcados por esse intenso esforço de revogação total ou parcial de decretos anteriores, buscando, em alguns casos, restabelecer o *status quo* de políticas vigentes já antes do governo Temer, mas principalmente, do governo Bolsonaro.

Um dos principais dilemas enfrentados por presidentes que sucedem governos radicalizados e polarizadores é que, muitas vezes, a escolha ótima não é simplesmente restaurar o *status quo* de políticas prévias, dadas as preferências do atual governo. Também redesenhá-las pode ter um custo elevado quando são políticas sob disputa política. Diante desse dilema, o governo Lula 3 optou por constituir, em algumas áreas de políticas, comissões para reavaliação do que ser revogado, respondendo parcialmente às expectativas de seus apoiadores, mas deixando espaço para a construção de novos acordos e agendas em áreas de intensas divergências sobre o conteúdo das políticas. Exemplo disso foi a revogação de decretos relacionados registro, posse e comercialização de armas de fogo e munição, editados pelo presidente Bolsonaro, e criação de grupo de trabalho para propor nova regulamentação à Lei n.º 10.826/2003, o que ocorreu após seis meses de governo (Decreto n.º 11.615, de 21 de julho de 2023).

Considerações finais

O capítulo analisou os dois primeiros anos do governo Lula 3 sob a ótica do redesenho do Executivo e da presidência, considerando as suas motivações político-partidárias e os constrangimentos gerados pela sucessão de um presidente radical e polarizador, que colocou sob risco as próprias instituições democráticas.

Nós argumentamos que os impasses e as mudanças não se restringem à recomposição do Executivo. Elas sinalizam, também, o realinhamento dessas estruturas para acomodar uma coalizão dilatada. Mais do que heterogênea, é uma coalizão voltada para reorganizar a estrutura de competição política, abalada com o deslocamento da polarização mais centrista (PT *versus* PSDB) para o campo da direita. Não é a mera gestão da convivência entre parceiros de coalizão que está em jogo, mas uma política aliancista estratégica e de longo prazo.

Até este ponto do mandato presidencial, a política de coalizão tem se apoiado em uma arquitetura do Executivo que descentralizou tarefas de governo para um número maior de ministérios, reposicionando a presidência como estrutura coordenadora. Esse fortalecimento da arena ministerial com uma presidência compacta, porém forte do ponto de vista decisório, mostra uma inflexão na gestão da coalizão e na organização do Executivo em relação aos governos anteriores do PT.

O Congresso forte e polarizado tem elevado os custos da implementação da agenda presidencial pela via legislativa, inclusive por meio de medidas provisórias. Contudo, a natureza administrativa da agenda presidencial, decorrente do esforço revogatório do legado de Bolsonaro, tem facultado ao governo a execução de parte das mudanças por meio de decretos e atos do Executivo. Esses instrumentos têm permitido, ainda, a criação e/ou modificação de programas governamentais que são salientes para o governo. A análise dos poderes de decreto legislativo e administrativo mostrou que o presidente tem tentado equilibrar os esforços de implementação de agendas prioritárias por meio desses instrumentos. Cabe ressaltar, no entanto, que as expectativas e as promessas de reformas estruturais, como a administrativa e fiscal, no governo Lula 3 irão dar centralidade à arena legislativa, com possíveis tensões dentro da coalizão dilatada.

Os poderes institucionais e administrativos do presidente foram cruciais nessa primeira metade do governo Lula 3. Reorganização das estruturas ministeriais e agências, nomeações e edição de decretos administrativos permitiram ao governante navegar sob novas condições de governo no terceiro mandato. No entanto, podem não ser suficientes para lidar com a tensão constitutiva dessa coalizão dilatada, revelada na desconexão entre as suas facetas governativa e a congressual.

Lula e a "terra incógnita": a relação Executivo-Legislativo no Brasil sob nova égide institucional

Lucio Rennó e Isaac Sassi

No começo dos anos 1990, Argelina Figueiredo e Fernando Limongi apresentavam pesquisa inédita sobre o funcionamento da Câmara dos Deputados a partir da análise da produção legislativa e da estrutura institucional, corretamente denominada "terra incógnita". Naquele momento, sabia-se pouco sobre o que era produzido no Legislativo brasileiro. As análises se concentravam na ampla fragmentação partidária e na tendência dominante do uso de emendas orçamentárias como principal forma de atuação dos parlamentares, gerando irresponsabilidade fiscal (NOVAES, 1994; AMES, 1995). Olhava-se principalmente para fora do Legislativo e não para dentro a fim de entender sua dinâmica.

Era necessária uma cartografia sobre o que se fazia dentro da Câmara dos Deputados para se contrapor a visão dominante do "reino do parlamentar individual" (LIMONGI; FIGUEIREDO, 1995). Os achados dos pesquisadores mudaram a forma de pensar o funcionamento do Legislativo no Brasil. Os trabalhos mostravam uma Câmara organizada por partidos políticos e com forte preponderância do poder Executivo na condução dos trabalhos, gerando assim previsibilidade e governabilidade. A atuação dos partidos, baseada na estrutura institucional centralizada e hierarquizada e os poderes legislativos do Executivo asseguravam alguma ordem, a despeito dos fortes elementos descentralizadores gerados por outros conjuntos institucionais (PEREIRA; MUELLER, 2003; PEREIRA; RENNÓ, 2001).

Esse modelo passou a enfocar a correspondência entre a composição ministerial e o número de assentos controlados pela base de sustentação do presidente no Legislativo e como o presidente escolhia e gerenciava sua coalizão de apoio, usando as ferramentas institucionais a seu dispor (SANTOS; VILAROUCA, 2008; AMORIM NETO, 2006; PEREIRA; POWER; RENNÓ, 2005). Essa linha de pesquisa deu corpo e um novo entendimento ao que se convencionou chamar de "presidencialismo de coalizão" (ABRANCHES, 1988).

Oportunamente, pesquisadores passaram a apresentar evidências que o Congresso Nacional, e a Câmara dos Deputados em particular, atuavam fortemente no conteúdo das proposições legislativas aprovadas e não tinha papel meramente coadjuvante, como a literatura anterior dava a entender.

Mais recentemente, um conjunto de mudanças institucionais passaram a ser vistas como decisivas para imprimir uma nova ordem. O Legislativo, e não o Executivo, passa a ser o protagonista do processo legislativo (PERLIN; SANTOS, 2019). Essas mudanças, de modo geral, entram em vigor a partir de 2013, gradativamente se acumulando para gerar um cenário desfavorável ao Presidente da República. A convergência desse intenso processo de mudança institucional alterou profundamente a forma de relacionamento entre Legislativo e Executivo, com um alargamento dos poderes e autonomia do primeiro frente ao segundo.

As reformas afetaram a discricionariedade do presidente, limitando seu controle sobre o processo orçamentário por meio do estabelecimento das emendas impositivas e reduzindo os poderes de legislar por meio de medidas provisórias. Assim, o poder Executivo precisa hoje reinventar as bases de negociação com o Congresso, pensando em novas moedas de troca e ferramentas de governança, bem como aprimorar ainda mais a gestão da coalizão de governo. Ou seja, em um contexto de alargamento de poderes do Congresso (SOSA-VILLAGARCIA; INACIO; ARCE, 2024), em um ambiente multipartidário ainda extremo, as estratégias de coordenação da coalizão passam a ser ainda mais importantes.

O processo de alargamento institucional do poder Legislativo traz novos dilemas para a governabilidade e para a relação Executivo e Legislativo. O presidente Lula em seu terceiro mandato tenta reencontrar as trilhas da governabilidade em um ambiente muito mais inóspito e perigoso, repleto de travessias arriscadas. O percurso se apresenta desafiador.

Interrupções conjunturais ou reconfiguração do território institucional brasileiro?

O Brasil passou por reformas institucionais significativas nos últimos quinze anos. As mudanças ampliaram o poder do Legislativo e reduziram as ferramentas de governabilidade do Executivo. Isso gera um sistema mais difícil de gerenciar, com consequências para a estabilidade do regime democrático.

O sistema tornou-se mais complicado, há um aumento de atores com poder de veto e ampliação das arenas de tomada de decisão (PERLIN; SANTOS, 2019), fomentando impasses. As mudanças são muitas: restrição na disponibilidade de cargos comissionados de livre provimento na burocracia; restrições na alocação de emendas orçamentárias; ampliação do quantitativo de emendas impositivas; mudanças na edição de medidas provisórias que reduziram o poder do presidente e aumentaram a fiscalização e a influência do Legislativo;

posicionamento obrigatório do Congresso sobre projetos de lei vetados, entre outros (GUIMARÃES; BRAGA, 2019).

As mudanças institucionais reduziram o poder de barganha e a influência direta do Executivo sobre o Congresso e sobre a legislação aprovada. As demandas por mais autonomia e controle do Congresso sobre a agenda legislativa foram realizadas, mas a qual custo?

Alguns estudos analisam o caso brasileiro em gestões afetadas pela nova configuração institucional, com foco nos dois últimos anos de Bolsonaro e no início do terceiro mandato de Lula. A literatura diz que Bolsonaro representa uma exceção na trajetória do presidencialismo de coalizão, sendo algo momentânea. Lula, por sua vez, reconstituiria as relações Executivo/Legislativo na visão clássica do presidencialismo de coalizão, como se as mudanças fossem apenas conjunturais e não profundas reformas no sistema.

Após o governo "não convencional" de Bolsonaro, Lula tentou retomar o modelo tradicional de formar uma coalizão majoritária para garantir o apoio legislativo. No entanto, o cenário político mudou significativamente desde os mandatos anteriores de Lula. E não somente, como afirmamos, pelas mudanças institucionais. O presidente encontrou uma coalizão fragmentada e heterogênea, uma oposição de direita fortalecida e um legado da abordagem anti-*establishment* criado por Bolsonaro.

A postura de Lula contrasta com a postura de confronto e antissistema de Bolsonaro, que evitou a formação de coalizões e contou com uma proporção maior de ministros apartidários. No entanto, Albala (2023) observa que a coalizão heterogênea que Lula teve que construir, abrangendo partidos da esquerda à direita, exige negociação sobre o conteúdo da política considerando diversos e diferentes pontos de vista. Lula, em vez de ser uma força disruptiva, representa um retorno às práticas estabelecidas do "presidencialismo de coalizão" no Brasil. As mudanças não seriam estruturais e Bolsonaro seria uma exceção.

Uma novidade é a presença marcante do Supremo Tribunal Federal (STF) na relação entre os poderes. Barbosa (2023) argumenta que é improvável que o STF renuncie a seu protagonismo ganhado em resposta aos desafios do governo Bolsonaro. Isso exige novas ações do poder Executivo para reformular seu relacionamento com o STF.

Análise de dados de produção e dominação legislativa

Se há um quase consenso de que as mudanças institucionais impactaram o presidencialismo de coalizão, resta observar se isso se reflete nos dados da produção legislativa. Ou seja, há variações nos números entre o "tradicional" presidencialismo de coalizão, o período Bolsonaro e os dois primeiros anos do governo Lula e sua tentativa de resgate do modelo anterior?[1]

Iniciamos a análise pelo indicador de sucesso legislativo (Gráfico 1): a proporção de proposições apresentadas pelo poder Executivo e aprovadas no mesmo ano em relação a todas as proposições *apresentadas* à Câmara, excluídas as medidas provisórias. Fica evidente que falamos de um processo continuado de queda do sucesso legislativo do poder Executivo ao longo dos anos. Vemos também, a partir de 2002, maiores flutuações de ano a ano na taxa, indicando maior instabilidade do processo de produção legal pelo poder Executivo. É interessante reparar que, após 2018, as taxas de sucesso são muito inferiores às dos períodos anteriores. Mesmo havendo uma recuperação em 2023, há nova queda em 2024, mas nunca em patamares da trajetória histórica. Ou seja, fica claro que estamos falando de uma nova realidade, sob nova égide institucional, que apenas a análise de longo prazo permite visualizar. As dificuldades de governabilidade do governo são muito maiores hoje do que já foram no passado. Não há uma retomada do padrão de anos anteriores às reformas institucionais.

Gráfico 1: Taxa de sucesso do poder Executivo – Brasil, de 1980 a 2024.

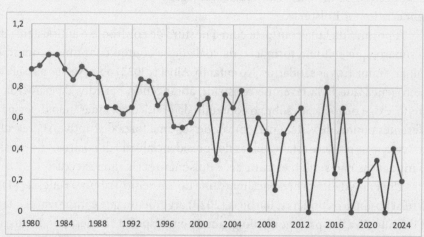

Fonte: Observatório do Legislativo Brasileiro (OLB, IESP-UERJ), a partir de dados abertos da Câmara dos Deputados, em 3 de dezembro de 2024.

---

[1] As estatísticas são provenientes do Observatório do Legislativo Brasileiro (www.olb.org.br), sediado no Instituto de Estudos Sociais e Políticos (IESP) da UERJ e que disponibiliza publicamente dados de diversos indicadores de produção legislativa em uma série histórica que remonta a 1980. Apresentamos dados inéditos atualizados em 2024. Agradecemos a Fabiano Santos e Julio Canello pelo acesso a eles.

Outro dado importante é a proporção de proposições apresentadas pelo poder Executivo e aprovadas no mesmo ano em relação a todas as proposições aprovadas na Câmara, excluídas medidas provisórias, conhecida como taxa de dominância (Gráfico 2). Semelhantemente à taxa de sucesso, percebe-se um processo claro de redução da taxa de dominância do poder Executivo ao longo dos anos. A partir de 2012, a taxa se mantém em um patamar bem abaixo da dos períodos anteriores. Há uma recuperação do protagonismo do Executivo em 2023, com Lula novamente no poder, que a gestão Bolsonaro jamais atingiu, mas com uma reversão em 2024. Ou seja, há novamente uma convergência entre a intensificação do processo de alargamento de poderes do Congresso com uma mudança sobre o controle da agenda legislativa, com evidente enfraquecimento do presidente.

Gráfico 2: Taxa de dominância do poder Executivo – Brasil, 1980 a 2024.

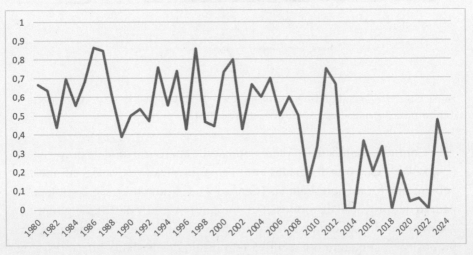

Fonte: Observatório do Legislativo Brasileiro (OLB, IESP-UERJ), a partir de dados abertos da Câmara dos Deputados, em 3 de dezembro de 2024.

Os dados relativos à apresentação de proposições legislativas (PL, PLP e PEC) na Câmara mostram que, à medida que a dominação e o sucesso do Executivo caem, aumenta significativamente a propensão do Legislativo em apresentar proposições legislativas (Gráfico 3). Essa tendência se intensifica a partir de 2016, chegando a um pico em 2019 e 2023, primeiros anos de novas legislaturas nos mandatos de Bolsonaro e Lula. O Congresso se mostra mais ativo, na medida em que sua autonomia aumenta com as mudanças institucionais.

Gráfico 3: Total de proposições legislativas (PL, PLP, PEC) por autor – Brasil, 1980 a 2024.

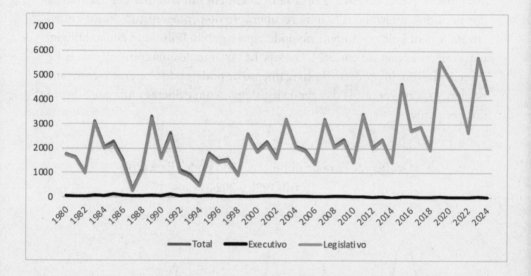

Fonte: Observatório do Legislativo Brasileiro (OLB, IESP-UERJ), a partir de dados abertos da Câmara dos Deputados, em 3 de dezembro de 2024.

Contudo, e ainda mais interessante, cabe analisar o total de proposições (PL, PLP e PEC) transformadas em norma jurídica (aprovadas) no mesmo ano em que foram apresentadas (Gráfico 4). Há uma inversão completa no padrão de aprovação de proposições por autor. A partir de 2012, o poder Legislativo passa a ser dominante, aprovando em maior número suas próprias proposições, enquanto o Executivo tem resultados bastante inferiores. Esse processo se mantém em todos os anos seguintes, com uma mudança em 2023, quando Lula apresenta resultados melhores, mas voltando a cair em 2024. De toda sorte, novamente em coincidência com o período de intensas mudanças institucionais, o Congresso brasileiro passa a ser o protagonista do processo legislativo brasileiro. A antiga preponderância do poder Executivo, elemento fundamental da explicação sobre o funcionamento do sistema político brasileiro, não ocorre mais após as significativas mudanças institucionais que empoderaram o Congresso.

Gráfico 4: Total de proposições legislativas aprovadas (PL, PLP, PEC) por autor – Brasil, 1980 a 2024.

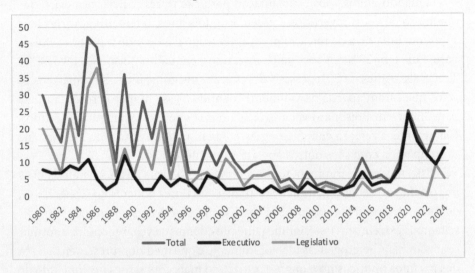

Fonte: Observatório do Legislativo Brasileiro (OLB, IESP-UERJ), a partir de dados abertos da Câmara dos Deputados, em 3 de dezembro de 2024.

A análise dos vetos presidenciais nos leva a conclusões semelhantes. Os vetos, desde a Constituição de 1988, sempre mantiveram o seguinte procedimento: após o veto total ou parcial ao projeto de lei, de lei complementar ou de lei de conversão, o presidente encaminha ao Congresso uma mensagem contendo os dispositivos vetados e a motivação individualizada de cada um dos vetos. As consultorias do Congresso realizam um estudo dos vetos e em seguida eles são encaminhados ao plenário do Congresso Nacional para deliberação e que podem ser derrubados por votação da maioria dos membros, por maioria absoluta. O fato é que raramente os vetos presidenciais eram analisados pelo poder Legislativo. Isso mudou a partir do projeto de lei que tratava da redistribuição dos *royalties* de petróleo, em 2013, em que o Congresso reagiu aos vetos presidenciais. Em 2015 o Congresso modificou mais uma vez as normas que regem a tramitação de vetos, acabando com a comissão mista de apreciação de vetos e modernizou o sistema de votação dos parlamentares. Desde essas mudanças, todos os vetos foram apreciados, com algumas poucas exceções.

Antes da reforma de 2013, praticamente todos os vetos para os quais houve votação foram mantidos. Entre 2003 e 2013, em 97% dos casos o Congresso não foi contrário ao presidente. Após a reforma, esse número caiu para 69%.

A reforma, portanto, criou um constrangimento adicional ao presidente na sua relação com o Congresso.

Quando analisamos essa situação para cada presidência, fica claro que o número de vetos revertidos cresceu. Em dois anos, o terceiro governo Lula apresenta uma taxa de rejeição praticamente igual à de todo o governo Bolsonaro. Lula tem 25% dos seus vetos revertidos, enquanto Bolsonaro teve 27% e Temer 8%. Antes de 2016, esses valores eram insignificantes. Se somarmos os vetos que foram apenas parcialmente mantidos, esse número cresce em Lula para 35% e em Bolsonaro vai a 17%, além dos que são totalmente revertidos. Claramente, a relação com o Congresso é bem mais custosa para Lula do que se comparada com seus outros governos ou antecessores.

Isso nos leva a argumentar que a gestão da coalizão passa a ser ainda mais importante no cenário institucional atual, de maiores poderes do Congresso e, também, de crescente polarização representada pelo crescimento de uma direita mais extremista. Isso significa que presidentes se veem forçados a formar coalizões mais heterogêneas ideologicamente e que melhor representem a força dos partidos políticos no Congresso, fazendo mais concessões no conteúdo de suas propostas legislativas. Ademais, que desvendem novos mecanismos de contemplar as demandas dos partidos de base, para além das emendas.

Lula tem feito isso? Pereira (2024) apresenta dados interessantes de gestão da coalizão, indicando uma piora em indicadores de heterogeneidade ideológica da base – o quanto os partidos da base são próximos em sua classificação esquerda/direita – e na proporcionalidade de distribuição de ministérios em relação ao tamanho dos partidos na Câmara em número de cadeiras, o índice de coalescência. A coalizão atual é menos coesa ideologicamente e mais concentrada no próprio Partido dos Trabalhadores. Isso obviamente ocorre porque o número de partidos no Brasil teve um significativo crescimento até 2018, com subsequente queda, fruto da cláusula de desempenho, mas ainda em nível muito elevado, de aproximadamente oito partidos efetivos – com tamanho relevante – ainda um campeão mundial no tema. Governar o Brasil hoje não é a mesma coisa do passado, então o uso estratégico das ferramentas de poder é ainda mais importante.

Algumas considerações finais

As regras do jogo político entre Legislativo e Executivo mudaram significativamente. Lula, em seu terceiro mandato, encontra dificuldades novas na relação com o Congresso. Foram várias as reformas institucionais que tornaram o Executivo mais fraco e que empoderaram o Congresso. Emendas orçamentárias e medidas provisórias, além das mudanças em relação aos vetos presidenciais, são os principais fatores alterados pelo Congresso. Com isso, os congressistas conseguiram imprimir sua própria agenda aos trabalhos legislativos, relegando o Executivo a um papel secundário, e, eventualmente, de mero expectador. As reformas introduzidas tornaram a vida do presidente mais difícil, pois suas tradicionais ferramentas de poder foram enfraquecidas (PEREIRA; RAILE; POWER, 2010).

No espaço criado pela redução de poderes do Executivo, o STF ganha proeminência. É paradigmático a atuação do ministro Flávio Dino no imbróglio das emendas orçamentárias em agosto de 2024. Dino suspendeu o pagamento de um contingente significativo de emendas, cobrando mais transparência e rastreabilidade a algumas modalidades de emendar a Lei Orçamentária Anual.

Em resposta ao STF, o Congresso precisou regulamentar melhor a tramitação das emendas.[2] Tudo se passa relegando o poder Executivo a segundo plano, sendo este também forçado a não liberar o financeiro das emendas bloqueadas. Cabe especular se o sobrestamento das emendas foi conveniente ao poder Executivo em um primeiro momento, como um freio de arrumação da coalizão e de alcance de metas fiscais frente à necessidade de contingenciamento de gastos. Mas, por outro lado, o travamento das emendas gera pressões maiores para que o próprio governo atue em favor dos parlamentares de sua base para a liberação do caixa. Isso se sentiu claramente nos significativos atrasos na votação da Lei Orçamentária para o ano de 2025.

Tudo indica que as mudanças estruturais têm impactado de forma semelhante os governos recentes do Brasil. Assim, o período Bolsonaro, no qual os conflitos intrapoderes atingiram seu ápice, não significa uma mudança meramente conjuntural. As placas tectônicas do quadro institucional brasileiro se moveram, e as diferenças já são claramente sentidas por todos(as) que ocupam a hoje fragilizada cadeira de presidente do Brasil.

---

[2] Em 13/03/2025, durante a revisão deste capítulo, o Congresso aprovou a Resolução que adequou o rito das emendas.

Lula 3: a difícil saga de um governo minoritário na Câmara dos Deputados

Carlos Ranulfo Melo

Este capítulo analisa a difícil relação entre o Executivo e a Câmara dos Deputados nos dois primeiros anos do governo Lula 3. Inicialmente, o objetivo será estabelecer pontos que permitam uma distinção entre o atual período atravessado pelo país e aquele vivenciado entre 2003 e 2010, quando o atual presidente cumpriu seus dois primeiros (e exitosos) mandatos. Tais pontos remetem à crise política aberta em 2013 e que desemboca na chegada da extrema direita à presidência da República, ao crescimento dos partidos de direita no Congresso e às mudanças nas relações entre os poderes Executivo e Legislativo federais, com a balança se deslocando sensivelmente a favor do segundo.

Em um segundo momento, as atenções se voltam para o desempenho da coalizão formada pelo governo Lula 3, examinando o comportamento em plenário dos partidos que detêm ministérios na esplanada. A estratégia adotada não foi a de analisar, em seu conjunto, as centenas de votações em que o governo explicitou sua posição, uma vez que tal caminho não permitiria distinguir entre questões muito importantes e outras sobre as quais a convergência prevalecia. Nesse sentido, foram escolhidas 16 votações, nove das quais cruciais do ponto econômico ou administrativo e outras sete que remetiam a divergências de cunho ideológico entre partidos da base governista e o Executivo.

Por fim, o capítulo é concluído com um balanço desses primeiros dois anos de governo na Câmara. O resultado é positivo ou negativo para o governo? Os limites à atuação do poder Executivo estavam dados de antemão pela distância entre as preferências dos diversos partidos no interior de uma coalizão extremamente heterogênea ou poderiam ser minimizados por iniciativas adotadas pelo governo? Além disso, é esboçada alguma prospecção sobre o que se pode esperar para o restante do mandato.

Lula voltou, mas tudo mudou

Sob qualquer aspecto que se analise, uma comparação entre as duas décadas seguintes ao afastamento de Fernando Collor da presidência da República e o período que tem início com os protestos de junho de 2013 evidencia uma notável mudança no ambiente político nacional. Se os primeiros anos foram marcados pela estabilidade política e econômica, pelo fortalecimento das instituições democráticas e por um amplo processo de incorporação social, os seguintes mostram o país em uma crise fortemente marcada pelo retrocesso democrático e pela degradação política (AVRITZER; KERCHE; MARONA, 2021).

Hoje é possível afirmar que a turbulência dos últimos anos indica a exaustão do ciclo marcado pelos avanços possibilitados pela Constituição. Não foi por acaso que a extrema direita venceu a eleição de 2018 dizendo ser necessário "descontruir e desfazer muita coisa" (MARIN, 2019) como o caminho para o país de livrar de uma suposta herança comunista deixada pelos governos anteriores, PSDB e FHC incluídos. Nos termos de Nicolau (2020), o "Brasil dobrou à direita".

As chamadas Jornadas de Junho, em 2013, acenderam um sinal amarelo e foram o prenúncio da crise. Ainda que a popularidade de Dilma à época tenha caído 27 pontos (MENDONÇA, 2013), os protestos iam além da crítica ao governo e expressavam uma indignação difusa contra o poder público. O rechaço aos partidos, mesmo os de oposição, a velocidade com que as manifestações se espalharam e a enorme adesão conquistada diziam que alguma coisa estava muito errada com os resultados entregues pela democracia brasileira. O que aqui interessa destacar é que, em que pese os protestos terem sido caracterizados por ampla pluralidade ideológica, foi a direita – pela primeira vez nas ruas desde a redemocratização –, capitaneada por grupos organizados em sua ala mais extrema, que soube se aproveitar do sentimento antissistema presente nas ruas e transformá-lo em arma política para combate imediato.

Dois anos depois, a esmagadora maioria dos que cobravam o impedimento de Dilma perfilava-se claramente à direita, fazendo-se com o que veio a se tornar uma espécie de uniforme nessas manifestações – a camisa da seleção brasileira de futebol –, e defendendo valores conservadores. Na Câmara, os partidos de centro e de direita, então regidos por Eduardo Cunha, garantiram a abertura do processo contra a presidenta. Consumado o *impeachment*, a temperatura política abaixou, mas a expectativa de que fosse possível "estancar a sangria" provocada pela operação Lava Jato não se concretizou. Michel Temer (MDB) governou, mas teve que ser protegido pela Câmara contra as investidas de Rodrigo Janot à frente da Procuradoria Geral da República (PGR). A criminalização da política seguiu seu curso (KERCHE; MARONA, 2022) –

por todo lado havia quadrilhas – e atingiu um amplo espectro de partidos e lideranças, em um cenário de terra arrasada que pavimentou o caminho para que a maioria do eleitorado, em 2018, delegasse a Jair Bolsonaro a cura de todos os males do país, reais ou imaginários.

Além de abrir um período de ameaças ao regime democrático, elevando a crise a outro patamar, a chegada da extrema direita ao Executivo federal provocou uma notável mudança no sistema partidário brasileiro, ao alterar a maneira como se estrutura a competição pelo governo central.[1] A eleição de 2022 viria confirmar o que fora anunciado quatro anos antes. O espaço da competição pelo Executivo federal, seus protagonistas e suas estratégias haviam mudado. Em vez de uma disputa entre coalizões de centro-esquerda e centro-direita, despontou outra, na qual o bolsonarismo passou a ser um dos protagonistas. O PT manteve sua posição, mas o impacto sobre os partidos de centro foi enorme – o PSDB transformou-se em uma legenda sem expressão, e as bancadas do MDB diminuíram.

A inexistência de partidos relevantes situados nas posições mais extremas à esquerda e a perda de competitividade dos partidos de centro fez com que o sistema partidário sofresse um notável deslocamento para a direita. O surgimento, e a manutenção, de uma extrema direita dotada de expressiva e mobilizável base social modificou por completo a dinâmica do sistema partidário, alterando o padrão de interação entre os seus membros. Se antes os partidos de direita gravitavam em torno do centro (no caso, do PSDB), hoje eles estão sob a força de atração do bolsonarismo, que também opera com desenvoltura entre o que restou dos partidos de centro, como demonstram as candidaturas do MDB em São Paulo, Porto Alegre e Boa Vista, ou a do PSDB em Campo Grande, nas eleições municipais de 2024.

Tudo isso iria se refletir na composição do Congresso. O Gráfico 1 mostra a evolução das bancadas partidárias, agregadas em esquerda, centro e direita, na Câmara entre 1982 e 2022.[2]

---

[1] O conceito de "estrutura da competição" é de Peter Mair (1996, 2006). Ela parte do princípio de que o núcleo de qualquer sistema partidário, enquanto sistema, é constituído pela maneira como se estrutura a competição pelo governo central.

[2] Foram considerados de esquerda: PSOL, PC do B, PT, PDT, PSB e Rede. Foram considerados de centro: PV, MDB, PSDB, Cidadania, Avante e Solidariedade. O Partido Trabalhista Brasileiro (PTB) era tido como centro até a eleição de 2014 e depois rumou para a direita. Os demais partidos são tratados como de direita. Os critérios adotados para o posicionamento dos partidos se basearam em *surveys* realizados junto aos deputados federais pelo Centro de Estudos Legislativos (CEL) do Departamento de Ciência Política da UFMG e

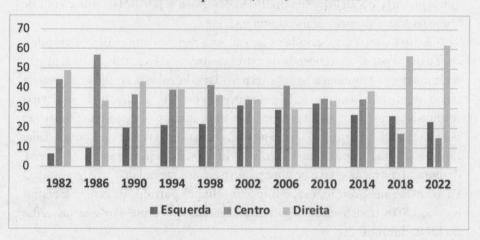

Gráfico 1: Esquerda, centro e direita na Câmara dos Deputados (em %) – 1982-2022.

Fonte: Dados da Câmara dos Deputados disponíveis online.

Em 2018, pela primeira vez desde que um novo sistema partidário iniciou sua trajetória, e depois de manter em média 36,5% das cadeiras entre 1990 e 2014, os partidos de direita conquistaram a maioria absoluta dos mandatos na Câmara. Se a vitória de Lula deteve a deterioração da democracia brasileira, ela não foi capaz de frear o crescimento da direita, que ampliou seu espaço em 2022, chegando a 61,9% dos representantes eleitos.

Paralelamente, em um processo iniciado ainda em 2001 com a primeira mudança no trâmite das medidas provisórias, mas acelerado nos últimos dez anos, consolidou-se uma alteração nas relações entre os poderes Executivo e Legislativo federais, com a balança se deslocando sensivelmente a favor do segundo. Ainda que mantenha os instrumentos definidos na Constituição de 1988 (medidas provisórias, regime de urgência e iniciativas exclusivas), o Executivo viu seu controle sobre a pauta legislativa diminuir. Em um movimento iniciado por Eduardo Cunha (MDB) e aprofundado por Arthur Lira (PP) – que centralizaram os trabalhos nas mãos da presidência da casa e consolidaram-se como líderes de bancadas suprapartidárias –, a Câmara dos Deputados ampliou seu protagonismo, relativamente a duas décadas anteriores, e contribuiu para que o Congresso assumisse a dominância da formulação legal nacional. Como

em Bolognesi, Ribeiro e Codato (2022). Mais detalhes podem ser encontrados em Melo (2023).

demonstram vários episódios nos governos Bolsonaro e Lula 3, a casa mostrou-se capaz de formular e aprovar sua própria agenda, independentemente das preferências do Executivo

Foi nesse contexto que, a partir de 2015, o poder Legislativo aprovou mudanças substanciais no estatuto legal e no volume das emendas parlamentares ao Orçamento da União. De cerca de R$ 10 bilhões naquele ano, a soma dos recursos a serem disponibilizados aos deputados chegou a quase R$ 50 bilhões em 2024, entre emendas individuais (R$ 25,1 bilhões, sendo mais de R$ 37 milhões para cada deputado e R$ 69,6 mnilhões por senador) e de bancadas (R$ 8,5 bilhões), ambas transformadas em impositivas, e as de comissão (R$ 15,4 bilhões).[3]

O caráter impositivo de parte das emendas retirou do Executivo um poderoso instrumento de barganha com partidos e deputados. Anteriormente a liberação dos recursos era concentrada ao final do ano e em valores muito inferiores aos solicitados, e aprovados inicialmente, além de privilegiar os parlamentares da base do governo (Figueiredo; Limongi, 2005). O volume de recursos, por sua vez, fez das emendas o principal ativo dos e das parlamentares na relação com suas bases e aumentou sobremaneira sua vantagem estratégica frente aos desafiantes nos anos eleitorais. Prenhes de recursos, deputados e deputadas viram aumentar sua autonomia relativamente aos líderes partidários e ao governo. Os tempos mudaram.

A difícil saga de um governo minoritário

Diante de um Congresso majoritariamente conservador, Lula repetiu a estratégia dos governos anteriores e montou uma coalizão ideologicamente heterogênea, incorporando inicialmente nove partidos no ministério – PT, MDB, PSB, UNIÃO, PSD, PSOL, Rede, PDT e PCdoB –, os quais, no início de 2023, detinham cerca de 51% dos mandatos na Câmara. Prevendo problemas, no segundo semestre Lula incorporou o PP e o Republicanos, que haviam apoiado Bolsonaro na eleição de 2022. Com a nova configuração, os partidos de direita passaram a responder por 56% dos votos da coalizão no plenário, enquanto a esquerda aportaria 32%. De todo modo, a coalizão passou a controlar cerca de 70% dos votos na casa – em tese, suficiente para a aprovação de emendas constitucionais. Mas o cenário se revelaria muito mais complexo do que tais números indicavam.

---

[3] Ver Barbieri (2024). No momento em que este capítulo estava sendo escrito, as emendas impositivas estavam suspensas pelo STF, que exigia novos procedimentos de transparência e rastreabilidade por parte do Congresso Nacional.

A discussão que se segue terá como base a votação de 16 iniciativas legislativas. As matérias foram selecionadas devido à sua importância para o governo ou para a oposição. Foram oito vitórias do governo. O Projeto de Lei Complementar (PLP n.º 93/2023) que estabeleceu um novo arcabouço fiscal foi aprovado por 372 votos a 108. Na votação da Medida Provisória n.º 1.154, que definiu a formação do ministério de Lula, o placar foi de 337 a 125. Ainda em 2023 a Câmara votou por duas vezes a Reforma Tributária (PEC n.º 45/2019); a segunda votação ocorreu em função de mudanças realizadas no Senado – o governo venceu por 382 a 118, e por 371 a 121. Em 2024, foram votados os Projetos de Lei Complementar (PLC n.º 108/2024 e PLC n.º 68/2024) que regulamentaram a Reforma Tributária, com placares de 336 a 142 e de 303 a 142 respectivamente. A MP n.º 1.185, que altera as regras de benefícios concedidos por meio do ICMS, foi aprovada por 355 votos a 56. E, por fim, foi mantido o veto à inclusão na LDO de cronograma para pagamento das emendas parlamentares. Nesse, caso os votos pela derrubada superaram aqueles pela manutenção (244 a 177), mas não atingiram o número necessário (275) para derrotar o governo.

Das oito derrotas do governo, três ocorreram em 2023. O Projeto de Lei que estabeleceu um marco temporal para a demarcação de terras indígenas (PL n.º 490/2007) foi aprovado por 283 votos contra 155. Posteriormente, a Câmara contribuiu para a derrubada do veto interposto por Lula a trecho da lei aprovada, com um placar de 321 a 137. Também foi derrubado o veto integral ao PL n.º 334/2022, que mantinha a desoneração da folha de pagamentos para empresas de 17 setores da economia e para prefeituras de cidades com até 142 mil habitantes. Nesse caso, o governo obteve seu pior desempenho: foram apenas 78 votos pela manutenção do veto contra 378 a favor da derrubada.

As demais derrotas ocorreram em 2024. O projeto que restringe direitos de ocupantes de terra (PL n.º 709/2023) foi aprovado com 336 votos – 120 deputados e deputadas votaram contra. A Câmara deu sua contribuição à derrubada de mais quatro vetos, optando por manter a proibição da saída temporária dos presos estabelecida pelo PL n.º 2.253/2022 (314 votos a 126), a flexibilização das regras para o uso de agrotóxicos contida no PL n.º 1.459/2022 (344 votos a 99), a emenda que inclui na LDO a proibição de que o governo realize despesas em questões que remetam à ocupação de terra, à população LGBT ou à realização de aborto (339 votos a 107), e o veto de Bolsonaro, interposto ainda em 2021, à lei que permitia punir quem espalhasse *fake news* durante as eleições (317 votos a 139).

O governo se saiu bem nas votações de temas econômicos. Porém, mesmo nessa seara cabem ressalvas. A derrota no caso da desoneração da folha de pagamentos foi muito ruim. Segundo o ministro da Fazenda Fernando Haddad, a medida seria passo crucial para a correção de distorções econômicas e na reestruturação do orçamento público (Brasil, Ministério da Fazenda, 2024). Não foram citados outros reveses importantes do governo uma vez que os líderes, antevendo a derrota, optaram por negociar. Dessa forma, houve acordo na derrubada do veto presidencial a um dispositivo do arcabouço fiscal que impede o governo de retirar determinados investimentos do cálculo do déficit fiscal por meio de proposta de lei ordinária. Também por acordo, os governistas aceitaram que as emendas das comissões permanentes fossem recompostas em R$ 4,3 bilhões – Lula havia sancionado o Orçamento de 2024 com veto de R$ 5,6 bilhões no total destinado a esse tipo de emenda (Carregosa; Resende, 2024).

Mesmo a vitória governista na MP dos ministérios deve ser contextualizada (Melo, 2024). Pela primeira vez desde a redemocratização, um presidente da República teve a proposta de organização da estrutura ministerial alterada pela Câmara e, o que é pior, com motivações claramente ideológicas. As atribuições do Ministério do Meio Ambiente e Mudança do Clima e do Ministério dos Povos Indígenas foram reduzidas. Temendo a rejeição da MP, o governo desistiu de reverter as alterações em plenário.

Por sua vez, sete das oito derrotas do governo – a exceção fica por conta da desoneração – remetem ao fosso ideológico existente entre o governo e a maioria da Câmara. É o caso das votações do marco temporal, da restrição dos direitos de ocupantes de terra, da proibição das "saidinhas", da flexibilização do uso de agrotóxicos e da negativa em avançar contra a disseminação de *fake news.* É o caso ainda da absurda inserção na Lei de Diretrizes Orçamentárias (LDO) da proibição de que a União realize despesas que direta ou indiretamente promovam, incentivem ou financiem: "invasão ou ocupação de propriedades rurais privadas; ações tendentes a influenciar crianças e adolescentes a terem opções sexuais diferentes do sexo biológico; ações tendentes a desconstruir, diminuir ou extinguir o conceito de família tradicional; cirurgias em crianças e adolescentes para mudança de sexo; e realização de abortos, exceto nos casos autorizados em lei" (Azevedo; Oliveira, 2024).

Seja nas derrotas ou nas vitórias do governo, chama a atenção a elasticidade dos placares. Nas ocasiões em que venceu, o governo obteve em média 329 votos, e a oposição, 132. Quando perdeu, o governo teve a seu favor, em média, apenas 120 votos, e a oposição cresceu, somando, por coincidência, 329 deputados e deputadas. A conclusão é uma só: tanto o núcleo duro do governo quanto a oposição, declarada e assumida, são amplamente minoritários. A maioria na Câmara, nesses dois anos de governo, compôs uma espécie de terceiro bloco, que se posicionava ora de um lado, ora de outro.

Obviamente a maior parte dos votos nas derrotas do governo teve origem em sua base. O Gráfico 2 mostra o percentual de votos dados por partidos da coalizão governista contra o governo. As votações foram separadas de modo a distinguir os temas econômicos ou administrativos dos outros, aqueles que abrem espaço a divergências ideológicas.

Gráfico 2: Votos dos partidos da base contra a orientação do governo (em %).

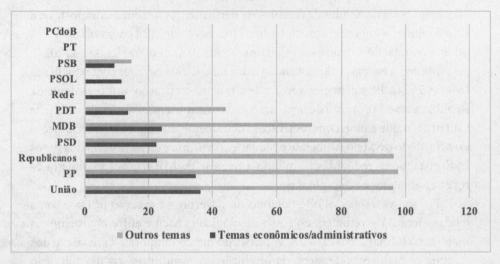

Fonte: Dados da Câmara dos Deputados disponíveis online.

Como seria de esperar, os partidos de esquerda foram mais fiéis ao governo, com destaque para petistas e comunistas. PSOL e Rede só não tiveram o mesmo desempenho porque optaram por votar contra o projeto que estabeleceu o novo arcabouço fiscal. Já os votos contrários do PDT e do PSB, nos temas econômicos, concentraram-se na discussão sobre a desoneração da folha de pagamentos. O PDT, no entanto, surpreendeu: 44,1% dos seus votos nos "outros temas" seguiram a tendência conservadora da Câmara.

À direita, 36,3% dos votos do União, que controla três ministérios, foram contrários ao governo nos temas econômicos. No caso do PP, o percentual foi de 34,7%, mas o partido comanda apenas um ministério. Também com três ministérios cada um, MDB e PSD, ainda nos temas econômicos, possuem desempenho semelhante ao do Republicanos, que só está à frente do Ministérios de Portos e Aeroportos.

Por fim, resta destacar a avalanche de votos com que a ala direita da base contribuiu para as derrotas do governo quando o tema afetava as preferências ideológicas de deputados e deputadas. No PSD, que costuma ser dito de centro, foram 88,1% dos votos; no PP, o mais radical "oposicionista", impressionantes

97,7%. O MDB seguiu a turma de perto: 71% de seus votos nesses temas foram contra o governo.

Poderia ser diferente?

O governo não conseguiu constituir uma maioria na Câmara. A depender do tema e/ou das negociações, a maior parte dos deputados e deputadas – o terceiro bloco – esteve no governo ou na oposição. O governo obteve vitórias decisivas na área econômica, mas sofreu derrotas acachapantes em temas de cunho ideológico.

O ano de 2023 foi mais tranquilo do que 2024. O governo aproveitou a folga orçamentária negociada ainda na transição e mirou em questões estratégicas, como o arcabouço fiscal e a Reforma Tributária. Além disso, o bolsonarismo estava acuado pela reação ao 8 de janeiro, pelas prisões de auxiliares de Bolsonaro e pelas investigações contra o ex-presidente.

Em 2024, a sucessão de Arthur Lira na presidência da Câmara, os conflitos deste com o presidente do Senado – que resultou em uma paralisação no trâmite das MPs – e as ameaças do Congresso ao STF contribuíram para turvar o cenário. Na Câmara, a extrema direita retomou a iniciativa. No início do ano, reuniu 139 assinaturas em um pedido de *impeachment* de Lula – 47 delas provenientes de União Brasil, PP, PSD, Republicanos e MDB. Na presidência da Comissão de Constituição e Justiça (CCJ), patrocinou pautas reacionárias, acelerou um projeto de anistia aos golpistas e coordenou ataques contra o STF.

Poderia ter sido diferente? É possível apontar erros do governo. A sobrerrepresentação do PT nos ministérios e a configuração de um núcleo político estritamente restrito a petistas podem ser questionados – quantas vezes Lula conversou com Alckmin, decisivo para a "frente ampla" na campanha, sobre os rumos do governo? Ao que parece, apenas Haddad representa uma voz capaz de dizer aquilo que o presidente não gosta. Talvez se imaginasse que bastaria a experiência dos mandatos anteriores. Mas se a Câmara, de modo diferente de outros tempos, é controlada pela direita; se é capaz de formular e fazer valer uma agenda própria; e se o "baixo clero" agora tem acesso a vultosos recursos independentemente dos líderes partidários ou do governo, simplesmente reciclar a estratégia de governos passados não iria bastar. De maneira lógica, seria preciso haver um maior compartilhamento da agenda legislativa com os partidos da base; ou seja, seria preciso conversar mais e melhor com os aliados, em especial com os de direita – o que não se resolve em reuniões ministeriais ou encontros para "apagar incêndios".

Mas isso não responde à pergunta. Afinal, até que ponto seria possível compartilhar a agenda? O cenário político mudou. O ciclo de avanços democráticos e civilizatórios aberto pela Constituição de 1988 perdeu força. O Brasil dobrou à direita, como disse Nicolau (2020), e a direita tem plena consciência disso. Um compartilhamento da agenda poderia produzir alguma melhora, mas teria limites claros – basta lembrar a quantidade de iniciativas reacionárias tomadas pela extrema direita com o apoio, ou omissão, dos partidos de centro e da direita tradicional. Tais partidos encontram-se polarizados pelo bolsonarismo e não se dispõem a conter a degradação política iniciada pelo ex-presidente. Não fosse assim, a pauta de costumes não teria encontrado mais facilidade na Câmara sob Lula do que sob Bolsonaro, e a CCJ não teria se transformado em um circo de horrores. No frigir dos ovos, encontra-se em curso uma intensa luta pelos rumos do país.

A vitória de Lula em 2022 estancou a deterioração democrática, mas não foi suficiente para virar o jogo. As direitas cresceram no Congresso. Cresceram também nas prefeituras, como mostraram os resultados de 2024. Suas máquinas eleitorais, contando com o acréscimo de uma multidão de prefeitos e vereadores e devidamente abastecidas pelo dinheiro grosso das emendas, planejam uma colheita ainda melhor em 2026.

As forças progressistas estão diante de um cenário ruim. É preciso entender o que mudou no país, possibilitando uma alteração tão expressiva na correlação de forças, e então articular frentes amplas, sem pretensões hegemônicas, e desenvolver estratégias comuns.

Relação entre partidos políticos e Governo: de Bolsonaro a Lula 3

Maria do Socorro S. Braga e Leone S. Alexandre

Desde as eleições de 2018, com a chegada do ex-capitão do Exército e ex-deputado federal Jair Bolsonaro à presidência da República e a virada conservadora no Congresso Nacional (MELO, 2021), a democracia brasileira aprofundou uma rota marcada por fortes turbulências sob diversos aspectos. Neste capítulo, nosso foco recairá sobre os efeitos dessa crise na reconfiguração das forças políticas do sistema partidário e nos partidos políticos, uma das principais organizações responsáveis pelo funcionamento do regime democrático. O papel dos partidos políticos nos governos e na competição eleitoral é uma dimensão central das democracias representativas contemporâneas. Os partidos estruturam as preferências eleitorais, selecionando e organizando os candidatos para diferentes disputas, e no governo coordenam a formação de maiorias para aprovar políticas públicas.

Mas qual foi o comportamento dos governos Bolsonaro e Lula 3 com relação aos partidos políticos? Essa pergunta não é trivial, tendo em vista o perfil de atuação do ex-presidente Bolsonaro nos dois primeiros anos de seu mandato. De acordo com Amaral (2021), diversamente do padrão observado em nosso sistema presidencialista de coalizão, existente desde 1995, quando os presidentes governaram com os partidos, Bolsonaro não construiu uma coalizão governamental, substituindo os partidos pelas Forças Armadas, ao menos do ponto de vista administrativo. Ele também não buscou montar uma base parlamentar no Congresso que lhe garantisse a aprovação de medidas importantes para a formulação de políticas públicas. Diante desse quadro, a preferência do governo teria se dado por não investir na coordenação política com os partidos na arena parlamentar, e sim por manter uma base social de apoio mobilizada. Em consequência, Amaral (2021) demonstra que a administração Bolsonaro nos dois primeiros anos foi a que teve a taxa de sucesso legislativo[1] mais baixa entre os governos no mesmo período, desde 1995. Das 282 propostas enviadas pelo Executivo, apenas 41% foram aprovadas. Comparativamente, no mesmo período dos governos anteriores, FHC enviou 538 propostas, aprovando 73% delas, ao passo que, no governo Lula I, das 639 propostas do Executivo, 85% foram aprovadas. Porém, nos dois anos seguintes dessa administração, o que ocorreu tendo em vista a necessidade de aprovação de medidas importantes para garantir o apoio popular e a reeleição com a aproximação das eleições de 2022? O comportamento do governo Lula 3 teria se mantido o mesmo de seus governos anteriores com relação aos partidos?

Diferentemente de Jair Bolsonaro, cuja trajetória política foi marcada por distanciamento e infidelidade partidária – mas se mantendo no mesmo campo político, tendo se filiado a sete partidos pertencentes à direita desde 1988 (PDC, PPR/PPB, PTB, PFL, PSC, PSL e PL) –, o atual presidente Lula, oriundo do mundo sindical, foi um dos fundadores do Partido dos Trabalhadores (PT), em 1979. O PT, ao longo de sua trajetória de mais de quarenta anos, tornou-se um dos partidos mais estruturados do ponto de vista organizacional e programático, além de hegemônico no campo da esquerda do espectro político-ideológico do sistema partidário brasileiro. E Lula, desde então, se manteve como um dos principais dirigentes do partido ao se lançar às competições eleitorais e ter forte base de apoio eleitoral, inicialmente no estado de São Paulo e, posteriormente, nos demais entes da federação, o que lhe garantiu ampla capilaridade no eleitorado nacional. Acrescente-se a seu legado a forte habilidade de negociação, herdada das lutas no mundo do trabalho, com os demais partidos e grupos de interesses que representam os mercados político e econômico nacional, ampliando paulatinamente a conjugação de apoios sociais ao PT ao longo das últimas décadas. Nos governos Lula I e II, sua capacidade de articulação política com as demais forças do sistema político nacional ficaram evidentes na conformação ideológica heterogênea das coalizões governamentais e na composição das bases parlamentares que lhe garantiram a governabilidade dentro de um pacto tido como conservador por Singer (2012).

Esta análise visa averiguar a relação dos presidentes Bolsonaro e Lula 3 com os partidos políticos no período de 2021 a 2024. Para dar conta desse propósito, a próxima seção examinará o último biênio da gestão Bolsonaro e os impactos da onda conservadora nas eleições nacionais de 2022. Na sequência, verificaremos como foi essa relação do atual presidente Lula com as organizações partidárias nos primeiros dois anos de seu governo. Por fim, faremos um breve debate sobre as eleições locais de 2024 e seus efeitos para o pleito nacional de 2026.

---

[1] Esse índice reflete o número de projetos de autoria do Executivo aprovados no Congresso.

Governo Bolsonaro (2021-22): dobrando-se aos partidos?

Ter vencido as eleições de 2018 sem contar com ampla estrutura partidária e financeira, mas valendo-se de estratégia de campanha digital exitosa, numa conjuntura marcada por fortes questionamentos do eleitorado sobre a atuação dos partidos políticos e a classe política nacional, são aspectos que podem estar relacionados ao comportamento nada amigável do ex-presidente com os partidos, como bem observou Amaral (2021), nos dois primeiros anos de sua gestão. Mas e no biênio seguinte, quando se vislumbra a possibilidade de reeleição? Bolsonaro deixou de se comportar como se estivesse em permanente campanha eleitoral, voltando-se para ter uma agenda de negociação com base parlamentar no Congresso que lhe garantisse aprovar medidas importantes para ter apoio popular e um novo mandato?

Embora o ex-capitão presidente tenha mantido suas credenciais de líder autoritário – como bem definiu Melo (2021), seguindo classificação de Levitsky e Ziblatt, ou seja, por meio da rejeição das regras democráticas, da negação da legitimidade dos adversários, da tolerância ou do encorajamento à violência e da propensão a restringir liberdades civis de oponentes e/ou mídia, – os incentivos por ganhos futuros em um contexto marcado por avaliação ruim de seu governo fizeram-no se dobrar aos partidos mais próximos ideologicamente. Observou-se também certo movimento de Bolsonaro no sentido de redução de posturas mais reacionárias.

A aproximação com os partidos da direita tradicional (PP, REP, DEM) e da centro-direita (MDB, PSD) visando, inicialmente, afastar a possibilidade de um *impeachment*, mas, em seguida, constituir uma base parlamentar de apoio ao governo, foi aos poucos se concretizando. Por último, a aproximação com esses partidos se fez com a ampliação da coalizão ministerial e a distribuição de poder via cargos no Executivo e no Legislativo. Os quadros dessas agremiações ganharam posições no segundo e terceiro escalões. Para o Ministério das Comunicações, em junho de 2020, o deputado federal Fábio Faria (PSD-RN) foi o nome escolhido, atuando como ministro entre os anos de 2020 e 2022 (MATOSO; CASTILHOS; PARREIRA, 2020). Em agosto de 2020, o deputado federal Ricardo Barros (PP-PR) assumiu a liderança do governo na Câmara,[2] substituindo o

---

[2] "Antes de servir a Bolsonaro no Congresso, também representou os ex-presidentes Fernando Henrique Cardoso, como líder; Luiz Inácio Lula da Silva e Dilma Rousseff, ambos como vice-líder. Em 2016, foi nomeado ministro da Saúde pelo então presidente Michel Temer, em acordo com o Centrão, depois de apoiar o *impeachment* da ex-presidente Dilma Rousseff" (FRAZÃO, 2021).

Major Vitor Hugo (PSL-GO). No entanto, o maior trunfo do governo Bolsonaro foi ter elegido o deputado federal Arthur Lira (PP-AL) para a presidência da Câmara dos Deputados desse biênio 2021-2022. Com esse aliado estratégico no Legislativo, estava garantida a base parlamentar necessária à governabilidade do ex-presidente, mesmo que para isso tenha cedido fatia considerável do orçamento da União via emendas parlamentares.

Dessa forma, a segunda metade do governo Bolsonaro foi marcada pela entrada nos trilhos da política tradicional via aliança com o chamado "Centrão". Arthur Lira trouxe para a base parlamentar bolsonarista dez partidos (PL, PP, PSD, Republicanos, Podemos, Avante, Solidariedade, Patriotas, PROS e PTB), o que representou a adição de 188 parlamentares e permitiu que o governo alcançasse, nesse período, um apoio que girava em torno de 250 deputados. É importante destacar que a ausência do MDB, tradicional partido do Centrão, na base aliada se deveu a atritos com o governo motivados pelos constantes ataques bolsonaristas contra instituições democráticas e pela condução de Bolsonaro no combate à pandemia de covid-19. No decorrer de 2021, a coalizão ganhou corpo com a entrada de aliados partidários para cargos ministeriais. O primeiro deles foi João Roma, do Republicanos, para o Ministério da Cidadania, seguido por Flávia Arruda, do PL, indicada para a Secretaria de Governo, e Ciro Nogueira, do PP, para a Casa Civil. Bolsonaro encerrou o ano filiando-se ao PL, visando consolidar seu apoio partidário e estruturar-se para o pleito de 2022 (BERTOLAZZI, 2024).

Abandonando a retórica de "nova política", o governo Bolsonaro buscava também, com tais ações, ampliar sua taxa de sucesso legislativo, que era a mais baixa desde a redemocratização, como já discutimos. Com isso, segundo o Observatório do Legislativo Brasileiro (2022), nos dois anos finais de sua administração, a taxa de sucesso foi de cerca de 29,1%, em 2021, e de 38%, em 2022, mantendo-se baixas em comparação aos números dos governos anteriores. Apesar de ter aumentado a articulação com o Centrão na reta final do mandato, a administração bolsonarista enfrentou resistência significativa em pautas próprias e viu um alto número de vetos derrubados pelo Congresso. Além disso, grande parte das medidas provisórias, maior fatia de sua atuação legislativa (76,5%), expiraram sem votação.

O governo Bolsonaro não se encerrou com a tradicional cerimônia de transição de poder e entrega da faixa presidencial. A postura de liderança autoritária e confrontadora de Bolsonaro afastou a possibilidade de um gesto democrático e pacífico nesse momento crucial. Em vez disso, o evento que parece ter simbolizado o término de sua administração foram os atos golpistas de 8 de janeiro de 2023. Nesse dia, a turbulência que marcou seu mandato adentrou o Palácio do Planalto, o Congresso Nacional e o Supremo Tribunal Federal. O ataque, ocorrido uma semana após a posse de Luiz Inácio Lula da Silva, foi impulsionado pela resistência de alguns grupos em aceitar o resultado das eleições de 2022.

Governo Lula 3: voltando ao presidencialismo de coalizão?

Reciclando a bem-sucedida estratégia político-eleitoral de uma coligação partidária com composição ideológica heterogênea, característica dos pleitos vencidos pelo Partido dos Trabalhadores entre 2002 e 2014, Lula e o PT buscaram, para a corrida eleitoral de 2022, construir a chamada "frente ampla". Um dos lances dessa estratégia foi compor uma chapa com um de seus adversários históricos, tendo como candidato à vice-presidência o ex-governador Geraldo Alckmin, desfiliado do PSDB e recém-filiado ao PSB. Entretanto, devido às dificuldades na coordenação política com a elite dos partidos da direita tradicional e da centro-direita, ele acabou compondo uma "frente ampla" com dez partidos, sendo a maioria oriunda do campo progressista, com apenas dois partidos pequenos da centro-direita. Essa aliança nacional no primeiro turno contava com a Federação Brasil da Esperança (PT, PV e PCdoB), a Federação PSOL/Rede (PSOL e Rede), o PSB, o Solidariedade, o PROS, o Avante e o Agir. No segundo turno, PDT, Cidadania, PCB, PSTU, PCO e Unidade Popular anunciaram apoio à campanha petista, de modo que, àquela altura, o ex-presidente Lula contava com o apoio de 16 dos 32 partidos políticos brasileiros (MOLITERNO; SAPIO, 2022).

Após o segundo turno mais acirrado da história, Lula venceu o pleito com uma apertada vantagem, com apenas 50,90% dos votos contra 49,10% obtidos por Bolsonaro. Tal cenário não se traduziu em uma forte oposição ao governo no Congresso Nacional, onde seus principais atores políticos e aliados do governo Bolsonaro, como o presidente da Câmara dos Deputados, Arthur Lira, acenaram ao reconhecer a vitória de Lula. A coalizão político-partidária que iniciou os trabalhos com o governo contava com nove siglas nominais: PT, PSB, PSOL, Rede, PCdoB, PDT, MDB, PSD e União Brasil. Mas é importante salientar que, tanto no caso do MDB quanto no do União Brasil, e mesmo no do PDT, a adesão a essa "frente ampla" se deu em torno de alas partidárias estaduais, ou mesmo de lideranças nacionais desses partidos. Esse apoio segmentado à concertação encabeçada pelo PT redundaria em base parlamentar que poderia garantir uma maioria modesta em meio ao Congresso fortemente conservador que saiu das urnas em 2022. Neste sentido, o arranjo feito pela administração petista "controlava", nos primeiros meses de 2023, 262 deputados (51%) e 45 senadores (55%). Em meados do segundo semestre, em setembro de 2023, PP e Republicanos ingressaram na coalizão, cada um ocupando um ministério e ampliando a base aliada no Congresso para cerca de 364 deputados (71%) e 59 senadores (74%), configurando, ao menos em teoria, uma base suficiente para a aprovação de emendas constitucionais.

Na prática, como apontado em um recente trabalho de Carlos Ranulfo Melo (2024), as votações que se seguiram no Congresso indicaram um cenário de incertezas quanto à coalizão formada para os próximos anos do governo Lula 3. Esse novo quadro político é marcado por uma "coalizão de ocasião", na qual o voto dos deputados que, em tese, compõem a base parlamentar do governo varia conforme o tema (ideológico/moral) da votação ou negociações com lideranças de partidos do Centrão ou diretamente com o presidente da Câmara, Arthur Lira. Votações importantes realizadas no biênio 2023-2024 ajudam a demonstrar esse comportamento no Congresso.

No caso de 2023, duas importantes derrotas para o governo – o projeto de lei que define o Marco Temporal para a demarcação de terras indígenas e o projeto de decreto legislativo que suspendeu decretos regulamentando o Marco Legal do Saneamento Básico – dão a tônica de como o apoio a pautas governistas pode ou não ser acolhido por parlamentares da base do governo. A pior derrota para o governo Lula foi na votação pela suspensão dos decretos apresentados pelo próprio Executivo para o Marco do Saneamento, em que o governo obteve apenas 136 votos contrários à suspensão, enquanto 295 deputados votaram a favor dela, de um total de 431 votos. Já na derrota relativa ao Marco Temporal, 283 deputados votaram a favor do projeto, enquanto apenas 155, de um universo de 438 votos, votaram contra a tese que dificulta a demarcação de terras de povos indígenas (MELO, 2024).

Quando analisamos as vitórias do governo, ainda em 2023, em votações como a medida provisória (MP) que reestruturou os ministérios do poder Executivo e o novo arcabouço fiscal, constatam-se dois cenários: num primeiro momento, uma fraqueza dos partidos de oposição, visto que, na primeira votação referente à MP, eles somaram apenas 125 votos contrários, sendo 79 provenientes do PL e do Novo, os únicos partidos que se declararam explicitamente de oposição. Os votos restantes vieram de partidos independentes,[3] com 26 votos, e de parlamentares teoricamente alinhados à base do governo, com 20 votos (MELO, 2024). A votação do novo arcabouço fiscal, por sua vez, resultou

---

[3] Os partidos considerados independentes são aqueles que não fazem parte da base parlamentar do governo e não possuem ministérios, mas que também não se declararam formalmente como oposição. São eles: Avante, Cidadania, Patriota, Podemos, PSC, PSDB e Solidariedade.

em uma vitória tranquila, com um total de 372 votos favoráveis ao governo, dos quais 227 vieram da coalizão, 115 dos partidos independentes e 30 da oposição.

O segundo cenário serve como um alerta ao Executivo quanto à relação que estabeleceu com o Congresso, uma vez que buscou construir uma coalizão nos mesmos moldes dos governos posteriores a 1995.[4] Isso fica evidente no comportamento dos partidos e de seus parlamentares nas quatro votações que recuperamos para o debate. A coalizão governista, mesmo quando vitoriosa, não consegue angariar mais de 257 votos dentro de sua própria base – que, no primeiro semestre de 2023, contava com 262 deputados e, no segundo semestre, com 364. Ao observar como votam os deputados dos partidos da base, encontram-se facilmente inúmeros votos contrários aos interesses do Executivo. Do União Brasil, por exemplo, nas votações do Marco Temporal e dos decretos de Saneamento, 48 parlamentares votaram contra o governo em ambas as ocasiões (MELO, 2024).

Parlamentares de todos os partidos da coalizão votaram contra o governo em alguma das votações mencionadas. Além do União Brasil, o MDB e o PSD contrariaram o Executivo nos casos do Marco Temporal e dos decretos do Saneamento: 31 deputados emedebistas ajudaram a derrubar os decretos do Saneamento e 22 foram favoráveis ao Marco Temporal, enquanto o PSD contribuiu negativamente com 20 e 25 votos, respectivamente. Partidos de esquerda também registraram votos contrários ao governo; no PSOL, Rede, PSB e PDT, houve parlamentares que se opuseram à proposta do arcabouço fiscal e, no caso dos dois últimos partidos, em outras três votações houve deputados dissidentes aos interesses do Executivo.

Durante o primeiro semestre de 2024, um olhar mais amplo revela que o terceiro governo Lula enfrenta dificuldades, tanto pelo perfil conservador do Legislativo quanto pela frágil articulação do Planalto com sua coalizão. Nesses seis meses, o governo sofreu seis grandes derrotas no Congresso em pautas como a desoneração para 17 setores da economia e municípios, a derrubada do veto de Lula sobre a lei que proibia as "saidinhas" de presos e a manutenção do veto de Bolsonaro contra a criminalização da disseminação em massa de notícias falsas,

---

[4] Conforme argumentam Figueiredo e Limongi (2001, p. 33): "Ao tomar posse, o presidente forma seu governo à maneira de um primeiro-ministro, isto é, distribui ministérios – pastas para partidos dispostos a apoiá-lo, assegurando assim a formação de uma maioria parlamentar. Formado o governo, portanto, benefícios políticos de toda sorte – influência sobre política, cargos, nomeações de parentes, sinecuras, prestígio etc. – são distribuídos aos membros da coalizão partidária que participa do governo. Em troca, o Executivo espera os votos de que necessita no Parlamento, ameaçando e, se necessário, punindo com a perda dos benefícios recebidos aqueles que não apoiarem a coalizão".

além do arquivamento da proposta de lei de regulagem das chamadas *fake news* por Arthur Lira. Os reveses enfrentados por Lula também incluíram questões ideológicas, como a revogação do veto presidencial a uma emenda da oposição à Lei de Diretrizes Orçamentárias que impede o uso de verbas para ações que promovam aborto e transição de gênero. Por fim, a Câmara aprovou, em maio, um projeto de lei que proíbe integrantes de movimentos sociais que invadam terras (notadamente do MST) de receberem qualquer auxílio do governo.

Aproximando-se de uma explicação que dê conta da relação de Lula 3 com partidos e esse emaranhado de alas partidárias que compõem sua coalizão, nota-se que a relação estabelecida entre o governo petista e sua base aliada, assim conformada, jamais poderia ter garantido o controle efetivo sobre os 364 deputados que, em tese, representariam os interesses do Executivo no Congresso. Como bem apresentado na análise de Melo (2024) sobre o primeiro ano de governo, um grupo composto por cerca de duzentos parlamentares pode votar com o governo ou não, a depender do tema em discussão ou das circunstâncias da votação. Questões ideológicas ou marcadamente progressistas encontram resistência, e as negociações geralmente ocorrem com o presidente da Casa e/ou líderes de partidos de centro e de direita. Dessa maneira, com base na média dos votos que o Planalto possui, o que podemos chamar de base parlamentar efetivamente aliada aos interesses governista não passa de pouco mais de 150 deputados.

Outro argumento que vai além da queda de braço entre governo e oposição é o da transformação político-ideológica, que a cada pleito se inclina mais à direita, e a própria relação entre Executivo e Legislativo, que vem passando por alterações na balança de poder. O Congresso tem se fortalecido e seu presidente centraliza cada vez mais os trabalhos, fenômeno que a ciência política caracteriza como uma forma de "hiperpresidencialismo", protagonizada hoje na persona de Arthur Lira (MELO, 2024). Outro fator relevante para o desequilíbrio de forças foram as mudanças nas regras das emendas parlamentares, ou "emendas Pix", que enfraqueceram o uso do repasse de recursos como instrumento de negociação do Executivo com partidos e seus parlamentares. Essa situação abriu uma nova frente de conflito entre o Congresso e o Judiciário, com o ministro Flávio Dino, do STF, ordenando a suspensão de todas as emendas impositivas aprovadas.

Em meio aos resultados das eleições municipais de 2024, que indicaram o fortalecimento acentuado do partido da extrema direita, assim como de outros da direita tradicional e da centro-direita em detrimento da esquerda, e de um governo que se aproxima da metade de seu mandato, inúmeras incertezas lançam dúvidas sobre o rumo da coordenação política dessa administração. Diante desse contexto desafiador, quais serão as estratégias governamentais visando garantir a governabilidade até 2026, quando enfrentará as urnas? Está claro que a relação entre os poderes Executivo e Legislativo dificilmente retornará ao modelo de vinte anos atrás. O que se espera é que, mesmo com uma base parlamentar modesta, o Planalto tenha que conduzir intensas negociações e fazer diversas concessões para aprovar parte de sua agenda, enfrentando ainda as imposições do Congresso em pautas de caráter conservador – como visto nas votações sobre o Marco Temporal e no PL contra invasões de terras. Diante desse quadro, resta o alerta para as principais alternativas políticas disponíveis ao governo: o veto, sujeito à derrubada em plenário, e, em segundo lugar, a judicialização, que tende a deteriorar ainda mais a relação entre os poderes.

Considerações finais: as eleições de 2024 e o cenário para 2026

O resultado das eleições municipais de 2024 indica alguns aspectos que tendem a afetar a relação do governo Lula 3 com os partidos políticos e, consequentemente, a coordenação das elites políticas visando o pleito geral de 2026.

O primeiro aspecto está relacionado ao expressivo desempenho de partidos e/ou alas partidárias da própria coalizão governamental à direita e centro-direita, a exemplo do PSD, presidido desde sua criação pelo atual secretário de Governo e Relações Institucionais na gestão de Tarcísio de Freitas (Republicanos) do estado de São Paulo, Gilberto Kassab, e do grupo do MDB-SP, comandado pelo deputado federal Baleia Rossi. PSD e MDB, hoje com três ministérios cada um, foram os partidos que mais elegeram prefeitos, primeiro e segundo vencedores respectivamente e agregaram maior quantidade de votos para as disputas proporcionais, revelando a ampla capilaridade territorial. O MDB também foi o partido que elegeu o maior número de vereadores. O PSD ficou na terceira posição. Já em relação à votação para as prefeituras, ficaram em segunda e terceira posição, respectivamente. Em termos regionais, o crescimento excepcional do PSD nessas disputas majoritárias mostra que esse partido lidera em estados das regiões Sudeste e Sul, como São Paulo, Minas Gerais e Paraná. Por sua vez, o MDB está em posição de destaque na maioria dos estados, indicando razoável resiliência de seu histórico organizacional ao longo de seus sessenta anos de funcionamento. Já o PP e o União Brasil, com um ministério cada um no governo Lula 3, ficaram na terceira e na quarta posição na eleição de prefeitos, respectivamente. Já nas disputas proporcionais quanto ao número de vereadores eleitos, o PP ficou na segunda posição, e o União, na quarta. O Republicanos, também com um ministério, teve um crescimento considerável quando comparamos seu desempenho com o pleito de 2020, obtendo um avanço de quase 47% dos votos na disputa pelo Executivo e cerca de 57% nas proporcionais.

Em contrapartida, o PT e demais partidos do campo progressista tiveram um desempenho melhor neste ano, quando comparado ao obtido nos dois pleitos municipais anteriores, mas bem aquém das expectativas. Esse desequilíbrio reforçou a necessidade de apoio dos cinco partidos de direita e centro-direita de forma mais efetiva ao governo Lula 3 não só para os dois anos de mandato que restam, mas também para sua possível reeleição em 2026.

O segundo aspecto está relacionado ao expressivo desempenho da extrema direita. No que tange às disputas majoritárias, o PL foi o partido que mais cresceu em termos de apoio eleitoral quando comparado com as eleições de 2020, obtendo um avanço de 236%. Também foi um dos partidos que mais cresceram nas disputas proporcionais, ampliando em 92% seu apoio eleitoral de um pleito para outro. Contudo, essa ampliação da capilaridade territorial do PL, apesar de crucial para aumentar sua presença em cargos executivos e legislativos municipais em todo o país, ficando em quinto lugar nas duas disputas, não foi suficiente para levá-lo às primeiras posições ocupadas pelos partidos da direita tradicional e centro-direita. Parte desse desempenho está associado à divisão desse campo, com o aparecimento de outros candidatos disputando por outros partidos, mas mantendo narrativas similares às defendidas pelo movimento bolsonarista. Apesar de indicações de aparente fragilidade da ala bolsonarista do PL, seja pelas derrotas que amargou em capitais e cidades grandes, seja pela sua liderança principal estar inelegível até 2030, o ex-capitão Jair Bolsonaro ainda é o principal rival do campo democrático-progressista. E como o presidente Lula é o único político que apresenta, no atual contexto, condições para disputar por este campo, na avaliação de boa parte da opinião pública brasileira, isso reforça a necessidade do governo de ampliar sua base de apoio coordenando mais efetivamente tanto as elites partidárias dos partidos de direita e centro-direita quanto de segmentos do eleitorado refratários ao projeto de país ora em desenvolvimento.

Lula e o Supremo: os estertores do presidencialismo de coalizão

Marjorie Marona e Shandor Torok Moreira

No artigo "Guerra e paz? O Supremo Tribunal Federal nos dois primeiros anos do governo Bolsonaro" (MARONA; MAGALHÃES, 2021) argumentou-se que a relação entre a Corte e a presidência se deteriorou até quase o desarranjo institucional para se arrefecer em uma espécie de equilíbrio *mambembe*. Em retrospectiva, a frágil instabilidade melhor se caracterizaria como um interlúdio antes da retomada – e recrudescimento – dos ataques e das ameaças proferidos contra a Corte e seus ministros, se bem que em *nova embalagem*.

Críticas ao STF não são novidade (ARGUELHES, 2023; MENDES, 2023). Antes de qualquer sinal de Bolsonaro no horizonte, o STF vinha sendo objeto de reiterado escrutínio público por diversas razões legítimas: desde seu excessivo protagonismo político, passando por decisões que, embora chegassem ao mesmo resultado, não conseguiam harmonizar a cacofonia de argumentos contrapostos, até os questionáveis comportamentos individuais de alguns de seus ministros. O Supremo, de fato, não parece zeloso com o reservatório de boa vontade que legitima a tomada de decisões difíceis por cortes constitucionais (WESTERLAND, 2017; BAUM, 2017; KECK, 2017; McGUIRE; STIMSON, 2004; HALL, 2010; 2014; GILES; BLACKSTONE; VINING JR, 2008).

À parte disso, é inegável que seu desempenho recente está intrinsicamente associado à resiliência da ordem constitucional democrática (VIEIRA *et al.*, 2013; GLEZER; BARBOSA, 2023) em face do projeto autocrático liderado por Bolsonaro (2019-2022). Entretanto, se a atuação do STF foi crucial para conter o processo de erosão da institucionalidade brasileira, por outro lado a manutenção do padrão punitivista de desempenho mantém abertos os caminhos para questionamentos sobre sua legitimidade, com recurso ao discurso da seletividade – dessa vez articulado, estrategicamente, por setores da extrema direita.[1]

---

[1] Se a mobilização estratégica do direito não é novidade, tendo se inculcado no rol de práticas políticas dos movimentos sociais no Brasil, desde a promulgação da Constituição

A chegada de Lula ao Palácio do Planalto em 2023 alterou drasticamente o cenário que ensejou a análise de Marona e Magalhães (2021) sobre a relação entre o STF e o governo durante a administração de Bolsonaro. Os ruídos do autoritarismo que ainda ecoam de um combalido presidencialismo de coalizão (ABRANCHES, 2021) ensejaram uma nova dinâmica institucional ainda sem nome cuja pedra angular é o Supremo Tribunal Federal.

***

Em 8 de janeiro de 2023, o Supremo Tribunal Federal, o Congresso Nacional e o Palácio do Planalto foram atacados por apoiadores do ex-presidente Jair Bolsonaro. Esses manifestantes, que por meses acamparam em frente a quartéis pelo Brasil, pretendiam interromper o funcionamento do governo federal recém-empossado.[2] Acredita-se que o plano era provocar a convocação de uma operação de Garantia da Lei e da Ordem (GLO) que, liderada pelas Forças Armadas, permitiria aos militares reinstituírem Bolsonaro no poder. Sem reconhecer sua derrota e quebrando a tradição de transferência pacífica do poder estabelecida desde a redemocratização, Bolsonaro acompanhou o ataque dos Estados Unidos, onde estava desde dezembro de 2022.

As investigações sobre os planos antidemocráticos revelaram evidências comprometedoras envolvendo o ex-presidente, ex-ministros de Estado, generais da reserva e militares da ativa. Minutas de atos de exceção foram encontradas, e mensagens eletrônicas de diversos autores que dão sustentação à trama golpista foram coletadas. A tentativa de derrubar o regime democrático foi o ápice de uma série de atos do governo Bolsonaro que ainda impactam a relação entre os Três Poderes.

---

de 1988, a captura e distorção da legalidade contra os próprios princípios democráticos e constitucionais que ancoram a legalidade é um fenômeno que só recentemente tem sido endereçado por um conjunto de pesquisadores dedicados a compreender o papel do arcabouço legal e da linguagem dos direitos nos processos de autocratização vivenciados em diversas democracias mundo afora (SCHEPPELE, 2018; DE SA E SILVA, 2022).

[2] Após a vitória de Luiz Inácio Lula da Silva nas eleições de 2022, o Brasil enfrentou uma onda de atos violentos promovidos por grupos que não aceitaram o resultado eleitoral. Além dos bloqueios de rodovias e ataques em Brasília, ocorreram tentativas de sabotagem em torres de transmissão de energia e uma tentativa de explosão no Aeroporto de Brasília. Houve também incêndios e depredações em Brasília, atos violentos em frente a quartéis militares, ataques a sedes de partidos políticos, ameaças e intimidações a autoridades e jornalistas, bloqueios em portos e ferrovias, disseminação de desinformação e discursos de ódio, além de invasões de prédios públicos em diversos estados.

Desde meados de 2021, o então presidente Bolsonaro vinha intensificando suas críticas ao STF e ao Tribunal Superior Eleitoral (TSE), direcionando-as predominantemente aos ministros Alexandre de Moraes e Luís Roberto Barroso. O primeiro concentrava a relatoria de diversas investigações contra Bolsonaro, familiares e aliados, e seria o presidente do TSE durante as eleições de 2022. O segundo era o então presidente do TSE e estava em campanha no Congresso Nacional em defesa da integridade do sistema eleitoral brasileiro. Os ministros eram acusados de interferência política e de atuar contra o governo Bolsonaro, enquanto este questionava a confiabilidade das urnas eletrônicas sem apresentar provas. O Planalto se esforçava pela aprovação da PEC do Voto Impresso, e o desfile de blindados no dia em que ela foi rejeitada é o epítome da pressão exercida para tentar deslegitimar o sistema de votação. Porém, a derrota da PEC não conteve os infundados ataques ao sistema e à justiça eleitoral.

No feriado da Independência, ocorreram grandes manifestações pró-Bolsonaro em várias cidades. Em Brasília e São Paulo, Bolsonaro voltou a ameaçar o STF e declarou que não cumpriria decisões de Alexandre de Moraes, chamando-o de "canalha" e afirmando que "ou o ministro se enquadra ou pede para sair". A forte reação da elite política e da opinião pública levou Bolsonaro a divulgar uma carta, redigida com auxílio do ex-presidente Michel Temer, em que recuava de declarações anteriores e negava a intenção de agredir os outros poderes. A estratégia de Bolsonaro de recuar sistematicamente diante das reações da elite política e do público não implicou derrota. Ao contrário, o ex-presidente obteve relativo sucesso ao deslocar o STF para uma posição reativa, em que se exacerbou sua disposição de controlar os atos do governo (VIEIRA; GLEZER; BARBOSA, 2022), com custos à sua imagem pública em face de uma sociedade polarizada.

Além de ameaçar o STF com o uso de mecanismos clássicos de retaliação informal[3] (LLANOS *et al.*, 2016), Bolsonaro, já fortalecido pela nomeação de Kassio Nunes em meio a uma ampla negociação com o Centrão para travar um processo de *impeachment* contra si (MARONA; MAGALHÃES, 2021), cumpriu a promessa de indicar um "ministro terrivelmente evangélico". Após um processo

---

[3] A ideia de retaliação relaciona-se à aprovação de legislações que visam reduzir a capacidade institucional da Corte constitucional, seja alterando sua composição, limitando sua competência ou jurisdição, seja modificando procedimentos internos ou revertendo decisões específicas. As retaliações informais, por outro lado, são ações e pressões, diretas ou sutis, com diversos níveis de severidade, mas, sobretudo, sem amparo em disposições legais. São exemplos os ataques retóricos ou mesmo as ameaças de violência e ataques físicos, assim como a comunicação não oficial entre os ministros e o alto escalão do governo, ou, ainda, a cobrança de obrigações devidas a vínculos sociais e suborno. Sobre a dinâmica na América Latina, ver Llanos *et al.* (2016).

marcado por atrasos e tensões políticas, André Mendonça assumiu a posição de ministro do STF, adotando desde então posicionamentos marcadamente conservadores.[4]

Excluído das negociações que viabilizaram as nomeações de Kassio Nunes e André Mendonça, o STF reagiu. A ministra Rosa Weber atacou diretamente o esquema que sustentava o governo, suspendendo a execução das emendas de relator (RP-9) devido à sua notória falta de transparência. O chamado "orçamento secreto" foi central para a reorientação política de Bolsonaro, que, ao abandonar o isolacionismo de seu primeiro biênio, formou uma coalizão que bloqueou o *impeachment*, mesmo diante da gestão desastrosa da pandemia. Ademais, esse arranjo garantiu condições desiguais para as eleições de 2022, permitindo que parlamentares direcionassem recursos federais a projetos em suas bases eleitorais sem transparência sobre autoria e destinação.[5]

O STF intensificou sua atuação coordenada com o TSE, presidido por Alexandre de Moraes desde meados de 2022. No Supremo, Moraes continuava a impulsionar inquéritos contra Bolsonaro e seus aliados, gerando intensa reação política. Nomeado para o STF por Michel Temer, Moraes, que inicialmente figurava entre os ministros mais conservadores da Corte (MOREIRA, 2024), tornou-se um antagonista dos autoproclamados "representantes do conservadorismo brasileiro". Poucos dias após assumir a presidência do TSE, Bolsonaro solicitou o *impeachment* dele, o que foi prontamente rejeitado pelo presidente do Senado.[6]

O desenho institucional do sistema eleitoral brasileiro, articulado ao sistema de justiça, mostrou-se um importante dique contra interferências no processo eleitoral, apesar das perplexidades que possa suscitar (MARONA, 2023).[7]

---

[4] Sempre é importante frisar que, dada a monumental quantidade de casos julgados pelo STF, qualquer afirmação sobre o comportamento judicial dos ministros baseadas em casos anedóticos é, na melhor das hipóteses, uma projeção bem-informada.

[5] O Congresso Nacional respondeu aprovando novas regras quanto à execução das emendas de relator que supostamente dariam a transparência exigida pela Corte. Entretanto, rapidamente a sociedade civil e especialistas apontaram que tais mudanças foram apenas "para inglês ver" (CASTRO *et al.*, 2022).

[6] Este foi o primeiro pedido de *impeachment* formulado pelo Planalto contra um ministro do STF, sendo inaudita a velocidade com a qual tal pleito foi rejeitado.

[7] Trata-se de um arranjo em que o STF possui competência criminal de alta voltagem política, controlando investigações contra autoridades com foro por prerrogativa de função, julgando-as e até presidindo inquéritos, enquanto um de seus ministros preside o TSE, com seu conhecido arsenal de medidas administrativas utilizáveis em defesa das eleições.

Paralelamente às medidas de cunho eleitoreiro adotadas pelo governo, marcadas por uma evidente irresponsabilidade fiscal, com o respaldo do Congresso Nacional e a anuência de setores do mercado e da imprensa,[8] o segundo turno das eleições foi marcado por episódios controversos. Entre eles, destaca-se a atuação da Polícia Rodoviária Federal (PRF), que conduziu operações resultando no atraso do transporte de eleitores em regiões majoritariamente favoráveis a Lula, vencedor do primeiro turno.

A rápida intervenção da Justiça Eleitoral, que já vinha trabalhando arduamente na contenção das *fake news* ao longo de todo o primeiro turno, foi providencial para garantir a integridade das eleições gerais de 2022. Por um lado, Lula foi eleito para seu terceiro mandato, com 50,90% dos votos válidos. Por outro, apesar dos ataques ao sistema democrático, da irresponsabilidade fiscal que comprometeu as contas públicas e dos resultados econômicos modestos do governo anterior, foi eleito o Congresso Nacional mais conservador da história recente.

O governo Lula 3 contava, em seu nascedouro, com 101 cadeiras, contra 187 da oposição, enquanto o chamado "Centrão" ocupava 206 cadeiras. Nenhum partido possuía, sozinho, mais de cem cadeiras – os maiores eram o PL, com 99; o PT, com 68; e o União Brasil, com 59 cadeiras. Esses números ilustram o cenário inóspito para a governabilidade no terceiro mandato de Lula, agravado pelo embate ideológico entre o presidente e a maioria do Congresso Nacional. Mas a dificuldade transcende um mero confronto de visões de mundo: a corrosão institucional promovida "desde dentro" durante o governo anterior abalou o regime democrático, deixando impactos prolongados, como um tecido que, desgastado, não retorna à sua forma original.

Diante dessas condições adversas – ou talvez em razão delas –, o STF e o Executivo têm se alinhado, fortalecendo-se mutuamente por meio de uma agenda centrada na defesa intransigente da democracia, embora com ganhos limitados em termos de governabilidade. Com o presidencialismo de coalizão fragilizado pela ampla autonomia orçamentária conquistada pelo Congresso, Planalto e STF reconheceram a necessidade de cooperação para enfrentar desafios estruturais persistentes, que ameaçam o regime democrático, mas também estratégicos, relacionados à governabilidade.

---

[8] Na véspera das eleições de 2022, a "PEC Kamikaze" tinha garantido que o governo pudesse gastar R$ 41 bilhões em programas sociais até o final do ano. O valor do Auxílio Brasil fora ampliado temporariamente de R$ 400 para R$ 600, o PIS/Cofins sobre os combustíveis foi reduzido temporariamente, auxílios a caminhoneiros e taxistas foram criados, e estatais foram utilizadas para controlar preços públicos, entre outras medidas.

O terceiro governo Lula teve início com o STF reagindo de forma contundente aos ataques que sofreu. Os processos contra os autores dos ataques ao Congresso Nacional, ao Palácio do Planalto e ao STF avançaram rapidamente, resultando em centenas de condenações severas. Em fevereiro de 2025, Jair Bolsonaro e outros 33 indivíduos, incluindo generais de quatro estrelas da reserva e militares de alta patente da ativa, foram denunciados no âmbito das investigações sobre os atos de 8 de janeiro. As acusações abrangem crimes como tentativa de abolir o Estado Democrático de Direito e dano qualificado ao patrimônio público.

Além disso, seguem em andamento diversas investigações relacionadas à disseminação de fake news, interferência na Polícia Federal, atuação de milícias digitais, vazamento de dados sigilosos, os atos de 7 de setembro de 2021, desinformação sobre a vacina contra a Covid-19, adulteração de cartões de vacinação e a venda indevida de presentes diplomáticos recebidos pelo governo brasileiro, incluindo as joias enviadas pela Arábia Saudita.[9]

Ademais, a cooperação entre o STF e o TSE resultou na declaração da inelegibilidade do ex-presidente Bolsonaro por abuso de poder político, tanto na reunião com embaixadores de dezenas de países, onde reiterou acusações infundadas contra o sistema eleitoral, quanto nas celebrações do Bicentenário da Independência. Bolsonaro permanece inelegível até 2030. Não era, de fato, de se esperar reação por parte do governo Lula 3 a nenhuma dessas iniciativas. Não surpreende, tampouco, que tenha sido o Congresso – ou, mais especificamente, a parcela de deputados ainda alinhada ao bolsonarismo – a protagonizar investidas contra o Supremo Tribunal Federal. Essas investidas se materializam em propostas legislativas restritivas, como aquelas que visam limitar a competência da Corte, modificar sua dinâmica decisória e alterar o modelo de indicação de seus ministros.

De fato, propostas de reforma judicial frequentemente emergem em conjunturas de tensão entre os Três Poderes, e o Congresso tem um histórico de tramitação de PECs, geralmente ativadas conforme a conjuntura política e que sinalizam descontentamento parlamentar com decisões do tribunal através das quais busca responder às expansões institucionais promovidas pela própria atuação judicial. Essas propostas são oriundas de políticos de diferentes espectros ideológicos e acompanham, de um lado, o avanço do protagonismo judicial e, de outro, momentos de crise ou tensão institucional.

Ademais, se as iniciativas de reforma geralmente são detonadas por conjunturas políticas específicas, por outro lado os agentes judiciais resistem a

---

[9] Ver, nesta obra, o capítulo de autoria de Fábio Kerche, sobre a Procuradoria-Geral da República.

qualquer mudança, qualificando-as, invariavelmente, de oportunistas. A resistência da elite judicial – diga-se – tem sido bem-sucedida: as alterações acabam, em sua maioria, por expandir a capacidade institucional do Judiciário, seja por iniciativas diretas dos próprios atores judiciais, seja por meio do *lobby* de suas associações junto ao Congresso.

As relações entre o STF e a parcela radical da direita nacional começaram a se deteriorar já no início do governo Bolsonaro, com as investigações sobre a disseminação de fake news, e se agravaram de forma irreversível diante das reações da Corte às tentativas de desacreditar e interferir no processo eleitoral, culminando no indiciamento do ex-presidente por tentativa de golpe de Estado. Esse desgaste consolidou o STF, na atual conjuntura, como alvo da direita radical, amplamente representada no Congresso Nacional.

Por outro lado, a direita tradicional, ou o grupo de partidos que compõem o chamado Centrão, quando confrontada em seus interesses elementares não hesita em questionar a legitimidade e desafiar a autoridade do STF, fazendo coro à parcela radicalizada dos deputados e senadores da República. A reinstituição da tese do Marco Temporal para a reivindicação das terras indígenas nos exatos moldes declarados inconstitucionais pelo STF em 2023 é ótimo exemplo nesse sentido, mas não há melhor agenda do que a orçamentária para ilustrar a centralidade da interdependência entre Supremo e Planalto na manutenção da governabilidade.

Do ponto de vista do Planalto, portanto, a aproximação com o STF emergiu não só como a única estratégia viável para garantir a estabilização democrática, diante da persistência de uma mentalidade antidemocrática no Congresso e na sociedade brasileira, mas também como a via da governabilidade. Nesse contexto, a Advocacia-Geral da União (AGU) intensificou sua atuação no STF, com foco especial em reverter políticas implementadas pelo governo anterior, especialmente aquelas ligadas à estratégia de armamento da população.

Apesar de Lula ter questionado poucas decisões do Legislativo, uma delas – relacionada ao fim da desoneração da folha de pagamento dos setores que mais empregam no país – provocou fortes reações dos presidentes da Câmara e do Senado, Arthur Lira e Rodrigo Pacheco, empoderados pelas mudanças institucionais decorrentes da sucessão de dois presidentes fracos (Dilma e Bolsonaro).

Esses conflitos evidenciam não apenas que a resiliência democrática depende da aliança entre o governo e o STF como também que a governabilidade está profundamente vinculada a essa dinâmica cooperativa. A interdependência é particularmente evidente na discussão sobre o orçamento federal. De fato, em resposta à determinação do STF no caso do orçamento secreto, o Congresso

Nacional mudou para manter tudo como estava. Foram potencializadas e ganharam destaque as emendas de comissão[10] e as "emendas Pix".[11]

Na tentativa de retomar algum controle sobre o orçamento e reconhecendo a centralidade do STF na conformação da governabilidade, Lula alterou seu padrão de nomeações para a Corte, escolhendo primeiro Cristiano Zanin e depois Flávio Dino para ocupar, respectivamente, as cadeiras de Rosa Weber e Ricardo Lewandowski. Em comum, a relação de confiança com o presidente.

A nomeação de Cristiano Zanin, advogado pessoal de Lula na operação Lava Jato, foi bem recebida por muitos membros da direita tradicional, que parecem ter visto na nomeação uma forma de tripudiar da operação que ajudaram a enterrar durante o governo Bolsonaro. Aprovado na sabatina sem maiores questionamentos, um de seus primeiros votos foi a favor da tese do Marco Temporal, alinhado aos ministros indicados por Bolsonaro. A mesma coalizão se repetiu na questão da descriminalização da maconha. Por outro lado, a nomeação de Flávio Dino enfrentou resistências maiores. Além da demora no processo de escolha, muito se questionou sobre a *expertise*, o profissionalismo e a autonomia do então ministro da Justiça. Diferente de Zanin, sobre o qual muito pouco se sabia quanto de sua indicação, Dino fora eleito deputado federal e senador pelo Partido Comunista do Brasil.

No Brasil, o processo de indicação de ministros do STF ocorre em um ambiente institucional complexo, no qual o governo equilibra suas preferências, as demandas da coalizão legislativa e a pressão da opinião pública. Nesse contexto, o tribunal e seus ministros permanecem sob constante destaque e intenso escrutínio. Trata-se de um cenário de disputas simultâneas em múltiplas arenas, que impactam as relações de poder intragoverno, entre os Três Poderes e com a base social de apoio.

---

[10] As emendas de comissão (RP-8) são propostas pelas comissões permanentes do Congresso Nacional, direcionadas a áreas específicas de atuação, conforme suas respectivas competências. Seu objetivo é redistribuir os recursos anteriormente concentrados nas emendas de relator, promovendo maior colegialidade. No entanto, essas emendas são alvo de críticas, pois são processadas sem a devida identificação dos parlamentares que as influenciam ou propõem, o que pode perpetuar práticas opacas semelhantes às do chamado "orçamento secreto", comprometendo a efetividade do controle e a transparência na alocação dos recursos.

[11] As chamadas "emendas Pix", ou transferências especiais, permitem a destinação direta de recursos da União para estados e municípios, sem necessidade de convênios ou instrumentos formais, visando facilitar e agilizar a execução de projetos locais. Essa modalidade descentraliza a aplicação das verbas e permite que parlamentares direcionem fundos para suas bases eleitorais. Contudo, a falta de mecanismos robustos de transparência e rastreabilidade levantou preocupações sobre o risco de uso inadequado dos recursos. Em agosto de 2024, o STF determinou que essas emendas devem cumprir os princípios constitucionais de transparência e serem submetidas à fiscalização pelo TCU e pelo CGU.

Embora alguns consensos guiem as nomeações – sólida formação jurídica, experiência relevante, conduta ética e reputação ilibada –, há ampla margem para escolhas estratégicas. Em seus mandatos anteriores, Lula priorizou diversidade e representatividade em detrimento de alinhamento ideológico ou convergência de valores políticos, refletindo a ênfase do STF na consolidação da dimensão cidadã da Constituição de 1988. À medida que o protagonismo do STF se deslocou para a seara criminal, assumindo uma agenda de controle político, o presidente Lula, que vivenciou os efeitos dessa transformação, adaptou sua estratégia de indicação.

Nesse terceiro mandato o presidente passou a articular as nomeações para altos cargos da Justiça de forma integrada, buscando, por um lado, fortalecer sua influência sobre o Judiciário e, por outro, atenuar os custos políticos com sua base social, que demanda maior representatividade de gênero e raça. Exemplos dessa abordagem incluem a escolha de Edilene Lôbo como a primeira ministra negra do TSE, pressionado por demandas de representatividade, e a indicação de Daniela Teixeira ao STJ, em meio a acomodações estratégicas.

Ao nomear Flávio Dino para o STF, Lula reduziu a representação feminina na Corte, agora limitada à presença de Cármen Lúcia. A escolha se orienta pelo critério de governabilidade em detrimento da diversidade expressando a percepção do presidente de que é fundamental construir alianças estratégicas no STF – com ministros reconhecidos e influentes – para garantir estabilidade ao governo e à democracia, especialmente diante do papel crucial da Corte no cenário político pós-Bolsonaro.

A missão (não declarada, mas suficientemente clara) de Dino era a de ser "o homem do governo" no Supremo – arena a partir da qual as negociações com o Congresso sobre o orçamento se concentraram. Foi Dino quem proferiu a decisão liminar que, referendada pelo plenário, congelou a distribuição das emendas de comissão em agosto de 2024, dando início a uma série de negociações políticas em torno do orçamento a partir do Supremo. Em março de 2025 Dino autorizou que as emendas voltassem a ser pagas após negociação com o Congresso em que foram assumidos compromissos de maior transparência dos gastos.

Contudo, a percepção de que a governabilidade no Brasil, hoje, está atrelada ao STF, que se tornou um ator preponderante na mediação dos conflitos entre os poderes e na manutenção da estabilidade democrática, não pode normalizar o papel que a Corte desempenha para conter o voraz apetite orçamentário do Congresso Nacional. O dilema estratégico que opõe o Congresso e o STF, caracterizado pelas ameaças e não pela cooperação, revela deterioração da mentalidade democrática, pouca aderência ao *rule of law* e indiferença pela crise institucional (Tomazelli; Oliveira, 2024).

Finalizando o período sob análise, merece destaque o *momentum* alcançado pelo movimento político em prol da anistia dos golpistas do dia 8 de janeiro de 2023. Moeda de barganha pelo apoio para a reeleição da presidência da Câmara, o assunto avançou a ponto de ter uma comissão especial instalada para sobre ele deliberar em outubro de 2024 (Lima, 2024; Gadelha, Zucchi, 2024). Se as penas aplicadas aos condenados até o momento podem parecer excessivamente severas, os principais beneficiários dessa possível anistia parecem ser, na realidade, os líderes políticos e financiadores que, enquanto este capítulo se desenrola, aguardam julgamento.

Joaquin Phoenix conquistou o Oscar de Melhor Ator em 2020 por sua imersão profunda no papel de Coringa, entregando uma interpretação intensa e visceral da progressiva deterioração mental do personagem. Uma loucura que, de certa forma, ecoou no atentado frustrado de novembro de 2024, quando um radical, fantasiado como o vilão, supostamente planejava destruir a Suprema Corte e assassinar seus ministros. Enquanto o Coringa do cinema levanta questões sobre saúde mental, desigualdade social e alienação, o "Coringa" da Praça dos Três Poderes evidencia os perigos da complacência com o radicalismo. No passado, o Brasil anistiou aqueles que atentaram contra a democracia—e alguns deles, anos depois, estavam novamente sentados à mesa, conspirando um novo golpe.

O autoritarismo que nega a diversidade e o pacto constitucional foi atiçado por anos no Brasil. Tendo tomado parcela inaudita do orçamento público (Shalders, 2024), antagonizando o sistema de governo presidencialista, a direita supostamente tradicional ameaça quem pretende fazer valer a Constituição. Fosse o Supremo mais zeloso com a legitimidade que ancora o funcionamento de cortes constitucionais, sua tarefa ainda seria difícil, porém menos tormentosa.

***

O reposicionamento institucional do STF no cenário político brasileiro transcende as dinâmicas tradicionais do presidencialismo de coalizão, consolidando-se como um ator central na manutenção da estabilidade democrática e na mediação de conflitos entre os poderes. A Corte não apenas assumiu um papel decisivo no enfrentamento às ameaças autoritárias e no fortalecimento do pacto constitucional como também se tornou um elemento estrutural para a governabilidade em um contexto de corrosão institucional e polarização política. Essa nova configuração ressalta que a compreensão do regime político no Brasil contemporâneo exige a incorporação da atuação estratégica do STF, cujas decisões moldam profundamente o equilíbrio entre os poderes e a capacidade do Executivo de liderar em um cenário democrático fragilizado.

Os desafios para a cooperação intergovernamental: a relação entre os governos estaduais e o governo Lula 3

Luciana Santana

A presidência de Jair Bolsonaro (2019-2022) operou de forma autocentrada e no sentido de desfigurar as instituições e desmobilizar a relação entre atores políticos, seja por não considerar a importância do compartilhamento de poder por meio da formação de coalizão, seja por desconsiderar pautas de Estado importantes para garantir a continuidade das políticas públicas. Em outras palavras, durante a gestão anterior, o país se viu "governado por um presidente que não cumpriu a regra informal de encaminhar a solução dos conflitos federativos por meio de acordos, coalizões e incentivos à cooperação, e a disputa e o confronto com governadores e prefeitos apenas seguiu a estratégia do presidente desde sua eleição" (SOUZA; FONTANELLI, 2021).

A desestruturação das políticas públicas do Estado, somada à falta de habilidade para garantir cooperação intergovernamental, conflitos diretos com os governadores e ataques sistemáticos às instituições políticas atingiram frontalmente o Estado democrático de direito instituído no Brasil em 1988. Esse *modus operandi* às avessas à institucionalidade e aos valores democráticos impactaram diretamente as relações entre o presidente, governadores e prefeitos, que, consequentemente, influenciaram as relações governativas de coordenação de políticas e cooperação entre os entes da federação.

Os principais indícios desses problemas estiveram ligados diretamente à condução de ações no combate à pandemia de covid-19, especialmente nos anos de 2020 e 2021, mas se estendeu também a outras áreas, como educação, cultura, ciência e assistência social. A principal hipótese aventada naquele momento era que o desenho federativo estaria sendo alterado em detrimento de outra configuração que ampliava o poder dos governos locais. Para Souza e Fontanelli (2021), o federalismo brasileiro possibilitou que os entes subnacionais exercessem papel ativo no combate à covid-19. Isso significou uma substituição "da coordenação federal no encaminhamento dos conflitos federativos ou no enfrentamento de crises exógenas, além de ter fortalecido a posição relativa das esferas subnacionais na federação". Acredita-se, portanto, que esse arranjo federativo teria se alterado de fato ou se ajustado ao contexto e composição política sob a condução de um presidente fraco e politicamente sem capacidade de garantir com eficiência a coordenação de políticas estratégicas nem as especificidades locais.

A partir de 2023, sob a liderança do novo presidente, Luiz Inácio Lula da Silva (PT), outro contexto se apresentou para a relação entre os entes federados. Deste modo, algumas questões se tornaram emergenciais: Como estão sendo as relações entre os governos após 2023? Podemos considerar um restabelecimento das relações aos moldes tradicionais? Como tem sido a condução do atual presidente nesse processo? Em havendo tensões políticas na relação, os instrumentos institucionais presentes no federalismo têm sido capazes de gerenciá-los? Esses são alguns dos questionamentos a serem discutidos no âmbito deste capítulo.

Refrescando a memória: da centralização e cooperação à descoordenação no federalismo brasileiro

Como é amplamente conhecido na literatura especializada (ABRUCIO, 2005; ABRUCIO *et al.*, 2020; ALMEIDA, 2005; ARRETCHE, 2000; 2012), desde a promulgação da Constituição Federal de 1988, o federalismo brasileiro possui um padrão de funcionamento robusto de coordenação nacional, centrada na União e de arranjos que garantiriam a cooperação entre os entes federados (estados, Distrito Federal e municípios). Esse desenho demarcou a força dos entes no Estado brasileiro, inclusive com a marca da participação efetiva dos governadores (ABRUCIO, 1995; SANDES-FREITAS; SANTANA, 2023). Entretanto, a necessidade de reduzir a desigualdade entre os estados justificou, ao mesmo tempo, a opção por um modelo de federalismo centralizado (ARRETCHE, 2020) com certa autonomia dos entes federados. Essa concepção seria a de um federalismo que estimula a cooperação e a coordenação das políticas sob a condução do governo federal.

Não vem ao caso, aqui, apresentar as críticas ou propostas de mudanças ao desenho implementado no país. A intenção é compreender que, em determinado contexto, observou-se a ausência de uma liderança para garantir a centralidade necessária na coordenação de políticas demandadas pela emergência sanitária em 2020, em decorrência da pandemia de covid-19. Nessa situação, em específico, ficou mais evidente que o Estado brasileiro estava diante de uma descoordenação federativa, e não apenas um conflito[1] rotineiro nas relações federativas.

---

[1] É normal a ocorrência de tensões e dilemas entre os entes federados, como bem lembra Souza (2019), e essas situações podem ser categorizadas em quatro blocos: coordenação

Naquele momento, a resposta mais rápida veio por parte dos governadores que tiveram que tomar suas próprias iniciativas de combate e prevenção, assim como de estratégias de reabertura das atividades econômicas, com decisões afeitas às suas próprias jurisdições e realidades sem a devida coordenação federal em diversas áreas (Barberia *et al.*, 2021; Abrucio *et al.*, 2020; Santana; Perez, 2020; Santana; Nascimento, 2021; Linhares; Ramos; Messenberg, 2020).

Poderia ser considerado apenas uma narrativa política construída pela oposição ao governo de Jair Bolsonaro, se não fossem as evidências robustas na descoordenação em diversas outras políticas e a desestruturação dos principais sistemas nacionais, tais como o Sistema Nacional de Informação do Sistema Único de Assistência Social (SUAS), o Sistema Único de Saúde (SUS) e o Sistema Nacional de Segurança Alimentar e Nutricional (Sisan), dentre outros que deveriam ser coordenados pelo governo federal. Conforme aponta Oliveira, Santana e Abers (2023): "O governo Bolsonaro promoveu um amplo desmantelamento das instituições estatais e das políticas públicas promovidas pelo Estado brasileiro. Diversos relatórios da equipe de transição descreveram tal realidade".

Os impactos para a sociedade têm efeitos de curto, médio e longo prazos e colocaram desafios de grande magnitude para o novo governo Lula 3, seja pela "necessidade de recomposição das capacidades estatais para a produção de políticas públicas, quanto para a reestruturação de importantes políticas públicas que foram descontinuadas, extintas ou simplesmente mortas por inanição" (Oliveira; Santana; Abers, 2023).

A descoordenação federativa teve impactos também para a relação entre os governos subnacionais e o governo federal. Se, ao longo de quatro anos (2019-2022), o diálogo federativo foi precário, com ataques públicos entre governadores e presidente, ações dos governadores eram deslegitimadas e questionadas publicamente, houve a necessidade da judicialização (cf. ADI n.º 6341) para fazer valer as responsabilidades constitucionais da proteção à saúde da população, dentre outras situações que demonstram a pulverização nas relações entre os governos. Não podemos, portanto, negligenciar ou desconsiderar o contexto, as posições dos envolvidos e os interesses em disputa nessa análise.

---

versus cooperação intergovernamental; uniformidade versus diversidade; autonomia versus compartilhamento de autoridade; e centralização versus descentralização. O que chama a atenção em relação ao governo de Jair Bolsonaro é a não predisposição a dialogar e buscar uma razoabilidade na relação com os governos estaduais.

No processo de reconstrução democrática, é primordial que a relação de confiança institucional seja restabelecida. Para isso são necessários esforços mútuos para melhorar as entregas de políticas públicas à sociedade brasileira.

O governo Lula 3 e as incertezas na relação federativa

Ao final do processo eleitoral de 2022 havia a incerteza sobre a relação entre os governadores vitoriosos no pleito e o presidente eleito, uma interação central para definir a dinâmica política brasileira. Isso com relação à arena eleitoral e governativa, bem como ao processo de formulação e implementação de políticas públicas.

Uma relação salutar com os governadores tem relevância para o governo federal em outras arenas de decisão política. Rocha, Santana e Paravizo (2023) chamam a atenção, ainda, para a força que os governadores exercem sobre as bancadas estaduais no âmbito do Legislativo. Há estudos que enfatizam a importância dos governadores vendo-os como atores centrais do jogo com poder de fazer valer suas preferências, bloquear decisões indesejadas e frustrar os planos da Presidência (ABRUCIO, 1998). Apesar de não ser a teoria predominante, a interação entre os governos estaduais e o governo central faz parte da dinâmica política brasileira nas diferentes arenas. Por esse prisma, a incerteza é legítima.

No cômputo do resultado da eleição para os governos estaduais, bem como com relação aos alinhamentos políticos, o presidente eleito Lula tinha o apoio declarado de apenas 11 governadores eleitos.[2] Catorze governadores eleitos apoiavam a candidatura de oposição e dois governadores eleitos não se posicionaram. A incerteza estava na incerteza de se poder reverter esse cenário, se os governadores que estavam na oposição estariam dispostos ao diálogo ou não e se haveria uma crise política que atingisse as relações intergovernamentais.

Em contextos de maior normalidade, tal situação poderia ser alterada sem maiores desconfortos, haja vista que o desenho federativo brasileiro garante a centralização de autoridade decisória e da execução de recursos em torno do governo central. Ou seja, havendo predisposição para o diálogo, as próprias demandas dos estados seriam capazes de "forçar" uma aproximação institucional entre os entes federados.

---

[2] Lula contou com governadores eleitos em oito dos nove estados do Nordeste, além de Amapá, Pará e Espírito Santo. Pernambuco foi o único estado no qual o presidente Lula não teve apoio declarado. No entanto, atualmente, a governadora eleita, Raquel Lyra, é uma das apoiadoras do governo Lula 3.

Em alguma medida, é possível perceber que isso ocorreu. Houve movimentos nessa direção dias após o anúncio oficial do resultado da disputa presidencial. Além do reconhecimento do resultado sem quaisquer questionamentos, a fala de três importantes aliados do ex-presidente Jair Bolsonaro seguiram o tom de moderação. O governador reeleito por Minas Gerais, Romeu Zema (Novo), pediu publicamente o fim dos bloqueios de rodovias e o cumprimento da lei, por ocasião dos atos antidemocráticos que se seguiram ao anúncio do resultado da eleição presidencial. O governador reeleito pelo estado do Rio de Janeiro, Cláudio Castro (PL), mencionou a importância de articulação com o governo eleito na tentativa de promover o desenvolvimento econômico e de infraestrutura em seu estado. E o governador eleito em São Paulo, quadro mais próximo do ex-presidente, Tarcísio de Freitas (Republicanos), se dispôs a manter comunicação com o presidente eleito em defesa das demandas e interesses da população do seu estado (ROCHA; SANTANA; PARAVISO, 2023).

Apesar das tensões sociais e políticas3 ocorridas entre o resultado da eleição e a posse presidencial, houve momentos de aproximação do presidente eleito e governadores. Um deles ocorreu logo após a eleição, em meados de novembro, na Cúpula do Clima da Organização das Nações Unidas (COP-27), no Egito. A pauta estava voltada para questões ambientais, climáticas e tratados de cooperação amazônica, mas foi também uma oportunidade para o presidente eleito reforçar o interesse em retomar o diálogo com os governadores e prefeitos (MAZENOTTI, 2022) independentemente da posição política. Isso já denotava uma mudança substantiva nas relações institucional e federativa no governo, a partir de 2023.

Ataques aos poderes, solidariedade e volta ao federalismo cooperativo

Ao contrário dos dois primeiros mandatos (2002-2006 e 2007-2010), o início do governo Lula 3 já sinalizava que os anos seguintes seriam desafiadores. Os ataques criminosos aos poderes do Estado brasileiro, nas manifestações tanto pessoais quanto verbais, mas principalmente nas depredações dos prédios e dos patrimônios públicos destruídos, criaram um clima de tensão em todo

---

[3] Ainda após o resultado, a tensão social e política se estendeu um pouco mais até a posse presidencial. Pessoas se acamparam em frente aos quartéis, houve aumento da desinformação sobre o resultado da eleição, silêncio por parte do presidente derrotado nas urnas, tentativa de invasão à Polícia Federal, manifestações no dia da diplomação de Lula, bomba no aeroporto de Brasília e até a decisão do ex-presidente de sair do país e não participar dos atos de posse presidencial.

o país. Entretanto, algo que marcaria uma mudança substantiva e expressiva na relação institucional entre os Três Poderes e entre os entes federados, que se concretizou na reunião realizada pelo presidente Lula e os 27 governadores estaduais[4], e no ato de solidariedade coletiva ao Supremo Tribunal Federal. Foi um dos atos mais representativos da defesa do Estado democrático de direito e das instituições brasileiras.

Tanto a reunião – que contou com discursos de aliados e também de governadores da oposição, como foi o caso do governador do estado de São Paulo, Tarcísio de Freitas – quanto o ato até o STF podem ser interpretados como ações de solidariedade ante as ações antidemocráticos. Porém, eles podem também ser considerados um marco para o restabelecimento do federalismo cooperativo.

Ainda no mesmo janeiro de 2023, mais precisamente no dia 27 daquele mês, o presidente Lula realizou mais uma reunião com os governadores (BARBIÉRI; BORGES, 2023). A pauta estava direcionada para a discussão de ações conjuntas e para que os governadores pudessem destacar os interesses dos seus estados. Na oportunidade, o presidente reforçou a disposição em dialogar com todos os governadores, independentemente de seus partidos políticos e da posição política tomada na eleição presidencial em 2022, fez críticas à atuação do governo anterior e voltou a condenar os atos antidemocráticos e os ataques às instituições. Após a reunião, alguns governadores, como Romeu Zema, disseram ter se frustrado com a reunião, por considerar que se tornou um palco político e não um ato em defesa da democracia.

As tentativas de aproximação do governo federal e os governos subnacionais foram frequentes ao longo dos dois primeiros anos de gestão. Uma iniciativa que foi pouco destacada, mas que pode render bons resultados, é a instalação do Conselho da Federação, um órgão de integração dos níveis de governo federal, estadual, distrital e municipal. O órgão, criado por meio do Decreto n.º 11.495, assinado pelo presidente Lula em 18 de abril de 2023, buscou criar um fórum permanente para a pactuação federativa e o aprimoramento das políticas públicas.

---

[4] Além de todos os 27 governadores, participaram da reunião: o vice-presidente da República, Geraldo Alckmin (PSB); a então presidente do STF, Rosa Weber; os ministros do STF Dias Toffoli, Ricardo Lewandowski e Luís Roberto Barroso; o presidente do Senado em exercício, Veneziano Vital do Rêgo (MDB-PB); o presidente da Câmara dos Deputados, Arthur Lira (PP-AL); o então procurador-geral da República, Augusto Aras; o ministro da Casa Civil, Rui Costa (PT); o ministro-chefe da Secretaria de Relações Institucionais, Alexandre Padilha (PT); o ministro da Justiça e Segurança Pública, Flávio Dino (PSB); o líder do governo no Congresso Nacional, Randolfe Rodrigues (Rede); e o presidente da Frente Nacional dos Prefeitos, o prefeito de Aracaju Edvaldo Nogueira (PDT).

A partir desse Conselho, representantes de diferentes instâncias podem negociar estratégias para resolver desafios comuns e traçar quais são os interesses prioritários para o desenvolvimento em diferentes níveis, bem como reduzir desigualdades regionais. O grupo é formado por 18 integrantes dos três níveis do governo: ministros, governadores e prefeitos, além de representantes e instituições municipalistas.[5] Os governadores possuem seis assentos e são indicados pelo Fórum de Governadores, pelo Consórcio Nordeste, pelo Consórcio Brasil Central, pelo Consórcio Amazônia Legal e há mais dois designados pelo Consórcio Sul-Sudeste (um para a região Sul e outro para a região Sudeste). Nas reuniões já realizadas desde sua criação, várias pautas têm sido discutidas para discutir questões regionais, principalmente com ênfase em pautas de interesse comum, tais como a renegociação de dívidas, combate às desigualdades, meio ambiente.

A criação do conselho, no entanto, não diminuiu os espaços de interlocução direta entre presidente e governadores. Em novembro de 2024, os governadores foram convidados pelo governo federal para conhecerem o texto do Projeto de Emenda à Constituição (PEC) para a Segurança Pública, antes que ele fosse enviado ao Congresso. Foi uma oportunidade de ouvir as experiências e os dilemas enfrentados pelos governadores para combater os problemas na área. A reunião contou com a participação de 14 governadores (DF, RR, MA, RJ, AP, CE, SE, AC, BA, PI, ES, GO, SP, TO), cinco governadores em exercício (PA, DF, PE, MT, MS), três vice-governadores (PB, AM, RO) e três secretários de Segurança Pública dos estados (AL, MG, RS). Três estados não tiveram representantes (RS, PR, SC).

Nem tudo são flores...

Os desafios do governo Lula 3, no que diz respeito às relações com os governos estaduais, são diversos e complexos. Além de liderar um processo de reconstrução de políticas e de instituições em um contexto marcado por tensionamentos políticos, polarização e os embates radicalizados ativos na

---

[5] Além de seis governadores, os municípios são representados por três entidades municipalistas: Frente Nacional de Prefeitas e Prefeitos, Confederação Nacional de Municípios e Associação Brasileira de Municípios, cada uma com duas indicações. São membros do conselho o presidente Lula – que preside o órgão –; o vice-presidente, Geraldo Alckmin; os ministros Rui Costa (Casa Civil), Fernando Haddad (Fazenda), Simone Tebet (Planejamento) e Alexandre Padilha (Relações Institucionais). O presidente da Confederação Nacional de Municípios (CNM) também integra o conselho, que conta, ainda, com 18 membros suplentes (LÍCIO; SILVA; TREVAS, 2023).

sociedade brasileira, é preciso desconstruir desinformações, criar estratégias de coordenação interna dos projetos e ações do próprio governo. Somado a isso, há as disputas de poder, os interesses e as ambições políticas dos atores e de seus partidos que seguem um ritmo próprio, muitas vezes potencializados pelos próprios erros ou nos equívocos para acomodar interesses partidários.

Como já é amplamente conhecido na literatura da ciência política, os governos Lula I e II foram compostos por forças ideologicamente heterogêneas, e muitas vezes pouco coesas, mas acompanhadas de constrangimentos institucionais que garantiam ao presidente condições de governabilidade, cumprimento de acordos e compartilhamento de poder. A despeito da predisposição do governo Lula 3 em retomar às bases clássicas de distribuir poder entre os parceiros de coalizão, mesmo que não na proporção desejada por alguns partidos ou pelo peso de sua bancada no parlamento, a alteração do equilíbrio de forças entre Executivo e Legislativo, com mudanças implementadas desde 2019, tornaram a vida do presidente mais complicada. O custo da governabilidade aumentou, bem como a taxa de infidelidade e lealdade ao presidente, impactando outras arenas. Não seria diferente na relação com os estados e seus governadores.

Ademais, podemos considerar que desde que a eleição de 2022 terminou, ela também deu início à competição de 2026. O jogo já está sendo jogado. Não à toa alguns governadores já estão se apresentando como candidatos potenciais para a próxima disputa presidencial, como é o caso do governador de Goiás, Ronaldo Caiado (UB); de Romeu Zema (Novo), de Minas Gerais; e do governador do Paraná, Ratinho Júnior (PSD). Há outros nomes não declarados, mas cotados, como o de Eduardo Leite (PSDB), governador do Rio Grande do Sul, e o de Tarcísio de Freitas (Republicanos), do estado de São Paulo.

Considerações finais

No desenho federativo brasileiro, marcado pela centralização e pela cooperação intergovernamental, os entes federados são de fundamental importância para o Estado brasileiro, vide as prerrogativas garantidas pela Constituição de 1988. Os estados que já foram considerados "os barões da federação" nos anos de 1980 e 1990 não perderam sua força política com a municipalização das principais políticas de Estado: a força deles passou a ser acomodada em outras direções ou a serem acionadas em situações emergenciais, como ficou evidenciado na condução dos governos estaduais no enfrentamento da pandemia de covid-19.

As responsabilidades constitucionais dos governadores são extensas e vão desde a gestão da administração dos seus estados até uma série de prerrogativas em áreas prioritárias de políticas públicas com impactos diretos sobre a população, como saúde e educação. Ademais, a área da segurança pública é primordial, pois é de sua responsabilidade a chefia das polícias militares, civis e os corpos de bombeiro (ROCHA; SANTANA; PARAVIZO, 2023). Ocupam, portanto, posições importantes na organização federativa do país.

Com a mudança de governo em 2023, não houve mudança no federalismo. Os instrumentos institucionais presentes no federalismo têm sido capazes de gerenciar crises e tensões, mas se mostrou fragilizado ante a inoperância da figura presidencial na coordenação e na continuidade de políticas.

E mesmo diante de adversidades, erros e atropelos, há um contraponto importante que diferencia o governo Lula 3 de seu antecessor, qual seja, a disponibilidade de diálogo e a discricionariedade no tratamento com os governos subnacionais. A busca pela coordenação efetiva e as oportunidades de cooperação têm ocorrido entre os governos. As tensões, as críticas e as disputas políticas não deixam de existir, mas não há uma estratégia deliberada por parte do presidente de desmonte das políticas sob a justificativa de combate à ideologia.

O processo de reconstrução das instituições e das políticas não é uma tarefa fácil, pelo contrário; "passa, assim, pelos desafios em termos políticos e de políticas públicas, mas também pela recomposição do tecido social – este é um processo lento, de resultados a médio e longo prazos, mas que precisa ser enfrentado desde já" (OLIVEIRA; SANTANA; ABERS, 2023), em todas as oportunidades e por todos os governos, seja ele central ou subnacional.

"A casa está aberta, mais uma vez": o terceiro mandato de Lula e o diálogo com os municípios

Marta Mendes da Rocha

Na coletânea *Governo Bolsonaro: retrocesso democrático e degradação política*, organizada por Avritzer, Kerche e Marona (2022), examinei a questão dos municípios durante o governo Bolsonaro a partir de duas lentes: a importância do apoio de prefeitos para a eleição de Bolsonaro em 2018 e as tensões e conflitos entre governo federal e governos municipais por ocasião do enfrentamento à pandemia de covid-19. Neste capítulo, retomo a questão dos municípios em um novo cenário, sob a vigência do terceiro mandato de Luiz Inácio Lula da Silva. Desta vez, meu foco recairá sobre três dimensões: (i) os movimentos da atual presidência no sentido de reestabelecimento do *modus operandi* do federalismo cooperativo brasileiro, com foco na relação com os municípios; (ii) as condições herdadas do governo Bolsonaro e os desafios a serem superados para o alcance daquele objetivo; e (iii) os resultados das eleições municipais de 2024 e o que eles dizem sobre o relacionamento entre o governo federal e os municípios e os dois anos finais da administração petista.

Qualquer análise sobre o esforço de reconstrução nacional após os quatro anos da presidência de Bolsonaro seria incompleta se não levasse em conta as relações intergovernamentais e, entre elas, as relações entre governo federal e municípios. Isso se deve à importância dos últimos na execução das políticas sociais no país, com destaque para saúde, educação e assistência social. Mesmo que a União concentre prerrogativas decisórias em áreas centrais de políticas públicas, o alcance de metas e objetivos nacionais depende, em grande medida, da atuação dos municípios, que têm o papel de executar, na ponta, essas políticas (Arretche, 2004).

Se considerarmos que a formulação e a implementação das políticas públicas não são etapas estanques, e sim parte de um processo decisório contínuo, temos que considerar que os municípios, mesmo atuando na fase de execução, podem moldar as políticas e influenciar seus resultados (Lotta, 2019). Em face de suas marcantes desigualdades em termos demográficos, socioeconômicos e de suas configurações político-partidárias, os municípios brasileiros se encontram desigualmente equipados para exercer suas competências e sua autonomia. Por isso, as políticas desenhadas nos níveis central e estadual, em interação com as condições estruturais dos municípios, frequentemente produzem resultados diferentes. Além disso, os gestores locais podem buscar, no momento da execução das políticas, imprimir suas preferências, valores e visões de mundo, de forma a potencializar ou limitar o alcance dos objetivos. A análise das relações entre os municípios e o governo federal a partir dessa perspectiva supõe que os atores e as instituições subnacionais não são recipientes passivos de políticas nacionais, mas agentes com potencial para engajar, desafiar e modificar os incentivos e as ações nacionais (GIRAUDY; MONCADA; SNYDER, 2019).

Nesta abordagem, fica evidente a importância dos mecanismos institucionais previstos no arranjo federativo brasileiro que geram incentivos para a cooperação entre os entes federados, visando o alcance de metas nacionais, e facilitam a coordenação nas políticas públicas, mesmo, ou principalmente, quando esses entes não estão partidariamente ou politicamente alinhados (ABRUCIO, 2005; FRANZESE; ABRUCIO, 2013). Porém, como ficou evidente durante o governo Bolsonaro, a mera existência dessas instituições não garante a prevalência de uma lógica cooperativa se os atores políticos não se orientarem por ela.

Desde os primeiros meses de seu novo mandato, em 2023, o governo Lula tem feito vários movimentos – simbólicos e materiais – no sentido de retomar o diálogo entre governo federal e municípios nos termos característicos do federalismo cooperativo brasileiro. Do ponto de vista simbólico, destacam-se as diversas declarações públicas do presidente Lula destacando a necessidade da união nacional para a superação dos problemas herdados do governo anterior, pela revitalização de espaços de diálogo intergovernamental enfraquecidos durante a gestão Bolsonaro e pelo investimento na reconstrução de políticas públicas que foram alvo de desmonte. Nessas declarações, o governo federal recuperou a posição de liderança que usualmente ocupou no âmbito das relações intergovernamentais no Brasil, reforçando seu compromisso com sua função constitucional de atuar no financiamento das políticas sociais. Em reunião com lideranças da Confederação Nacional de Municípios (CNM), em junho de 2023, o presidente Lula afirmou: "A casa está aberta, mais uma vez. Teremos uma sala de prefeitos no governo federal novamente. Não acredito que seja possível alguém governar o país corretamente sem levar em conta a importância dos municípios, porque é lá que as coisas acontecem" (BRASIL, PLANALTO, 2023d).

Essa postura difere da adotada por Bolsonaro durante praticamente todo seu mandato, caracterizada ora por distanciamento, ora por confronto direto com os municípios. O ex-presidente optou por estabelecer relações mais próximas apenas com prefeitos alinhados ideologicamente com o governo federal. Em uma de suas transmissões ao vivo, em setembro de 2019, o ex-presidente chegou a defender a extinção de municípios com menos de 5 mil habitantes (o correspondente a 22,5% do total de municípios do país) e arrecadação própria inferior a 10% da receita. Independentemente do mérito da proposta, que, afinal, não avançou, a declaração demonstra a postura unilateral de Bolsonaro no tocante às questões federativas.

Com o Decreto n.º 9.759, de abril de 2019, Bolsonaro extinguiu dezenas de conselhos e comitês participativos criados para promover a participação da sociedade civil e das representações de estados e municípios nas decisões sobre políticas públicas nos mais diversos setores. Ao mesmo tempo que buscou centralizar as decisões com impacto federativo, deixou claro o objetivo de minar as bases de funcionamento do federalismo brasileiro movendo as relações intergovernamentais no Brasil em outra direção (ABRUCIO *et al.*, 2020). Além do estilo pessoal de liderança que contribuiu, em muitos momentos, para criar um clima hostil na relação com os gestores municipais, e das medidas que levaram ao desmonte institucional, seu governo difundiu, pela batuta do ministro Paulo Guedes, uma noção de descentralização com viés liberal, sintetizada no *slogan* "Mais Brasil, menos Brasília". Com essa justificativa, o governo federal reduziu drasticamente sua participação no financiamento e na provisão de políticas públicas executadas na ponta pelos municípios. O abandono por Bolsonaro da cooperação federativa e da coordenação nacional ficou especialmente claro durante a pandemia de covid-19 e acarretou consequências drásticas para o país.

No terceiro mandato de Lula, uma das medidas mais relevantes do ponto de vista institucional visando as relações intergovernamentais foi a criação, no âmbito da presidência da República, do Conselho da Federação. O Conselho foi criado em abril de 2023, por meio do Decreto n.º 11.495, e instalado em outubro do mesmo ano como um fórum permanente e instrumento de pactuação federativa entre os líderes do poder Executivo nas três esferas de governo, com o objetivo de aprimorar as políticas públicas. O Conselho é composto por representantes dos três níveis de governo, incluindo as três entidades municipalistas de abrangência nacional: a Frente Nacional de Prefeitas e Prefeitos (FNP), a Associação Brasileira de Municípios (ABM) e a Confederação Nacional de Municípios (CNM).

Reconhecendo o desgaste das relações entre o governo federal e os governos subnacionais herdado da administração anterior, a secretária-executiva do Conselho afirmou que a primeira tarefa da nova instituição deveria ser a de "restabelecer um ambiente de confiança para o diálogo" (LÍCIO; SILVA; TREVAS, 2023). Com esse novo fórum, o governo federal buscou facilitar o estabelecimento de compromissos políticos em torno de ações que objetivam superar os problemas estruturais do país e fomentar a cooperação e a coordenação intergovernamental na promoção do desenvolvimento econômico sustentável e da redução das desigualdades sociais e regionais. Segundo o decreto de criação do Conselho, o Plenário, composto por 18 membros, poderá "instituir câmaras técnicas, permanentes ou temporárias, com o objetivo de realizar diagnósticos, formular, aperfeiçoar e debater propostas de reformas institucionais e de políticas nacionais setoriais, com vistas a subsidiar as decisões do Conselho" e "convidar especialistas e representantes de outros órgãos e entidades, públicos e privados, para participar de suas reuniões", que são semestrais (BRASIL, 2023c).

Do ponto de vista do financiamento das políticas sociais – um dos papéis mais importantes do governo federal, ao lado do assessoramento técnico –, também foi possível notar mudanças significativas. Em 2023, houve um aumento de 7,02% em relação ao ano anterior nos repasses do governo federal aos municípios por meio do Fundo de Participação dos Municípios (FPM). Em comparação com o mesmo período de 2023, em 2024 o aumento foi de 13% (BRASIL, SECRETARIA DE RELAÇÕES INSTITUCIONAIS, 2024).

Em seu terceiro mandato, o governo Lula ampliou de forma significativa o crédito para estados e municípios a partir dos bancos públicos federais. Este foi um compromisso assumido por Lula durante a campanha eleitoral e que tem como objetivo ampliar investimentos e apoiar a atividade econômica de estados e municípios. Merece destaque o Novo PAC Seleções, por meio do qual prefeitos e governadores podem indicar obras ao programa de investimento. Lançado em setembro de 2023, o programa previa 65,2 bilhões de reais para obras e empreendimentos selecionados com participação dos estados e municípios. O mesmo valor seria investido na segunda etapa, no ano de 2025, contemplando as prioridades dos novos prefeitos eleitos em 2024. Na primeira etapa, além dos investimentos em saúde, educação, esporte e cultura, foram priorizadas obras e ações de contenção de encostas, abastecimento de água, regularização fundiária e urbanização de favelas. Em julho de 2024, o governo anunciou o investimento de 41,7 bilhões em obras de mobilidade e de drenagem urbana. Estas últimas visavam a prevenção de desastres naturais e era uma resposta do governo às enchentes do Rio Grande do Sul que afetaram 95% dos municípios do estado, incluindo a capital Porto Alegre. No anúncio desses investimentos, o presidente Lula mais uma vez se pronunciou a favor do diálogo intrapartidário: "O cidadão da cidade do prefeito do PT, ele é igualzinho ao cidadão da cidade do cara que não é do PT. Então, nós temos que tratar os interesses de cada cidadão. Se quando eu deixar a presidência da República, eu tiver deixado como legado a compreensão de que é possível, de forma civilizada, de forma democrática, uma convivência adversa, seria maravilhoso para esse país" (VERDÉLIO, 2024).

Após destacar alguns dos movimentos da administração Lula 3 em relação aos municípios, na próxima seção discuto as dificuldades presentes e futuras que o presidente Lula enfrenta para reconstruir as bases do federalismo cooperativo no país.

Mesmo presidente, outras condições

O terceiro mandato de Lula à frente do país se dá em condições bastante diferentes dos dois primeiros (2003-2010). Entre eles, uma série de eventos domésticos e internacionais sacudiu as estruturas do país, produzindo sucessivas crises no plano da economia, da política, das instituições e das relações sociais e interpessoais (ALMEIDA, 2019; AVRITZER, 2020). Lula herdou dos governos Temer e Bolsonaro o acirramento da polarização política (NUNES; TRAUMANN, 2023), o desgaste nas relações entre os poderes, o aumento da desconfiança por parte da sociedade com relação às instituições e a desconstrução de instituições e políticas públicas em diversas áreas, como saúde, educação, direitos humanos e meio ambiente (AVRITZER; KERCHE; MARONA, 2021). A tentativa de golpe de Estado perpetrada por seguidores do ex-presidente Jair Bolsonaro no dia 8 de janeiro de 2023 foi o ponto de culminância de vários anos de ataque às instituições democráticas brasileiras.

No plano da economia e das finanças públicas, esse legado inclui a Emenda Constitucional n.º 95, de 2016, conhecida como "Teto de Gastos", por limitar o crescimento das despesas do governo federal por 20 anos, além de promover mudanças no processo orçamentário que retiraram do poder Executivo importantes instrumentos de barganha na relação com o Legislativo. Somadas às emendas impositivas, aprovadas ainda durante o governo de Dilma Rousseff,[1] as emendas de relator e as chamadas "emendas Pix", introduzidas na gestão Bolsonaro, ampliaram consideravelmente a participação do Congresso Nacional na alocação de recursos discricionários do orçamento público. Além da obrigatoriedade da execução, houve um aumento significativo do volume de recursos, com os quais deputados federais e senadores podem cultivar suas bases eleitorais nos municípios.[2]

---

[1] As emendas impositivas foram instituídas por meio da PEC n.º 2/2015 que tornou obrigatória a execução das emendas individuais. Em 2019, por meio da PEC n.º 34, a obrigatoriedade foi estendida às emendas de bancadas estaduais e do Distrito Federal.

[2] Tramita no Senado um Projeto de Lei Complementar (PLP n.º 172/2024) que introduz alterações nos procedimentos de liberação, execução e fiscalização das emendas parlamentares, de modo a garantir a rastreabilidade e a transparência das emendas. Ver Senador Angelo Coronel (PSD/BA), "Projeto de Lei Complementar nº 172, de 2024", Atividade Legislativa; disponível online, acesso em 30 out. 2024.

Outra mudança diz respeito ao padrão de relacionamento entre o Executivo e o Legislativo. Com a forte presença de forças de centro-direita, direita e ultradireita no Congresso Nacional, o presidente Lula encontrou, após sua posse, um ambiente muito menos favorável para a formação de maiorias e o avanço de suas promessas de campanha. O presidente tomou posse com uma coalizão nominal de 51%, posteriormente ampliada com a adesão do PP. Porém, desde o início do mandato, não pôde contar com uma maioria estável no que diz respeito à coalizão legislativa, que corresponde aos deputados que votam de fato com o governo. Diferentemente de seus dois primeiros mandatos, quando contou com coalizões estáveis e disciplinadas, agora Lula se apoia em uma coalizão frágil que inclui partidos de centro-direita e direita que, cientes de sua nova força política, mostram menor disposição para negociarem itens centrais de sua pauta.

Todas essas mudanças, como não poderia deixar de ser, têm impactos nas relações interfederativas. Os movimentos do governo no sentido de ampliar o espaço orçamentário para a realização de investimentos em áreas-chave, como saúde e educação, esbarram nos limites impostos pelo teto de gastos e pela própria agenda do governo focada no ajuste fiscal e no controle da inflação. Elas também são alvo frequentes de críticas – amplificadas pela mídia – de representantes do mercado financeiro que argumentam que políticas como o aumento de crédito a estados e municípios terão como consequência o aumento do déficit público. Todos esses fatores geram obstáculos para que o governo seja capaz de cumprir seus compromissos com os entes subnacionais, no que diz respeito ao repasse de recursos dos quais estados e municípios – especialmente os menores que representam a grande maioria – dependem para realizar obras e investimentos.

Já há algum tempo, o governo federal vem diminuindo progressivamente sua participação no custeio das ações e serviços públicos de saúde. Se em 2000 este era de 59,8%, em 2010 ele passou para 45,1%. Em 2020, no contexto da pandemia de covid-19, a participação do governo federal foi de 43% dos recursos, já incluindo repasses adicionais para as ações de combate à emergência sanitária. Estados e municípios, por sua vez, ampliaram sua participação. Em 2000, os municípios eram responsáveis por 21,7% dos gastos e, em 2010, esse percentual passou para 28,5% (MENICUCCI; LOTTA, 2018). Segundo dados da CNM, em 2023 97% dos municípios aplicaram acima do mínimo constitucional de 15%, e 457 cidades aplicaram o dobro. Em conversas com mais de oitenta prefeitos, na XXV Marcha a Brasília em Defesa dos Municípios,[3] muitos se queixaram do peso dos gastos com saúde nas finanças municipais.

---

[3] A Marcha dos Prefeitos, como é popularmente conhecida, é um evento anual organizado pela CNM, cujo objetivo é promover o intercâmbio entre representantes das três

Por outro lado, deputados federais e senadores contam com melhores condições para cultivarem suas relações com aliados nos municípios, por meio da alocação de recursos discricionários para a realização de obras e canalização de outros benefícios para as suas bases eleitorais. Esses recursos, ao permitirem aos prefeitos entregarem os resultados esperados pela população e cultivarem suas alianças no município, ampliam suas chances eleitorais (EDUARDO, 2016; ROCHA; GELAPE, 2024). Completando o ciclo, o desempenho dos partidos na eleição para prefeito impacta positivamente a eleição para deputado federal, dois anos depois, em uma espécie de retroalimentação (AVELINO; BIDERMAN; BARONE, 2012). Um dos resultados dessa dinâmica é tornar a política, tanto no Congresso quanto nos municípios, menos competitiva, uma vez que fortalece os atuais ocupantes de cargos e torna ainda mais difícil a vida dos desafiantes.

Em conjunto, as restrições orçamentárias, a fragilidade da coalizão de governo e a existência de uma oposição fortalecida, mais ideológica e menos disposta a transigir, e de deputados e senadores que não dependem do poder Executivo para cultivar suas bases eleitorais e alianças nos municípios, tornam o terceiro mandato de Lula muito mais desafiador do que os anteriores. Por consequência, a relação de Lula e do governo federal com os municípios se dá em um contexto mais adverso.

Eleições municipais de 2024: impactos sobre as relações intergovernamentais

Este capítulo foi concluído logo após a realização das eleições municipais de 2024, quando foram eleitos 58.400 vereadores e 5.568 prefeitos. A eleição se caracterizou pelo desempenho positivo de partidos de centro-direita e direita, com PSD e MDB liderando o número de prefeitos eleitos, seguidos por PP, União Brasil, PL e Republicanos. A esquerda saiu enfraquecida, embora PSB e PT tenham melhorado seu desempenho em relação a 2020. Entre outros aspectos, a eleição se destacou pela taxa recorde de reeleição de prefeitos: 81,9%. Nas capitais, 16 prefeitos foram reeleitos, sendo dez no primeiro turno e seis no segundo. Além da usual vantagem que os titulares possuem devido ao chamado "uso da máquina", a principal hipótese para explicar a alta taxa de reconduções é justamente o aumento significativo no número e no volume das

---

esferas de governo e formar gestores municipais com vistas ao fortalecimento da agenda municipalista. Em 2024, o evento ocorreu em maio de 2024 no Centro Internacional de Convenções do Brasil, em Brasília. Para a realização de pesquisa de campo na Marcha, contei com o apoio do CNPq (Processos 309865/2021-2 e 404486/2023-1).

emendas parlamentares direcionadas aos municípios pelos deputados. Não há evidências científicas de que o desempenho dos partidos nas eleições municipais tenha impactado a eleição para governador e presidente. Logo, os dois anos que restam até a eleição presidencial de 2026 guardam muitas possibilidades.

É difícil mensurar com precisão quantos, dentre os novos prefeitos eleitos, se alinham à ultradireita ou ao bolsonarismo, uma vez que no Brasil os políticos desse segmento se encontram dispersos entre alguns partidos. Com exceção das capitais e grandes cidades, que têm maior visibilidade na mídia nacional, não é simples caracterizar as inclinações ideológicas dos mais de cinco mil prefeitos espalhados pelo território brasileiro. Essa questão, contudo, é relevante, devido a um fator que destaquei no início deste capítulo: a forma como prefeitos e prefeitas podem moldar, na ponta, as políticas públicas, contribuindo ou obstacularizando o alcance de metas e objetivos nacionais.

A política local, especialmente nos municípios pequenos e médios, tradicionalmente foi vista como pouco ideológica, um espaço onde eleitores e lideranças políticas se guiam menos por suas filiações partidárias e mais por lealdades grupais, familiares e geográficas (AMES, 2003; LOPEZ, 2004; LEAL, 2012). Na última década, contudo, o deslocamento do sistema partidário e das elites políticas brasileiras para a direita, puxados pelo fenômeno do bolsonarismo, abriu espaço para questões ideológicas na política municipal. Apesar da derrota de Bolsonaro em 2022 e da corrosão de seu capital político em decorrência de sua inelegibilidade e do indiciamento de que o ex-presidente é alvo, a ultradireita e o bolsonarismo permanecem vivos no país. Na atualidade, é possível encontrar vários candidatos, vereadores e prefeitos que buscam se afirmar como porta-vozes da ultradireita em suas localidades, seja por convicção, seja por estratégia política e eleitoral. Com suas prerrogativas decisórias, eles podem moldar as políticas públicas no momento da execução para que elas se aproximem de suas preferências e pautas ou para tentar bloquear mudanças progressistas no campo dos direitos das mulheres e de minorias sexuais, e nas áreas da educação, saúde e assistência social. Dessa forma, uma melhor compreensão da direita que saiu vitoriosa das urnas é crucial para iluminar possíveis tendências para os próximos anos.

A menor dependência dos municípios em relação ao poder Executivo, central para acessar benefícios discricionários do orçamento, também pode afetar as relações interfederativas. Como consequência, seria de se esperar uma redução do governismo no nível local, aqui entendido como a tendência de os prefeitos se alinharem com o Executivo nacional e estadual, independentemente de suas inclinações ideológicas ou programáticas. Assim, o que, em tese, poderia ser visto como algo positivo, na medida em que torna mais efetiva a autonomia municipal, da perspectiva do atual governo pode ser um problema. Foi surpreendente ver, na Marcha dos Prefeitos, em maio de 2024, o presidente Lula ser vaiado por uma parte importante da plateia presente na cerimônia de abertura composta por prefeitos, vereadores e outros gestores locais.

O ponto central aqui é o de que a despeito dos movimentos, simbólicos e materiais, do governo Lula 3, no sentido de reestabelecer o diálogo interfederativo e o papel de liderança do governo central perante os subnacionais, é possível que o presidente encontre resistências e um ambiente mais hostil. Isso é ainda mais provável em cenários nos quais os prefeitos podem se valer do suporte de deputados e governadores alinhados partidária e politicamente, e que fazem oposição ao governo federal. Nesse contexto desafiador, a capacidade de liderança e articulação de Lula pode se mostrar ainda mais decisiva do que em outros momentos. É importante registrar que, ao fim da cerimônia de abertura da Marcha dos Prefeitos, o presidente, que entrou vaiado, foi efusivamente aplaudido ao encerrar seu discurso. Mas isso só se deu depois de ele se comprometer com as reivindicações da chamada "pauta municipalista".

Considerações finais

Em várias partes do mundo, instituições que se mostraram funcionais por muito tempo, para a formação e a sustentação de governos de centro e centro-esquerda, e propiciaram a estes avançar em suas agendas, em alguns casos, com resultados significativos para a população mais vulnerável, dão sinais de enfraquecimento, quando não de completo esgotamento, em face da expressiva e persistente polarização política e ideológica. O fortalecimento da ultradireita e sua entrada nos parlamentos e coalizões de governo abalou as estruturas das democracias liberais nos países desenvolvidos e em desenvolvimento.

No Brasil, após quatro anos de um governo que se caracterizou pelo desmonte institucional e de políticas públicas, pelo aprofundamento da desconfiança em relação às instituições e pela erosão das pontes de diálogo em diferentes esferas da sociedade, o cenário é em tudo desafiador. Neste capítulo, foquei em como essas e outras transformações impactaram as relações intergovernamentais no país – com ênfase nos municípios – e na forma como o governo Lula 3 vem buscando reconstruir os padrões anteriores de relacionamento entre os poderes e os entes federados. As últimas eleições, de 2020, 2022 e 2024, sugerem que a direita tradicional está recuperando terreno e voltando a controlar as rédeas do jogo político no país, depois de ter aberto a porta do sistema para *outsiders* e candidatos com discurso e comportamento disruptivos. Essa poderia ser uma boa notícia se não houvesse dúvidas justificadas sobre o grau de adesão dessa direita às regras do jogo democrático. De qualquer modo, a recomposição de lideranças e partidos da direita tradicional na política brasileira pode contribuir para reduzir a incerteza que há uma década domina o cenário político no país e dotar de mais previsibilidade o processo político.

A atual composição do Congresso Nacional e os resultados das eleições municipais são pouco animadores no que se refere à possibilidade de o governo fazer avançar políticas econômicas e sociais inclusivas e em defesa dos direitos humanos. Essas pautas encontram forte oposição de grupos muito bem representados no Congresso Nacional, nos governos e nas assembleias estaduais, prefeituras e câmaras municipais.

Os próximos dois anos serão decisivos para se definirem o futuro do país e as possibilidades de retomada efetiva de um projeto focado no combate à desigualdade, na promoção do desenvolvimento econômico sustentável e no fortalecimento da democracia e dos direitos humanos. Entre os fatores que podem contribuir para alterar a balança de poder, estão os conflitos e as disputas no campo da direita, as movimentações e possíveis alianças entre os partidos e lideranças de esquerda, o desempenho da economia e o resultado das investigações contra Bolsonaro e os acusados pelos atos antidemocráticos de 8 de janeiro de 2023.

Parte III:
Instituições de Controle, burocracia e militares

Accountability

Fabio de Sa e Silva e Iagê Z. Miola

Embora tenha se popularizado em análises políticas e de imprensa, *accountability* é um termo de difícil definição. De forma geral, remete à ideia de prestação de contas por parte de quem exerce o poder político, o que, em regimes democráticos, sempre se dá "em nome" do titular último deste – o "povo" (Brasil, Constituição da República Federativa do Brasil de 1988, art. 1º, parágrafo único). Mas isso ocorre em múltiplos níveis e direções: por meio de eleições livres, justas e periódicas, para os cargos que assim são preenchidos (Executivo e Legislativo); de maneira "horizontal" (a partir de atribuições fiscalizatórias recíprocas atribuídas aos Poderes da República); ou por meio do escrutínio público da mídia e da sociedade civil. Mensurar *accountability* num dado período histórico é, por isso mesmo, um grande desafio. É possível – e talvez seja a regra – que haja avanços e retrocessos em distintas modalidades de *accountability* e em diferentes nichos de exercício do poder político.

Neste capítulo, buscamos analisar os caminhos da *accountability* de forma agregada e durante os anos iniciais do governo Lula 3. Nossa análise dialoga com o texto de Da Ros e Taylor (2021), que, no primeiro volume desta coletânea, referente ao governo de Jair Bolsonaro, realizam um balanço "a quente" da *accountability* no período. Os autores definem *Accountability* (A) como a soma de Transparência (T), Fiscalização (F) e Sanção (S), moderada por Capacidade (C), Engajamento (E) e Dominância (D), $A = (T + F + S) * (C + E - D)$. Eles reconhecem, ainda, que a evolução dessas dimensões é dependente de trajetórias anteriores, as quais conformam – ainda que não determinem inteiramente – o horizonte de possibilidades para avanços e retrocessos. Sob esse olhar, detectam uma série de retrocessos nos anos 2019-2020. No entanto, ressalvam que esses retrocessos não podem ser atribuídos apenas ao ex-presidente, também decorrendo da atuação de instituições como o Congresso Nacional e o Supremo Tribunal Federal (STF) (Da Ros; Taylor, 2021). Congresso e STF teriam sido especialmente relevantes em retrocessos na dimensão de *sanção*, tendo em vista, por exemplo, mudanças na Lei de Improbidade e revisões nas condenações da operação Lava Jato.

Nossa análise agrega duas camadas a essa leitura. Por um lado, atualizamos os componentes fáticos do texto, indicando as principais movimentações em torno da *accountability* de Bolsonaro a Lula 3. Por outro, propomos outra interpretação ao estado da *accountability* no país, considerando-a num horizonte histórico ampliado, que tem início antes de Bolsonaro e que potencialmente se projeta para todo o período Lula 3 e até mais adiante.

Nossa tese é que o governo Lula 3 representa um terceiro estágio no desenvolvimento (não linear) da *accountability* no Brasil pós-Constituição Federal de 1988. O primeiro estágio, já bem descrito por diversos autores, foi o da constituição de uma poderosa "rede" de *accountability* a partir de ciclos de escândalos e melhorias incrementais. O segundo envolve o esgarçamento e, no limite, a ruptura dessa mecânica com o advento da operação Lava Jato e a ascensão de Bolsonaro ao poder. O terceiro e atual envolve três dinâmicas paralelas e, por vezes, contraditórias: por um lado, a reconstrução *parcial* da rede de *accountability* pelo governo Lula 3, com destaque para elementos de transparência e engajamento *no Executivo*; por outro, a emergência de disputas acirradas sobre os próprios limites da *accountability*; e, por fim, uma ameaça estrutural ligada aos esforços por responsabilização de acintosos abusos de poder cometidos no governo Bolsonaro, que culminaram com a tentativa de se promover um golpe de Estado. Postulamos que o futuro da *accountability* no país depende de como essas dinâmicas vão se desenvolver. Detalhamos esse argumento nas seções a seguir.

Da Constituição Federal de 1988 a Lula 3: avanços e retrocessos da *accountability*

Até 2014, a tese dominante sobre *accountability* no Brasil pós-Constituição de 1988 apontava para a constituição de uma poderosa "rede", viabilizada por melhorias legislativas e institucionais adotadas incrementalmente, em geral após a eclosão de escândalos de corrupção como o caso dos "anões do orçamento" e o chamado Mensalão (PRAÇA; TAYLOR, 2014). Além de organizações da sociedade civil e da mídia, cujo pleno funcionamento foi possibilitado pelo fim do regime autoritário (1964-1988), ocupavam lugar de destaque nessa rede burocracias federais que se tornaram cada vez mais fortes (com mais concursos e recursos), independentes e integradas, como a Polícia Federal (PF), a Controladoria-Geral da União (CGU), o Ministério Público Federal (MPF) e a Receita Federal.

A operação Lava Jato, iniciada em 2014, pode ser entendida como um produto desses avanços. Mas também representou o esgarçamento e, no limite, a quebra do ciclo virtuoso entre escândalos e melhorias incrementais do qual a operação e seus agentes se beneficiaram. Além de promover diversas violações ao devido processo legal, como demonstrado pelos chats oriundos da "vaza jato" e operação *spoofing*, e afinal reconhecido pela Suprema Corte, a operação Lava Jato se constituiu num projeto de poder de juízes e procuradores, que almejavam colonizar a política a partir do direito penal (o objetivo das fracassadas "10 medidas contra a corrupção"). Sua gramática política também demonstrou notável afinidade com a da extrema direita. Nesse sentido, a operação Lava Jato ironicamente demonstrou um déficit de *accountability*: o de algumas agências da própria "rede", cujos excessos não puderam ser contidos no tempo e de forma mais adequados.

Eleito na esteira desse processo (NOBRE, 2020), o governo Bolsonaro foi marcado por retrocessos nas várias dimensões da *accountability*, confirmando as impressões de Da Ros e Taylor (2021). A própria Lava Jato foi "encerrada" por Bolsonaro, cuja indicação para a Procuradoria-Geral da República rompeu com o modelo de "listas tríplices" e reeditou o estigma do "engavetador". Retrocessos no âmbito da transparência, por sua vez, foram tão marcantes que se tornaram tema relevante na campanha eleitoral de 2022. O enfraquecimento da Lei de Acesso à Informação (LAI) é ilustrativo. Com base nessa lei, ao longo dos quatro anos de gestão, o chamado "sigilo de cem anos" foi imposto de forma inadequada a milhares de documentos sob argumentos de proteção de dados pessoais, de assegurar a segurança do presidente e de seus familiares, a segurança nacional, e investigações e operações de inteligência.[1] Dados oficiais relacionados à pandemia da covid-19 foram omitidos, o que motivou a criação de um consórcio de imprensa para produção de dados confiáveis sobre a doença (UOL. SAÚDE, 2023). Ataques à imprensa e a descredibilização do trabalho de investigação da administração geraram um ambiente de hostilidade em relação à liberdade de imprensa e ao direito à informação (UOL. SAÚDE, 2020).

Retrocessos também foram notáveis no componente "engajamento", que diz respeito, nos termos de Da Ros e Taylor (2021), à "mobilização dos cidadãos no monitoramento das ações dos agentes públicos, abrangendo tanto formas organizadas como não organizadas de participação". Espaços de controle social, como os conselhos de participação, foram extintos de forma massiva. Por meio do Decreto n.º 9.759 de 2019, o governo federal reduziu de setecentos para menos de cinquenta o número de conselhos previstos pela Política Nacional de Participação Social (PNPS) e pelo Sistema Nacional de Participação Social (SNPS) (MOTTA, 2019).

---

[1] Para um panorama dos casos de sigilo no período, ver, por exemplo, Transparência Brasil (2022).

Nesses e em outros componentes da rede de *accountability*, movimentos de retrocesso enfrentaram uma forte pressão social e da mídia, que desempenharam um papel importante na manutenção de mecanismos de *accountability*. Somada a essa pressão, a mudança de governo possibilitou a reconstrução da rede de *accountability* em vários âmbitos. Na transparência, já em 2023, a política oficial de sigilo foi revertida por meio da criação de doze enunciados normativos por parte da CGU, orientando a aplicação da LAI sob a diretriz da transparência como regra e do sigilo como exceção. Esses enunciados embasaram a revisão de mais de 200 casos de imposição indevida de sigilo de grande relevância pública (Transparência Brasil, 2023). No âmbito do engajamento, a reconstrução é ilustrada pela retomada de conselhos setoriais e de processos participativos (Correio Braziliense, 2023).

Mas isso é apenas uma parte da história. Ao mesmo tempo em que é possível identificar tendências de reconstrução de alguns desses componentes – como resultado do esgarçamento e da reconfiguração da *accountability* na sequência operação Lava Jato/Bolsonaro –, os próprios limites do que configura a *accountability* estão em disputa no atual momento histórico. No item seguinte, ilustramos essas disputas a partir de duas zonas de conflito sobre a *accountability*: o orçamento secreto e os acordos de leniência firmados no seio de grandes operações anticorrupção.

Zonas de disputa

Transparência e fiscalização: o orçamento secreto e as "emendas Pix"

Retrocessos e disputas sobre os limites da *accountability* no período recente dificilmente são mais visíveis do que nas tensões entre Executivo, Legislativo e Judiciário em torno do orçamento público federal. Na última década, uma série mudanças normativas ampliou o poder do Legislativo sobre o orçamento, possibilitando que parlamentares determinassem a destinação de porções relevantes dos gastos federais por meio de emendas ao orçamento, ao mesmo tempo em que regras fiscais cada vez mais rígidas o estrangularam.[2] O valor das emendas subiu de R$ 6,4 bilhões em 2014 para R$ 44,67 bilhões em 2024, e a parcela de emendas no total das despesas discricionárias empenhadas pelo Executivo federal passou a 16,7% em 2023, frente a 4% em 2014 (Watanabe, 2024).

---

[2] Para uma cronologia detalhada do que se apresenta de forma resumida neste texto, ver CUNHA; BERGAMIN; TELÉSFORO *et al.* (2024).

Esse processo tem início no contexto da crise política iniciada em 2013, com a aprovação da obrigatoriedade legal da execução de emendas parlamentares individuais, e que desaguaria no *impeachment* da presidente Dilma Rousseff. Em 2015, a impositividade das emendas individuais se tornou obrigação por meio de emenda constitucional, em demonstração de poder do Legislativo sobre o Executivo. Em 2016, outra emenda constitucional tornou obrigatória a execução de emendas de bancadas estaduais. No mesmo ano, a PEC do Teto de Gastos foi aprovada, restringindo o crescimento do orçamento, o que significa que a obrigatoriedade da execução das emendas parlamentares protegia o poder de parlamentares sobre o orçamento.

O controle do Legislativo sobre o orçamento se fortaleceu de forma considerável já no primeiro ano do governo Bolsonaro. Em dezembro de 2019, uma emenda constitucional criou a "emenda Pix", modalidade de transferência de recursos federais por meio da qual os congressistas definem não apenas o montante a ser destinado e a área de política pública em que o Executivo deve investir, mas o próprio beneficiário do recurso, entre estados, municípios e organizações da sociedade civil. No mesmo ano, as modalidades de Emenda de Comissão Permanente (RP-8) e de Relator (RP-9) tornaram-se de execução obrigatória pelo Executivo. Nesse tipo de emenda, a indicação de destinação de recursos é feita pela Câmara e pelo Senado sem a identificação de quem é o parlamentar responsável por "patrocinar" a emenda. Formalmente, são os relatores ou as comissões das casas legislativas que constam como responsáveis pela indicação. Na prática, os relatores centralizam demandas de parlamentares e enviam a indicação de execução do orçamento para os ministérios. A falta de transparência sobre a autoria da emenda motivou o apelido de "orçamento secreto" a essa prática. A impositividade das emendas de relator e de Comissão foi inicialmente vetada por Bolsonaro. No entanto, o Executivo acabou cedendo à demanda do Legislativo como forma de construir apoio no Congresso (NEIVA, 2022).

O crescente poder do Legislativo sobre o orçamento por meio das emendas parlamentares foi acompanhado por inúmeras críticas públicas relacionadas à *accountability* sobre os recursos federais: falta de transparência sobre a autoria das emendas e obstáculos à rastreabilidade dos gastos federais; riscos de corrupção na destinação dos recursos e execução dos investimentos financiados pelas emendas; alocação de recursos de forma descolada de critérios técnicos das políticas públicas geridas pelo Executivo federal; desequilíbrio entre poderes, entre outros.

Em 2022, ano em que o orçamento secreto alcançou R$ 15 bilhões, correspondendo à metade do total de valores empenhados em emendas, o Judiciário entrou em cena. Em dezembro daquele ano, o STF deu início ao julgamento de quatro Arguições de Descumprimento de Preceito Fundamental (ADPFs 850, 851, 854 e 1014) e declarou incompatíveis com os princípios constitucionais de transparência, impessoalidade, moralidade e publicidade as práticas orçamentárias viabilizadoras do chamado "esquema do orçamento secreto", consistentes no uso indevido das emendas do relator-geral do orçamento para inclusão de novas despesas públicas ou programações no projeto de lei orçamentária anual da União.

Em 2024, a atuação do STF sobre as emendas parlamentares se agudizou no âmbito desses processos. O ministro Flávio Dino, que assumiu a relatoria das ações em razão da aposentadoria da ministra Rosa Weber, identificou a continuidade de práticas que haviam sido vedadas pela decisão do Tribunal de 2022. Em agosto de 2024, após audiência de conciliação envolvendo, entre outros, a Advocacia-Geral da União, a Controladoria-Geral da União, o Tribunal de Contas da União e representantes das mesas da Câmara e do Senado, Dino determinou a suspensão dos pagamentos das emendas por parte do Executivo até que fossem garantidas a transparência e a rastreabilidade das emendas (SUPREMO TRIBUNAL FEDERAL, 2024c). Em paralelo, determinou à CGU a realização de auditorias sobre repasses realizados a municípios e organizações da sociedade civil por meio de emendas Pix (SUPREMO TRIBUNAL FEDERAL, 2024a). A partir da decisão, a CGU realizou auditorias que identificaram irregularidades nos repasses (MAIA; DI CUNTO, 2024) e realizou aprimoramentos nas informações de emendas parlamentares divulgadas em transparência ativa (BRASIL. CONTROLADORIA GERAL DA UNIÃO, 2024). A suspensão dos repasses aprofundou o tensionamento entre Executivo, Judiciário e Legislativo, o que se estende até 2025.

A paulatina ampliação do poder do Legislativo sobre os recursos federais ao longo da última década e, de forma acentuada, no período do governo Bolsonaro, impõe reconhecidas dificuldades para a execução das políticas públicas e para as negociações necessárias à estabilidade política do governo. Nessa disputa, também estão em jogo os limites da rede de *accountability* – notadamente, a transparência e a fiscalização. Até a entrada do Judiciário na busca de solução para o conflito, que ocorreu com mais ênfase a partir do final de 2022 e se intensificou em 2024, o equilíbrio de forças parecia favorecer a posição do Legislativo, que foi capaz de reter o poder sobre o orçamento, muitas vezes, sob a ameaça de custos políticos de eventuais mudanças. Nesse equilíbrio, a rede de *accountability* tendia a retroceder. As decisões judiciais do último ano, no entanto, parecem ter aberto uma janela de oportunidade para o estabelecimento de novos requisitos de transparência e fiscalização por parte do Executivo. O desenrolar das disputas sobre o orçamento secreto serão determinantes sobre o futuro da rede de *accountability* no Brasil.

Sanção: acordos de leniência

Outra frente de disputa sobre a *accountability* no governo Lula 3 foi aberta em relação ao elemento "sanção". O principal lócus desse embate tem sido o STF, em especial o gabinete do ministro Dias Toffoli, que, a partir da Reclamação 43.007, passou a proferir diversas decisões que impactaram acordos de leniência firmados entre o MPF e as empreiteiras alvos de operações anticorrupção.

A Reclamação 43.007 foi ajuizada pelo presidente Luiz Inácio Lula da Silva, no contexto da operação Lava Jato. O caso teve início porque Lula pleiteou acesso a documentos produzidos no âmbito do acordo entre o MPF e a Odebrecht (íntegra dos sistemas Drousys e My Web Day); a registros sobre as práticas de cooperação internacional mantidas pela força-tarefa Lava Jato; e ao acervo da chamada operação *spoofing*, que apreendeu mensagens trocadas entre procuradores da força-tarefa da Lava Jato. A defesa de Lula postulava que o acesso a tais documentos e registros seria fundamental para demonstrar a nulidade de processos movidos contra o presidente. O argumento era que o MPF teria violado obrigações relacionadas à "cadeia de custódia" de provas, bem como a tratados internacionais de mútua assistência jurídica assinados pelo Brasil (MLAT), os quais estabelecem o Ministério da Justiça como autoridade central em processos de cooperação internacional, vedando a cooperação direta.

O pedido foi negado pela 13ª Vara de Curitiba e o TRF-4, o que obrigou a defesa de Lula a acionar o STF. O processo foi distribuído ao ministro Enrique Lewandowski, que concedeu o acesso pleiteado. Como esse acesso não foi franqueado pela 13ª Vara de Curitiba e pelo MPF, a defesa de Lula entrou com a Reclamação. Nas idas e vindas desse novo processo, Lewandowski se convenceu de que houve abusos contra Lula e concedeu *habeas corpus* de ofício, decretando a imprestabilidade das provas produzidas no acordo MPF/Odebrecht quanto ao presidente. Essa decisão foi, posteriormente, estendida a vários réus. Com a aposentadoria de Lewandowski, essa Reclamação foi "herdada" por Toffoli, que, em 6 de setembro de 2023, estendeu o *habeas corpus* a réus em todo e qualquer processo, "em qualquer âmbito ou grau de jurisdição".[3]

Essa sequência de eventos acabou produzindo um verdadeiro modelo de incidência, a partir do qual empresas passaram a questionar as multas que concordaram pagar em acordos de leniência. A J&F, empresa dos irmãos Joesley e Wesley Batista e alvo da operação Greenfield, no âmbito da qual celebrou acordo de leniência bilionário com o MPF em 2016, pleiteou a Toffoli acesso aos chats da *spoofing* e alegou que era possível vítima de abusos similares aos

---

[3] Ver a Reclamação n. 43.007, disponível online para download.

praticados na Lava Jato, o que comprometeria a "voluntariedade" na assinatura de seu acordo.[4] Toffoli viu plausibilidade nesse argumento e, em 31 de janeiro de 2024, concedeu liminar suspendendo a cobrança das multas e autorizando a empresa a buscar, junto à PGR, à CGU e à AGU uma reavaliação dos termos do acordo. A Odebrecht (agora sob o nome Novonor) fez pedido semelhante em relação às multas do acordo que assinou com o MPF sob a Lava Jato. Em 31 de janeiro de 2024, Toffoli concedeu liminar em favor da empresa, nos mesmos termos que havia concedido à J&F.

Essas decisões de Toffoli mereceram ácidas críticas da imprensa, assim como de ONGs como a Transparência Internacional. Colocadas em perspectiva mais ampla, porém, elas revelam duas ordens de problema. Primeiro, há uma contestação legítima sobre as práticas sancionatórias adotadas na "cruzada" contra a corrupção que marcou o período 2014-2018. Especificamente, há um acúmulo de indícios de que os acordos de leniência celebrados pelo MPF nesse período não adotaram o melhor e mais efetivo desenho. As multas carecem de parâmetros claros de dosimetria e alcançaram patamares que impedem a recuperação e o funcionamento das empresas. O controle das empresas, por sua vez, ficou nas mãos dos mesmos indivíduos que, alegadamente, estruturaram as práticas corruptas destas. Em suma, controladores alegadamente corruptos seguiram soltos e à frente de seus negócios, ao passo em que as empresas se afundaram em dívidas impagáveis. No caso da Odebrecht, há um mal-estar adicional: a empresa sofre para pagar as multas devidas ao tesouro brasileiro, mas pagou as vultosas multas devidas ao Departamento de Justiça dos Estados Unidos, ainda que o acordo com as autoridades americanas tenha sido produzido em "coordenação" com as brasileiras.

Ao mesmo tempo, são legítimos os questionamentos sobre o papel e os limites do Judiciário brasileiro – em especial do STF – na revisão dessas práticas sancionatórias. Identificadas violações à lei, não há dúvidas de que qualquer juiz pode conceder *habeas corpus* de ofício a réus em processos-crime. Tampouco há dúvidas de que nulidades que beneficiam um réu devem se estender a outros na mesma situação; do contrário, se criaria uma situação inaceitavelmente anti-isonômica. Bem mais delicada é a questão das multas, cuja vigência tem sido suspensa a partir de despachos monocráticos em petições, e não de ações anulatórias plenamente instruídas.

Se se traduzirem em parâmetros claros, a partir dos quais as instituições de controle possam operar de forma mais efetiva no futuro – seja no processamento de indivíduos, seja na celebração de acordos com empresas –, essas disputas em

---

[4] Ver a Petição n. 11.972, disponível online para download.

torno das nossas práticas de sanção serão bem-vindas, ainda que possam ser dolorosas. Mas elas também podem produzir sérias disfunções – ainda mais para um tecido político já bastante machucado como o brasileiro –, como o sentimento de casuísmo e o descrédito nas instituições.

Um passo à frente, dois atrás? A intentona golpista e o teste de resistência para a rede de *accountability*

O governo Lula 3 também foi palco do maior estresse vivido pelas instituições democráticas brasileiras sob a Nova República: a tentativa de golpe de Estado que ganhou ares de maior dramaticidade em 8 janeiro de 2023, pouco mais de uma semana após a posse da chapa Lula-Alckmin. Na ocasião, milhares de pessoas invadiram e vandalizaram prédios dos Três Poderes da República, com destaque para o STF.

No momento de escrita deste texto, as investigações da Polícia Federal sobre esses eventos ainda estão em curso. Por ora, é possível afirmar que os interessados na promoção do golpe atuaram para desacreditar as urnas eletrônicas e, diante da derrota nas eleições, criar caos que justificasse a entrada, em cena, de militares. Essa solução era baseada numa leitura fraudulenta do artigo 142 da Constituição, a partir da qual se busca atribuir às Forças Armadas o papel de mediar conflitos entre os poderes civis. A iniciativa só não teria dado certo, segundo apontam as investigações, porque alguns setores das Forças Armadas se recusaram a apoiar a assinatura de um tal "decreto de golpe", confeccionado por colaboradores de Bolsonaro e "ajustado" por este próprio.

A tentativa de golpe também convive com violações à lei que podem soar menores, mas que demonstram o completo desdém do governo Bolsonaro pelas regras do jogo e por princípios de boa governança. É o caso da falsificação de cartões de vacinação, aparentemente operacionalizados pelo ex-ajudante de ordens do ex-presidente, Mauro Cid, ou da venda de joias que deveriam compor o patrimônio público, das quais participou o pai de Cid.

Bastante clara, por outro lado, tem sido a reação de bolsonaristas a tais investigações. O principal objetivo é desacreditar autoridades públicas, como o delegado da PF, Fabio Schor – vítima de uma campanha de difamação nas redes sociais, da qual nem mesmo o seu filho de três anos escapou –, e o ministro do STF, Alexandre de Moraes, contra o qual, hoje sabemos, houve até mesmo um plano de assassinato, que chegou a ser iniciado por militares "kids pretos" no final de 2022. Ao mesmo tempo, postula-se uma anistia "por crimes políticos e eleitorais" praticados a partir de 30 de outubro de 2022. Discursivamente, pedidos como esses miram os "manés" flagrados no quebra-quebra de 8 de janeiro de 2023. No entanto, buscam acertar os que incitavam essas condutas e orquestravam o plano de forma mais geral, incluindo Bolsonaro e militares. Essa atuação se dá inclusive para além das fronteiras nacionais e utiliza, embora de maneira oportunista e seletiva, fragmentos do próprio script liberal, como a "liberdade de expressão".

Tudo isso representará um grande teste de resistência para a rede de *accountability* no Brasil. Pouco adiantarão os esforços para se reconstruir essa rede e se resolverem disputas como as enunciadas anteriormente, se violações tão ostensivas da lei permanecerem impunes e o sistema de Justiça brasileiro for desmoralizado. Isso não significa que se autorizem atropelos ao devido processo legal ou restrições desproporcionais de liberdades. Cabe às instituições da rede acertarem o tom da nossa resposta institucional, garantindo que essa resposta seja a um só tempo efetiva e legítima, e que gere aprendizado histórico sobre os limites do aceitável nas práticas políticas sob uma Constituição cujos formuladores, na promulgação do texto, bem diziam "bradar por imposição de sua honra: temos ódio à ditadura. Ódio e nojo".

Considerações finais

Neste capítulo, procuramos analisar os movimentos relacionados à *accountability* nos primeiros anos do governo Lula 3. Situamos essa análise, porém, num horizonte temporal mais alargado. Consideramos, assim, que o governo Lula 3 é o palco de um terceiro estágio no desenvolvimento da *accountability* desde a promulgação da Constituição Federal de 1988. Se, no primeiro, houve a tessitura de uma poderosa "rede" de *accountability*, no segundo, essa rede é esgarçada e a *accountability* sofre forte revés pela sequência operação Lava Jato/Bolsonaro. No governo Lula 3, observa-se um ensaio de reconstrução da *accountability*, notadamente em relação ao que Da Ros e Taylor (2021) consideram ser as dimensões de *transparência* e *engajamento* desta. Mas há também disputas para se (re)definirem os próprios limites da *accountability*, como se vê nos casos do orçamento secreto (transparência e fiscalização) e acordos de leniência (sanção). Se não fosse o bastante, há ainda uma ameaça de profunda deslegitimação da nossa rede de *accountability*, caso o exemplo mais acintoso de abuso de poder observado desde a promulgação da Carta de 1988, que culminou com a tentativa de um golpe de Estado, acabe em impunidade e anistia.

Navegar tais disputas e ameaças, por sua vez, está longe de ser tarefa trivial. É preciso que as instituições e elites políticas firmem novos acordos, ancorando-os em sólidas bases jurídicas. Do sucesso ou insucesso no enfrentamento desse desafio, porém, dependerá muito o futuro da democracia e do Estado de Direito no país.

O procurador-geral da República não é mais um problema

Fábio Kerche

Quando Luiz Inácio Lula da Silva tomou posse em seu terceiro mandato, em janeiro de 2023, não encontrou a casa totalmente vazia. O presidente do Banco Central (BC), Roberto Campos Neto, e o procurador-geral da República (PGR), Augusto Aras, estavam nas respectivas cadeiras, cumprindo seus mandatos de quatro e dois anos, respectivamente. Tanto o Ministério Público da União (MPU) quanto o BC são formalmente autônomos em relação ao governo. Em ambos, os cargos de chefia desses órgãos têm previsão de mandatos, o que, em tese, protege seus ocupantes de ingerências políticas.

Campos Neto foi uma pedra no sapato de Lula, uma verdadeira "herança maldita" deixada por Jair Bolsonaro. Conservador e apoiador do governo de extrema direita do ex-capitão, a ponto de fazer campanha para Jair Bolsonaro na eleição presidencial (PIAUÍ, 2023), o presidente do BC defendeu, e implementou, uma política de juros que contrariava Lula. O Brasil teve um dos maiores juros reais do mundo (ARAUJO, 2024) na primeira experiência de BC formalmente autônomo no Brasil. Pelas regras, o presidente do BC poderia ser reconduzido por mais um mandato. Campos Neto disse que não se interessava pela recondução (MARCELLO, 2022) e, justiça seja feita, nunca agiu para agradar o novo presidente, que poderia indicá-lo novamente. Neste caso, a ideologia falou mais alto que a busca pelo cargo. No começo de outubro, o Senado aprovou Gabriel Galípolo, nome de confiança do governo, para suceder a Campos Neto. Os dois anos finais de mandato de Lula prometem ser mais harmoniosos entre o governo e o BC.

Augusto Aras ainda cumpria seu segundo mandato à frente da Procuradoria-Geral da República quando Lula tomou posse, ficando no cargo até setembro de 2023. Diferentemente de Campos Neto, há notícias de que Aras tentou um terceiro mandato por meio de uma nova recondução (MUNIZ, 2023b) – distintivamente do BC e das chefias dos Ministérios Públicos nos estados, não há limites no número de reconduções na Procuradoria-Geral da República. Também de maneira diferente do presidente do BC indicado por Jair Bolsonaro, Aras buscou uma aproximação com o novo governo. E essa estratégia se iniciou ainda em 2022, logo após a Lula ganhar as eleições presidenciais. Augusto Aras, assim como seus antecessores na Procuradoria-Geral da República, parece pensar mais no cargo do que em ideologia.

Mas Augusto Aras não levou. O novo PGR indicado por Lula foi Paulo Gonet, que assumiu o cargo em dezembro de 2023. Gonet dá sinais de que seguirá o mesmo padrão dos seus antecessores, buscando agradar seu grande eleitor, que nesse caso é o presidente da República. O PGR não encaminhou nenhuma decisão que afrontasse profundamente o Planalto, atua na defesa da democracia e joga afinado com o Supremo Tribunal Federal (STF) – que, por sua vez, entrou de forma ainda mais ativa na relação entre poder Executivo e Legislativo, alterando, em certa medida, o presidencialismo de coalizão adotado ao longo da Nova República.[1]

A hipótese deste capítulo é que a forma de indicação do PGR importa (KERCHE, 2021). A lista tríplice selecionada pelos próprios membros do Ministério Público Federal, adotada entre 2003 e 2018, criou incentivos para uma maior autonomia do PGR em relação ao governo – o que nem sempre é positivo. Excesso de autonomia em democracias significa, no limite, retirar dos cidadãos o direito de punir ou premiar seus agentes por sua atuação. Qual o incentivo de um PGR que deve sua indicação e recondução à sua própria corporação? A resposta é óbvia: aos colegas.

A forma de indicação prevista na Constituição, por sua vez, em que o presidente aponta um nome entre os integrantes do MPU, incentiva um maior alinhamento entre a chefia da Procuradoria-Geral da República e o chefe de governo. Buscando sua recondução, o PGR não irá confrontar aquele que tem a caneta para indicar e renovar seu mandato. O Senado, que deve confirmar a indicação presidencial em ambos os modelos, nunca se posicionou contra o nome apontado pelo presidente. Não questionam a autoridade presidencial ao mesmo tempo que não votam contra aquele que terá o monopólio da acusação criminal contra os parlamentares.

Como em qualquer opção institucional, há vantagens e desvantagens em ambas as fórmulas. Para sintetizar isso, basta lembrar que o procurador-geral Rodrigo Janot, o PGR da operação Lava Jato escolhido a partir da indicação dos integrantes do Ministério Público Federal, foi tão danoso para a democracia quanto Augusto Aras, indicado sem a participação de seus colegas de instituição. Enquanto o primeiro PGR foi prejudicial ao país por suas ações, o segundo o foi por sua inação.

---

[1] Sobre o papel do STF no período recente, ver o capítulo de Marjorie Marona e Shandor Torok Moreira neste livro: "Lula e o Supremo: os estertores do presidencialismo de coalizão".

Aras: o PGR que procurava agradar

Augusto Aras foi indicado por Jair Bolsonaro em 2019. No primeiro volume desta série, fiz a análise dos seus primeiros meses no cargo (KERCHE, 2021). Argumentei que sua estratégia era se equilibrar em duas canoas: por um lado, não desagradava o presidente ao ser parcimonioso na sua atuação referente a Bolsonaro e família. Isso é corroborado pelo "alinhamento" pró-governo em uma dobradinha com a Advocacia da União (AGU) (MACHADO; FERRARO, 2023). Por outro lado, dava alguns acenos ao STF, ao Congresso e à opinião pública, iniciando investigações preliminares, mas deixava-as ou cair no esquecimento ou simplesmente não se posicionava sobre ações em trâmite no STF. Chamei-o de o "Equilibrista-Geral da República".

Outra marca foi ter colaborado de maneira decisiva para o fim da operação Lava Jato (KERCHE; MARONA, 2022). Aras enfrentou o núcleo de Curitiba que tinha criado uma estrutura paralela e oficiosa na capital paranaense sob a liderança de Deltan Dallagnol e Sérgio Moro. Uma de suas providências decisivas foi implementar uma decisão de 2013 substituindo o modelo de forças-tarefas, fundamental para a atuação sem freios dos procuradores ligados à operação, pelos Grupos de Atuação Especial de Combate ao Crime Organizado (Gaecos). Essa medida agradou tanto a Jair Bolsonaro quanto aos políticos de maneira geral, incluindo a esquerda, e enfraqueceu os justiceiros de Curitiba.

A estratégia de se equilibrar deu certo, e ele foi reconduzido ao cargo por Bolsonaro, sem resistência do Senado, em agosto de 2021.

Seu segundo mandato foi inicialmente marcado pela pandemia de covid-19 e, já nos seus estertores como PGR, pelo fantasma do golpe de Estado estimulado por Jair Bolsonaro após a vitória eleitoral de Lula. Embora tenham sido duas situações dramáticas em que Bolsonaro estava envolvido pessoalmente, a postura de Aras foi distinta. Enquanto foi excessivamente cauteloso no descaso do governo com a pandemia, foi ativo e parceiro do STF na defesa da democracia. A diferença é que, durante a emergência sanitária, Bolsonaro era o presidente que podia ser reeleito e que indicaria, mais uma vez, o PGR – e até novos ministros do STF. Já nas tentativas golpistas, após a derrota eleitoral da extrema direita, a caneta que poderia reconduzir o PGR tinha mudado de mãos.

Não é necessário lembrar a tragédia que foi a pandemia de covid-19 para o mundo e, em especial, para o Brasil. Em números absolutos, tivemos o segundo maior número de mortos, 699.243. Em relação a mortes por 100 mil habitantes, o Brasil ocupou a 18ª posição (PODER360, 2023). A sensação de fragilidade era ainda maior porque o governo se mostrava errático e Bolsonaro, um negacionista. A despeito da ciência e das orientações dos órgãos internacionais, o então presidente insistia em remédios sem eficácia, em questionar a recomendação de isolamento social, em ironizar enfermos e em substituir ministros da Saúde que ousassem questioná-lo minimamente. Foi nesse momento que o STF avançou ainda mais na política, claramente buscando limitar os desvarios do chefe do Executivo federal. Com a resistência de Aras em buscar responsabilizar Bolsonaro e seu entorno, parte dos ministros do STF passaram a aceitar notificações contra autoridades por parte de terceiros, contornando o monopólio da Procuradoria-Geral da República (VENTURA; AITH; VILLAS BÔAS *et al.*, 2024). Esse STF menos dependente do PGR para agir também pode ser percebido pelo aumento das ações constitucionais propostas pelos demais atores que versavam sobre atos presidenciais (MACHADO; FERRARO, 2023)

Em abril de 2021, foi criada uma Comissão Parlamentar de Inquérito (CPI) no Senado para investigar as ações e omissões do governo em relação ao combate à pandemia. O relatório final foi aprovado em outubro daquele ano. Os senadores encaminharam para o PGR uma série de denúncias contra Bolsonaro e assessores próximos. Aras exerceu a função de "engavetador-geral da República", apelido dado ao PGR da época de Fernando Henrique Cardoso, Geraldo Brindeiro, que tinha a fama de não levar adiante as denúncias contra o governo. Praticamente nada foi adiante e abundaram os arquivamentos: dos 61 projetos avaliados, a PGR pediu o arquivamento de 47 deles, e as poucas ações que sobreviveram acabaram sendo engavetadas com o tempo (VENTURA; AITH; VILLAS BÔAS *et al.*, 2024). Todas as petições abertas no STF baseadas na CPI foram arquivadas por "ausência de provas" (PINTO, 2024). A Procuradoria-Geral da República não fez nenhuma denúncia contra Bolsonaro e, até julho de 2022, arquivou 104 pedidos de investigação contra o então presidente (NEVES, 2022).

O PGR tentou minimizar esse alinhamento com Bolsonaro, buscando justificar sua postura como algo imperativo se observado o Direito. Até livro sobre sua atuação durante a pandemia ele lançou, *Ações que salvam: como o Ministério Público se reinventou para enfrentar a covid-19* (TALENTO, 2023a). Seu argumento, apresentado ao jornalista Luiz Costa Pinto em outro livro, foi: uma coisa era o que Bolsonaro falava, outra é o que o governo fazia: "[…] não se pode e nem se deve atuar juridicamente contra um discurso político. Aquilo que o governo devia fazer para conter a pandemia [...], o governo efetivamente fez" (*apud* PINTO, 2024).

Com a derrota de Jair Bolsonaro nas eleições de 2022, Augusto Aras tentou passar outra imagem: de "passador de pano" de governo de extrema direita para paladino da democracia. Em 2020, ainda no período em que o Bolsonaro poderia reconduzi-lo, o PGR recuou em relação a seu parecer favorável sobre a legalidade do inquérito e investigou ameaças a ministros do STF e a disseminação de *fake news* (D'Agostino, 2020) Em agosto de 2022, com Bolsonaro tendo a chance de ser reeleito, Aras declarou que não via a possibilidade de golpe e defendeu o presidente quando indagado sobre a reunião com embaixadores em que o ex-capitão colocou em dúvida as urnas eletrônicas brasileiras (Veja, 2022), o que motivou o TSE a decidir pela inelegibilidade de Bolsonaro. Em fevereiro de 2023, já no governo Lula 3, em clara mudança de postura, afirmou: "Nós, cidadãos do Estado democrático de direito, precisamos dizer todos os dias: democracia, eu te amo, eu te amo, eu te amo" (CNN Brasil, 2023).

Às vésperas da depredação da Praça dos Três Poderes, em Brasília, por defensores de um golpe de Estado em 8 de janeiro de 2023, a imprensa noticiava que a Procuradoria-Geral da República era contrária à prisão de 11 suspeitos de participação na quebradeira e tentativa de invasão da sede da Polícia Federal em dezembro de 2022. Ou seja, menos de um mês antes da vandalização do Palácio do Planalto, do STF e do Congresso Nacional, o PGR não parecia, ou não queria, ver a tentativa de ruptura democrática estimulada por Jair Bolsonaro e seus asseclas (Talento, 2023b). Em compensação, após o 8 de Janeiro, Aras criou um grupo na Procuradoria-Geral da República para responsabilizar os envolvidos nos ataques golpistas e designou o subprocurador Carlos Frederico Santos para a tarefa, deixando a vice-PGR, Lindôra Araújo, identificada com o bolsonarismo, de fora (Rocha, 2023).

Com essa mudança de postura, mas não de estratégia de agradar o presidente da República, independentemente de quem seja, e ainda com outros gestos, como a revisão de seu posicionamento sobre a Lei das Estatais (Lei n.º 13.303/2016) e solidariedade aos ministros do STF atacados por bolsonaristas (Muniz; Gullino, 2023), Aras pleiteou, segundo a imprensa, um terceiro mandato. Mesmo gozando de proximidade com o PT da Bahia, uma vez que seu pai foi filiado ao partido entre os anos 1980 e 1990 (Pinto, 2024), o presidente Lula decidiu por outro nome, Paulo Gonet. Não surpreendeu ninguém que o presidente tenha preterido um nome tão associado ao bolsonarismo e aos desmandos do ex-presidente.

Paulo Gonet: Lula tem um PGR para chamar de seu

Durante seus dois primeiros mandatos, Lula indicou para a Procuradoria-Geral da República um nome da lista tríplice votada pelos procuradores da República. Essa votação incluía como candidatos e eleitores somente os membros do Ministério Público Federal, excluindo os demais ramos do Ministério Público da União, a despeito de o PGR ser o chefe de toda a instituição. Para completar, o presidente, assim como Dilma Rousseff, apontava para a aprovação do Senado o nome mais votado de forma automática. Esse compromisso político – ainda que informal, já que não houve qualquer mudança na Constituição – liberava o PGR de buscar agradar o presidente da República. Os eleitores a serem conquistados eram os pouco mais de mil procuradores da República. O resultado é que escândalos políticos do Mensalão e da operação Lava Jato, que envolveram os presidentes petistas, tiveram a participação ativa dos PGRs liberados de contentar o chefe do Executivo.

O então ex-presidente Lula, preso durante a operação Lava Jato com a participação ativa do Ministério Público Federal, não escondia a sua decepção com o órgão:

> Era uma das instituições que eu idolatrava nesse país. Depois dessa quadrilha que o [procurador] Dallagnol montou, eu perdi muita confiança. Eu perdi porque é um bando de aloprado, que acharam que poderiam tomar o poder, estavam atacando todo mundo ao mesmo tempo, atacando o governo, o poder Executivo, o Legislativo, a suprema corte. Eles fizeram a sociedade brasileira refém durante muito tempo (VERDÉLIO, 2023a).

Em sua visão, e que não está distante do que de fato aconteceu, ele tinha sido generoso com o Ministério Público e assegurado um grau de autonomia ainda maior do que aquele previsto constitucionalmente. O que recebeu em troca, "para quem sempre lhe estendeu a mão", como diz o famoso samba, foi somente "ingratidão". Como resposta, em seu terceiro mandato, Lula desconsiderou a lista tríplice e indicou ao Senado um nome de sua preferência, seguindo o ritual previsto constitucionalmente.

O indicado pelo presidente Lula foi o subprocurador-geral da República, Paulo Gonet, que chegou a ser cogitado para servir como chefe da Procuradoria-Geral da República no governo Bolsonaro (O GLOBO, 2023b). Gonet desempenhou o papel de vice-procurador-geral-eleitoral durante as eleições presidenciais de 2022, sendo o representante de Aras no TSE. Seguindo a linha de seu superior, Gonet foi bastante comedido contra Jair Bolsonaro, que abusou das *fake news* na disputa contra o candidato Lula (KERCHE, 2023). O Ministério Público eleitoral apresentou somente três ações contra a desinformação no TSE durante toda a campanha (BRANDINO, 2022). Após a vitória de Lula, em compensação, Gonet pediu a condenação de Jair Bolsonaro no caso em que o ex-capitão atacou o sistema eleitoral brasileiro para embaixadores estrangeiros. A decisão do TSE confirmou a posição de Gonet e tornou o ex-presidente inelegível para as eleições de 2026.

A indicação de Gonet por Lula, que não levou em consideração a lista tríplice apresentada pela Associação Nacional dos Procuradores da República (ANPR), veio acompanhada da sinalização tácita de que, para ser reconduzido para a chefia da Procuradoria-Geral da República, o eleitor-chave é o presidente, não mais os colegas de MPF como era nos dois primeiros mandatos de Lula. Gonet está jogando o jogo, engrossando a "coalizão" entre poder Executivo e STF na defesa da democracia e tem tudo para renovar seu mandato em 2025.

A Procuradoria-Geral da República, sob liderança de Gonet, foi favorável à suspensão da rede social X (antigo Twitter), decidida pelo ministro Alexandre de Moraes; contra as chamadas "emendas Pix", controladas pelo Congresso e suspensas por decisão do ministro Flávio Dino; pediu para tirar da meta fiscal o combate às queimadas no Cerrado, estendendo uma decisão de Dino que não incluía esse bioma; e jogou na maior parte do tempo alinhado com o STF em relação aos acusados da quebradeira e tentativa de golpe do 8 de janeiro de 2023. Ou seja, Gonet vem se mostrando um aliado do STF, em um momento em que o Executivo precisa ainda mais do Judiciário frente às dificuldades no Legislativo, e do governo federal comandado por Lula.

Enquanto este capítulo estava sendo escrito, o Brasil aguardava o posicionamento do PGR em relação aos três indiciamentos de Bolsonaro e aliados feito pela Polícia Federal. Em março de 2024, o indiciamento do ex-presidente e de mais 16 cúmplices era referente à falsificação do cartão de vacinação de Bolsonaro contra a covid-19. Em julho, a PF indiciou Bolsonaro e mais 11 aliados no caso sobre a venda das joias presenteadas pelo governo da Arábia Saudita para o governo brasileiro. Em novembro, chegou para a PGR o gravíssimo caso de tentativa de golpe de Estado planejado por Bolsonaro e mais 36 indivíduos. O Brasil aguarda Gonet, mas tudo indica que o ex-capitão será levado a julgamento pelas mãos do PGR. O posicionamento da Procuradoria-Geral da República ao longo de 2024 dá pistas de sua futura decisão.

Além de ter se posicionado na mesma direção de Alexandre de Moraes e dos demais ministros do STF em relação aos atos de 8 de janeiro, Gonet concordou com a prisão preventiva e se colocou contra a liberação do general Braga Netto, ex-ministro e candidato a vice-presidente de Bolsonaro em 2022. Indiciado como um dos mentores da tentativa de golpe de Estado e de assassinato de Lula, do vice-presidente Geraldo Alckmin e do ministro Moraes, o general foi detido por atrapalhar as investigações da Polícia Federal relativas ao golpe bolsonarista pós-vitória de Lula. Essa medida pode ser entendida como um marco na história do Brasil, que não costuma ver generais de quatro estrelas atrás das grades.

O futuro

A atuação de Gonet, o PGR indicado por Lula em seu terceiro mandato, segue o padrão dos demais ocupantes da chefia da Procuradoria-Geral durante a Nova República: como detentor do monopólio da acusação criminal do presidente, ministros e congressistas, o PGR não atua para desagradar seu grande eleitor, o chefe do Executivo federal. Paulo Gonet, até o meio desse terceiro mandato presidencial, tem uma atuação de não enfrentamento do governo..

Esse alinhamento, que é estimulado pelas regras de indicação do PGR, também se estende ao STF. O atual PGR joga afinado com o ministro Alexandre de Moraes e com a maioria do STF, que parece ter entendido o perigo que o governo Bolsonaro representou para a democracia brasileira.

Por outro lado, o atual chefe do MPU não descuida dos interesses corporativos do sistema de Justiça. A Procuradoria-Geral da República deu parecer defendendo que as verbas obtidas pelo Judiciário para custeio próprio devam ficar de fora do cálculo do limite das despesas gerais, previsto pelo arcabouço fiscal (BRASIL, M., 2024). Não há notícias de posicionamentos contrários do PGR contra os gastos do poder Judiciário e do Ministério Público – os mais caros do mundo em relação ao PIB (NAKAGAWA, 2024) –, nem qualquer indignação com as despesas de governos estaduais com tribunais, Ministério Público e Defensoria Pública, que, entre 2022 a 2023, tiveram um aumento de até 36% (VARGAS, 2025). Defesa da democracia e moderação, mas sem descuidar dos seus.

Do ponto de vista do governo, a indicação por meio da lista tríplice adotada nos primeiros mandatos de Lula não fazia muito sentido. Terceirizar a escolha desse importante cargo para servidores públicos concursados (procuradores da República), distantes da prestação de contas à sociedade, é apostar que preocupações corporativistas são instrumentos suficientes para limitar um ator com tamanho poder. Por outro lado, a experiência mostra que o PGR indicado e reconduzido pelo presidente tende a ser mais moderado, o que nem sempre é ruim, diga-se de passagem.

Uma possível solução para esses dilemas, presentes na questão da independência da chefia do Ministério Público da União (MOTA PRADO; KERCHE; MARONA, 2024), poderia ser um aumento do mandato do PGR e a não permissão da recondução, desestimulando alinhamentos com os seus eleitores, presidente ou colegas de Ministério Público, dependendo do modelo. Mas esse não é um debate simples e não está na lista de prioridades do Congresso ou do governo. De qualquer maneira, pedir para Lula renunciar à indicação do PGR e não poder incentivar algum grau de alinhamento da Procuradoria-Geral com o governo, como reivindicou parte do MPF e da imprensa, após tudo o que o então ex-presidente enfrentou nas mãos do Ministério Público, é inocência ou cinismo. Mais para o segundo que para o primeiro.

Os sentidos da política na Polícia Federal: entre captura corporativa e institucionalidade

Fabiano Engelmann e Lucas Batista Pilau

Durante a presidência de Jair Bolsonaro (2019-2022), a interferência na autonomia institucional e a cooptação das polícias brasileiras foram temas recorrentes no debate público (Lima, R. S. 2020; Costa, 2021). Essa dinâmica esteve presente nas polícias militares estaduais e, em especial, na Polícia Federal (PF). Nesse quadro, ao analisar o período Bolsonaro, Fagundes e Madeira (2021) situaram as mobilizações internas na PF que resistiram às ingerências do governo na corporação. Os movimentos difusos de "resistência" foram reforçados por organizações mais estruturadas que historicamente defendem pautas políticas divergentes. A Associação Nacional dos Delegados de Polícia Federal e a Federação Nacional dos Policiais Federais tomaram posição contra ações do governo apontando o "desgaste da imagem da PF" e a "decepção" com promessas não cumpridas em torno da reestruturação das carreiras (UOL, 2022). Contudo, apesar das mobilizações organizadas, a adesão política às bandeiras bolsonaristas foi intensa entre os agentes da corporação.

Neste capítulo, propomos uma análise das recomposições políticas da PF relacionadas ao bolsonarismo que representam desafios para o terceiro governo Lula, inaugurado em janeiro de 2023. A partir de duas dimensões analíticas, procuramos demonstrar como o bolsonarismo assentou uma maior fluidez das fronteiras entre a PF e o governo federal servindo como base de legitimação para a projeção de agentes a instâncias de poder. Essa dinâmica, em alguma medida, se contrapõe às bandeiras corporativas que, desde o final do regime militar, reivindicam maior autonomia da corporação pregando o afastamento das ingerências dos governos. As duas dimensões, que serão exploradas adiante, incluem (i) as nomeações de membros da PF para postos políticos no governo federal e (ii) suas candidaturas e mandatos eletivos. Ao final, discutimos os desafios que esse cenário impõe ao terceiro mandato de Luiz Inácio Lula da Silva. O texto está estruturado em quatro partes. Na primeira, retomamos as relações entre a PF e a política brasileira através de alguns eixos de análise estabelecidos nas ciências sociais. Após, adentramos nos dados sobre a circulação de membros da corporação em postos políticos do governo. Na terceira seção, abordamos as candidaturas e os mandatos em cargos eletivos à Câmara dos Deputados e, ao final, apresentamos as considerações finais ao elencar alguns pontos desafiadores para o terceiro mandato de Lula.

A Polícia Federal e a política brasileira

As origens da PF remontam à Era Vargas, quando foi instituído o Departamento Federal de Segurança Pública (DFSP), em 1944. No regime militar ocorreu a nacionalização do DFSP, que passou a ser chamado de "Departamento de Polícia Federal" (ROCHA, 2004). Nesse período, com forças do Exército e o Sistema Nacional de Informações (SNI) atuando com maior protagonismo nas funções de polícia e segurança, a PF permaneceu com papel mais restrito, cumprindo muitas funções cartorárias relacionadas à censura (ROCHA, 2004; SOARES, 2015). O fim do regime militar e o modelo institucional resultante do processo da Constituinte alavancaram recomposições corporativas e políticas que impactaram significativamente os sentidos institucionais e organizacionais da PF. Para além de sua atuação no combate ao tráfico internacional de drogas na década de 1990, a corporação foi reestruturada ao longo dos anos 2000 a partir de investimentos dos governos Lula 1 e 2 e de um direcionamento para o "combate à corrupção". Com isso, integrou-se ao espaço de instituições judiciais e de controle público nacionais e internacionais (ENGELMANN; MENUZZI, 2020; ENGELMANN; MENUZZI; PILAU, 2023; FAGUNDES, 2022; PILAU, 2024).

Neste sentido, da década de 1940 até as duas primeiras décadas do século XXI, a Polícia Federal afinou-se às oscilações da conjuntura política. Seguiu uma trajetória de subordinação a governos e integração com órgãos de repressão política para um modelo de polícia com autonomia organizacional e centrada em investigar segmentos da elite econômica e política. Para além dos diferentes papéis políticos assumidos ao longo de sua trajetória, as recomposições corporativas também podem ser verificadas no perfil das indicações de diretores-gerais da PF por presidentes da República.[1] Ao longo do regime militar (1964-1985), somente coronéis e generais do Exército ocuparam a Direção-Geral. Com a redemocratização, a influência dos militares permaneceu na instituição com a escolha do ex-policial Romeu Tuma para dirigir a corporação. A opção do então presidente José Sarney (1985-1990) foi por um diretor-geral que mantinha estrei-

---

[1] Para um panorama dos atores que ocuparam esse cargo, cf. "Galeria de ex-diretores-gerais da Polícia Federal", disponível online no portal Gov.br.

tos vínculos com os militares. Em 1995, Fernando Henrique Cardoso indica o delegado de carreira Vicente Chelotti. A escolha de FHC e do ministro da Justiça Nelson Jobim quebrava um ciclo que perdurava quarenta anos e inaugurava um período em que somente delegados federais comandariam a instituição (ROCHA, 2004; SOARES, 2015; SILVA, 2018). Os padrões para as indicações dos 19diretores-gerais do período democrático apresentam variações que oscilam conforme as conjunturas políticas dos governos. Em função do incremento dessa posição na agenda política, na última campanha presidencial os critérios de escolhas a serem adotados para a direção-geral estiveram recorrentemente presentes nas entrevistas com os candidatos à presidência (G1, JORNAL NACIONAL, 2022a; G1, JORNAL NACIONAL, 2022b).

Outro ponto relevante na trajetória da corporação diz respeito à consolidação das conexões políticas no nível estadual, mais especificamente na escolha do comando das secretarias de segurança pública. Na década de 1990, muitas secretarias eram ocupadas por militares, uma vez que naquela época as "elites dirigentes apontavam como melhor caminho, a militarização da segurança pública, dado que os militares das Forças Armadas conheciam melhor o assunto" (SOUZA, 2014, p. 185). Já nos anos 2000, os delegados federais foram predominantes. Berlatto (2017) analisou a composição dessas secretarias e apontou que, entre 2003 e 2014, dos 199 secretários de segurança pública, 68 tinham origem profissional na PF[2] e, destes, 65 eram delegados federais. A autora atribui essa mudança à legitimidade concedida à corporação pelo seu protagonismo no combate ao tráfico internacional de drogas e aos crimes de "colarinho branco". Em setembro de 2024, os delegados federais ocupavam quase um terço das 27 secretarias de segurança púbica existentes no Brasil.[3]

Assim, a PF é uma instituição historicamente atrelada às oscilações da conjuntura dos regimes políticos, apresentando um incremento corporativo e político no pós-redemocratização. Essa dinâmica evidenciada na centralidade política das escolhas para o cargo de diretor-geral e na ocupação de postos em secretarias de segurança pública coaduna-se com as recomposições corporativas e com os recursos institucionais acumulados a partir da reivindicação da condição de "polícia autônoma" em relação ao espaço político. Na próxima seção, seguindo nessa linha de análise, abordaremos os impactos do bolsonarismo nas

---

[2] De acordo com Berlatto (2017), os delegados federais disputavam esses cargos com atores das carreiras jurídicas, políticos, policiais civis e militares e oficiais do Exército.

[3] As secretarias da segurança comandadas por delegados federais são do Distrito Federal e dos seguintes estados: Bahia, Ceará, Espírito Santo, Pará, Pernambuco, Rio de Janeiro eRio Grande do Sul.

correlações de forças que cercam as indicações de membros da PF para postos em governos federais nos últimos vinte anos.

Da polícia ao governo federal

Existe um longo histórico de autorizações que permitiram a membros da PF a cedência a outras posições e instâncias do governo federal. Essas autorizações se referem às publicações do *Diário Oficial da União* que oficializam um "empréstimo" temporário daqueles atores para a atuação em outros órgãos da burocracia estatal brasileira (PILAU; ENGELMANN, 2023). Entre os dois primeiros governos Lula (2003-2010), passando pelos governos de Dilma Rousseff (2011-2016) até o governo de Michel Temer (2016-2018), mais de mil autorizações foram publicadas para que servidores da PF integrantes das duas carreiras da corporação – policial e administrativa[4] – transitassem pelos poderes Executivo, Legislativo e Judiciário, assim como pelo Ministério Público e pela Defensoria Pública. Somente ao governo federal, foram 453 autorizações entre janeiro de 2003 e dezembro de 2018. Dentro da esfera governamental federal, o principal destino foi o Ministério da Justiça (313 autorizações), com alocações em órgãos e funções distintas: da Secretaria Extraordinária de Segurança para Grandes Eventos (2011-2017) à Secretaria Nacional de Justiça; de assessores, coordenadores e diretores a secretários nacionais. São destaques as cedências de delegados federais para a ocupação da posição de secretário nacional de Segurança Pública (governos Lula 1 e 2), secretário nacional de Grandes Eventos (governo Dilma) e secretário nacional de Justiça (governo Temer). O segundo destino foi a presidência da República (91 autorizações),[5] com cedências para atuação na Advocacia-Geral da União (AGU) e na Agência Brasileira de Inteligência (Abin), entre outros espaços (PILAU, 2024).

Com o início do governo Bolsonaro, essa circulação se intensifica. Em somente quatro anos, entre 2019 e 2022, foram 199 autorizações para a participação de servidores da PF no governo federal. Os destinos com mais autorizações seguiram sendo o Ministério da Justiça (com 130) e a presidência da República

---

[4] Da carreira policial, fazem parte os cargos de delegado de Polícia Federal, agente de Polícia Federal, escrivão de Polícia Federal, perito de Polícia Federal e papiloscopista de Polícia Federal. Compõem a carreira administrativa os cargos de agente administrativo, administrador, bibliotecário e contador, entre outros.

[5] As outras 49 autorizações estão divididas em pequenas frações, em diversos outros órgãos e ministérios.

(com 43). No âmbito do Ministério da Justiça, a influência política dos servidores da PF, sobretudo dos delegados, cresceu consideravelmente. Se nos governos anteriores as posições no alto escalão eram reservadas eventualmente a um delegado, como foi o caso das secretarias nacionais mencionadas, no governo Bolsonaro as indicações para postos de maior escalão político aumentam. Vários são indicados para posições de poder, destacando-se a ocupação da Secretaria--Executiva (segundo cargo de maior poder dentro do Ministério da Justiça), de políticas sobre drogas, de operações integradas e da Fundação Nacional do Índio. Já na presidência da República houve poucas mudanças em relação aos governos anteriores, embora possamos destacar a indicação de um delegado federal para comandar a Agência Brasileira de Inteligência (Abin), assim como fez Lula ao final de seu segundo mandato[6] (PILAU, 2024). Um aspecto que ressalta a singularidade da diversificação das cedências no período Bolsonaro é a presença de membros da PRF no Ministério da Mulher, Família e dos Direitos Humanos como seu principal destino, enquanto o Ministério da Justiça ficou na segunda posição.[7]

Esses dados indicam que, ao longo do governo Bolsonaro, os quadros da PF diversificaram sua participação no espaço governamental com destaque para delegados em cargos do alto escalão. Nesse período, um delegado e um agente foram alçados à posição de ministros de Estado – da Justiça e da Cidadania, respectivamente. Ao final de março de 2021, o delegado Anderson Torres foi indicado para comandar o Ministério da Justiça, após ocupar por cinco anos o posto de secretário parlamentar na Câmara dos Deputados (2013-2018) e o cargo de secretário de Segurança Pública do Distrito Federal (2019-2021). Desde a redemocratização, a maioria dos ministros da Justiça era proveniente da advocacia, do poder Judiciário, da AGU e de outras carreiras jurídicas mais tradicionais. Por isso, a ascensão do delegado Torres ao topo do Ministério da Justiça foi um evento excepcional. Praticamente um ano depois, em 31 de março de 2022, o agente Ronaldo Vieira Bento foi empossado como ministro da Cidadania, o que levou a Federação Nacional dos Policiais Federais a declarar que se tratava do "primeiro profissional da PF, que não pertence aos quadros de delegado de polícia, a se tornar ministro de Estado no Brasil" (FENAPEF, 2022).

---

[6] Nos referimos aqui à indicação em 2007 do delegado Paulo Lacerda para assumir a Abin, após deixar a Direção-Geral da PF.

[7] Uma análise preliminar das autorizações dos atores da Polícia Rodoviária Federal entre 2017 e 2021 foi publicada na edição n.º 172 do *Fonte Segura*, *newsletter* do Fórum Brasileiro de Segurança Pública (cf. PILAU, 2023).

Assim, enquanto a PF, em um sentido, estava no centro do debate público sobre autonomia e interferência política por parte do governo Bolsonaro, houve a abertura de vias de ascensão para as instâncias de poder que diversificaram e ampliaram a presença de seus quadros no cenário político. Na seção seguinte, veremos como essa dinâmica se aplicou às candidaturas de atores da PF a cargos eletivos.

Da Polícia Federal ao Congresso Nacional

Desde a redemocratização, membros da PF participam ativamente da vida eleitoral do país candidatando-se a cargos eletivos. Nas eleições ocorridas entre 2002 e 2018 à Câmara dos Deputados, pelo menos 89 candidatos possuíam algum vínculo com a PF – como ativo ou aposentado. No entanto, ao longo desses vinte anos, o perfil desses candidatos variou e se transformou. Uma mudança diz respeito ao trajeto na burocracia, tendo em vista que houve uma redução de ex-diretores-gerais da PF como candidatos e o crescimento de servidores da corporação com passagens por secretarias de segurança pública dos estados. Outra transformação encontra-se na "profissionalização política", que aumentou na medida em que mais integrantes da PF passaram a ser candidatos e/ou eleitos. Ainda, houve um crescimento na relevância do associativismo para essas candidaturas, considerando que a partir de 2014 aumentaram os candidatos da PF que ocuparam posições de liderança (como presidentes, diretores etc.) em sindicatos/associações (PILAU; ENGELMANN, 2025).

Nesse ponto, sustentamos que são múltiplos e complexos os fatores que levaram a essas transformações, entre eles os incrementos corporativos ao longo dos primeiros mandatos de Lula, o aumento de delegados ocupando secretarias de segurança pública nos anos 2000, o acúmulo de legitimidade obtida pela corporação junto dos meios de comunicação, as mudanças de estratégias dos movimentos sindicais da corporação, entre outras. Esses fatores também estão na base das mudanças que ocorreram nas campanhas eleitorais dos "candidatos da PF". Desde as eleições de 2002, estiveram no centro das campanhas discursos centrados em políticas de segurança pública e na intensificação do rigor punitivo. Os pontos centrais envolviam promessas de maior incidência do Estado sobre determinados crimes e a aprovação de leis penais mais duras, em uma espécie de luta do "bem" contra o "mal", próprio do discurso de "deputados-policiais" (NOVELLO; ALVAREZ, 2022). A partir das eleições de 2010, emerge como ativo eleitoral o "combate à corrupção", que passa a servir como uma plataforma centrada na moralização da política e no endurecimento da punição sobre as elites políticas (PILAU; ENGELMANN, 2025; PILAU, 2024).

Em termos de adesão partidária, de 2002 em diante as candidaturas oriundas da PF podem ser divididas em dois momentos: um primeiro mais difuso, com a filiação a diversos partidos, como MDB, PCdoB, PT, PSOL, PSDB e outros. Em um segundo, a partir de 2014, há uma concentração em partidos dos espectros da centro-direita e direita, como Patriota, PRB, Solidariedade e, sobretudo, o PSL. Nas eleições de 2018, além dos efeitos das operações anticorrupção da PF que atingiram em especial o PT, a vitória de Jair Bolsonaro alavancada por um discurso antissistema alimentado pelas operações anticorrupção[8] potencializou a aglutinação dos candidatos da PF no campo da direita. Nas eleições de 2022, a concentração no PL – legenda pela qual Bolsonaro se candidatou à reeleição – seguiu: dos 33 candidatos vinculados à PF, 8 concorreram por tal partido (PILAU, 2024).

Os dados apontam que essa aglutinação aportou efeitos imediatos em termos de sucesso eleitoral às candidaturas, embora provavelmente não seja a única variável explicativa dessa mudança. Das sete candidaturas vitoriosas até as eleições de 2014 havia uma multiplicidade de partidos – MDB, PCdoB, PSDB, PSC, PSDC e Solidariedade. Em 2018, das seis vitoriosas, cinco eram do mesmo partido de Bolsonaro, à época o PSL, e, em 2022, dos seis eleitos, quatro eram do PL (PILAU, 2024). Portanto, se até 2014 as candidaturas dos membros da PF eram mais plurais do ponto de vista partidário, a ascensão do bolsonarismo fez com que aquelas candidaturas gravitassem em torno de seu núcleo político e partidário.

Governo Lula e o desafio de (re)institucionalizar a Polícia Federal

As relações entre a PF e a política se transformaram nas últimas décadas. Como buscamos demonstrar, com a eleição de Bolsonaro, as linhas que separavam os quadros da corporação das posições de poder no espaço político se tornaram mais tênues. Isso porque houve uma adesão significativa de servidores da PF ao núcleo político do bolsonarismo nas duas dimensões que aqui foram analisadas. O mais provável é que muitos dos quadros que circularam pelo governo, ou que foram candidatos a cargos eletivos sob o guarda-chuva desse núcleo político, retornaram para suas atividades no âmbito da corporação. Essa dinâmica relativiza a ideia de uma "interferência política" completa na instituição, uma vez que os interesses do governo não necessariamente adentrariam na corporação de cima para baixo, conforme ocorre quando um mandatário busca interferir nas atividades policiais.

---

[8] Para mais detalhes, cf. Lopes, Albuquerque e Bezerra (2020).

Neste sentido, a politização da corporação combina as ações da cúpula do governo com relações complexas que se estabelecem no cotidiano. Isso envolve as trocas políticas possíveis entre os detentores dos recursos institucionais e da legitimidade derivada da atividade policial "autônoma" (em especial das operações anticorrupção) e os detentores de maior capital político. Assim como a PF, durante o governo Bolsonaro outras instituições que compõem o campo jurídico também estiveram no centro de embates envolvendo ingerências políticas, tais como o Ministério Público Federal e a Advocacia-Geral da União que ampliaram vias de acesso ao espaço do poder. Neste ponto, se constatarmos que a "policialização" da política ou da burocracia pode servir como sustentação da ascensão e manutenção de movimentos e governos autoritários, muitos desafios estão postos para o terceiro mandato de Lula.

Logo que foi eleito em 2022, Lula escolheu o delegado Andrei Augusto Passos Rodrigues para a Direção-Geral da PF. Desde sua posse, as tomadas de posição pública do delegado nomeado por Lula indicam a retomada de parâmetros de fortalecimento da autonomia corporativa que iniciou nos anos 2000, mas com a promessa de fechamento das vias abertas para a ocupação de postos políticos a partir da atividade policial. Sobre as relações entre a PF e a política, o novo diretor-geral defendeu "extirpar definitivamente a política partidária na instituição, proibindo que servidores policiais sejam vinculados a partidos políticos e candidatos", de modo que quem desejar construir um caminho na política "que se exonere, saia da instituição e siga sua carreira" (Conjur, 2023; Bechara, 2023).

A proposta de Lei Orgânica da PF apresentada pelo governo Lula em 2024 – a ser enviada para apreciação do Congresso – é uma das primeiras iniciativas institucionais no sentido do discurso do novo diretor-geral. Entre os pontos de modificação encontram-se a proposta de um mandato de três anos para o diretor-geral, restringindo sua exoneração pelo presidente da República, e a vedação aos quadros da corporação de participarem de atividades político-partidárias. Só seriam possíveis candidaturas a cargos eletivos com a exoneração seguida de uma quarentena de seis meses. Essas propostas suscitaram, em um primeiro momento, a resistência dos movimentos organizados, tendo um apoio restrito do Sindicato Nacional dos Servidores do Plano Especial de Cargos da Polícia Federal (SINPECPF) e uma crítica mais geral da Federação Nacional dos Policiais Federais, que reúne um posicionamento contrário à proposta referendada pelos sindicatos estaduais (UOL, Congresso em Foco, 2024b; Macedo, 2024).

Nesse quadro, o principal desafio é fortalecer institucionalmente a PF e efetivar mudanças que busquem atenuar a politização de seus atores.

Se as ações do governo apontam para o incremento de recursos orçamentários e prerrogativas de autonomia resultando na consolidação de um modelo de Polícia Federal forte, democrática e transparente, essa linha não poderá prescindir de reformas institucionais que minimizem a captura corporativa e política na instituição. Ou seja, restrições a candidaturas que rentabilizem o capital institucional e a legitimidade social da PF precisam se traduzir em medidas disciplinares concretas que inibam a politização da corporação. Nessa janela de oportunidade, essas medidas podem contribuir para atenuar a manipulação conjuntural das ações da PF, assim como consolidar mecanismos concretos que permitam com que a legitimidade política da instituição e de seus agentes seja assimilada a favor da própria PF e do regime democrático brasileiro, neste e em futuros governos.

Reconstrução do estado administrativo: desafios da burocracia brasileira

Gabriela Spanghero Lotta, Mariana Costa Silveira e Pedro Vianna Godinho Peria

O governo Bolsonaro foi marcado por diferentes ataques à administração pública federal, por meio de opressões formais e informais aos servidores públicos (Lotta; Lima; Fernandez *et al.*, 2023). Tais ataques ocorreram em um contexto de desmonte e reconfiguração das políticas públicas (Gomide; Silva; Leopoldi, 2023), ameaças à garantia de princípios constitucionais básicos e aos princípios de legalidade que regem os processos administrativos, além da falta de transparência e de mecanismos de *accountability* (Lotta; Lima; Fernandez *et al.*, 2023).

O governo Lula se elegeu com uma pauta de reconstrução do Estado, respeito às instituições democráticas, reconstrução de políticas públicas e dos instrumentos legais-administrativos que garantem o funcionamento do Estado. Embora avanços tenham sido observados a partir de 2023 (por exemplo, o retorno das instâncias participativas nos processos decisórios, bem como os esforços de reconstrução institucional), vários problemas na administração pública persistem durante o governo Lula. Essa dinâmica de transição entre governos impõe novos desafios à burocracia federal brasileira e ao funcionamento administrativo do Estado.

Com foco nessas mudanças ao longo do tempo, este trabalho busca (i) sintetizar os principais problemas vivenciados pela burocracia durante o governo Bolsonaro e (ii) caracterizar a agenda de reconstrução administrativa do Estado no governo Lula, tendo em vista conquistas e desafios. Para isso, analisamos resultados de entrevistas semiestruturadas com burocratas que trabalham no governo federal brasileiro. Esses burocratas resistiram durante o governo Bolsonaro e continuaram atuando durante o governo Lula, inclusive assumindo novos postos de liderança. Nosso objetivo é analisar se, e como, esses indivíduos, agora atuando em um governo comprometido com as instituições democráticas, aprenderam lições com experiências passadas e adaptaram suas práticas, bem como a medida em que esse processo de aprendizado moldou novas táticas para a resiliência organizacional preventiva.

Entrevistamos 40 burocratas que trabalham em diferentes setores de política e ministérios no nível federal do governo, entre fevereiro e maio de 2024, durante o terceiro mandato de Lula. Nossos critérios de seleção foram baseados em uma amostragem propositiva, focando em burocratas que se engajaram em práticas de resistência, cumprindo a missão de suas organizações, enquanto se opunham às demandas indevidas ou antidemocráticas de lideranças políticas indicadas pelo governo Bolsonaro. O procedimento de entrevista incluiu um compromisso de manter a confidencialidade dos dados coletados e garantir o anonimato de todos os participantes. Com o consentimento prévio dos entrevistados, gravamos o áudio das entrevistas, que foram conduzidas remotamente e duraram cerca de 60 minutos. Para a análise, primeiro, nos familiarizamos com os dados lendo as transcrições das entrevistas e identificando temas preliminares. Neste capítulo, apresentamos os padrões preliminares que emergiram da rodada inicial de codificação.

Além desta introdução, a estrutura deste capítulo é a seguinte: apresentamos uma breve retomada do que significou e de quais foram os impactos do governo de Jair Bolsonaro para a administração pública federal; em seguida mencionamos as agendas do governo Lula para a burocracia numa seção e discutimos os desafios que a burocracia tem enfrentado durante o governo Lula em outra. Para fechar o capítulo, apresentamos as conclusões.

Ataques à burocracia e retrocessos no governo Bolsonaro

As ações e inações do governo federal sob Bolsonaro (2019-2022) foram amplamente denunciadas nacional e internacionalmente. Pesquisas apontaram retrocessos como a desarticulação institucional (ABRUCIO *et al.*, 2020), a desconstrução de políticas públicas (GOMIDE; SILVA; LEOPOLDI, 2023b) e o assédio institucional a servidoras e servidores (LOTTA; LIMA; FERNANDEZ *et al.*, 2023). Seja na área da saúde (MENDES; CARNUT; MELO, 2023), nos programas de desenvolvimento social (TOMAZINI, 2023), na educação, no meio ambiente, nos direitos humanos e na cultura, foram implementadas mudanças estruturais que mudaram rumos de políticas consolidadas e foram criadas ações que direcionaram a ação do Estado na contramão do que vinha sendo construído. De maneira transversal a esses retrocessos e de maneiras por vezes mais sutis, o governo Bolsonaro foi marcado por diversas formas de ataque ao serviço público.

Bolsonaro e seus indicados políticos que ocuparam cargos em diferentes setores de política pública se engajaram em estratégias de ameaça, assédio e silenciamento sistemático de servidores públicos (LOTTA; LIMA; FERNANDEZ *et al.*, 2023; Bersch; Lotta, 2024; Story; Lotta; Tavares, 2023; Silveira, 2024). Pesquisas mostram que eles usaram diferentes mecanismos de ataque e controle político, incluindo estratégias formais e informais, com alvos coletivos e individuais (Lotta; Lima; Fernandez *et al.*, 2023). As análises do período mostram também que houve um intenso processo de adaptação e aprendizado ao longo do governo, durante o qual as diferentes estratégias de controle político foram sendo testadas, aprimoradas e disseminadas (Bersch; Lotta, 2024), especialmente envolvendo militarização do serviço público (Bauer *et al.*, 2021) e criando um ambiente de perseguição e de medo. A consequência, ao longo do tempo, foi de efeitos cada vez mais custosos e danosos para a burocracia em termos de *burnout*, silenciamento e apagamento (Story; Lotta; Tavares, 2023; Silveira, 2024).

Por outro lado, as pesquisas também mostram que, durante todo o governo Bolsonaro, a burocracia não foi passiva aos processos de desmonte e se engajou em diferentes tipos de reações – também formais e informais, coletivas e individuais (Lotta; Lima; Fernandez *et al.*, 2023; Silveira, 2024), que lograram gerar também algum grau de resiliência institucional e proteção de parte das políticas públicas. Em certos casos, servidores se engajaram em esforços voltados ao cumprimento da missão institucional de seus órgãos, a despeito das ameaças políticas e dos desafios vivenciados no governo Bolsonaro (Lotta; Lima; Fernandez *et al.*, 2023; Bersch; Lotta, 2024; Silveira, 2024).

Esse processo de desmonte institucional e ataque burocrático, em conjunto com as várias formas de reação desenvolvidas por parte da burocracia, gerou um cenário bastante problemático no final da gestão Bolsonaro. Por um lado, muitas políticas públicas foram enfraquecidas – em termos não só de término e substituição de várias agendas, mas também de desestruturação de regras, procedimentos e bases de dados. Ao mesmo tempo, a burocracia foi bastante afetada nesse processo. Uma parte sofreu processos administrativos e todas as consequências relacionadas a uma perseguição direta; outra decidiu sair do governo e procurar alternativas em outras organizações; e a parte que ficou ainda terminou a gestão com alto grau de esgotamento, sobrecarga de trabalho, desengajamento e sintomas de *burnout*. Além disso, as organizações, de modo geral, e equipes, de forma específica, também foram bastante afetadas, considerando a polarização vivenciada durante a gestão Bolsonaro que criou cisões e rachas dentro da própria burocracia. Quando Lula ganhou as eleições, em outubro de 2022, esses conflitos intraburocráticos ficaram ainda mais explícitos, visto que os servidores que eram contrários ao governo Bolsonaro se encontravam com mais ânimo e esperança e, acima de tudo, decidiram se engajar em processos de reconstrução institucional, enquanto os que eram contra Lula consideraram que o novo período seria marcado por outros tipos de retrocesso.

Agenda de reconstrução no governo Lula

O governo Lula começa com agendas muito claras em relação à burocracia. Em primeiro lugar, há uma valorização do corpo burocrático que se materializa no número de servidores concursados que são convidados a atuar na equipe de transição e que, posteriormente, assumem cargos de alto escalão (incluindo secretarias executivas de ministérios). Há, portanto, uma sinalização de que a burocracia não seria tratada como um inimigo e que a *expertise* técnica acumulada nos órgãos públicos seria valorizada.

Uma segunda agenda clara do governo Lula foi a ideia de reconstruir processos e políticas exitosas do passado, o que incluía não apenas políticas públicas (como o programa Bolsa Família, por exemplo), mas também instituições democráticas e participativas (como conselhos) e a relação de diálogo com a sociedade civil. Essa agenda estava bastante alinhada à defesa que parte da burocracia tinha feito durante o governo Bolsonaro, o que apontava para um sinal de alinhamento entre o novo governo e os servidores que resistiram ao desmonte.

Por fim, o governo Lula priorizou uma agenda de reconstrução das capacidades administrativas do estado, especialmente ao recriar o Ministério da Gestão (e Inovação), colocando à frente uma ministra forte – Esther Dweck – com uma pauta clara de fortalecimento da administração pública. Algumas das propostas já apresentadas desde o início da gestão foram a retomada de concursos públicos, a construção de um concurso nacional unificado, a retomada das mesas de negociação para negociar com as carreiras aumento salarial, além de pautas vinculadas à revisão das carreiras e criação de sistema de gestão do desempenho, entre várias outras medidas. A própria criação da Secretaria Especial de Transformação do Estado (Sete), tendo à frente o gestor Francisco Gaetani, foi uma sinalização importante de que a pauta da burocracia e da administração pública seriam prioridade na nova gestão.

Neste sentido, parte da burocracia se sentiu muito esperançosa com as propostas do governo Lula, entendendo que não só a agenda de desmonte estatal seria extinta como também que haveria espaço para uma reconstrução institucional importante e pautada por princípios defendidos historicamente pelos servidores públicos. Como mencionado, diversos dos nossos entrevistados assumiram cargos relevantes dentro do governo Lula, assumindo pautas de reconstrução ou de proposição de novas instituições e políticas públicas.

Analisando a atuação da burocracia nesse início de mandato, podemos ver dois papéis diferentes assumidos pela burocracia: a "reconstrução criativa" e a reconstrução com "foco no essencial".

As ações de "reconstrução criativa" envolveram práticas destinadas a melhorar gradualmente políticas existentes, mas desmanteladas. Por exemplo, se um programa social foi descontinuado durante o governo Bolsonaro, os burocratas responsáveis pela formulação dessa política tentaram não apenas restaurá-la, mas também trabalhar por melhorias graduais ao longo do tempo, dependendo das oportunidades e restrições institucionais de um determinado contexto organizacional. Um exemplo foi apontado por um entrevistado:

> Conseguimos abrir uma nova agenda aqui, que é essa agenda de segurança alimentar [...]. Estamos discutindo isso o ano todo, há uma proposta para uma nova cesta básica, um decreto que estamos prestes a assinar em breve. Conseguimos resistir bastante na reforma tributária, para ter uma alíquota diferenciada para alimentos saudáveis [...]. Temos criado outras novidades em torno dessa agenda [...]. Tem havido muito trabalho novo, trazendo uma nova agenda para o Estado.

A segunda prática de reconstrução, aqui denominada "foco no essencial", refere-se às práticas dos burocratas voltadas para a entrega do escopo básico em um determinado setor. Isso foi tipicamente encontrado em setores e departamentos das equipes dos burocratas que sofreram processos sérios de desmantelamento institucional durante o governo Bolsonaro. Em tais casos, entregar o básico das políticas públicas já significava um forte esforço de reconstrução, que consumia consideráveis recursos para colocar o estado administrativo de volta nos trilhos, capaz de implementar o essencial das missões das agências. Esse foi o caso de certos departamentos dentro do setor de políticas ambientais, por exemplo, como relatado a seguir:

> Fizemos o nosso melhor para focar no que é essencial. A organização não conseguirá entregar tudo o que as pessoas querem. As entregas são feitas ao longo de um período mais longo, então eu me concentro no que é essencial e crítico. Não se pode perder o foco. Se você perder o foco, corre o risco de trabalhar muito e entregar pouco valor à sociedade. [...]. Conseguimos montar uma estratégia de gestão que levou a um certo resultado extremamente positivo [...]. Isso tem a ver com a estratégia, com quem a formulou e liderou, com o foco.

Ambas as abordagens de reconstrução coexistiram dentro das organizações, dependendo das oportunidades e restrições para a ação existentes, bem como da trajetória institucional de um determinado setor.

Esses processos de engajamento de diferentes formas da burocracia, bem como a retomada de uma agenda pró-burocracia e de reconstrução do aparato administrativo, geraram importantes resultados em dois anos de governo. Para citar alguns, foram geradas 8 mil vagas para recomposição da burocracia; foi criado e implementado um concurso nacional unificado – uma inovação importante em termos de redução de desigualdades e geração de eficiência na seleção; foi aprovado o Projeto de Lei dos Concursos Públicos, que normatizou novos modelos de seleção em nível nacional, permitindo futuras inovações nessa área; foram realizados diversos cursos e programas de capacitação no âmbito da Escola Nacional de Administração Pública (Enap), com intuito de capacitar a burocracia e fortalecer um *éthos* burocrático republicano; foi instalada uma comissão para revisão do Decreto-Lei n.º 200, de 1967, que normatiza a estrutura da administração pública; foi implementado e ampliado um programa de gestão do desempenho regulamentando o teletrabalho e criando formas de avaliação da atuação dos servidores; foram realizadas diversas mesas de negociação com carreiras do serviço público; foram aprimoradas as políticas de enfrentamento ao assédio e a discriminações, com fortalecimento da Ouvidoria Geral da União e criação do Guia Lilás (combate ao assédio sexual), entre várias outras medidas voltadas à gestão. Além disso, foram reconstruídas diversas políticas públicas e instituições participativas; houve a ampliação do acesso a políticas sociais e o avanço de políticas socioambientais, com melhorias nos indicadores da cobertura vacinal, geração de emprego e renda, diminuição de desmatamento, entre outros resultados em diferentes setores.

Os desafios da reconstrução

Os dados aqui apresentados mostram como o governo Lula colocou na agenda a ideia de reconstrução da administração pública brasileira e, em dois anos, conseguiu lograr resultados importantes nesse sentido. No entanto, há diversos desafios que têm limitado os avanços e que geram novos problemas para se pensar o futuro da burocracia brasileira.

Um primeiro desafio é que, apesar de a agenda proposta por Lula ter reativado o ânimo e engajamento de parte da burocracia, ao entrar no cotidiano de trabalho os servidores encontraram uma realidade ainda mais difícil do que imaginavam. Isso se deveu tanto à profundidade do desmonte na administração anterior quanto à falta de engajamento e aos conflitos intraorganizacionais. Ao mesmo tempo, pelo próprio engajamento e pela vontade de ver a reconstrução acontecer, os servidores acabaram se envolvendo de maneira muito intensa com o trabalho. E esses fatores somados – lidar com as consequências do desmantelamento de políticas, a perda da memória institucional e a necessidade de se engajar em esforços de reconstrução – se transformaram em tarefas muito intensas e sofridas, que consomem tempo e energia dos servidores.

Além disso, diversos servidores têm apontado que, à medida que as organizações se esforçaram para reconstruir as políticas que foram desmanteladas durante o mandato anterior de Bolsonaro, eles foram vivenciando novas formas de assédio, incluindo cargas de trabalho excessivas e pressão constante de superiores durante a administração de Lula por entregas rápidas. Segundo eles, muitos gestores de alto escalão (que não são servidores públicos necessariamente) entraram numa lógica de entregas rápidas e urgentes, pressionando os burocratas a restaurarem políticas, muitas vezes desconsiderando o esforço e os recursos humanos necessários à produção desses resultados. Assim, acabavam solicitando que os burocratas trabalhassem além de suas horas regulares e assumissem tarefas que excedessem suas responsabilidades habituais, em nome de um projeto de reconstrução. Muitos entrevistados apontaram que essas demandas abusivas dos superiores criaram um ambiente de trabalho desafiador e exaustivo, levando a preocupações sobre saúde mental e bem-estar geral no trabalho, como exemplificado aqui:

> Acho que o desafio de reconstruir a secretaria e as políticas diante de um cenário totalmente desfavorável é quase humanamente impossível. Então, você vê que as pessoas estão tirando tempo de coisas para as quais não têm tempo. Tirando tempo da saúde mental e da saúde física, as pessoas estão adoecendo. [...]. Acho que o desafio é tentar fazer as coisas sem nenhuma estrutura, e isso não é sustentável de jeito nenhum. Não adianta as pessoas trabalharem até 10 ou 11 horas; isso não é sustentável, e não vai funcionar assim a longo prazo, nem para as pessoas, nem para as políticas. [...] O maior desafio tem sido que ainda precisamos encontrar um equilíbrio e nos reestruturar – não acho que tenhamos conseguido isso ainda, mas estamos tentando.

Outro desafio apontado está relacionado à escassez crônica de recursos humanos, aos conflitos internos dentro das organizações e à desconfiança entre colegas e superiores, especialmente em relação às dinâmicas entre os novos indicados políticos durante o governo Lula e os servidores públicos que vivenciaram as administrações tanto de Bolsonaro quanto de Lula ao longo do tempo. Vários burocratas ocuparam cargos de liderança durante o governo Bolsonaro como uma tentativa de proteger suas organizações de interferências políticas populistas indevidas. Com a transição para o governo Lula, esses burocratas foram muitas vezes vistos pela nova gestão como não confiáveis, o que levou a divisões internas e um clima de apreensão. Além disso, entre os novos indicados políticos durante o mandato de Lula, vários deles foram percebidos como *outsiders*, sem experiência na administração pública e com parcos conhecimentos técnicos: "Parecia que estávamos falando de um governo do zero; havia muitas pessoas novas que não tinham participado de governos anteriores ou que não estavam na gestão pública, não eram servidores públicos", contou um entrevistado.

Outros também destacaram o fato de que, devido às várias formas de ameaças que experimentaram ou testemunharam durante o mandato de Bolsonaro – como assédio moral, perseguição política, demissões e remoções ilegítimas sem aviso prévio, além ações judiciais indevidas contra burocratas (como os processos administrativos disciplinares) –, parte dos burocratas alega ter perdido a motivação para o serviço público ou menciona ter se tornado menos proativa:

> Houve um grande esgotamento mental por parte de muitas pessoas. Isso criou um fator desmotivador, uma erosão do comprometimento dos servidores, com consequências que ainda estamos colhendo hoje. Muitos servidores civis que sempre foram muito proativos [...] agora não têm mais o mesmo entusiasmo e acabam tendo algumas limitações.

Assim, embora engajados nos processos de reconstrução, vários servidores encontraram, na prática, desafios maiores que os esperados, o que levou a novas frustrações, estresse e desengajamento. Soma-se a isso algumas características inerentes à forma com que o governo Lula tem implementado as agendas priorizadas. Assim, embora todas as medidas apontadas anteriormente sejam essenciais para avançar numa agenda de reconstrução e fortalecimento da burocracia, algumas delas têm sido implementadas com limitações e reprodução de mecanismos opressores da burocracia, gerando frustração e esgotamento entre os servidores públicos.

Um primeiro limite é que, apesar do escopo e abrangência das medidas de fortalecimento, elas ainda parecem ser tímidas frente à necessidade. E, mais do que isso, algumas delas carecem de maior coordenação e prioridade na agenda. Um exemplo do primeiro ponto é o número de vagas de concurso abertas entre 2023 e 2024 – cerca de 8 mil. Embora seja muito importante, é um número ainda pequeno, considerando-se as mais de 70 mil posições desocupadas em 2023.

Um exemplo da falta de coordenação é que, embora uma das prioridades anunciadas pelo governo Lula para fortalecer a burocracia tenha sido a otimização das carreiras federais (atualmente, mais de trezentas), os concursos foram feitos com base nas carreiras já existentes. O pragmatismo justifica tal decisão, mas ainda assim ela aponta para o desafio de não conseguir enfrentar alguns problemas estruturais da administração pública federal. Outro exemplo é a atuação tímida em relação às questões de assédio moral e institucional frente ao cenário que já foi vivenciado pela burocracia no governo Bolsonaro.

Um segundo limite é a incapacidade de enfrentar desigualdades também estruturais internas ao serviço público. As mesas de negociação, por exemplo, lograram excelentes resultados para as denominadas carreiras de elite (como de advogados públicos, por exemplo), enquanto tiveram resultados insuficientes em áreas como educação e a área ambiental. Para exemplificar, em novembro de 2024, o Ibama tinha 45% dos cargos vagos, um terço do efetivo para se aposentar em 2025 e salários muito defasados em comparação às carreiras de elite. Tudo isso gera uma grande frustração para a burocracia, que tinha esperanças com a agenda de reconstrução e que, acima de tudo, trabalhou muito além de suas capacidades para minimizar o desmantelamento estatal durante o governo Bolsonaro – em muitos casos, colocando sua vida profissional e pessoal em risco.

Considerações finais

Neste capítulo, abordamos os principais problemas vivenciados pela burocracia durante o governo Bolsonaro e analisamos em que medida o governo Lula contribuiu para uma agenda de reconstrução da administração pública brasileira, a partir de 2023. Mostramos como os servidores públicos, no governo Bolsonaro, sofreram diferentes opressões por mecanismos formais e informais, coletivos e individuais no cotidiano de trabalho, em um contexto marcado pelo desmantelamento de normas e instrumentos legais que balizam o funcionamento estatal, por retrocessos nos mecanismos de *accountability*, transparência e participação social, além de ameaças a princípios constitucionais que regem a administração pública brasileira.

O governo Lula, eleito com uma pauta de reconstrução institucional, promoveu avanços nas capacidades administrativas do Estado, por meio de ações como a realização de concursos públicos, o fortalecimento de pastas ministeriais voltadas ao aprimoramento da gestão, a retomada das negociações com as carreiras de Estado, de instrumentos legais e administrativos voltados à melhor gestão das políticas públicas, além da reconstrução de políticas setoriais que, no governo anterior, foram enfraquecidas ou completamente descontinuadas.

No entanto, o governo Lula é marcado também por novos desafios: os servidores públicos passaram a lidar com novos problemas, seja em função de desgastes de trabalho que vêm desde a gestão anterior, seja por causa de novos desafios instaurados pela própria agenda de reconstrução institucional. Entre os principais aspectos, identificamos a sobrecarga de trabalho e o esgotamento de servidores (frente às demandas de reconstrução incompatíveis com os recursos humanos e organizacionais existentes), clivagens e conflitos internos entre servidores e novos indicados políticos, falta de coordenação e prioridade na agenda administrativa, persistência de desigualdades estruturais entre as carreiras de estado, que têm cumprido suas funções a despeito da falta de recursos humanos – necessários ao adequado desenvolvimento de atividades e missões de seus respectivos órgãos. Se, por um lado, o governo Lula tem representado conquistas ao funcionamento do Estado por meio da retomada das capacidades administrativas estatais, por outro, novos desafios se impuseram à burocracia federal brasileira e, consequentemente, à gestão e ao desenvolvimento das políticas públicas em diferentes setores.

Um balanço das relações civis-militares no Governo Lula

Anaís Medeiros Passos

O interesse em democratizar as relações entre Estado, sociedade e Forças Armadas reside num esforço dos civis em reduzir a autonomia das Forças Armadas. No entanto, a questão é como fazer os militares aceitarem essa redução de poder sem que se rebelem ou que conspirem contra um governo que foi eleito de forma democrática. Em uma democracia consolidada, espera-se que os militares não se manifestem politicamente, inclusive em períodos de instabilidade. O processo para que essa situação ideal seja alcançada não é linear e implica, portanto, avanços e retrocessos, dependendo dos interesses dos atores que ocupam as instituições civis e militares. Afinal, para reduzir a autonomia dos militares, é crucial haver vontade por parte das elites políticas. Neste capítulo, ofereço um balanço da relação entre Forças Armadas e as elites políticas no governo Lula 3, mobilizando a teoria de relações civis militares, contextualizando a autonomia militar nos governos anteriores e analisando eventos cruciais para compreender a atualidade.

Relações civis-militares e consolidação democrática

Conforme Cottey, Edmunds e Forster (2002) assinalam, dois tipos de reformas acompanham a instalação de relações civis-militares democráticas. O primeiro tipo de reforma envolve reduzir as prerrogativas políticas dos militares, remover oficiais militares da ativa da arena e diminuir sua inclinação e capacidade de intervir através de incentivos e constrangimentos legais e, eu agrego, simbólicos. Em outras palavras, fazer com que militares, "famintos" pelas vantagens corporativas que o poder lhes proporciona, se autocontrolem e não conspirem contra governos eleitos democraticamente. Historicamente, a passagem para essa fase envolve a imposição vertical da autoridade civil, o que implica riscos, já que afeta negativamente a preferência das elites militares em ter autonomia política. O Brasil historicamente optou pela acomodação de interesses entre elites políticas conservadores e elites militares. No lugar de uma imposição da liderança civil nessa área, a transição democrática requereu manutenção da influência política de militares que haviam integrado o regime militar (ARTURI, 2001). Devido ao efeito de dependência em relação à trajetória que os estudos sobre desenvolvimento econômico assinalam, é mais difícil sair desse lugar, uma vez que os interesses e as dinâmicas tenham se consolidado nessa área. Isso não significa que o Brasil tenha "perdido a sua vez na fila", mas sim que os custos para democratizar as relações entre civis e militares são mais altos fora de períodos de conjunturas críticas/momentos formativos.

O segundo tipo de reforma diz respeito à consolidação dos parâmetros institucionais democráticos, incluindo a disponibilidade de recursos materiais para o exercício da autoridade civil nas políticas de defesa e a responsabilização por desvios de condutas ou crimes relativos à profissão militar (COTTEY; EDMUNDS; FORSTER, 2002). Ou seja, trata-se de tornar efetivas as regras/instituições de controle civil que foram criadas na etapa. Em outras palavras, é fazer funcionar as instituições de controle das atividades militares e tornar as Forças Armadas responsivas às diretrizes estabelecidas pelas autoridades políticas.

Autonomia militar no Brasil democrático contemporâneo

O Brasil havia se encaminhado há mais de uma década para as reformas de segunda geração, quando o Ministério da Defesa, presidido por um civil (Nelson Jobim, 2007-2011), teve suas estruturas fortalecidas em detrimento do poder corporativo dos comandantes militares. Durante esse período, medidas importantes foram realizadas, como a modificação do sistema de promoções dos oficiais-generais e da elaboração orçamentária, sobre as quais anteriormente o ministro da Defesa não tinha autoridade, além de criar um Estado-Maior Conjunto das Forças Armadas na mesma linha hierárquica que os comandantes militares (Lei Complementar n.º 136/2020). Porém, faltou recheio a essas modificações legais.

Durante o governo de Dilma Rousseff (2011-2016), a decisão de estabelecer uma Comissão Nacional da Verdade, mesmo sem a possibilidade de revisão da Lei da Anistia, gerou ressentimento por parte de muitos oficiais militares, tanto da ativa quanto da reserva. A "gota d'água" foi a publicação de uma lista de 377 agentes do Estado no relatório da Comissão Nacional da Verdade, acusando-os de "crimes contra a humanidade", além de reconhecer a morte de 434 vítimas. Soma-se a isso a perda de *status* ministerial do Gabinete de Segurança Institucional, historicamente chefiado por militares, e rebaixado à Secretaria de Segurança Institucional por uma reforma administrativa.

Um elemento célebre (por maus motivos) do grupo de oficiais revisionista é o general Hamilton Mourão, que viria a ser vice-presidente. Em 2015 ele foi removido do Comando Militar do Sul para a Secretaria de Economia e Finanças do Exército após defender "o despertar de uma luta patriótica" em meio a uma série de críticas ao governo de Dilma Rousseff (STOCHERO, 2015). Sérgio Westphalen Etchegoyen, general que à época chefiava o Departamento Geral do Pessoal, também é um ator central entre as reações. Após seu pai Leo Etchegoyen ser citado no relatório final da Comissão Nacional da Verdade, ele divulgou uma carta pública acusando a comissão de "leviana". Após o ocorrido, ele foi promovido a chefe do Estado-Maior do Exército (VIANA, 2021).

Após um *impeachment* abertamente instrumentalizado pelos apetites políticos e pela misoginia, mas camuflado sob o manto de responsabilidade fiscal, o governo de Michel Temer foi um ponto crítico de retomada do espaço político institucional pelos militares. O general Etchegoyen passou a chefiar o Gabinete de Segurança Institucional e assumiu um papel de influência política sobre o presidente (VIANA, 2021). Por se tratar de um governo fraco, ele vai recorrer à intervenção federal no Rio de Janeiro, ampliando o papel dos militares na segurança pública e lhes proporcionado visibilidade na mídia. O Ministério da Defesa é chefiado por mãos castrenses a partir de fevereiro 2018, um fato inédito desde a criação dessa instituição, convertida no sindicato dos militares. O governo Temer é a antessala da eleição de um capitão da reserva do Exército brasileiro.

O ápice desse processo é o governo de Jair Bolsonaro, que alcança o número de 11 ministros militares, recorde desde o início da democratização (VILLA; PASSOS, 2022). Oficiais militares da reserva e da ativa entram em peso nas articulações políticas para eleger Bolsonaro em 2018, que se manifesta de forma ferrenha contra os trabalhos da Comissão Nacional da Verdade. Acreditava-se que Bolsonaro encabeçava os valores que a "família militar defende", o fim dos governos de esquerda e uma reorganização moral da sociedade a partir de ideais conservadores. E é por isso que a luta contra a corrupção vira o mote da ala militar. Esse interesse renovado dos militares nas eleições é reflexo de modificações no próprio campo da política: surgimento da mobilização social de grupos de direita, aumento da rejeição a partidos e do sentimento de antipolítica, necessidade de coesão social. Muitos oficiais militares veem uma janela de oportunidade para retornar à política – algo de que sempre fizeram parte ao longo da história do país, mas que haviam deixado "de lado" após a redemocratização do país em 1985.

A demissão de Azevedo e Silva, ministro da Defesa, é uma maneira de assegurar a instrumentalização política dos militares – assim é praxe entre líderes da extrema direita na América Latina (Sanahuja; Vitelli; López Burian, 2023) – e de favorecer o oficialato bolsonarista. O ministro da Defesa que o sucede, general Braga Netto, proclamando-se rei soberano das eleições, utiliza seus poderes, sem sucesso, para que o voto impresso e auditável fosse adotado nas eleições de outubro de 2022.

No último ano do mandato de Bolsonaro, o comando militar é ocupado por personagens pitorescos defensóres da "Revolução" de 1964, como o comandante da Marinha, almirante Almir Garnier, que classifica de "coincidência" o fato de tanques desfilarem em frente ao Congresso Nacional durante o dia da votação da PEC do voto impresso (Portela, 2021), e o comandante do Exército, general Marco Freire, que sabota a retirada dos acampamentos golpistas próximos aos acampamentos antes da posse do atual presidente (Lorenzatto; Fruet, 2023).

Especificamente nos últimos dois meses de governo, Bolsonaro tramou com aliados militares do alto escalão um golpe de Estado clássico para impedir que o presidente eleito Luiz Inácio Lula da Silva não assumisse o poder: um golpe ilegal por fazer referência a fraudes nas eleições, quando os dados do Relatório de Fiscalização do TSE de votação rejeitaram qualquer indício de fraude ou irregularidade (Polícia Federal, 2024) com o suposto pretexto de reestabelecer a harmonia entre os Três Poderes a partir da ideia de uma "moralidade institucional" – termo, aliás, que é raramente utilizado por juristas. Um golpe que iria recorrer à violência contra opositores, prevendo uma operação especial dentro do país e a decretação de estado de defesa – por pelo menos trinta dias, conforme a minuta do golpe revelou. A minuta do golpe também previa a criação de uma Comissão de Regularidade Eleitoral cujo relatório seria analisado pela Organização das Nações Unidas (ONU) e pela Organização dos Estados Americanos (OEA) (Polícia Federal, 2024). Eram golpistas, mas interessados em prover uma legitimidade ao processo, como na ditadura militar que se iniciou em 1964.

É certo que não há unidade entre os militares, pois comandantes do Exército e da Aeronáutica se opuseram a embarcar no golpe. Também é revelador que houve uma quebra de hierarquia, quando oficiais redigiram uma "Carta dos oficiais superiores da ativa ao comandante do Exército Brasileiro", publicada em 28 de novembro, pressionando Freire Gomes a aderir ao golpe.[1] No entanto, termos chegado a essa situação crítica demonstra que existe um problema grave na formação dos militares que se veem ainda como o poder Moderador. Freire Gomes não desarticulou as manifestações em apoio a Bolsonaro em frente aos quartéis, que foram o germe da violência e do van-

---

[1] Disponível online no site https://www.defesanet.com.br. Acesso em 19 de março de 2025.

dalismo do dia 8 de janeiro de 2023 (POLÍCIA FEDERAL, 2024). Portanto, não aderiu ao golpe, mas legitimou manifestações antidemocráticas, assim como fez o Exército. A instituição desestabilizou a democracia, mas não a salvou de um golpe.

Relações civis-militares no terceiro governo Lula

Atualmente, o cenário das relações civis-militares é de retrocesso: voltamos às reformas de primeira geração, em um esforço conformado de garantir a governabilidade política e restringir/controlar a inclinação dos militares a participar da política. Para compreender o estado débil das relações civis militares e os tímidos avanços nessa área, é necessário remontar às teorias de consolidação democrática. O teste crítico para verificar se um regime consolidou o controle democrático sobre os militares (isto é, se teve êxito em restringir o comportamento autônomo, condicionando-o às políticas definidas pelos civis) seria fazer com que aceitassem políticas contrárias aos seus interesses (FITCH, 2001). Os militares brasileiros passaram pelo teste, mas não passaram nele.

A subordinação condicional caracteriza as relações civis militares no Brasil democrático. Nesse caso, falamos em uma subordinação condicional às autoridades políticas eleitas, pois ela depende da percepção por parte das Forças Armadas de que os "interesses nacionais"/"interesses dos militares" – aqui entendidos como sinônimos (como historicamente regimes militares o fazem) – não estão em perigo. Os militarem atuam como atores com poder de veto sobre as políticas que afetam seus interesses. A retomada dos militares de um papel na arena política é sintomática da percepção de que o interesse dos militares não será assegurado pelos líderes eleitos democraticamente.

O governo Lula 3 optou, no primeiro ano de governo, pela conciliação com o setor militar. A escolha de José Múcio como ministro de Defesa ilustra a opção de não interferência nos assuntos de defesa; afinal, como ensinam as teorias de políticas públicas, escolher não fazer nada também é uma forma de fazer política. O governo Lula 3 efetivamente desmilitarizou as secretarias e pastas de governo, mas o preço a pagar foi alto: os gastos previstos com a defesa (R$ 52,8 bilhões) pelo Programa de Aceleração do Crescimento superam aqueles que serão destinados à saúde e à educação, e neles se inclui a compra de aeronaves carregueiro, viaturas blindadas e caças Gripen (Casa Civil, 2023).

A relatora da Comissão Parlamentar Mista de Inquérito do 8 de Janeiro, senadora Eliziane Gama, recomendou o indiciamento de trinta militares pelo envolvimento e pela conivência com as conspirações golpistas do 8 de Janeiro, incluindo os comandantes militares anteriormente citados – um fato inédito em um país que não pune militares (CONGRESSO NACIONAL, 2023). Vinte e sete oficiais do Exército (de um total de quarenta), incluindo oficiais da reserva, foram indiciados pela Polícia Federal (POLÍCIA FEDERAL, 2024). A responsabilização, pela justiça comum, dos militares envolvidos no planejamento dos atos antidemocráticos de 8 de janeiro, bem como na execução do golpe, seria um divisor de águas em relação à histórica acomodação de interesses entre elites políticas e militares no país. Em janeiro de 2025, o juiz Alexandre Quintas, da primeira instância da Justiça Militar, decidiu enviar ao STF uma investigação contra quatro coronéis suspeitos de organizar a petição online que produziu a "Carta dos oficiais superiores da ativa ao comandante do Exército" (SUPERIOR TRIBUNAL MILITAR, 2025). Até o momento, no entanto, não houve condenações significativas de militares na justiça (COUTINHO, 2024). Por outro lado, encontra-se atualmente no plenário do Senado Federal o Projeto de Lei n.º 5064/2023 que anistia presos envolvidos nos atos antidemocráticos do 8 de Janeiro, incluindo o ex-presidente Jair Bolsonaro, de autoria do senador Hamilton Mourão (BITTAR, 2024).

O pensador florentino Maquiavel admite que a fortuna (circunstâncias externas) seria dona "da metade das nossas ações", mas ainda assim, afirma, "nos deixa senhores da outra metade ou pouco menos" (MACHIAVELLI, 2010 [1532]). Ter "*virtú*", qualidades essenciais para exercer a autoridade política, sendo bastante simplista, implica alterar os currículos das escolas militares, reformar o art. 142 da Constituição em relação ao uso dos militares para a "garantia da lei e da ordem" e limitar legalmente a participação dos militares na política, incluindo militares da ativa e militares da reserva. Essas são iniciativas que permitirão transitar para as reformas de segunda geração e, eventualmente, diminuir o tamanho da pegada militar no sistema político brasileiro.

Parte IV:
Políticas públicas

Duzentos anos não são duzentos dias: a política externa, sob Lula, retoma seu curso histórico

Dawisson Belém Lopes

Em sua terceira passagem pelo Palácio do Planalto, o presidente Luiz Inácio Lula da Silva inaugurou, em 2023, novo capítulo de sua política externa. Entre continuidades e mudanças de ênfase, anunciou-se um projeto que, se nada de muito extraordinário sobrevier, pautará a inserção internacional do Brasil até 1º de janeiro de 2027. Na sequência, discutiremos as realizações parciais e seus impactos preliminares sobre tópicos salientes da agenda. Desenvolvemos breve exercício de contabilidade política, com o objetivo de examinar se, concluída a primeira metade do mandato presidencial, o saldo na política exterior afigura-se promissor para o país.

O pano de fundo internacional

Na tentativa de escapar da rigidez estrutural, países do Terceiro Mundo, precursores do atual Sul Global, ousaram estabelecer as bases de um movimento cuja premissa fundamental era, com boas razões, o "direito de não se alinhar". No contexto do processo de descolonização na África e na Ásia, nações como Gana, Egito, Indonésia, Índia e Iugoslávia assumiram protagonismo. A partir desse esforço existencial, manifestado em fóruns como o Movimento dos Não Alinhados (MNA) e o Grupo dos 77 (G77), o trinarismo dos desalinhados, antes considerado uma quimera, passou a substituir, em determinados temas e lugares, a sufocante dualidade das superpotências. O Brasil, mesmo adotando timidamente um discurso terceiro-mundista em suas relações econômicas exteriores, nunca se afastaria totalmente do campo magnético de Washington e do Ocidente, especialmente em questões de segurança. Essa era, ademais, a realidade predominante na América Latina.

O mundo mudou desde então? A expressão "não alinhamento ativo" (NAA), cunhada em 2020 pelos politólogos latino-americanos Jorge Heine, Carlos Fortín e Carlos Ominami, surge do reconhecimento da crescente e contínua bipolarização mundial nas últimas décadas – uma aparente reedição, do ponto de vista sistêmico, das circunstâncias que marcaram a Guerra Fria. No entanto, o contexto da terceira década do século XXI exige revisões e atualizações do ideário de 1955-1964. Em vez da descolonização de territórios, emerge o debate sobre o desenvolvimento e a fronteira tecnológica; em lugar da política nuclear e da corrida armamentista, a questão ambiental ocupa o centro do palco; para além das guerras por procuração, destaca-se a importância das cadeias globais de suprimento e de agregação de valor.

As intuições do chefe de Estado

"Não nos envolveremos em nenhuma Guerra Fria. Seremos ativos e altivos", afirmou Luiz Inácio Lula da Silva ao responder a uma pergunta de um jornalista da TV Globo, durante a sua visita a Washington, em fevereiro de 2023. Buscava-se obter do presidente uma perspectiva sobre o possível aumento das pressões por alinhamento internacional, questionando se o Brasil se inclinaria para o lado estadunidense ou chinês. O presidente Lula limitou-se a destacar que, embora a República Popular da China seja o principal parceiro comercial do Brasil, os Estados Unidos ocupam a segunda posição no mesmo *ranking*. Ambos eram importantes.

Na mesma entrevista, Lula também fez um apelo para que outros países do Sul Global – Índia, Indonésia, Turquia, México, Argentina e nações africanas – fossem mais ouvidos nos grandes fóruns de segurança e na governança ambiental. Além disso, incentivou os europeus a considerarem as potencialidades de uma aliança estratégica com a América Latina, especialmente num momento desafiador e cada vez mais voltado para a Ásia, sobretudo no âmbito econômico. Para aqueles que compreendem as sutilezas, a doutrina internacional para o terceiro mandato presidencial de Lula fora ali delineada. Entusiasta da diplomacia presidencial, o chefe de Estado brasileiro absorveu o espírito da nova era: não seguiria o plano de voo da política externa adotada no início do século XXI, época de sua primeira passagem pelo Planalto. Haveria resgates, decerto, e não seriam poucos; no entanto, as diferenças de enfoque e método já se mostravam pronunciadas.

O diagnóstico da equipe de transição

Convocado pelo atual vice-presidente Geraldo Alckmin, o Grupo Técnico de Relações Exteriores (GT-RE) da equipe de transição entre presidências preparou, ainda em dezembro de 2022, relatório com uma avaliação abrangente da política externa conduzida pelo governo Jair Bolsonaro, além de examinar questões orçamentárias, administrativas e estruturais no âmbito do Ministério das Relações Exteriores (MRE). Para sua elaboração, foram conduzidas reuniões com a administração do Itamaraty, que forneceu uma extensa lista de documentos analisados pelo GT. Além disso, o grupo interagiu com diversas entidades, incluindo o Grupo de Mulheres Diplomatas, a Associação e Sindicato de Diplomatas Brasileiros, o Sindicato dos Servidores do MRE e a Associação dos Familiares de Servidores do Itamaraty, bem como grupos específicos de diplomatas negras e negros, servidores com deficiência e responsáveis por dependentes com deficiência. Também ocorreram reuniões com entidades da sociedade civil, organismos internacionais e representantes do setor privado.

O relatório destacou suas conclusões principais. A combinação do desmonte de políticas públicas internas com uma postura isolacionista no cenário internacional prejudicou a imagem do Brasil e sua capacidade de influenciar questões globais. Isso incluiu a perda de protagonismo na diplomacia ambiental, questionamento dos esforços multilaterais contra a pandemia e uma abordagem inconsistente com a defesa dos direitos humanos. Foram propostas dez medidas prioritárias para os primeiros cem dias de governo, visando restaurar posicionamentos e reconquistar espaços de atuação, como o retorno a organizações regionais – tais como a União de Nações Sul-Americanas (Unasul) e a Comunidade de Estados Latino-Americanos e Caribenho Celac – e ao Pacto Global para Migração, a retomada da política externa para a África e a saída do Brasil da Aliança Internacional pela Liberdade Religiosa ou Crença.

A atual força de trabalho do Serviço Exterior Brasileiro foi considerada insuficiente para impulsionar a retomada do protagonismo internacional, com déficits significativos em diversas categorias de servidores. A diversidade na composição do corpo de servidores também se mostrou uma preocupação, com lacunas de representação. Há uma demanda por mecanismos institucionalizados de participação social na formulação e execução da política externa, no intuito de aumentar a legitimidade interna e externa do MRE. Questões críticas também incluíram a dívida do Brasil com organizações internacionais, a necessidade de aprimoramento na transparência de dados governamentais e a implementação de uma nova política de segurança da informação alinhada com normativas atuais.

A rota traçada pela nova chefia do Itamaraty

O discurso de posse do atual chanceler, Mauro Vieira, proferido em 2 de janeiro de 2023, enfatizou a necessidade de uma política externa que abraçasse diversos setores – como crescimento econômico, meio ambiente, agricultura, educação, cultura, ciência, tecnologia, inovação, direitos humanos, desenvolvimento social e defesa. Destacou, ademais, o compromisso com o desenvolvimento sustentável, a igualdade de gênero e a defesa dos direitos humanos. Em sua análise do cenário internacional, Vieira falou de desafios, como as tensões entre grandes potências, a guerra na Ucrânia, a pandemia de covid-19 e a necessidade de reconstruir a inserção do Brasil no mundo e na região. Frisou, por fim, a importância de recuperar e ampliar a capacidade de ação conjunta na América Latina e no Caribe.

Vieira pôs toda a sua ênfase na importância de resgatar o lugar do Brasil nas relações internacionais, especialmente em temas como mudança climática, cooperação humanitária e fortalecimento de instituições globais. Salientou ainda a posição estratégica do país na segurança alimentar mundial, buscando abrir mercados e reduzir barreiras ao comércio agrícola. O discurso abordou as relações com diferentes regiões, incluindo a África, o Oriente Médio, a Ásia-Pacífico, a Europa e os Estados Unidos. No que pode ser percebido como novidade (se não na essência, ao menos no grau), tratou da diplomacia consular para os brasileiros no exterior.

O chanceler do terceiro governo Lula comprometeu-se a modernizar o Itamaraty, valorizar os servidores, promover a diversidade e inclusão e reforçar a diplomacia pública. Falou da formação contínua dos servidores, da luta contra o assédio sexual e da promoção da igualdade de oportunidades. Também classificou a diplomacia como instrumento essencial na ampliação de comércio e investimentos, o que estaria refletido nas prioridades da nova estrutura do ministério. O discurso de posse terminou com uma expressão de confiança na equipe do Itamaraty e no apoio da embaixadora Maria Laura da Rocha, reconhecendo que sua nomeação como a primeira mulher a ocupar o cargo de secretária-geral do Serviço Exterior Brasileiro era um marco histórico.

Uma renovação lampedusiana

Há 15 anos, o discurso soberanista brasileiro estava inteiramente ancorado na expectativa do desenvolvimento baseado em extrativismo mineral, dada a então descoberta de reservas do pré-sal. Agora, a ênfase recai na economia verde e na governança ambiental. O regionalismo retornou, mas com um olhar diferente. Em 2023, há menos tolerância social com ditaduras de esquerda na América Latina e menos entusiasmo pela chamada Onda Rosa. Apesar de continuar promovendo ativamente a integração sul-americana, Lula busca se aproximar de México, América Central e Caribe, e administrar antagonismos com os Estados Unidos no hemisfério.

A maior transformação no terceiro mandato presidencial, pode-se alegar, é a recalibragem das ambições da política externa. Se, há vinte anos, o então chanceler Celso Amorim já falava em diplomacia "altiva", a prática atual parece ainda mais audaciosa. Há uma vocalização do desejo de refundar a ordem global. Embora as tentativas de servir como negociador em conflitos internacionais de grande magnitude não sejam totalmente inéditas, a autoconfiança com que Lula e sua equipe se lançam em questões internacionais complexas difere da postura precavida e reativa do passado – como em 2004, quando o Brasil aceitou, pela primeira vez em sua história, liderar a missão das Nações Unidas para estabilização do Haiti (Minustah).

A construção da potência agroambiental global

Lula, após vencer o segundo turno da eleição presidencial de 2022, proclamou na Conferência das Nações Unidas sobre as Mudanças Climáticas (COP 27) que o Brasil estava "de volta". Isso marca a saída do país de uma postura historicamente reativa, iniciada na Conferência da ONU sobre o Meio Ambiente e o Desenvolvimento, no Rio de Janeiro, em 1992, em que ações eram moldadas em resposta a pressões internacionais. Ao longo dos anos, o Brasil, muitas vezes, adotou uma abordagem reativa, inclusive ao sediar a conferência da ONU e demarcar terras indígenas para apaziguar críticas sobre a destruição da Amazônia. A diplomacia brasileira resistiu ao mecanismo financeiro para conservação das florestas (REDD – Redução de Emissões por Desmatamento e Degradação Florestal), proposto por ONGs e cientistas, até que a enorme pressão internacional e a redução das taxas de desmatamento levassem o país a liderar as discussões climáticas.

O governo de Jair Bolsonaro, apesar de ensaiar denúncias de grandes acordos climáticos, representou, formalmente, mais continuidades do que rupturas. O soberanismo brasileiro, mais exacerbado durante seu mandato, já existia anteriormente. A explosão do desmatamento após 2018 elevou a cobrança internacional, com a ameaça real de boicotes a produtos brasileiros. Em 2023, o time de Lula entrou em cena, reconhecendo a necessidade de mudar o jogo. Diante da impossibilidade prática de um Estado aumentar as exportações do agronegócio à custa da destruição ambiental, o novo presidente ousou, sugerindo um novo padrão de governança global na COP 27. A proposta visava garantir a efetiva implementação das decisões climáticas, com representatividade e inclusão política, evitando os fracassos do passado, como o Protocolo de Quioto.

Em 2023, a condução das relações exteriores do Brasil assumiu visão favorável à construção da nova ordem global, amarrando as questões climáticas e alimentares à reforma do sistema financeiro e do Conselho de Segurança da ONU. No cálculo diplomático, o vasto patrimônio natural do país facilita o reconhecimento de seu *status* de superpotência agroambiental, com credenciais suficientes para se equiparar a outras referências globais dessa área temática.

Ambiguidade calculada na guerra russo-ucraniana

Decorridos três anos desde a invasão russa do território ucraniano, o saldo é inequivocamente trágico. Cidades inteiras na Ucrânia foram devassadas por tropas de Vladimir Putin. Mortes são contadas aos milhares. Refugiados, aos milhões. A economia ucraniana sofreu abalo equivalente a aproximadamente 40% do seu PIB em 2022 – o que, por si só, serve como indicador eloquente do estrago infligido. Armado e apoiado pelo Atlântico Norte, Volodymyr Zelensky não dá sinais de que vá retroceder. A bravura dos combatentes locais tampouco autoriza prognóstico de capitulação.

Os russos têm de lidar cotidianamente com custos nada triviais de uma guerra de conquista. As sanções ocidentais não conseguiram asfixiar a Federação – cujo desempenho econômico, segundo projeções do Fundo Monetário Internacional (FMI) para 2024, deve superar o de todos os países do G7. Ainda que Moscou não consiga acessar bens com alto componente tecnológico, o bloqueio comercial e estratégico não impede que aliados como China, Índia, Irã e Turquia sigam provendo os demais gêneros.

Às vésperas da invasão, encontrava-se em Moscou um Jair Bolsonaro ostensivamente "solidário" à Rússia. O serviço de inteligência brasileiro – conforme fontes relatam – não contemplava o cenário da guerra imediata. Na contramão de projeções feitas pela Casa Branca, o desavisado líder do Brasil resolveu excursionar por campo minado. Alguns dias depois, teve de se haver com palavras jogadas ao vento. A foto ao lado de Putin, afinal, cobraria um pedágio. Deu-se, a partir dali, uma sucessão de recuos e avanços. Para não desagradar grupos de apoio de dentro e fora do Brasil, o ex-presidente buscou equilibrar-se entre falas truncadas, fragmentárias e contraditórias.

Embora o vetor resultante – o posicionamento efetivo diante das nações em guerra – não difira tanto com relação ao que foi praticado no governo anterior, Lula mudou o enquadramento do tema. Saiu da postura defensiva e tentou propor o destravamento das operações. O truque diplomático envolveu a inversão da chave de leitura: em vez de apenas se precaver em relação a efeitos colaterais, o mandatário colocou fichas na construção da paz mundial, oferecendo os préstimos como facilitador. Ambiciosa quanto possa soar, a fórmula para reposicionar o Brasil no tabuleiro geopolítico tem fundamento histórico: ela repousa na bicentenária tradição de mediar conflitos – das arbitragens de Dom Pedro II ao Grupo do Rio, sem deixar de lado a pedagógica experiência da Declaração de Teerã. Também encontra respaldo na lei – nomeadamente, nos princípios listados no artigo 4º do texto constitucional.

Gaza e a volta do pêndulo no Oriente Médio

O equilíbrio tênue da política externa brasileira para o Oriente Médio foi rompido com a chegada de Jair Bolsonaro à presidência, em 2018. O país mudou seus votos e passou a acompanhar o governo dos Estados Unidos em resoluções ligadas ao conflito israelo-palestino. Depois de se aproximar do primeiro-ministro Benjamin Netanyahu e prometer transferir a embaixada brasileira de Tel Aviv para Jerusalém, Bolsonaro subverteu o tradicional apoio brasileiro à causa palestina. O alinhamento entre Brasil e Israel-Estados Unidos nas Nações Unidas aumentou em aproximadamente 40% no ano de 2019. O voto brasileiro foi revisado em nove tópicos da agenda a respeito da questão israelo-palestina – sempre em favor de Israel. Uma guinada incomum, dado o nosso histórico diplomático de previsibilidade.

Foi contra esse pano de fundo, portanto, que o Brasil reagiu aos eventos deslanchados em 7 de outubro de 2023. O atentado terrorista perpetrado pelo Hamas, que ceifou a vida de mais de 1.100 pessoas, sendo 695 civis israelenses, foi sucedido por represália militar de Israel, responsável pela morte de 27 mil palestinos e o deslocamento interno de outros 1,7 milhão (para citar apenas os dados dos quatro primeiros meses de conflito). Tanto é que, em 29 de dezembro de 2023, a República Sul-Africana fez uma petição à Corte Internacional de Justiça (CIJ) com o intuito de evitar a ocorrência de um genocídio em Gaza. O Brasil optou por apoiar formalmente a ação da África do Sul, gesto que repercutiu no âmbito doméstico, sobretudo na comunidade judaica.

Calhou de, no momento em que aconteceu o ataque, em outubro de 2023, o Brasil ocupar a presidência rotativa do Conselho de Segurança da ONU. Durante aquele mês, buscou-se, sem êxito, a aprovação de uma resolução para distensionar o conflito. O momento-chave ocorreu em 18 de outubro de 2023, quando a proposta patrocinada pelo Brasil, cujo conteúdo havia sido negociado com os outros 14 membros do órgão, acabou sendo vetada por uma única manifestação contrária, vinda dos Estados Unidos, apesar dos 12 votos favoráveis e de duas abstenções que foram registrados.

Americanismo, antiamericanismo, desamericanismo

Ao longo de 2023, abundaram na imprensa brasileira textos, originais ou republicados de fontes estrangeiras, cujo mote era o alegado "antiamericanismo" ou "antiocidentalismo" da política externa do presidente Lula. Os motivos da rotulação cobriam aspectos tão diversos quanto a defesa de um sistema financeiro não centrado no dólar estadunidense, a referência às culpas de Estados Unidos e Europa em fazer perpetuar a guerra russo-ucraniana, a recusa brasileira em aderir às sanções à Rússia e ceder armamentos à Ucrânia, a visita do presidente à China ou a participação do Brasil no Brics.

Como sabemos hoje, parte expressiva de nosso parque industrial, a siderurgia em especial, guarda relação genética com os aportes estadunidenses no pré-guerra. As Forças Armadas do Brasil – em especial a Força Aérea Brasileira, criada nos anos 1940, e o Exército – também se beneficiaram grandemente dessa aproximação. Os Estados Unidos seguiram sendo o país sob cujas asas, durante praticamente toda a Guerra Fria, o Brasil se acomodou – até o crepúsculo do seu regime militar, em 1985. Com o fim da bipolaridade Estados Unidos/União Soviética e a chegada do século XXI, todavia, uma distinta ordem de poder começou a se configurar no horizonte. Um século após os Estados Unidos terem se tornado os grandes sócios comerciais do Brasil, a China lhes substituiu, tornando-se, desde 2009, a primeira em corrente total de comércio. Para se ter ideia, Pequim respondeu, em 2023, por cerca de 31% das exportações de nosso país, contra pálidos 11% de Washington.

O mundo tem mais ou menos duzentas unidades territoriais soberanas. Cada uma delas exerce a prerrogativa de formular a sua política externa. Como é razoável supor, a regra vale também para Brasil e Estados Unidos. E a verdade é que, mesmo em momentos de distanciamento entre os dois maiores Estados do hemisfério, houve esforços para reconciliá-los. Governos moderadamente críticos a Washington, como os de Getúlio Vargas e Juscelino Kubitschek, e abertamente desafiadores, como os de Jânio Quadros e João Goulart, ainda assim votavam com os EUA na ONU. Entretanto, trata-se de países distintos quanto a aspectos estruturais. Enquanto os EUA têm a maior economia do mundo (em valores dolarizados), o maior parque tecnocientífico e, de longe, a maior capacidade militar do planeta, o Brasil é potência média e economia emergente do Sul Global. É saudável, portanto, que divirjam entre si. Dadas as profundas e enormes dessemelhanças, é possível até afirmar que, se um deles está concordando em demasia com o outro, como durante a gestão Bolsonaro, é mau sinal: alguém na relação está "comprando" agenda que não é a sua.

Venezuela, retorno ao regionalismo e transição democrática

Um ato da reabilitação internacional de Nicolás Maduro ocorreu em Brasília, em maio de 2023, na reunião de cúpula dos chefes de Estado sul-americanos, convocada pelo Brasil, para retomada do projeto de integração regional. Lula, na ocasião, disse, alto e bom som, que, com base no que havia escutado do "companheiro" Maduro, era momento de reverter a narrativa segundo a qual a Venezuela não seria um país democrático. O que alguns viram como cobrança leve e envergonhada, a maioria – aí incluídos os chefes de Estado chileno e uruguaio – interpretou como atitude condescendente e inaceitável do presidente brasileiro.

Na formulação dos tomadores de decisão de Brasília, o encaminhamento justificava-se por alguns motivos. Em primeiro lugar, reconhece-se que uma Venezuela isolada e instável é fonte de múltiplos problemas para a América do Sul. Da não confiabilidade do suprimento energético ao fluxo descontrolado de migrantes, passando pela internalização de disputas entre potências extrarregionais, a *débâcle* de Caracas é o fracasso de todos ao seu redor. Também há, por outro lado, oportunidades a explorar. A cooperação em áreas como defesa, meio ambiente, saúde pública e petróleo interessa sobremodo. Os fluxos comerciais e de investimentos, numa Venezuela redemocratizada e reintegrada aos circuitos diplomáticos, irrigarão os Andes, a Amazônia e o mar do Caribe, destapando potenciais econômicos em vários outros setores. De mais a mais, se se almeja a integração regional, é preciso costurar a volta de Caracas. Enquanto, na primeira década do século XXI, em tempos de Onda Rosa, o obstáculo para a unidade sul-americana residia na Colômbia do direitista Álvaro Uribe, hoje a gestão Maduro é divisiva. Se Brasil e aliados foram capazes de trazer Caracas novamente ao sistema, a porta escancara-se para, no limite, a retomada da Unasul.

A insistência do chefe de Estado do Brasil em servir de escudo para Nicolás Maduro é corolário de uma aposta em diplomacia. Lula crê ser possível a normalização da democracia venezuelana, oferecendo-se como facilitador do processo. Para tanto, precisa arrancar concessões de Maduro. A realização de eleições limpas na Venezuela seria um primeiro passo – e um passo decisivo – para o início da reconstrução do país amazônico-andino-caribenho. Na substância, a atitude do presidente do Brasil não surpreende. Bastaria ler o plano de governo de Lula, entregue ao TSE em 2022, e o intérprete mais treinado nas artes da política exterior logo identificaria esse ânimo. O grande desafio para o líder brasileiro é produzir um remédio que, sob a promessa de cura, não termine por lhe fulminar o prestígio internacional.

Argentina, disrupção eleitoral e distanciamento diplomático

Rivais desde o século XIX, no momento de definição das fronteiras nacionais e de guerras sangrentas na bacia do Prata, os dois maiores países da América do Sul realizaram, no curso dos últimos trinta anos, uma das mais espetaculares conversões de "relacionamento tóxico" em aliança política. É o que notaram Thies e Nieman (2017), em sua obra *Rising Powers and Foreign Policy Revisionism*, voltada para a análise de política externa por meio da "teoria dos papéis". O marco consensual entre historiadores para indicar a mudança de rumos foi a relação forjada entre os presidentes José Sarney, do Brasil, e Raúl Alfonsín, da Argentina, do que resultou a base do atual Mercosul. Antes mesmo do retorno à normalidade democrática, generais de lá e de cá buscaram um *modus vivendi* para distensionar as políticas exteriores.

Enquanto Lula esteve encarcerado (2018-2019), o então candidato à presidência argentina Alberto Fernández o defendeu publicamente e, num gesto de solidariedade, veio ao Brasil, a Curitiba, deixando-se fotografar ao lado de Celso Amorim, coordenador internacional da campanha "Lula Livre", com os dedos a formar um "L". Empossado pela terceira vez como plenipotenciário brasileiro, Lula escolheu exatamente a Argentina para inaugurar seu périplo pelo mundo. Empenhou apoio ao país platino e a seu colega, Fernández, prometendo recursos do BNDES para financiamento de exportações brasileiras. E fez mais: levou a crise financeira argentina ao conhecimento do G7, em Hiroshima, cobrando das potências soluções para alívio imediato e apontando o dedo em riste para as instituições de Bretton Woods. Num lance gerador de muito ruído, projetou o seu peso político para facilitar um empréstimo emergencial à Argentina, no marco do CAF, o Banco de Desenvolvimento da América Latina e Caribe.

A última jogada, que consagraria a fase construtiva da aliança, foi a inclusão de Buenos Aires – por solicitação explícita de Brasília – entre os novos membros do grupo Brics, a coalizão revisionista de grandes nações do Sul Global. Embora a Argentina conserve certo porte na economia, integrando o G20, sua presença na lista final de contemplados com vagas soou como surpresa. O aceite foi interpretado como concessão ao Brasil e à China – sócia majoritária do Brics e maior parceira comercial argentina. Todavia, o novo incumbente argentino, Javier Milei, que chegou à Casa Rosada em 10 de dezembro de 2023, após o triunfo eleitoral, rejeitou o convite, esvaziando as conexões que vinham se desenvolvendo entre os vizinhos do Prata. Daí, seguiu-se uma relação bastante tumultuada entre os mandatários dos dois maiores países sul-americanos.

O tripé plurilateral institucional – Brics-10, G20, COP-30

O Brics, em versão expandida, concentra cerca de 35% do PIB e de 45% da população do mundo. Bem distribuído por diversas regiões geográficas – América Latina, África Subsaariana, Norte da África, Oriente Médio, Eurásia, Sul da Ásia e Ásia-Pacífico –, seu conjunto de dez membros combina-se de tal forma que, no agregado, responde por quase inesgotáveis reservas energéticas, por um celeiro mundial de alimentos e por insuperável patrimônio ambiental. Aliança revisionista do Sul Global, tornou-se em 2023 uma baliza incontornável.

O grupo das vinte maiores economias do mundo (G20), sob a presidência rotativa do Brasil a partir de dezembro de 2023, reuniu-se em Nova Délhi para passar em revista a agenda e tentar chegar a acordos credíveis e implementáveis sobre a economia. Interessantemente, seu conjunto de membros congrega, em igual medida, representantes do novo Brics e do G7. Mesmo entre os que não integram os dois grupamentos, há paridade entre o Sul Global (Indonésia, México, Turquia) e o Norte Global (Austrália, Coreia do Sul, União Europeia). Trata-se, no fim das contas, de uma instanciação fiel das fissuras da ordem mundial.

Albergada sob o toldo das Nações Unidas, a Conferência Mundial das Partes (COP) é o momento em que o mundo para e discute, em cúpula de alto nível, a mudança do clima. Em 2025, o encontro chegará à sua trigésima edição – e será realizado na maior potência verde do planeta, o Brasil, e justamente numa cidade, Belém, que nucleia o bioma amazônico. Será oportunidade para avançar uma visão brasileira sobre o assunto. Afinal, se existe dossiê temático em que o país sul-americano pode reclamar liderança, é o da governança ambiental global.

Brasília joga xadrez nos três tabuleiros, ao mesmo tempo e de forma coordenada, tentando atar as decisões alcançadas à nossa motivação diplomática: ao promover a expansão do Brics, tenta alavancar a reforma do Conselho de Segurança da ONU; ao defender a reforma do Conselho, justifica-o com argumento ambiental – a necessidade de empoderar países zeladores de recursos ecológicos; ao tratar da proteção do meio ambiente, associa-a à temática do financiamento da "transição verde". Em suma, é de uma só coisa, indissociável, que Luiz Inácio Lula da Silva e o Brasil estão a tratar.

Revisionismo brando da ordem mundial

Entre os que advogam por uma postura menos protagonista do Brasil nas relações exteriores, repete-se o argumento de que nos faltam atributos geopolíticos – como os da Índia, por exemplo. Mesmo que desconsiderássemos, apenas por um instante, que o país de Gandhi e Nehru, diferentemente do jovem Brasil, é uma civilização de 5 mil anos, com mais de 1 bilhão de cidadãos nacionais, não poderíamos deixar de notar, no curso do século XX, as disputas que marcaram a sua trajetória moderna – de colônia britânica a Estado independente, em 1947. Sua soberania foi conquistada com lutas sangrentas e dilacerantes, não como concessão benevolente.

De igual maneira, não há nada mais equivocado, diante do acumulado de evidências, do que a crença na emergência pacífica da China no decorrer do último século. Regional e globalmente, a República Popular enfrentou resistências. Da humilhante ocupação japonesa (1937-1945) ao não reconhecimento internacional do governo revolucionário de Pequim (1949-1971); da condenação, em uníssono, do massacre da praça da Paz Celestial (1989) às atuais denúncias de abusos em matérias de direitos humanos, além de campanhas de descrédito do Partido Comunista Chinês, nunca houve, de fato, uma trégua.

Notem que, aqui, não se discute o mérito ou o demérito das ações indianas ou chinesas no plano doméstico ou exterior. Contesta-se, isto sim, a ideia de que é possível subir a escadaria das relações internacionais sem perturbar os seus guardiões. Há potências médias conformadas à ordem – como Canadá, Austrália, Suécia, Holanda, Noruega – e outras que, por nutrirem ambições maiores, engajam-se em revisionismo. À segunda classe de atores, chamaremos de "potências emergentes"; com algumas ressalvas, é o bloco a que o Brasil pertence.

Este Brasil que despontou diante dos nossos olhos em 2023 é revisionista, mas de um tipo suave. O novo governo não nutre pretensão de desenvolver ogivas nucleares para fins bélicos, não inspira temores de praticar subimperialismo na própria região, tampouco se nega a cumprir normativas internacionais para o meio ambiente ou os direitos humanos. O Brasil não tem vocação para pária, nunca teve, muito pelo contrário: é universalista e desconhece inimizades arraigadas. O "gigante gentil" sul-americano reclama assento à mesa alta e, ao mesmo tempo, promete seguir a boa etiqueta internacional. Se será bem-sucedido nas novas configurações do mundo, o tempo dirá.

Saldo do biênio 2023-2024

O relatório do Grupo de Trabalho de Relações Exteriores (GT-RE) da equipe de transição delineou ambiciosas metas para o Brasil e, à medida que o tempo avançou, algumas delas foram alcançadas. O país retornou à cena internacional com destaque. O trio Lula-Amorim-Vieira parece afinado. O Brasil recuperou espaço e projeção, consolidando a sua presença em grandes cúpulas de chefes de Estado e de governo. O PIB cresceu 3% a.a. no biênio, e o país voltou ao clube das dez maiores economias do mundo. O setor exportador, capitaneado pelo agronegócio, segue alcançando recordes históricos. O grande volume de investimentos externos diretos fez do Brasil o terceiro maior destino de recursos, em 2023, entre os membros do G20. Além disso, o desflorestamento na Amazônia, calcanhar de aquiles da presidência anterior, caiu em cerca de 50% no ano passado.

Uma realização significativa, no marco do que fora planejado, foi o pagamento das dívidas com organizações internacionais, o que não apenas reforçou a credibilidade financeira do país, mas também abriu portas para outros convites. Decorreu da nova postura a conquista do direito de sediar a Conferência das Partes (COP) da ONU, em 2025, reposicionando o Brasil como ator incontornável nas discussões ambientais. É de se notar, também, a mudança no perfil da diplomacia presidencial: no ano de 2023, Lula visitou 24 países, o que já é mais do que fez Jair Bolsonaro na integralidade de seu mandato (entre 2019 e 2022, foram 22 países). Tanto em intensidade quanto em latitude da agenda, não há termo de comparação.

Na América Latina, o Brasil ressurgiu nas principais mesas negociais. Atuações nas conversas de paz entre Venezuela e Guiana, em disputa envolvendo o Essequibo, e na Guatemala, por ocasião de tentativa de golpe de Estado naquele país, reintroduziram a liderança brasileira na resolução de contenciosos. O ressurgimento da Comunidade de Estados Latino-Americanos e Caribenhos (Celac) foi acontecimento importante, bem como as iniciativas, em curso, para resgatar a Unasul e a Organização do Tratado de Cooperação Amazônica (OTCA). A admissão da Bolívia como membro pleno do Mercosul, longamente defendida pelo Brasil, deu nova vitalidade ao bloco. As pesquisas eleitorais, de resto, refletem a boa popularidade da condução internacional do país. Empresas como Atlas Intel, MDA e Quaest abordaram o assunto em seus *surveys*, proporcionando acessar um juízo emanado da sociedade democrática. De modo geral, a população reconhece a importância do retorno do Brasil à cena internacional, o que impacta positivamente a avaliação do governo. No levantamento feito pela Atlas Intel em fevereiro de 2024, 47% dos brasileiros apoiam a política exterior posta em prática (36% consideram-na "ótima", enquanto 11% julgam-na "boa"). Entre todas as áreas perscrutadas na sondagem, tratava-se da segunda política pública com maior respaldo popular, atrás apenas da de direitos humanos.

Entretanto, nem tudo são êxitos e boas promessas. Estranhamentos com Europa e Estados Unidos, especialmente sobre o tema da Ucrânia, foram merecedores de destaque. Problemas surgiram também no âmbito regional. A dificuldade de fazer o presidente Maduro seguir um *script* democrático na Venezuela é fonte persistente de preocupações. A recusa da Argentina em ingressar no Brics, as negociações complexas com o Paraguai sobre um novo protocolo para a Usina de Itaipu, os flertes entre Uruguai e China pela constituição de um tratado bilateral de livre comércio e a paralisia das negociações entre União Europeia e Mercosul pelo acordo birregional são também pontos de atrito e de difícil solução. A diplomacia do conhecimento, voltada para temas de educação, ciência e tecnologia, enfrenta estagnação e desinvestimento. A projeção cultural externa do Brasil perdeu vigor ao longo da década. Entraves organizacionais, como a falta de pessoal para a realização de grandes eventos (G20, Brics, COP-30), geraram sobrecarga administrativa no MRE. A persistência da sub-representação feminina em cargos de alta chefia reclama correção de rumos, ainda que alguns progressos sejam reportados.

As políticas ambientais em disputa

Caio Pompeia

O início do terceiro governo de Luiz Inácio Lula da Silva marcou uma inflexão expressiva para as políticas ambientais no Brasil, em comparação com a atuação de seu antecessor, Jair Messias Bolsonaro (2019-2022).[1] Entre as medidas que caracterizaram retrocessos do governo liderado pela extrema direita em tais políticas, destacaram-se: o enfraquecimento orçamentário e a debilitação da estrutura sob comando do Ministério do Meio Ambiente (MMA);[2] a criação de embaraços para a aplicação de multas a infrações ambientais; a contestação das Unidades de Conservação (UCs); a diminuição do compromisso climático do Brasil no âmbito do Acordo de Paris;[3] o enfraquecimento dos direitos territoriais indígenas; a perseguição a servidores; a tentativa de desqualificação dos dados do Instituto Nacional de Pesquisas Espaciais (Inpe) que estimavam o aumento do desmatamento na Amazônia Legal;[4] e a precarização de espaços de participação da sociedade civil.

Dado o cenário de aprofundamento de orientações antiambientais e antiindígenas entre 2019 e 2022, foi simbolicamente impactante a subida de Lula na rampa do Planalto com o cacique Raoni, em 2023, ao lado de outras pessoas.

---

[1] As políticas ambientais são apreendidas em sentido amplo neste capítulo. É por essa razão que, por exemplo, serão aqui consideradas as políticas territoriais para os povos indígenas, que apresentam implicações fundamentais também para o meio ambiente (CARNEIRO DA CUNHA *et al.*, 2021). Ademais, quando for necessário à análise enfatizar a apreensão ampliada das políticas ambientais, a palavra "socioambiental" e suas variações serão empregadas.

[2] A partir de 2023, a pasta passou a ser chamada de Ministério do Meio Ambiente e Mudança do Clima.

[3] O Acordo de Paris, um tratado global adotado em 2015 no âmbito da Convenção-Quadro das Nações Unidas sobre Mudança do Clima (UNFCCC, do inglês *United Nations Framework Convention on Climate Change*), foi ratificado pelo Brasil em 2016.

[4] A Amazônia Legal engloba o Acre, o Amapá, o Amazonas, o Mato Grosso, o Pará, Rondônia, Roraima, Tocantins e uma parte do Maranhão.

Ao mesmo tempo, as decisões de designar Marina Silva e Sônia Guajajara como ministras do Meio Ambiente e dos Povos Indígenas, respectivamente, foram sinalizações significativas de mudança na orientação do Executivo federal para os temas socioambientais.[5] Ademais, foi determinante o estatuto central que Lula atribuiu à proteção das florestas em pé e à atuação do Brasil no Acordo de Paris, dois aspectos inter-relacionados e basilares para a inserção internacional do país.

Por sinal, ao longo dos anos 2023 e 2024, houve resultados importantes das políticas socioambientais adotadas pelo governo, como a queda significativa do desmatamento na Amazônia Legal, a retomada de processos demarcatórios e a reinserção do Brasil como ator proeminente para os debates climáticos globais. Contudo, parte considerável das políticas no tema se encontrou negativamente afetada por decisões que ocorreram no Congresso Nacional, no qual se destacaram interesses ligados às cadeias de *commodities* agropecuárias. Focando o biênio apontado acima no parágrafo, este capítulo está organizado em duas partes. A primeira observa o planejamento e a execução de políticas ambientais pelo Executivo federal. A segunda adiciona o Legislativo à equação, com atenção especial à influência do poder do agronegócio.[6]

O Executivo e as políticas ambientais

Ao assumir a administração, o governo Lula 3 procurou reorganizar o tratamento da agenda ambiental no âmbito da Esplanada dos Ministérios. Nessa direção, houve a decisão de revitalizar o MMA diante do enfraquecimento acentuado da pasta herdado da gestão anterior. Uma das principais ações foi a devolução ao MMA do Cadastro Ambiental Rural (CAR) e do Serviço Florestal.[7] Durante o governo Bolsonaro, o CAR e o Serviço Florestal haviam sido passados para o Ministério da Agricultura, Pecuária e Abastecimento (Mapa).[8]

---

[5] Embora se deva considerar que, em dezembro de 2022, o presidente eleito Lula cogitou indicar Simone Tebet como ministra do Meio Ambiente, o que implicaria inserir Marina Silva em outra posição no governo.

[6] A apreensão de "agronegócio" neste capítulo é a de uma noção intersetorial que enfatiza encadeamentos da agropecuária com atividades industriais e terciárias. Para uma análise sistemática da noção e de seus usos políticos, econômicos e comunicacionais, ver Pompeia (2021).

[7] O CAR é um instrumento surgido no âmbito do novo Código Florestal (Lei n.º 12.651/2012) para organizar dados ambientais sobre imóveis localizados em áreas rurais e promover o cumprimento das normas legais relacionas ao meio ambiente. Assim sendo, atores técnicos do MMA têm conhecimento mais apropriado para atuarem com o referido cadastro, em diálogo com os governos estaduais.

[8] Em 2023, a pasta passou a ser intitulada Ministério da Agricultura e Pecuária.

Outra decisão importante foi a revitalização da participação da sociedade civil em espaços que funcionam para qualificar democraticamente as políticas ambientais. Um exemplo importante ocorreu no Conselho Nacional do Meio Ambiente (Conama), um órgão consultivo e deliberativo cuja participação da sociedade civil havia sido amplamente diminuída pelo então ministro do Meio Ambiente de Bolsonaro, Ricardo Salles (2019-2021). O governo Lula 3 também restabeleceu o funcionamento do Fundo Amazônia, possibilitando a mobilização de recursos financeiros de doações, sobretudo internacionais, para promover a diminuição do desmatamento na Amazônia e fomentar práticas sustentáveis na região. Por sua vez, Marina Silva anunciou, logo no começo de 2023, que o governo criaria uma Autoridade Nacional de Segurança Climática, responsável, segundo a ministra, pela produção de subsídios qualificados para operar a Política Nacional sobre Mudança do Clima, juntamente à regulação e ao monitoramento das ações das distintas pastas de governo quanto ao tema.

Ainda no início do governo, o Planalto criou o Ministério dos Povos Indígenas (MPI), inserindo nele a atribuição de reconhecer e demarcar Terras Indígenas (TIs). Como demonstram publicações com destaque na literatura científica (ver, por exemplo, CARNEIRO DA CUNHA *et al.*, 2021; QIN *et al.*, 2023), as TIs, além de garantirem direitos territoriais originários, sobressaem-se como espaços essenciais de proteção das florestas em pé e da biodiversidade. Os processos demarcatórios têm, portanto, potencial muito significativo também para a agenda ambiental no país. No Mapa, o novo ministro de Lula, Carlos Fávaro, assumiu atribuindo centralidade à chamada "agricultura de baixo carbono" e ressaltando a importância da recuperação massiva de pastagens degradadas, entre outras medidas.

Em seguida, examinam-se alguns dos desdobramentos expressivos das políticas ambientais do governo no biênio 2023-2024. Um deles foi a diminuição do desmatamento na Amazônia Legal, que ficou mais bem evidenciada com a primeira publicação dos números consolidados do Programa de Monitoramento da Floresta Amazônica Brasileira por Satélite (Prodes), do Inpe, em período exclusivamente situado no âmbito do governo Lula 3. Entre agosto de 2023 e julho de 2024, a taxa oficial estimada por meio do Prodes foi de 6.288 km². No governo Bolsonaro, a média anual foi de 11.828 km², considerando-se as três consolidações via Prodes exclusivamente dentro do quadriênio sob a sua administração (PRODES, 2024).[9]

A queda do desmatamento na Amazônia no primeiro biênio do governo Lula 3 traz implicações ambientais fundamentais, como a redução considerável das emissões de gases de efeito estufa (GEE) do país. Segundo o Sistema de

---

[9] Agosto de 2019 a julho de 2020, agosto de 2020 a julho de 2021 e agosto de 2021 a julho de 2022.

Estimativas de Emissões e Remoções de Efeito Estufa (SEEG), as mudanças de uso da terra e florestas, tendo no desmatamento na Amazônia um componente substancial, estiveram conectadas a 53% do total de emissões brutas do país em 2022 e a 46% em 2023 (SEEG, 2024). Ao lado de outras consequências, como aquelas sobre a biodiversidade, a diminuição do desmatamento também é estratégica em razão do que cientistas respeitados entre os pares projetam como um "ponto de não retorno" na Amazônia, um estágio a partir do qual o processo de deterioração da floresta se tornaria irreversível, influenciado tanto pela destruição de partes crescentes do bioma, em particular, quanto pelas mudanças climáticas, em geral (ver LOVEJOY; NOBRE, 2019).

A redução da conversão da vegetação nativa no bioma é resultado da execução de uma matriz diversa de atividades componentes do Plano de Ação para Prevenção e Controle do Desmatamento na Amazônia Legal (PPCDAm). Porém, o fator mais decisivo no biênio 2023-2024 foi a retomada do fôlego das ações de comando e controle (como os autos de infração, os embargos e a destruição de equipamentos envolvidos em crimes ambientais). Tais ações são necessárias, mas deve-se considerar que, para a diminuição do desmatamento na Amazônia adquirir mais robustez, é essencial que ações estruturantes recebam maior amplitude.[10]

No Cerrado, o cenário apresenta outras complexidades. A taxa estimada de conversão de vegetação nativa por meio do Prodes foi de 8.174 km² entre agosto de 2023 e julho de 2024. Para se manter a mesma comparação usada com a Amazônia, aponta-se que, nas três consolidações via Prodes exclusivamente sob a presidência de Bolsonaro,[11] a conversão de vegetação nativa no Cerrado foi de 9.042 km² em média anual (PRODES, 2024). Portanto, a queda quantificada no Cerrado para o período entre agosto de 2023 e julho de 2024 foi significativamente menos expressiva que a havida na Amazônia Legal.[12]

A esse respeito, é necessário considerar que o Código Florestal é menos permissivo com a conversão de vegetação nativa na Amazônia do que no Cerrado, bioma no qual parte relevante da prática ocorre amparada por autorizações de supressão sob a responsabilidade principal de órgãos ambientais dos estados.

---

[10] Sendo essencial continuar avançando com a destinação social e ambientalmente adequada de terras públicas na Amazônia brasileira, é importante também ter em conta que parte considerável das milhões de pessoas que nela vivem precisa de suporte eficaz e duradouro de políticas públicas para que possam ter meios de vida dignos.

[11] Agosto de 2019 a julho de 2020, agosto de 2020 a julho de 2021, agosto de 2021 a julho de 2022.

[12] Evidentemente, tanto para a Amazônia quanto para o Cerrado, as próximas consolidações anuais por intermédio do Prodes serão necessárias para uma apreensão mais adequada das dinâmicas de conversão de vegetação nativa em curso no país.

Entretanto, entende-se como razoáveis as críticas de movimentos sociais que apontam a não priorização, pelo Estado nacional e pela chamada comunidade internacional, do bioma Cerrado, eleito há décadas como espaço principal para a expansão horizontal da agropecuária no Brasil.

De todo modo, as reduções da conversão de vegetação nativa no biênio 2023-2024, sobretudo na Amazônia, ampliaram as possibilidades de o Brasil desempenhar um papel proeminente nas negociações globais para o combate às mudanças climáticas, incentivando reduções mais ousadas sobretudo por parte de outros países que são grandes emissores e cobrando as nações que mais emitiram historicamente a realizarem compensações financeiras voltadas à mitigação e à adaptação no chamado Sul Global. A propósito, tal papel se apresenta atualmente ainda mais relevante diante dos posicionamentos contrários do segundo governo de Donald Trump a iniciativas para combater as mudanças climáticas, assim como diante dos desdobramentos dessas posições sobre as escolhas de outros países e blocos quanto às políticas para o clima. Nesse sentido, a Conferência das Partes (COP) 30, em Belém, é particularmente desafiadora e importante.[13]

Também no âmbito das negociações climáticas globais, o governo Lula realizou, em 2023, uma atualização da primeira Contribuição Nacionalmente Determinada (NDC, do inglês *Nationally Determined Contribution*), retomando o compromisso original do Brasil quanto às suas emissões de GEE.[14] Fala-se em retomada porque a atualização ocorreu em seguida à diminuição do compromisso climático do país pelo governo Bolsonaro (BRASIL. MINISTÉRIO DO MEIO AMBIENTE E MUDANÇA DO CLIMA, 2024). Em 2024, durante a COP 29, em Baku, no Azerbaijão, o governo deu um passo adiante ao apresentar a sua nova NDC, por meio da qual avançou com a meta climática original do Brasil. O compromisso passou a ser reduzir as emissões líquidas de GEE do país entre 59% e 67% até 2035, em comparação aos níveis de 2005. Em termos absolutos, o intervalo de redução equivaleria, segundo o governo, a alcançar de 850 milhões a 1,05 bilhão de toneladas de dióxido de carbono equivalente (CO_2e) em 2035 (BRASIL. MINISTÉRIO DAS RELAÇÕES EXTERIORES, 2024b).[15]

---

[13] A decisão do governo Lula 3 para o Brasil sediar a COP 30 caracteriza outro contraste com a administração anterior. Em 2018, o então presidente eleito Bolsonaro atuou para que o país não sediasse, no ano seguinte, a COP 25.

[14] A NDC estabelece as ambições de cada país no âmbito do Acordo de Paris para diminuir as emissões de GEE.

[15] O CO_2e é uma métrica empregada para padronizar as emissões de diferentes GEE, considerando as respectivas influências deles para o aquecimento global. Ele é calculado por meio da conversão de quantidades de outros gases em uma quantidade equivalente de dióxido de carbono com o mesmo potencial de aquecimento global.

A nova NDC representa um avanço muito significativo, mas cumpre registrar que alguns especialistas sobre questões climáticas criticaram o uso da "banda" de redução (que pode enfraquecer o esforço parà o alcance de metas específicas) e a não incorporação, no novo compromisso, da eliminação do desmatamento como um todo no país (eliminação que foi salientada em discursos do presidente). Por sinal, o governo também tem sido criticado pela lentidão quanto ao planejamento e à execução de medidas para a adaptação às mudanças climáticas[16] e pela reação não tempestiva ao aumento das queimadas no país.[17]

Em seguida, adicionam-se brevemente resultados do governo no biênio 2023-2024 em relação a dois temas com implicações essenciais para as questões ambientais: direitos territoriais de povos indígenas e o apoio à agropecuária. Por um lado, houve a retomada de processos demarcatórios, com 13 homologações e também a assinatura de portarias declaratórias (BRASIL, 2024a).[18] Mesmo que essa retomada tenha sido comedida, tratou-se de uma alteração significativa, especialmente quando comparada à obstinada contestação dos direitos territoriais indígenas durante os quatro anos sob Bolsonaro.[19] Por outro lado, criou-se o Programa de Financiamento a Sistemas de Produção Agropecuária Sustentáveis (RenovAgro), a substituir políticas agrícolas anteriores de "baixo carbono". O RenovAgro oferta taxas de juros prefixadas mais baixas para determinadas atividades, especialmente a recuperação de pastagens degradadas e a regularização de unidades rurais em relação à legislação ambiental.[20] [21]

---

[16] Apesar de haver, dentro do governo, alguns líderes defendendo, desde pelo menos o início de 2023, a urgência do planejamento e da execução mais eficazes para a adaptação.

[17] Deve-se distinguir, contudo, entre tais posições críticas, aquelas de atores efetivamente compromissados com valores socioambientais daquelas de atores que, agindo historicamente contra tais valores, visam sobretudo trunfos político-eleitorais ao mobilizá-las.

[18] É importante reconhecer também as iniciativas do governo Lula 3 para a titulação de territórios quilombolas e a criação de UCs, incluindo Reservas Extrativistas.

[19] De todo modo, cabe considerar que os processos demarcatórios vinham perdendo impulso no Brasil desde os anos 2012-2013, justamente quando associações destacadas do agronegócio decidiram eleger as demarcações como objeto primordial a ser confrontado (POMPEIA, 2021).

[20] Entretanto, dos R$ 475,6 bilhões ofertados no Plano Safra 2024-2025 (um montante recorde), apenas R$ 7,7 bilhões foram reservados ao RenovAgro (valores de julho de 2024).

[21] No âmbito do suporte à agropecuária, também foi relevante o lançamento, em outubro de 2024, do III Plano Nacional de Agroecologia e Produção Orgânica (Planapo), que visa fortalecer e ampliar a produção de alimentos orgânicos e agroecológicos.

De todo modo, esse conjunto de ações do governo não significa unidade programática na Esplanada em relação ao meio ambiente. Há ministros de centro-esquerda e esquerda com posições significativamente diferentes entre si em relação a vários desses assuntos, como as demarcações. E como se sabe, mesmo Lula e Marina Silva divergem em parte de seus posicionamentos – como em relação à exploração de petróleo na foz do rio Amazonas e à retomada da construção da estrada BR-319, a ligar Porto Velho, em Rondônia, e Manaus, no Amazonas. Ademais, a amplitude das alianças do governo à direita, que se revela, entre outras ações, na atribuição de ministérios, adensa desacordos sobre as políticas socioambientais. Uma das consequências é o protelamento do lançamento do Programa Nacional de Redução de Agrotóxicos (Pronara), vinculado a tema fundamental para o país. Contudo, os obstáculos mais substanciais às políticas com orientações socioambientais vêm diretamente do Legislativo.

O Congresso Nacional e o poder do agronegócio na equação ambiental

No biênio 2023-2024, o Legislativo federal disputou decisivamente as orientações das políticas socioambientais com o Executivo. Ainda em 2023, por força de decisão do Congresso, a gestão do CAR em âmbito federal foi retirada do MMA, para o qual havia sido devolvida pelo governo Lula 3, e passada para o Ministério da Gestão e da Inovação em Serviços Públicos.[22] Por seu turno, o MPI perdeu as atribuições inseridas por Lula de reconhecimento e demarcação de TIs, que voltaram ao Ministério da Justiça e Segurança Pública.[23]

Além de incidir sobre as decisões do governo Lula 3 quanto à estrutura organizacional e operacional da Esplanada para as políticas socioambientais, a orientação prevalecente no Congresso atribuiu novas dimensões à atividade política chamada coloquialmente de "passar a boiada". Como é notório, a expressão recebeu proeminência em maio de 2020, quando o então ministro Ricardo Salles propôs que o governo aproveitasse a comoção generalizada com a pandemia de Covid-19 para avançar o desmonte de dispositivos infralegais de proteção ao meio ambiente. Sobretudo na segunda metade do governo Bolsonaro, a "boiada"

---

[22] Vale considerar que um decreto do governo no final de 2023 estabeleceu que a gestão do CAR pelo Ministério da Gestão e da Inovação em Serviços Públicos deveria ser realizada em articulação com o MMA.

[23] Em seu governo, Bolsonaro havia inicialmente inserido as atribuições demarcatórias no Mapa, mas reações dos Poderes Legislativo e Judiciário impediram que a decisão se consolidasse no quadriênio 2019-2022.

deu demonstração de força na Câmara dos Deputados, mas enfrentava barreiras consideráveis no Senado Federal (Pompeia, 2023a). No período aqui focado (2023-2024), o avanço da "boiada" consolidou-se como uma atividade exitosa nas duas Casas do Congresso Nacional, o qual aprovou tramitações de projetos de lei (PL) com alto potencial de causar impactos socioambientais negativos.

Alguns exemplos são paradigmáticos. Por um lado, destacou-se a nova lei de agrotóxicos, que flexibilizou o controle e o uso desses produtos, atribuindo maior relevo ao Mapa no tema e, portanto, diminuindo o papel das áreas governamentais ligadas ao meio ambiente e à saúde – que, por óbvio, deveriam constar entre as áreas proeminentes para as decisões. Por outro lado, sobressaiu-se a aprovação de uma lei que procura, entre outras decisões, estabelecer um marco temporal para os direitos territoriais indígenas. A tese do marco temporal intenciona condicionar as demarcações à comprovação de que os povos indígenas ocupavam as suas terras em 5 de outubro de 1988, data da promulgação da Constituição Federal (para uma crítica fundamentada à tese, ver Carneiro da Cunha, 2021). A aprovação desse PL ocorreu após o plenário do Supremo Tribunal Federal (STF) derrubar a tese (por ampla maioria, nove votos a dois), decidindo que ela não pode ser usada para definir a ocupação territorial tradicional por povos indígenas. Tratou-se, portanto, de tentativa de oposição à decisão da Corte.

Nessas e em outras tramitações recentes no Congresso que afetaram normas socioambientais, a FPA, frequentemente chamada de "bancada ruralista", tem desempenhado papel destacado. Especificamente durante a primeira metade do governo Lula 3, a frente liderou as iniciativas para retirar tanto o CAR do MMA, quanto as atribuições sobre demarcações do MPI. Foi a FPA, também, que exerceu protagonismo na transformação em lei dos PLs relacionados aos agrotóxicos e ao marco temporal.

Ademais, quando o Senado aprovou um PL iniciado na Câmara que regulamenta o mercado de carbono no país, a FPA atuou para que as atividades da agricultura e da pecuária fossem expressamente excluídas das obrigações nele previstas.[24] Tal decisão da frente quanto ao mercado de carbono é preocupante, entre outros motivos, por conta da elevada participação direta e indireta da agropecuária no total de emissões de GEE do Brasil. Segundo o SEEG, a agropecuária foi responsável por 28% do total de emissões brutas de GEE do país em 2023 (SEEG, 2024). Considerando que as mudanças de uso da terra

---

[24] O mercado de carbono busca contribuir para a diminuição da quantidade de GEE emitida no país. O governo estabelece limites para determinados atores econômicos cujas emissões sejam expressivas e cria procedimentos para a compra e venda de créditos de carbono entre empresas que respectivamente emitam além e aquém desse limite.

e florestas estiveram conectadas a 46% das emissões totais em 2023 (SEEG, 2024), e que as pastagens têm sido o principal destino do desmatamento na Amazônia, representando mais de 90% dele entre 1987 e 2020 (MAPBIOMAS, 2024), identifica-se que parte muito expressiva das emissões de CO_2 do país está conectada às atividades agropecuárias.

Nesse cenário repleto de disputas envolvendo as questões socioambientais, como têm ocorrido as relações entre o governo Lula 3 e a FPA? Antes de se realizar tal exame, é fundamental sintetizar o *modus operandi* da frente. A FPA tem seu centro estratégico no Instituto Pensar Agropecuária (IPA), sediado no Lago Sul, em Brasília. Mais inteligente tradução do poder econômico do agronegócio em influência política, o IPA promove a interação sistemática de dois grandes conjuntos de atores, empresários e parlamentares.

De um lado, operam no instituto cerca de sessenta grandes associações empresariais que o financiam. Elas são ligadas tanto a fazendeiros quanto a corporações transnacionais do agronegócio. Como exemplos, podem ser citadas as principais entidades ligadas à soja, à pecuária, à cana, ao algodão e ao milho, assim como associações representando corporações de agrotóxicos, frigoríficos, *traders*, usinas de álcool-açúcar, fábricas de papel e celulose e indústrias de alimentos ultraprocessados. De outro lado, atuam na sede do IPA os parlamentares líderes da FPA, sobretudo a sua mesa diretora, composta por aproximadamente três dezenas de membros. A propósito, essa mesa adquiriu notável robustez justamente por meio da consolidação do instituto, em meados dos anos 2010, com o aumento expressivo de sua institucionalização, profissionalização e especialização (POMPEIA, 2022b).

O IPA funciona como um núcleo que racionaliza e potencializa as relações entre os atores empresariais e políticos. Mediadas por técnicos com larga experiência na representação de interesses corporativos e amparadas por empresas de consultoria, as associações empresariais administram as divergências entre si e constroem acordos em macrotemas políticos, como os ambientais e indígenas. Por suas vezes, esses acordos são o esteio para as negociações constantes dos representantes das associações com os parlamentares da mesa diretora da FPA.[25] Se os interesses de tais cúpulas privadas e estatais são determinantes para a parte majoritária das decisões programáticas da frente, eles não deixam de sofrer influência de atores locais vinculados às cadeias de *commodities* agropecuárias.[26]

---

[25] Nessas negociações, também operam de maneira relevante as doações que empresários fazem, como pessoas físicas, durante processos eleitorais.

[26] Para um exame de economia política das relações entre escalas no agronegócio, ver Pompeia (2024a).

Havendo, de um lado, os acordos estratégicos na sede do IPA, simultaneamente existe, de outro lado, o desafio de influenciar as decisões (sobretudo os votos) de grandes segmentos parlamentares que estão distantes do cotidiano do instituto, muitos dos quais sem relações diretas ou indiretas com o agronegócio. Para isso, certamente contribui o amplo perímetro da FPA no Congresso. Segundo números atualizados em março de 2025 pela própria frente, faziam parte dela 303 parlamentares na Câmara (59% do total) e 49 no Senado (61% do total) (FPA, 2025). No entanto, tal perímetro teria menor relevância se não fosse acompanhado por uma notável capacidade de mobilizar dispositivos econômicos e políticos para incidir no Legislativo, o que ocorre de diferentes formas. Com efeito, sobretudo em temas de interesse direto ou indireto do agronegócio, líderes da FPA e das associações atuam tanto com as cúpulas partidárias quanto com as bases dos partidos, em processo que abrange membros da frente e congressistas que não a compõem.[27]

Ademais, vale considerar que, para a ascensão do poder da FPA na última década, também contribuíram fatores que extrapolam o campo do agronegócio. Nessa direção, devem ser destacadas as modificações de fundo nas correlações de força entre o Executivo e o Legislativo federais. Ao mesmo tempo, cabe relevo à ampliação de posições em variados matizes à direita no Parlamento brasileiro, matizes esses que caracterizam parte predominante dos membros da frente.

Realizada essa breve digressão sobre a FPA, retorna-se à questão apontada anteriormente para o período 2023-2024: como se deram as relações entre o governo Lula 3 e a frente parlamentar quanto às políticas socioambientais? Identifica-se que os maiores avanços do governo ocorreram quando a sua autonomia de execução das políticas se mostrou significativa. Um dos principais exemplos se relacionou à intensificação das ações de comando e controle no bioma Amazônia. Como podia ser esperado, essa intensificação não deixou de implicar reações de uma parte dos empresários e políticos ligados ao agronegócio em diferentes escalas. Nesse sentido, houve tanto críticas diretas às ações do governo e aos servidores que as realizam, quanto argumentos sofisticados, de líderes que aparentavam apoiar a redução do desmatamento, mas cujas ações políticas efetivas incentivavam a continuidade da apropriação privada de terras públicas no bioma e a expansão horizontal de atividades agropecuárias sobre elas.

O governo realizou concessões pontuais às pressões que sofreu, mas conseguiu manter a firme decisão de aprofundar, em termos gerais, as ações de comando e controle na Amazônia Legal. Uma série de fatores contribuiu para

---

[27] Para uma etnografia da construção dessa convergência no Parlamento, ver Pompeia (2024b).

esse resultado. Dois deles, mutuamente fortalecedores, devem ser destacados. Um foi o compromisso de servidores e líderes políticos do MMA. O outro foi o grau de prioridade que a queda acentuada do desmatamento na Amazônia apresenta para o Planalto, dado que é vista como pedra angular para a legitimidade da inserção externa do país.

Simultaneamente, uma parte das atribuições do Executivo sobre as políticas socioambientais teve a amplitude consideravelmente condicionada por ações políticas ligadas ao agronegócio, sob a liderança da FPA. Foi o caso das demarcações de TIs.[28] Por um lado, houve o trabalho meritório de Lula e de determinados membros de seu governo na assinatura de algumas homologações e portarias declaratórias, como indicado anteriormente no capítulo. Por outro lado, ocorreram recuos em ações demarcatórias que se encontravam adiantadas, e, além disso, um número expressivo de processos de demarcação pouco avançou no biênio. Diferentes iniciativas contribuíram para dificultar o maior fôlego das demarcações. Contudo, deve ser atribuído destaque a operações diversas de atores do agronegócio. Em particular, cita-se a lei que procura defender o marco temporal, em oposição à decisão do plenário do STF que derrubou a tese.[29]

A propósito, cumpre tratar, para concluir, das relações do governo Lula 3 com a FPA no âmbito mais direto das tramitações no Congresso. É verdade que, em uma parte menor das ações dentro do Legislativo federal envolvendo temas socioambientais, houve a confluência de interesses entre a FPA e o Planalto, como a que facilitou a aprovação da chamada Lei do Combustível do Futuro – a qual, entre outras medidas, ampliou a mistura de etanol à gasolina e de biodiesel ao diesel.[30] No entanto, as divergências prevaleceram e, diante delas, os interesses da FPA se impuseram. Podem ser mencionadas nessa direção as mudanças impostas pela frente a atribuições feitas por Lula ao MMA e ao MPI, conforme

---

[28] Há ampla convergência de associações proeminentes do agronegócio na oposição às demarcações. Embora alguns fóruns relevantes nesse campo, como a Coalizão Brasil Clima, Florestas e Agricultura, tivessem defendido os direitos indígenas em seus posicionamentos públicos, essas posições não foram acompanhadas do uso efetivo de canais de pressão em Brasília.

[29] Tendo o STF recebido diferentes ações sobre a lei, tanto questionando a sua constitucionalidade quanto a defendendo, o ministro Gilmar Mendes decidiu suspendê-las e criar uma comissão especial. Contudo, a comissão tem sido marcada por críticas, sobretudo de representantes indígenas. A importante Articulação dos Povos Indígenas do Brasil (APIB), inicialmente compondo a comissão, rapidamente a deixou, com fortes contestações (ver APIB, 2024).

[30] Nesse caso, tratou-se de uma aliança costurada sob a precedência, no IPA, de corrente do agronegócio ligada às *traders*. Sobre a heterogeneidade no agronegócio e as suas correntes, ver Pompeia (2023b).

apontado anteriormente. Do mesmo modo, foram exemplos impactantes dessa imposição de interesses a derrubada, pelo Congresso, de vetos do presidente da República, como ocorrido durante os trâmites dos PLs relacionados aos agrotóxicos e ao marco temporal.[31]

Durante as tramitações que implicaram divergências, houve duas formas principais de atuação do governo Lula 3. Em algumas situações, o Planalto preferiu, em meio aos desafios da administração de sua frágil coalizão no Congresso, não priorizar os temas socioambientais. Isso ocorreu, por exemplo, quando o governo liberou membros de sua diversa base parlamentar para escolherem posição em votações decisivas. Uma das demonstrações mais reveladoras nesse sentido veio do ministro da Agricultura, Carlos Fávaro, que, exonerado momentaneamente para voltar ao Senado, votou para derrubar o veto de Lula ao PL relacionado à tese do marco temporal.[32] Em outras situações, todavia, o governo Lula 3 procurou negociar com a FPA, realizando uma série de concessões para tentar atenuar o grau dos retrocessos socioambientais implicados nas tramitações.

---

[31] Nesse âmbito, vale apontar que, por influência principal de interesses do agronegócio no Congresso, a Autoridade Nacional de Segurança Climática proposta pela Marina Silva não foi efetivada no biênio.

[32] Fávaro é ligado ao Partido Social Democrático/MT.

A política econômica do terceiro governo Lula: herança do desmonte social e reconstrução em cenário adverso

Frederico G. Jayme Jr.

Este capítulo se dedica a uma reflexão sobre os impasses e os desafios da política econômica do terceiro governo Lula. Os primeiros dois anos de governo são os mais desafiadores, particularmente pelas dificuldades em garantir um crescimento econômico capaz de fazer frente a um cenário externo e pressões internas substancialmente diferentes daqueles presentes no período 2003-2010.

Após seis anos de drástico redirecionamento das políticas fiscal e monetária no Brasil com o *impeachment* de Dilma Rousseff, o terceiro governo Lula se inicia com uma economia estagnada e obstáculos fiscais. Após uma recessão, uma pandemia e um projeto político que gerou uma desestruturação de políticas públicas e da capacidade de gasto, fruto de um período de política fiscal errática e contracionista, Lula começa seu terceiro governo premido por demandas sociais e um orçamento insuficiente para recuperação de políticas públicas desmontadas no período 2019-2022. Depois de difíceis negociações no Congresso, o governo eleito conseguiu aprovar uma emenda constitucional (EC) para dar um freio de arrumação no orçamento, permitindo um alívio fiscal em 2023 para garantir minimamente as políticas públicas. Em troca do apoio, Congresso e "mercado" pressionaram por um projeto fiscal de longo prazo que permita resultado primário positivo, estabilização e queda na dívida pública.[1]

Os desafios para recuperar a capacidade de reorganizar todo o edifício de um projeto interrompido em 2016 tem colocado o governo frente a infortúnios, principalmente na recuperação das políticas públicas desmontadas e na implementação de uma política fiscal capaz de estabilizar a dívida pública. O cenário externo e os novos arranjos geopolíticos são completamente distintos daqueles dos

---

[1] Resultado primário se refere à diferença entre receitas e despesas do governo geral (União, estados e municípios), excluídos os juros da dívida pública. As despesas primárias são os gastos realizados pelo governo para prover bens e serviços públicos à população, tais como saúde, educação, construção de rodovias, além de gastos necessários para a manutenção da máquina pública.

dois primeiros governos Lula. A pressão por controle de gastos primários ganhou uma importância ainda maior do que no início dos anos 2000, e as dificuldades em crescer com estabilização e queda na dívida são ainda maiores. A pandemia, um cenário externo desafiador e os traumas de uma crise fiscal do final do governo Dilma emparedaram o governo. Um mundo mais protecionista e operando com taxas de juros mais altas do que as do período anterior à pandemia impõe maiores dificuldades para levar adiante políticas fiscais e monetárias independentes.

O novo arranjo político no Brasil, em que o Congresso ganhou um poder jamais visto na democracia e sequestrando a agenda desenvolvimentista do governo, contribui ainda mais para um cenário complexo para o governo eleito em 2022.

Para entender a dinâmica da economia brasileira no terceiro governo Lula, é necessário recuperar os elementos centrais da agenda neoliberal[2] que se inicia com Temer e se aprofunda no governo Bolsonaro, desta vez com um projeto explicitamente autoritário. Sem isso não é possível entender os dilemas e as adversidades da política econômica do governo Lula 3.

Este ensaio se divide em mais três seções, além desta introdução. A primeira seção recupera os elementos centrais da agenda neoliberal dos governos Temer e Bolsonaro em um cenário de recessão seguida de estagnação e a pandemia em 2020.[3] A segunda seção se incumbe de discutir os desafios do terceiro governo Lula e as armadilhas de um projeto de desenvolvimento limitado pelos ambientes interno e externo. Finalmente, as conclusões apontam para possibilidades e dificuldades de um governo de uma frente ampla e de um espectro político que vai da centro-direita à centro-esquerda.

Austeridade e tratamento de choque: Temer e Bolsonaro

A crise econômica no Brasil, iniciada com uma recessão ainda no terceiro trimestre de 2014, agrava-se com a pandemia em 2020. Conjugada com políticas fiscal e monetária fortemente contracionistas a partir de 2016, a situação ganhou contornos incertos porque associou alto e persistente desemprego, crescimento da informalidade, precarização no mercado de trabalho, inflação elevada e recrudescimento da concentração da renda, que havia se atenuado entre 2005

---

[2] O termo "neoliberal" aqui utilizado se refere àquele cunhado na Sociedade Mont Pèlerin. Cf. Hayek ([1944] 2001) e Friedman (1962).

[3] Aqui o conceito se relaciona com um conjunto de "reformas" que inclui privatizações, política fiscal fundada em um equilíbrio intertemporal entre gastos e receitas e diminuição de gastos primários para garantir o equilíbrio orçamentário. Com a mesma finalidade, inclui um Banco Central independente com mandato único de controlar a inflação.

e 2014. Se no primeiro governo Dilma gestava-se uma crise fiscal cujas origens se encontravam na piora das relações de troca das *commodities* primárias em 2012 e na consequente desaceleração do PIB, a queda nas receitas foi inevitável, precipitando uma crise fiscal que se tornaria desafiadora já em 2014. Como o resultado primário reverteu uma trajetória positiva desde 2005, os riscos de políticas fiscais expansionistas aumentaram (BARBOSA-FILHO, 2020; ARESTIS; FERRARI FILHO; RESENDE; TERRA, 2021; CHERNAVSKY; DWECK; TEIXEIRA, 2020).

A partir de 2015, contudo, foram abortadas quaisquer propostas de utilização de política fiscal anticíclica, contribuindo para o agravamento da crise fiscal e uma inédita queda do PIB em 2015 e 2016. Conforme salientaram Chernavsky, Dweck e Teixeira (2020), a recessão se agrava ainda em 2015 com queda nos gastos reais de 3,5% do PIB. O *impeachment* de Dilma Rousseff em 2016, no meio de uma recessão já instalada e com uma política fiscal contracionista, abre caminho para o governo de Michel Temer deflagrar, baseado em seu panfleto "Uma ponte para o futuro", um projeto neoliberal em sua mais perfeita tradução. Mesmo ante uma recessão, a política fiscal radicalizou o corte de gastos, adiando uma retomada do crescimento em bases suficientes para recuperar o nível do PIB anterior à recessão. Com efeito, a queda no PIB em 2016 e 2017, somadas, foi de mais de 7%, e o crescimento do PIB entre 2018 e 2019 não passou de 1,3% em média, estando longe de recuperar o nível pré-recessão. A pandemia em 2020 e a recuperação insuficiente em 2021 só garantiram a recuperação do PIB aos níveis anteriores à recessão em 2023, e certamente estimulado pela PEC da transição que permitiu aumento de gastos primários.

Consoante ao projeto liberal, cujo pilar estaria na aprovação de uma mudança constitucional que instituiria um teto de gastos, a principal medida de longo prazo do governo Temer (2016-2018) foi a Reforma Trabalhista, uma vez que a previdenciária foi adiada e aprovada apenas no governo Bolsonaro (2019-2022).[4] A referida reforma, recomendada como a solução para a queda do desemprego e a formalização do mercado de trabalho nos curto e longo prazos, apenas contribuiu para a diminuição do custo da mão de obra, sem nenhum resultado sobre o nível de emprego e recuperação do crescimento, muito menos sobre a formalização da mão de obra. De fato, a literatura demonstra que emprego depende de investimento e gasto privado e público. Reformas que diminuem o custo da mão de obra em geral aumentam os lucros do setor privado sem necessariamente aumentar o emprego. Foi exatamente isso que ocorreu no Brasil, contrariando o argumento do governo de que a reforma trabalhista aumentaria o emprego. Além de não gerar esse efeito, os dados demonstram que cresceu a informalidade no mercado de trabalho.[5]

---

[4] Para detalhes da política de teto de gastos e suas limitações, ver Rocha (2022).

[5] Confira PNAD Contínua.

Neste contexto, a contração fiscal que já havia se iniciado em 2015 é aprofundada. A política tanto fiscal quanto monetária mantiveram-se contracionistas, dificultando a retomada do crescimento. A perspectiva de uma recuperação econômica mais robusta em 2017 dependeria, na ausência de políticas fiscal e monetária expansionistas, do aumento dos investimentos do setor privado. A crença de que austeridade fiscal gera expectativas positivas no setor privado e, em consequência, aumenta investimentos, sustentou a estratégia de política fiscal no período. Essa hipótese, conhecida como consolidação fiscal expansionista, é frágil tanto teórica quanto empiricamente.[6] Embora a crise econômica fosse agravada por problemas fiscais, o ajuste já no início de 2015 (portanto, ainda no governo Dilma), acabou por agravar ainda mais a recessão. De fato, consolidação fiscal expansionista, se já não funcionava em economias estáveis, muito menos lograria êxito em economias periféricas em recessão. Essa política evidentemente agravou a recessão e, com ela, as dificuldades em estabilizar a dívida pública, processo que apenas ocorre no final de 2017.

Após 2017, contudo, os preços das *commodities* estavam se recuperando no mercado internacional, e isso levou à valorização do real, com efeitos expansionistas no curto prazo. No entanto, apesar do cenário inicial favorável para uma recuperação mais perene, o PIB cresceu entre 2017 e 2019 apenas 1,3% em média. Conforme demonstrou Barbosa-Filho (2020), apesar do espaço fiscal e monetário para impulsionar a economia, o governo Temer optou por aplicar ajuste em 2017, impedindo uma recuperação mais vigorosa, baseando-se na referida hipótese da contração expansionista.

A partir do diagnóstico de que a crise só seria solucionada com um equilíbrio fiscal suficientemente grande para estabilizar a dívida pública, ou mesmo diminui-la, duas propostas como soluções de curto e longo prazos foram aprovadas. A primeira, o teto de gastos, determinava que os gastos primários não poderiam crescer em termos reais, mesmo que as receitas aumentassem.[7]

---

[6] Alesina, Favero e Giavazzi (2015) sugeriram que contração fiscal pode ser expansionista. Diversos trabalhos posteriores, inclusive dos próprios autores, mostraram a limitação empírica desta hipótese. Para uma avaliação empírica deste tema, cf. Crotty (2012) e Camuri, Jayme Jr. e Hermeto (2015).

[7] A Emenda do Teto de Gastos (PEC n.º 95), encaminhada pelo governo Michel Temer ao Legislativo, foi promulgada pelo Congresso Nacional em 15 de novembro de 2016 e limitava por vinte anos os gastos públicos. De acordo com o texto, o teto para 2017, primeiro ano de vigência da PEC, foi definido com base na despesa primária paga em 2016 (incluídos os restos a pagar), com a correção de 7,2%, a inflação prevista para aquele ano. A partir de 2018, os gastos federais só podiam aumentar de acordo com a inflação acumulada conforme o Índice Nacional de Preços ao Consumidor Amplo (IPCA).

A segunda foi a Reforma Trabalhista, que, conforme já dito, diminuiu vários direitos conquistados desde a Consolidação das Leis do Trabalho. O objetivo era reduzir custos da mão de obra sob o pretexto de incentivar o setor privado e aumentar o nível de emprego. Finalmente, a Reforma Previdenciária seria capaz de diminuir o custo dos inativos no longo prazo. O governo Temer, no entanto, não conseguiu aprovar essa última, e o projeto dela foi aperfeiçoado e aprovado apenas no governo Bolsonaro.

A recuperação no início de 2017 não veio acompanhada de queda no desemprego, confirmando o fato, largamente demonstrado na literatura, de que a demanda por mão de obra se relaciona diretamente com a atividade econômica e investimento. Medidas do lado da oferta, como reformas trabalhistas, a despeito de exercerem efeito sobre os custos de contratação, não são capazes por si só de gerar quedas no desemprego, já que as decisões de investimento dependem das expectativas, das taxas de juros reais e o retorno esperado dos investimentos.

O fato é que a recessão 2015-2016 e a lenta recuperação em 2017-2019 desnudaram os limites de consolidação fiscal em períodos de desaceleração ou recessão. É recomendável adotar uma expansão fiscal em períodos recessivos, mesmo que a origem da crise seja fiscal. Existem situações que impõem limites para uma política fiscal expansionista, como é o caso de dívida pública e taxas de juros elevadas. No entanto, períodos de rápida desinflação, como no triênio 2017-2019, permitem um novo equilíbrio de juros que reduz o custo do endividamento público, aliviando o custo financeiro do orçamento federal, possibilitando, em consequência, a recomposição de investimentos públicos. A política monetária deste período foi expansionista, com queda nas taxas de juros. Por outro lado, a política fiscal contracionista no período 2017-2019 não garantiu uma atenuação da relação dívida/PIB como esperado, fundamentalmente porque a baixa resposta do setor privado à contração fiscal, como era de se esperar, conduziu a um baixo crescimento do PIB.

Além das medidas anteriormente descritas, foi aprovada, já no governo Bolsonaro, a emenda sobre a autonomia do Banco Central (PEC n 65/2023), estreitando ainda mais as possibilidades dos incumbentes em utilizarem, além dos instrumentos de política fiscal, alguma possibilidade de uso da política monetária como coadjuvante nas políticas anticíclicas.

O governo Bolsonaro se inicia como um projeto autoritário e complementar às reformas do governo Temer. O período 2019-2022 se caracterizou pelo desmonte de políticas públicas e contenção de gastos, aperfeiçoando e aprofundando o projeto neoliberal iniciado no governo Temer.

O teto de gastos, no entanto, tornou-se peça de ficção, seja pela imposição do Congresso ao governo federal em garantir uma renda para a minorar os efeitos deletérios da pandemia, seja porque, em 2022, Bolsonaro conseguiu, com o apoio de um Congresso nacional cada vez mais poderoso, aumentar gastos para viabilizar sua reeleição. Ou seja, o teto de gastos, projeto elementar e mal desenhado, foi revisto e superado como consequência da pandemia e, em seguida, como tentativa de viabilizar a reeleição.

Essa estratégia, no entanto, não impediu que uma das características definidoras do governo Bolsonaro tenha sido o desmonte de políticas públicas já consolidadas. Não obstante o aumento de gastos e a diminuição de impostos sobre os combustíveis, em 2022, houve superávit primário obtido fundamentalmente por uma contração sem par dos gastos discricionários e obrigatórios no imediato pós-eleição, além de um crescimento não previsto das receitas totais. Em dezembro de 2022, o corte de gastos chegou a impedir pagamentos de despesas básicas das autarquias e da administração direta. Era evidente que o tipo de ajuste de curtíssimo prazo nesse período não seria duradouro, pois a manutenção mínima da máquina pública tem de ser garantida, mesmo em um governo radicalmente liberal e excludente. É sob uma situação fiscal dessa natureza que Lula toma posse em seu terceiro mandato.

O terceiro governo Lula e as armadilhas das políticas fiscal e monetária

Entre a vitória eleitoral de Lula, em outubro de 2022, e a posse, em janeiro de 2023, havia um interregno de dois meses que apresentavam desafios políticos e econômicos ao governo eleito. Além da preparação de um golpe, que acabou não se concretizando, os estertores do governo Bolsonaro vieram ainda com uma aceleração de um desmonte que já havia se iniciado antes.

Entre novembro e dezembro de 2022, o Ministério da Economia implementou um ajuste draconiano para entregar, ao final de 2022, um superávit primário. Se no período anterior às eleições o gasto primário se elevou substancialmente, principalmente com a transferência de renda denominada Auxílio Brasil, além da diminuição de alíquotas de diversos impostos e a intervenção na política de preços da Petrobras, no período pós-eleitoral a contenção de gastos chegou ao disparate de bloquear gastos de manutenção da máquina pública. Como a arrecadação tributária ainda assim crescia, consequência de recuperação do setor industrial posterior à pandemia, o efeito sobre a arrecadação não foi desprezível. Finalmente, mas não menos importante, o Ministério da Economia não honrou os precatórios que deveriam ser pagos naquele ano, transferindo para o governo seguinte uma dívida judicial de R$ 141,7 bilhões. Caso fossem honrados, o superávit primário teria se transformado em déficit.

Frente aos desafios pós-recessão, a inflexão neoliberal do governo Temer, o ensaio autoritário de 2019-2023 e o abandono do desmoralizado teto de gastos, o terceiro governo Lula conseguiu aprovar sob um Congresso hostil uma EC que permitiu ao novo governo implementar minimamente políticas públicas que, sob o orçamento votado em 2022, tornava-se impossível. Após longa discussão no Congresso para rever o orçamento de 2023 aprovado, a PEC permitiu elevar em R$ 145 bilhões o teto de gastos. O objetivo era permitir ao novo governo o mínimo de condições para recuperar, pelo menos em parte e com alguma urgência, as políticas públicas desmontadas no governo anterior. A contrapartida para a aprovação da emenda foi a obrigatoriedade do novo governo em apresentar um regime fiscal capaz de substituir o teto de gastos e garantir equilíbrio de longo prazo. O governo apresentou o Novo Arcabouço Fiscal, mais adiante aprovado como Regime Fiscal Sustentável.

O Novo Arcabouço Fiscal seria capaz, segundo o então ministro da Fazenda Fernando Haddad, de garantir "estabilidade e credibilidade" à política fiscal no Brasil. Embora com algumas mudanças em relação à proposta original, o projeto de lei foi aprovado[8]. Como de praxe, sob um Congresso conservador e fisiológico, as mínimas garantias sociais incluídas para minimizar corte em políticas públicas foram ainda mais reduzidas.

O Regime Fiscal Sustentável (PLP n.º 93/2023) é um mecanismo de controle do endividamento que substitui o teto de gastos por um regime fiscal focado no equilíbrio entre arrecadação e despesas primárias. Mais do que impedir gastos acima de um limite, condiciona maiores gastos do governo ao cumprimento de metas de resultado primário, buscando conter o endividamento e criando condições para a redução de juros e a garantia de crescimento econômico.

O regime impõe metas anuais de resultado primário para os orçamentos fiscal e da seguridade social. É em função do cumprimento dessas metas que será fixado quanto o governo poderá gastar no ano seguinte. O gasto do ano orçamentário subsequente dependerá do cumprimento das metas, que criam tetos que restringem gastos primários. Precisamente, essas metas são:

- Os gastos sociais e investimentos públicos estão limitados a 70% do crescimento das receitas;
- A banda de crescimento real dos gastos primários federais não pode exceder o crescimento de 2,5% ao ano, independentemente do crescimento da receita. Do mesmo modo, há um piso de crescimento de

---

[8] Para detalhes da proposta do Novo Arcabouço Fiscal e o projeto de lei aprovado, ver Deccache (2024).

0,6%, caso as receitas não cresçam. Aqui o governo argumenta que inclui um gatilho para gerar uma política fiscal anticíclica. Os índices propostos, no entanto, não parecem ser suficientes para tanto;[9]

- Se os esforços em aumentar receitas e reduzir despesas resultarem em resultado primário abaixo da banda definida, o Regime Fiscal Sustentável (RFS) obriga a redução do crescimento de despesas para 50% do crescimento da receita no exercício seguinte. Além dessa restrição, proíbe-se a criação ou o reajuste acima da inflação de despesas obrigatórias, contratações e realizações de concursos, reajuste de salários de servidores, a ampliação de subsídios ou incentivos tributários, entre outros. Impactos fiscais decorrentes de aumentos do salário-mínimo, contudo, ficam protegidos desses gatilhos;
- Compromisso de resultado primário com bandas flutuando entre − 0,25 pp. e 0,25 pp. da variação do PIB.[10]

Além das metas aqui descritas, o projeto propôs, mas sem sucesso, que, sempre que houver superávit primário acima do valor superior da banda da meta, 70% do equivalente a esse superávit será exclusivamente destinado a investimentos, desde que não ultrapasse 0,25% do total do PIB. A intenção era incentivar o aquecimento da economia, não apenas com a realização de obras que melhorassem a infraestrutura do país, mas com a criação de um ciclo virtuoso de crescimento econômico.

A referida lei traduz as dificuldades e os desafios do governo Lula 3 em recuperar as políticas públicas e o crescimento sustentado da economia brasileira. Frente às pressões de um mercado financeiro poderoso, de um congresso hostil e de um Banco Central independente, as possibilidades em implementar políticas fiscais anticíclicas são muito limitadas. De fato, a proposta de um piso de crescimento de 0,6% dos gastos primários em caso de insuficiente crescimento das receitas está longe de se caracterizar como uma política fiscal anticíclica.

Nos governos Lula 1 e 2, assim como nos primeiros dois anos do governo Dilma 1, havia um Executivo com mais poder e uma economia saudável e em

---

[9] Tavares e Deccache (2023) demonstraram que, entre 2000 e 2023, em apenas seis desses 24 anos, a taxa de crescimento do gasto público foi menor ou igual a 2,5%. Nessse tempo está o ano de 2003, período em que o governo Lula 1 foi fortemente levado a um ajuste fiscal para evitar uma especulação contra o real e, já no seu nascedouro, inviabilizar o governo eleito. Outros dois anos (2016 e 2017) foram aqueles em que o governo Temer promoveu um ajuste draconiano, mesmo sob uma recessão. Conferir Marquetti, Miebach e Morrone (2023) e Filgueiras Sena Júnior e Felipe Miguel (2023) para uma avaliação dos primeiros anos do governo Lula 3.

[10] Para um detalhamento do Plano, confira a PLP n.º 93/23.

crescimento, com queda dívida pública, bruta e líquida em percentual do PIB, mesmo com crescimento dos gastos primários. O bom desempenho do PIB permitiu obter superávits primários recorrentes. Ou seja, antes de o resultado primário condicionar o crescimento do PIB, foi exatamente o crescimento deste que possibilitou um maior controle das contas públicas, a despeito de taxas de juros reais muito altas entre 2003 e 2012.

Se no período 2003-2013 a economia brasileira cresceu a uma taxa média de mais de 4%, mesmo incluindo 2009 quando eclodiu a crise internacional, as perspectivas de crescimento econômico no governo Lula 3 são bem mais modestas. O cenário internacional é muito mais desafiador: a guerra da Ucrânia, a do Oriente Médio e ainda a Guerra Fria 2.0 têm criado um ambiente restritivo ao comércio internacional, com evidentes impactos no crescimento econômico e, para agravar, na resiliência da inflação.

Em um cenário externo turbulento, o que gera impactos na inflação, nas taxas de juros e no comércio exterior, a opção por um ajuste fiscal rigoroso para deter o crescimento da dívida pública acaba por ampliar as dificuldades para crescer. Com efeito, a dívida pública tem como determinantes o resultado primário, as taxas reais de juros e o crescimento do PIB. Todas essas variáveis incidem sobre o estoque acumulado de dívida. O problema é que elas são autodeterminadas, vale dizer, estratégias de ajuste para atacar o crescimento da dívida pública afetam as demais. Isso impõe uma forte conexão entre as políticas monetária (taxas de juros) e fiscal (equilíbrio orçamentário). A desconexão entre elas, ou a independência de cada uma delas, conduz a maiores dificuldades no ajuste.

A equação de resultado orçamentário define as receitas arrecadadas de todos os entes do governo (União, estados e municípios) deduzidos os gastos (primários e financeiros). Os juros nominais são, portanto, componentes das despesas totais. Um déficit aumenta a dívida bruta do governo, e um superávit a diminui. A relação entre taxas reais de juros e crescimento do PIB é direta.[11] Quanto maior a taxa real de juros, menores os investimentos e menor o crescimento do PIB. PIB menor gera menores receitas e, mantendo-se constante o gasto primário, aumenta-se o déficit primário. Como as taxas de juros reais são cronicamente maiores do que a taxa de crescimento do PIB, quanto maior aquela e menor este, mais difícil é o controle da dívida. Ou seja, o déficit nominal do governo geral depende de variáveis que se retroalimentam. Sair dessa armadilha não é trivial, mas as taxas de juros exercem papel central. A Tabela 1 apresenta os componentes dos gastos e das receitas no Brasil até janeiro de 2025.

---

[11] Taxas reais de juros são as taxas nominais descontadas a inflação.

Tabela 1: Necessidades de financiamento do setor público (déficit nominal)

R$ milhões

Discriminação	Correntes									
	2023				2024				2025	
	Jan-Jan		Ano		Jan-Jan		Ano		Jan-Jan	
	Fluxos	% PIB	Fluxos	% PIB	Fluxos	% PIB	Fluxos	% PIB	Fluxos	% PIB
Nominal	-46 692	-5,76	967 417	8,84	-22 232	-2,50	997 976	8,45	-63 737	-6,63
Governo Central	-34 888	-4,30	879 081	8,03	-9 651	-1,09	900 571	7,63	-49 619	-5,16
Governo Federal[1]	-33 341	-4,11	813 605	7,43	-28 909	-3,25	692 508	5,87	-20 651	-2,15
Bacen	-1 546	-0,19	65 476	0,60	19 258	2,17	208 062	1,76	-28 968	-3,02
Governos regionais	-14 383	-1,77	80 664	0,74	-14 670	-1,65	84 580	0,72	-15 341	-1,60
Governos estaduais	-10 197	-1,26	66 260	0,61	-12 650	-1,42	53 864	0,46	-14 370	-1,50
Governos municipais	-4 185	-0,52	14 404	0,13	-2 020	-0,23	30 716	0,26	- 971	-0,10
Empresas estatais	2 578	0,32	7 673	0,07	2 089	0,23	12 825	0,11	1 223	0,13
Empresas estatais federais[2]	283	0,03	-2 337	-0,02	1 020	0,11	4 863	0,04	227	0,02
Empresas estatais estaduais	2 325	0,29	9 425	0,09	1 152	0,13	7 678	0,07	834	0,09
Empresas estatais municipais	- 30	-0,00	585	0,01	- 83	-0,01	285	0,00	162	0,02
Juros nominais	52 320	6,45	718 294	6,56	79 914	8,99	950 423	8,05	40 358	4,20
Governo Central	44 517	5,49	614 548	5,62	71 633	8,05	855 206	7,24	33 531	3,49
Governo Federal[1]	46 067	5,68	549 538	5,02	52 519	5,91	648 362	5,49	62 513	6,51
Bacen	-1 550	-0,19	65 011	0,59	19 113	2,15	206 844	1,75	-28 981	-3,02
Governos regionais	7 389	0,91	98 342	0,90	7 844	0,88	90 465	0,77	6 611	0,69
Governos estaduais	7 071	0,87	93 756	0,86	7 087	0,80	82 371	0,70	5 900	0,61
Governos municipais	318	0,04	4 586	0,04	757	0,09	8 094	0,07	711	0,07
Empresas estatais	414	0,05	5 403	0,05	437	0,05	4 752	0,04	216	0,02
Empresas estatais federais[2]	-318	-0,04	-2994	-0,03	-179	-0,02	-1872	-0,02	-318	-0,03
Empresas estatais estaduais	711	0,09	8 125	0,07	595	0,07	6 378	0,05	513	0,05
Empresas estatais municipais	21	0,00	272	0,00	21	0,00	245	0,00	21	0,00

Discriminação	Correntes									
	2023				2024				2025	
	Jan-Jan		Ano		Jan-Jan		Ano		Jan-Jan	
	Fluxos	%	Fluxos	%	Fluxos	%	Fluxos	%	Fluxos	%
		PIB		PIB		PIB		PIB		PIB
Primário	-99 013	-12,21	249 124	2,28	-102 146	-11,49	47 553	0,40	-104 096	-10,83
Governo Central	-79 405	-9,79	264 533	2,42	-81 283	-9,14	45 364	0,38	-83 150	-8,65
Governo Federal	-95 895	-11,82	-42 139	-0,39	-98 112	-11,03	-253 243	-2,15	-102 778	-10,70
Bacen	3	0,00	465	0,00	145	0,02	1218	0,01	13	0,00
INSS	16 487	2,03	306 206	2,80	16 684	1,88	297 389	2,52	19 615	2,04
Governos regionais	-21 772	-2,68	-17 678	-0,16	-22 514	-2,53	-5 885	-0,05	-21 952	-2,28
Governos estaduais	-17 268	-2,13	-27 496	-0,25	-19 736	-2,22	-28 507	-0,24	-20 270	-2,11
Governos municipais	-4 504	-0,56	9 818	0,09	-2 778	-0,31	22 623	0,19	-1 681	-0,17
Empresas estatais	2 164	0,27	2 269	0,02	1 651	0,19	8 073	0,07	1 006	0,10
Empresas estatais federais[2]	601	0,07	656	0,01	1 199	0,13	6 734	0,06	545	0,06
Empresas estatais estaduais	1 614	0,20	1 300	0,01	557	0,06	1 300	0,01	320	0,03
Empresas estatais municipais	- 51	-0,01	313	0,00	- 104	-0,01	39	0,00	141	0,01
PIB acumulado no ano*	810 953	-	10 943 345	-	889 356	-	11 804 452	-	960 797	-

1/ Inclui INSS.
2/ Exclui as empresas dos Grupos Petrobras e Eletrobras.
* Dados preliminares.
(+) déficit   (-) superávit

Entre os componentes do resultado fiscal nominal (receitas totais menos gastos totais), as taxas de juros responderam por mais de 95% do déficit, precisamente 8,05% do PIB de um déficit de 8,45% do PIB em 2024. É claro o papel das taxas de juros no déficit e, em consequência, do crescimento da dívida bruta, uma vez que o déficit primário correspondeu a 0,4% do PIB, dentro da margem prevista no início do ano. Como salientado anteriormente (a variação da dívida depende do resultado primário, das taxas reais de juros e do crescimento do PIB), um controle estrito das despesas primárias pode não redundar em estabilização da dívida se as taxas reais de juros aumentarem. Vale dizer, admitindo constante a relação entre juros reais e crescimento do PIB, o superávit primário suficiente para estabilizar a dívida pública pode ser muito alto, dificultando ainda mais o ajuste.

Se a estabilização, ou queda, da dívida pública é fundamental para a saúde das finanças públicas, o grande desafio é definir como é possível atingir esse objetivo. Do mesmo modo, uma política monetária desconectada da política fiscal pode agravar o problema. Como a política monetária foca exclusivamente no controle da inflação e, portanto, da determinação da taxa básica de juros (Selic), seu efeito nos índices de preços é diferenciado por componentes da inflação. Conforme demonstraram Ribeiro, Lima, Serra e Sanches (2024), um aumento de 1 ponto percentual na Selic produz um efeito de apenas 0,02 pontos percentuais na inflação (IPCA) 24 meses depois. Uma desagregação por itens utilizados no IPCA revela que educação, despesas pessoais, comunicação e habitação ou não respondem ao aumento da Selic ou, simplesmente, geram um efeito contrário ao esperado. São diversas as razões para esse comportamento, desde a natureza da oferta de crédito no Brasil até a estrutura a termo das taxas de juros.[12]

Sendo limitada a potência das taxas de juros no controle da inflação, Dornelas e Pinto (2024), Brenck e Ribeiro (2024) e Dornelas e Terra (2021) identificaram uma intrincada relação institucional entre Banco Central e Tesouro Nacional que contribui para elevadas taxas de juros no Brasil em comparação com quase todos os países do mundo. Enquanto esse imbróglio não se resolver, as taxas nominais e reais de juros na economia brasileira servirão como um componente adicional nas dificuldades para se garantir uma saúde fiscal duradoura. Vale dizer que, mais do que uma articulação bem-sucedida para estabilizar a dívida pública no Brasil e definir melhor a relação entre Banco Central e Tesouro Nacional, há de se atentar para essa importante disfuncionalidade institucional entre essas duas entidades.

---

[12] Ribeiro *et al.* (2024) apresentam uma discussão mais detalhada dessas razões.

Por fim, todo o edifício fiscal montado já no início do governo Lula 3 impõe desafios importantes, desde os relacionados ao controle de gastos até as questões institucionais e as dificuldades de lidar com a relação entre resultado primário, crescimento do PIB e taxas reais de juros. Porquanto parte desses desafios não é passível de solução de curto prazo, o governo se encontra premido de dois lados. De um, pelo Congresso Nacional cuja maioria oposicionista dificulta uma solução que combine equilíbrio fiscal e manutenção das garantias constitucionais do gasto público, além de não renunciar a emendas impositivas. De outro lado, por um mercado financeiro muito concentrado, capaz de constranger o governo a implementar uma política fiscal fortemente contracionista. Nesse caso, através de especulação contra a moeda, o que dificulta ainda mais o ajuste, uma vez que o real mais desvalorizado com relação ao dólar tende a pressionar a inflação e, em consequência, levar o Banco Central a aumentar a Selic para tentar estabilizar a taxa de câmbio e minimizar seus efeitos inflacionários. Mas taxa de juros mais altas tendem a aumentar o déficit público, frear o crescimento do PIB e aumentar a dívida pública, agravando o referido círculo vicioso que perpetua as dificuldades em garantir um ajuste fiscal mais duradouro.

Finalmente, mas não menos importante, o equilíbrio fiscal não pode prescindir de um ajuste pelo lado das receitas. A reforma tributária aprovada em 2024 focou em uma modernização dos impostos indiretos, mas cujo resultado em termos de aumento das receitas é incerto. A reforma dos impostos diretos (renda, propriedade e heranças) é projeto para a segunda metade do governo. O sistema tributário no Brasil é um dos mais injustos do mundo, então uma reforma é essencial. Um sistema tributário mais eficiente e justo, ainda que não represente ajuste fiscal pelo lado das receitas, é projeto essencial em um governo com foco em melhoria da distribuição de renda.[13]

Considerações finais

Este capítulo se encarregou de analisar as opções de política econômica e refletir sobre dificuldades do governo Lula 3, que teve início em um cenário bastante adverso. A reconstrução de muitas políticas públicas desmontadas no quadriênio 2019-2022 e a necessidade de responder ao projeto de governo vitorioso em 2022 impôs negociações de recomposição orçamentária para garantir um gasto público capaz de garantir a recomposição de políticas públicas.

---

[13] Não é objeto deste capítulo discutir os impactos do sistema tributário no Brasil sobre políticas fiscais. Para uma discussão importante sobre as disfuncionalidades desse tópico no Brasil, ver Gobetti e Orair (2015) e Fernandes, Campolina e Silveira (2019).

Isso tendo um Congresso de maioria oposicionista e muito mais poderoso do que o das experiências de governo anteriores (Lula 1 e Lula 2), um mercado financeiro com uma capacidade de pressão maior e, finalmente, um ambiente externo conflituoso e protecionista, as dificuldades em lidar com a economia se avolumaram. Como discutido, entender os desafios dos dois anos do governo Lula 3 não é possível sem o período de desmonte de políticas públicas nos seis anos anteriores (governos Temer e Bolsonaro).

O governo Bolsonaro aprofundou o projeto neoliberal e excludente do governo Temer. Calcado em propostas econômicas baseadas em diminuição do papel do Estado, austeridade fiscal e relaxamento de amarras ao setor privado, os resultados em termos de crescimento econômico, queda no desemprego, aumento dos investimentos privados e públicos e, ainda, controle da inflação foram pífios. Mesmo levando adiante um programa de consolidação fiscal, os resultados sobre a dinâmica da dívida pública foram, se não modestos, nulos. Com a recessão de 2016-2017, a consolidação fiscal do governo Temer agravou ainda mais o desemprego e informalidade no mercado de trabalho, a concentração da renda e ainda impediu uma retomada mais forte em 2018-2019. A pandemia, evidentemente, acabou por piorar ainda mais o crescimento do PIB e a leve retomada nos dois anos anteriores.

Como discutido neste capítulo, a combinação de política fiscal contracionista, elevadas taxas de juros e o desmonte de políticas públicas não produziram efeitos positivos sobre crescimento e estabilização da dívida pública. Por outro lado, o arranjo em 2022 para viabilizar a reeleição de Bolsonaro envolveu o abandono do teto de gastos, além de intervenções na formação dos preços dos combustíveis e isenção de impostos para minimizar o efeito desses itens na inflação. Entre as medidas, a transferência de renda Auxílio Brasil foi levada a cabo sem um desenho capaz de focalizar os gastos em quem precisava e exerceu, juntamente com a liberação de empréstimos com garantia nos recebimentos do referido subsídio, um efeito positivo na demanda interna. O alívio momentâneo e seus impactos positivos sobre a demanda não foram suficientes para viabilizar a reeleição de Bolsonaro.

Tendo em vista que a variação da dívida depende da taxa de crescimento do PIB, das taxas reais de juros, do déficit primário e, ainda, da inflação, o ajuste capaz de estabilizar essa dívida depende de variáveis que se autodeterminam. A desconexão entre política monetária e política fiscal e o foco do ajuste fiscal sobre o resultado primário impõe sacrifícios ainda maiores para o equilíbrio fiscal e a estabilização da dívida. Não bastassem as questões fiscais e monetárias, as pressões inflacionárias são ainda importantes, principalmente pelo ambiente externo turbulento. Esses elementos produzem volatilidade na taxa de câmbio com evidentes impactos inflacionários. Mais uma vez o círculo vicioso do ajuste fiscal reaparece, uma vez que o Banco Central aumenta as taxas de juros para controlar a inflação e evitar que a desvalorização do real contamine a inflação. Porém, taxas de juros mais altas dificultam o ajuste fiscal, e o círculo vicioso dívida, taxas de juros, crescimento econômico e resultado primário se reaviva.

Romper tal círculo vicioso não é trivial. A visão dominante em economia assevera que o equilíbrio deve ser garantido com o estrito controle de gastos primários, inclusive com o relaxamento dos pisos constitucionais. Segundo esse argumento, amplamente difundido, é o resultado primário que possibilita uma queda das taxas de juros e, em consequência, estimula o crescimento. Neste caso, a consolidação fiscal é que possibilita a estabilização da dívida e, em consequência, uma política monetária menos restritiva. A experiência recente não parece corroborar esta visão. A estratégia de política econômica entre 2016 e 2022 se baseou nesse modelo. Se excluirmos o período da pandemia – principalmente o ano 2020, quando as políticas fiscal e monetária foram expansionistas[14] –, a retomada da normalidade não garantiu um resultado muito alvissareiro sobre a estabilização da dívida pública.[15] Não bastasse isso, o pífio crescimento do PIB no período impediu resultados maiores sobre a dívida pública. Garantir um crescimento do PIB apenas controlando gastos primários e esperando que o setor privado amplie seus investimentos não se coaduna com a experiência empírica no Brasil. De fato, historicamente o investimento público precede o investimento privado e, em alguns casos, até o estimula.

Há de se destacar, portanto, que os desafios do governo Lula 3 são grandes. O cenário interno e, principalmente, o externo impõe maior dedicação aos desequilíbrios que são muito mais desafiadores do que nos governos anteriores, impondo dificuldades significativas na política econômica de curto prazo.

---

[14] As taxas nominais de juros chegaram a 2% entre o início de 2020 e o início de 2021. Com o recrudescimento da inflação pós-pandemia, o Banco Central reiniciou o processo de aumento da Selic.

[15] A dívida bruta como percentual do PIB passou de 78%, em janeiro de 2022, para 73,1%, em janeiro de 2023. O crescimento do PIB foi, no entanto, muito pequeno após o crescimento pós-pandemia, que não recuperou a perda em 2020. Desde então a dívida cresceu, atingindo mais de 78% em outubro de 2024. Parte desse aumento se explica pelos precatórios não pagos do governo Bolsonaro e parte pela PEC da transição, que garantiu condições mínimas para o governo eleito levar adiante políticas públicas.

Governo Lula 3: alguns avanços e muitos impasses nas questões trabalhista e previdenciária

Frederico Luiz Barbosa de Melo e Maria de Fátima Lage Guerra

Quando Lula assumiu seu terceiro mandato, em janeiro de 2023, o mercado de trabalho estava sob ataque havia pelo menos seis anos. O primeiro grande golpe aconteceu em 2017, quando foram aprovadas a Lei n.º 13.429, que retirou limites à terceirização, e a Lei n.º 13.467, da Reforma Trabalhista. O resultado dessas mudanças foi a precarização das relações de trabalho e o enfraquecimento dos sindicatos de trabalhadores, sem impactos significativos sobre a redução do desemprego e da informalidade, sua justificativa oficial (GUERRA; CAMARGOS, 2021).

Em 2019, com o início do mandato do ex-presidente Jair Bolsonaro, as diretrizes neoliberais contidas na reforma trabalhista promovida pelo governo Temer foram radicalizadas. A primeira medida adotada foi a extinção dos ministérios do Trabalho e da Previdência, cujas atribuições foram delegadas em sua maioria à pasta da Economia, numa sinalização de que teriam um caráter secundário e subordinado à política econômica, de cunho fiscalista.[1]

Na questão trabalhista-sindical, essa reforma ministerial foi acompanhada por redução contínua do orçamento destinado às políticas de trabalho, ao mesmo tempo que o Fundo de Amparo ao Trabalhador (FAT), sua principal fonte de financiamento, passou a financiar a Previdência com parte expressiva de seus recursos. Em consequência, precarizou-se o sistema público de emprego, sobretudo em suas políticas de intermediação de mão de obra e qualificação profissional. Ações de inspeção e fiscalização, como o combate aos trabalhos infantil e análogo à escravidão, também sofreram retrocessos.

O governo Bolsonaro procurou avançar também no desmonte do arcabouço legal das relações de trabalho. Mesmo que tenha fracassado em criar um contrato de trabalho mais precário para jovens trabalhadores e recolher a contribuição sindical voluntária por meio de boleto bancário, seu governo revisou, consolidou e até extinguiu mais de mil normas trabalhistas infralegais, com a justificativa

---

[1] Em 2021, o governo Bolsonaro reconstituiu o Ministério do Trabalho e Previdência.

de desburocratizar e acabar com a insegurança jurídica das empresas. Não foi renovada a política de valorização do salário mínimo – um dos principais instrumentos de proteção da renda do trabalho, redução das desigualdades e dinamização da economia regional. Adotou-se, ainda, uma política antissindical, caracterizada por perseguição às lideranças do movimento, esvaziamento de fóruns de negociação tripartite e recusa ao diálogo social.

Nos sistemas públicos de previdência, o desmonte também foi intenso. Além de aprovar a mais ambiciosa das reformas previdenciárias que o país já teve,[2] Bolsonaro pôs em prática uma política de represamento de direitos, reduzindo os servidores disponíveis para o atendimento aos segurados, fechando agências físicas, prestando serviços remotos precários e adotando protocolos imprecisos para concessão de benefícios.

Em suma, quando Lula tomou posse, em janeiro de 2023, o conjunto das instituições trabalhista-sindical e previdenciária vinha de um processo de desmonte generalizado. Prevalecia, ademais, uma conjuntura que combinava salários baixos, preços altos, altas taxas de desemprego e subemprego, plataformização crescente do trabalho, envelhecimento da força de trabalho e degradação das condições de saúde em função da pandemia, além de fome, miséria e endividamento familiar.

Transformar esse quadro, buscando gerar empregos dignos, bons salários, proteção trabalhista, sindical e previdenciária para toda a classe trabalhadora, com retomada do diálogo e da participação social, foi o compromisso assumido por Lula e seu governo de frente ampla, em relação ao mundo do trabalho.[3] O objetivo deste capítulo é fazer um balanço dos avanços e dos desafios enfrentados pelo governo atual nessa difícil empreitada, até o momento.

Iniciativas de destaque já adotadas

A política permanente de valorização do salário mínimo

Em resposta aos compromissos assumidos com os trabalhadores na campanha eleitoral, a ação mais importante já posta em prática pelo governo Lula 3

---

[2] Ver a Emenda Constitucional n.º 103, de 12 de novembro de 2019, disponível online.

[3] Ver o programa da chapa "Brasil da Esperança" no portal do Tribunal Superior Eleitoral – disponível online, acesso em 25 de outubro de 2024. As diretrizes sobre as questões trabalhistas, sindicais e previdenciárias localizam-se principalmente nos itens 13 a 17, à página 4 do documento. As diretrizes referentes ao mercado de trabalho situam-se nos itens 47 a 50, à página 10. E a diretriz sobre diálogo social se encontra no item 106, à página 18, com diretrizes sobre participação social nos itens seguintes.

na área trabalhista é, sem dúvida alguma, a retomada da política de valorização do salário mínimo. As novas regras para reajuste do piso nacional, ora em vigor, foram negociadas com as centrais sindicais e fixadas através da Lei n.º 14.663/2023, em termos muito semelhantes às que vigoraram até 2019: correção pela taxa de crescimento real do produto interno bruto (PIB) de dois anos anteriores, além da variação do Índice Nacional de Preços ao Consumidor (INPC) nos 12 meses encerrados em novembro do exercício anterior ao do reajuste. Diferentemente das leis anteriores, entretanto, a política atual é permanente, ou seja, não há prazo definido em lei para sua vigência.

O alcance da política de valorização do salário mínimo é imenso. Enquanto esteve em vigor, entre 2003 e 2019, ela não somente favoreceu os brasileiros cuja renda corresponde exatamente ao valor do piso nacional – assalariados, servidores públicos, beneficiários da previdência e de outros benefícios sociais, como o Benefício de Prestação Continuada (BPC) e seguro-desemprego –, como também impulsionou a melhoria do padrão de vida de milhões de trabalhadores sem carteira assinada e por conta própria, cujos proventos também são referenciados no salário mínimo. Estima-se em 59,3 milhões o contingente de pessoas beneficiadas por essa política no país (DIEESE, 2023).

Ao elevar o piso nacional, a política de valorização do salário mínimo contribuiu também para reduzir as desigualdades salariais entre homens e mulheres, negros e não negros e entre regiões do país. Ela ainda teve impacto positivo sobre os reajustes dos pisos salariais de diversas categorias de trabalhadores, além de estimular a ampliação do mercado consumidor interno, especialmente em pequenas e médias cidades.

Mas, apesar de tantos resultados positivos, a valorização do mínimo nunca foi consenso na sociedade. A principal razão do dissenso é que o salário mínimo tem relação direta com a despesa pública, em função dos benefícios previdenciários e assistenciais pagos pelo governo e dos vencimentos dos servidores públicos, principalmente dos estados e municípios. Desse modo, os agentes que defendem uma política econômica de austeridade fiscal – como todo o mercado financeiro e parte grande do empresariado, dos analistas econômicos e da elite política de centro-direita – exercem pressão constante sobre o governo, se não para suspender a política de valorização, ao menos para desvincular as despesas previdenciárias e sociais do valor do piso nacional.

No fim de novembro de 2024, o governo lançou as propostas de ajuste fiscal. Entre elas, consta a imposição de um teto (2,5%) e um piso (0,6%) para o aumento real anual do salário mínimo entre 2025 e 2030. Isso significa que, quando o aumento do PIB for superior a 2,5%, o aumento real do salário mínimo de dois anos depois ficará limitado a 2,5%. Nas projeções de impactos financeiros das medidas, o governo aponta que, em 2030, a imposição do teto para a valorização do salário mínimo será responsável por reduzir a despesa em R$ 35 bilhões, do total de R$ 73,9 bilhões de "economia" gerada pelo conjunto de medidas, sem contar as mudanças nas emendas parlamentares (BRASIL. MINISTÉRIO DA FAZENDA, 2024). Ou seja, o teto para o aumento do salário mínimo responderá por 47% da redução de despesas projetada pelo governo para 2030 com o ajuste fiscal.

Lei da Igualdade Salarial

Outra medida trabalhista de destaque adotada pelo governo Lula 3 é a Lei n.º 14.611/2023, que aborda a igualdade salarial entre homens e mulheres. Conforme essa norma, todas as empresas com cem ou mais empregados devem adotar medidas para assegurar a igualdade salarial entre homens e mulheres no ambiente de trabalho, incluindo transparência salarial, incremento da fiscalização contra a discriminação, disponibilização de canais de denúncia, promoção e implementação de programas de diversidade e inclusão, bem como fomento à capacitação e formação de mulheres. O Decreto n.º 11.795/2023, que a regulamenta, estabelece ainda que essas empresas devem publicar, nos meses de fevereiro e agosto, relatórios detalhados sobre os salários e ocupações que praticam. Em caso de desigualdade salarial, as empresas deverão criar um plano de ação para corrigir o problema que contenha as medidas a serem adotadas, metas, prazos, sistema de avaliação etc., com participação dos sindicatos e dos empregados.

O conjunto de informações disponíveis no *2º relatório de transparência e igualdade salarial*, divulgado em setembro de 2024 pelo Ministério do Trabalho e Emprego (MTE), atesta a importância dessa iniciativa. Nos 50.692 estabelecimentos com 100 ou mais empregados existentes no Brasil em 2023, as mulheres recebiam em média apenas 79,3% da remuneração paga aos homens. Além disso, entre outras informações, constatou-se que somente 35,3% deles tinham política de incentivo à contração de mulheres, 27,9% tinham política de incentivo à contratação de mulheres negras e 22,9% tinham política de auxílio-creche.

Porém, em que pese a sua relevância, a lei de igualdade salarial tem sido alvo de contestações jurídicas, por uma parte das empresas que são obrigadas a publicar os relatórios. Essa controvérsia encontra-se, no momento, em análise no STF.

Projeto de Lei Complementar do transporte de passageiros em carros por aplicativos

Uma terceira medida importante adotada por Lula na área do trabalho é o Projeto de Lei Complementar (PLP) n.º 12/2024, que regulamenta o trabalho no transporte individual de passageiros em veículos automotores de quatro rodas por intermédio de empresas operadoras de aplicativos.

A garantia de uma extensa proteção social para os trabalhadores ocupados em atividades econômicas mediadas por aplicativos e plataformas de trabalho foi uma promessa de campanha da "Coligação Brasil da Esperança", de Lula e Alckmin. Para tanto, em maio de 2023 o governo criou um grupo de trabalho tripartite – com representação dos trabalhadores, das empresas operadoras e do governo – para debater, negociar e elaborar as propostas de regulamentação (Decreto n.º 11.513/2023). Embora esse grupo de trabalho tenha se desdobrado em dois subgrupos – um para tratar do transporte de pessoas e outro para o transporte de bens –, ao final o projeto de lei ficou circunscrito ao setor de transporte de pessoas, porque no caso do segmento de transporte de bens não houve acordo entre as partes.

O PLP n.º 12/2024 reconhece que a relação existente entre o indivíduo que dirige o veículo e a empresa que opera o aplicativo é uma relação de trabalho, passível de regulamentação e fiscalização trabalhista por parte do Estado, diferentemente de uma relação cível entre empresas, como afirmam as operadoras. Mas o motorista, no caso, é um trabalhador autônomo que, segundo a proposta, tem "plena liberdade para decidir sobre dias, horários e períodos em que se conectará ao aplicativo". Quanto aos direitos trabalhistas previstos, os principais são piso salarial de R$ 8,03/hora, adicional para cobertura de custos de R$ 24,07/hora, jornada de 8 horas efetivamente trabalhadas, tempo máximo de conexão de 12 horas diárias, proteção previdenciária, representação sindical e negociação coletiva. O projeto também prevê regras para a exclusão dos motoristas da plataforma e penalizações às empresas operadoras pelo descumprimento das obrigações trabalhistas acordadas.

O PLP encontra-se, no momento, em tramitação no Congresso Nacional, onde enfrenta dificuldades e resistências. As resistências sofridas pelo projeto dentro da própria categoria dos motoristas também são significativas. O setor se caracteriza por uma diversidade de posicionamentos quanto aos temas do PLP e pela dificuldade de organização e representação. De um lado, há os que dele discordam porque acreditam que o projeto rejeita a possibilidade de existir um vínculo empregatício entre as partes. De outro, em sentido contrário, há os que são contra a regulamentação porque ele estaria criando mais despesas para o motorista, como a contribuição previdenciária obrigatória.

Fóruns de diálogo social

Além do já citado grupo de trabalho que contribuiu na elaboração do projeto de regulamentação do transporte de passageiros por aplicativos, o governo criou outros grupos tripartites para debater temas trabalhista-sindicais.

Em 6 de abril de 2023, o governo instituiu o "Grupo de Trabalho Interministerial para elaboração de proposta de reestruturação das relações de trabalho e valorização da negociação coletiva" (Decreto n.º 11.477/2023). Esse grupo de trabalho deveria analisar os regramentos referentes às relações de trabalho, inclusive as mudanças promovidas no governo Temer, e propor novas alterações. No entanto, o grupo não conseguiu elaborar proposta de revisão da legislação trabalhista e sindical.

Em 4 de dezembro de 2023, o MTE constituiu Mesa Nacional de Negociação, para discutir a regulamentação do trabalho em feriados em algumas atividades dos setores de comércio, serviços e turismo (Portaria MTE n.º 3.747/2023). Por meio da Portaria n.º 671/2021, do antigo Ministério do Trabalho e Previdência, o governo Bolsonaro liberou o trabalho aos feriados em inúmeros negócios do comércio, dos serviços e do turismo,[4] ferindo preceito legal, que exige autorização por Convenção Coletiva de Trabalho e observância de legislação municipal (conforme a Lei n.º 10.101/2000). O MTE revogou essa autorização com a Portaria n.º 3.665/2023. O grupo não chegou a consenso, e a entrada em vigor da Portaria MTE n.º 3.665/2023, adiada quatro vezes, estava prevista para 1º de janeiro de 2025 (Portaria MTE n.º 1.259/2024), mas em 20 de dezembro de 2024 foi novamente postergada, agora para 1º de julho de 2025 (Portaria MTE n.º 2.088/2024).

Para a discussão da negociação coletiva no âmbito da administração pública federal, o governo formou um grupo de trabalho bipartite em 28 de agosto de 2023 (Decreto n.º 11.669/2023). O objetivo desse grupo de trabalho era discutir a regulamentação da Convenção 151 da OIT no Brasil, que trata do direito de sindicalização e relações de trabalho na administração pública. O período de vigência desse grupo de trabalho se esgotou, mas o governo ainda não tornou público qualquer projeto de regulamentação do direito de sindicalização e negociação coletiva no âmbito da administração pública federal.

Além de todos esses grupos de trabalho, em abril de 2023 o governo reativou diversos fóruns tripartites ou multipartites (Decreto n.º 11.496/2023): Conselho Nacional do Trabalho (CNT); Comissão Nacional de Erradicação do Trabalho Infantil; Comissão Tripartite Paritária Permanente; Conselho Deliberativo do Fundo de Amparo ao Trabalhador (Codefat); Conselho Curador do Fundo de Garantia do Tempo de Serviço; e o Fórum Nacional de Microcrédito.

---

4 A Portaria MTP n.º 671/2021, além de consolidar inúmeras outras portarias anteriores, promoveu alterações em regulamentos.

Iniciativas de destaque que constavam do programa, mas ainda não adotadas

Nos regramentos trabalhista e sindical mais gerais

Em acordo com o que constava no programa da coligação "Brasil da Esperança", dos então candidatos Lula e Alckmin, o governo propôs a instituição de um grupo para debater e negociar a revisão dos marcos regressivos da atual legislação trabalhista. E, conforme já exposto, esse grupo terminou seus trabalhos sem chegar a um consenso mínimo sobre propostas de alterações.

O governo Temer havia promovido um grande desmonte dos direitos trabalhistas e sindicais. Direitos individuais e coletivos da classe trabalhadora sofreram grandes golpes com a liberação irrestrita da terceirização e a chamada Reforma Trabalhista, que modificou amplamente a Consolidação das Leis do Trabalho (CLT).[5] Essas modificações, aliadas a regras anteriores do marco institucional das relações de trabalho (como a da representação sindical por categoria profissional, a lei de greve e a da condição de comum acordo para recurso ao poder normativo do Judiciário Trabalhista), rebaixaram direitos e enfraqueceram a organização da classe trabalhadora brasileira.

Entre outros impactos, aquelas duas reformas combinadas possibilitaram a adoção, sem restrição, por qualquer empresa, de terceirização (transferência, para outra[s] empresa[s], de parte do processo produtivo ou de serviços) e "pejotização" (contratação do trabalhador como pessoa jurídica, ou seja, sem vínculo de emprego), em especial sob a forma de microempreendedor individual (MEI). Foram permitidas novas formas de contratação (como a do autônomo exclusivo para uma empresa, a do trabalho intermitente e o remoto) e as condições de outras foram alargadas (como o do contrato por tempo parcial). Foram impostos barreiras e riscos no recurso ao judiciário trabalhista e possibilitadas negociações individuais diretas (entre trabalhador[a] e empregador[a]). Além disso, as entidades sindicais sofreram corrosão de seu poder de organização, mobilização e conquistas, inclusive com o fim da contribuição sindical obrigatória (ou "imposto sindical").

Sob o pretexto de fortalecer o papel dos sindicatos e a negociação coletiva (isto é, a negociação que se estabelece entre sindicato de trabalhadores e empresas ou sindicato patronal), a reforma determinou que o resultado

---

[5] Vale notar que o STF tem analisado diversos dispositivos da Lei n.º 13.467/2017 quanto à sua constitucionalidade. Alguns pontos foram revistos, mas a maior parte dos temas da reforma trabalhista discutidas no STF foi por ele ratificada.

da negociação tem prevalência sobre o que está previsto em lei. Ademais, definiu que as negociações mais específicas (por empresa) prevalecem sobre as mais gerais (para o conjunto da categoria profissional). No entanto, ao mesmo tempo, retirou abruptamente a principal fonte de financiamento das entidades sindicais, determinou o fim da ultratividade (que é a prorrogação da validade das cláusulas dos Acordos e Convenções Coletivas de Trabalho depois do término de sua vigência) e possibilitou uma fragmentação ainda maior da base sindical por meio da diversificação dos tipos de contrato. Aliada a essas mudanças, ainda vigora regra anterior segundo a qual, caso as partes não cheguem a um acordo na negociação, o Judiciário só poderá ser acionado se houver comum acordo entre as partes para a decisão judicial. Além disso, a lei de greve e as decisões judiciais sobre o tema restringem muito o exercício desse direito dos trabalhadores, conforme a Constituição, no *caput* do artigo 9º. Portanto, o resultado da combinação dessas condicionantes legais e judiciais é um sindicato com poucos recursos para enfrentar a negociação e sendo premido a fechar acordo com a entidade patronal, sob risco de perder os direitos conquistados ao longo do tempo.

A questão do financiamento sindical vem sendo tratada no Executivo, no Judiciário e no Legislativo. Em 2018, o STF julgou constitucional o fim da "contribuição sindical" obrigatória (por 6 votos a 3). Em setembro de 2023, porém, ao analisar outra contribuição prevista na CLT, o STF decidiu, por 10 votos a 1, ser constitucional a instituição, por acordo ou convenção coletivos, de "contribuições assistenciais" de todos os trabalhadores da categoria, mesmo dos não sindicalizados, desde que assegurado o direito de oposição. Essa decisão ainda não é definitiva, dado que embargos da Procuradoria-Geral estão pendentes de julgamento. Mas, desde a decisão do STF, o Congresso Nacional, o TST e um fórum das centrais sindicais têm discutido a decisão, em especial sobre qual seria a forma mais adequada para garantir o direito de oposição ao desconto da contribuição.

Nas temáticas previdenciárias

A plataforma da chapa Lula-Alckmin também explicitava intenção de promover "a reconstrução da Seguridade e da Previdência", com "a superação das medidas regressivas e do desmonte" dessas políticas públicas. A Reforma da Previdência, apesar de ter sido proposta e defendida ardorosamente pelo governo Temer, foi aprovada durante o governo Bolsonaro, em versão ligeiramente modificada da que vinha sendo discutida no governo anterior, tornando-se a Emenda Constitucional (EC) n.º 103/2019.

A Reforma da Previdência visou essencialmente enfrentar pressões fiscais, sem pretender promover inclusão, maior equidade ou aumento de bem-estar social. Assim, a proposta aprovada centrou-se em elevar idade mínima de aposentadoria, aumentar o tempo mínimo de contribuição e alterar a fórmula de cálculo dos benefícios, para diminuir seu valor. A exigência de longo período de contribuição contrasta com características do mercado de trabalho brasileiro e com as mudanças trazidas pela Reforma Trabalhista, que dificultam o acúmulo de contribuições mensais. Vale lembrar que os servidores militares foram preservados da referida reforma.

Além de ter instituído regras que dificultam o acesso a renda em situações de risco social, a reforma desconstruiu o arcabouço institucional da rede de proteção. Ao determinar a segregação de fontes de receita para as políticas de previdência, saúde e assistência, a Reforma da Previdência avançou no desmonte da Seguridade como um conjunto articulado de ações com financiamento diversificado. Ademais, a EC desconstitucionalizou diversas regras previdenciárias, que passaram a poder ser fixadas por legislação complementar, inclusive a idade e o tempo de contribuição mínimos, e ainda permitiu que recursos do FAT fossem utilizados para financiar o Regime Geral da Previdência Social, desfalcando as políticas de emprego, trabalho e renda.

O desmonte da Seguridade também foi impulsionado pela Reforma Trabalhista e pela lei da terceirização irrestrita, na medida em que estimularam a contratação de trabalhadores como pessoas jurídicas (inclusive os MEI) e autônomos, que são categorias que geram menos contribuição para a Previdência. Em que pesem todas essas alterações nos direitos e na constituição da Previdência Pública e da Seguridade, o governo Lula, até o momento, não propôs qualquer revisão das regras trazidas pela Reforma Previdenciária.[6]

Evolução positiva do mercado de trabalho

A taxa de desocupação captada pelo IBGE no terceiro trimestre de 2024, de 6,4% da força de trabalho, foi a menor da série histórica da Pesquisa Nacional por Amostra de Domicílios Contínua (PNAD-C), iniciada em 2012, considerando os terceiros trimestres de cada ano. Caso se considere qualquer trimestre, a taxa de desocupação de julho-setembro de 2024 foi praticamente a mesma

---

[6] Também no que diz respeito à Reforma da Previdência, o STF tem sido acionado. O Supremo julgou diversas ações diretas de inconstitucionalidade conjuntamente e já estabeleceu maioria quanto à inconstitucionalidade de alguns dispositivos, mas pedido de vista adiou o final do julgamento.

do quarto trimestre de 2013 (de 6,3%), que é o menor valor já alcançado. O número de pessoas economicamente desocupadas foi estimado em 7 milhões, com diminuição de 1,3 milhão em relação ao mesmo trimestre do ano anterior.

No terceiro trimestre de 2022, a taxa de desocupação havia sido de 8,7%; e no terceiro trimestre de 2023, de 7,7%. Outros indicadores do mercado de trabalho também apontam melhorias. O rendimento médio habitual de todos os trabalhos passou, em termos reais, de R$ 2.987 no terceiro trimestre de 2022 para R$ 3.227 no mesmo trimestre de 2024, com aumento real de 8%. A taxa composta de subutilização da força de trabalho (que considera as pessoas desocupadas, as subocupadas por insuficiência de horas trabalhadas e a força de trabalho potencial[7]) evoluiu de 20,1% para 15,7% da força de trabalho ampliada. O mercado de trabalho durante o terceiro governo Lula, portanto, mostra um desempenho muito positivo, conforme indicado pela PNAD-C do IBGE.

Esse comportamento positivo do mercado de trabalho reflete o bom desempenho da economia brasileira, que surpreendeu diversos analistas econômicos e superou expectativas. O crescimento econômico do Brasil até o segundo trimestre de 2024 foi puxado pelo aumento dos investimentos e do consumo das famílias. Além de incentivado pelo processo anterior de redução da taxa básica de juros (revertido a partir de setembro de 2024), o crescimento econômico decorreu, em grande parte, de medidas do governo Lula 3 de estímulo aos investimentos e de ampliação das transferências de renda para as famílias mais pobres, em especial dos benefícios previdenciários, do BPC-Loas e do Bolsa Família (AMITRANO; ARAUJO; SANTOS, 2024). O aumento do consumo das famílias resulta dessa ampliação da renda de transferências governamentais combinada com a melhoria do mercado de trabalho, em especial com o maior nível de ocupação e o crescimento de rendimento, impulsionado também pelo aumento do salário mínimo.

Com base nas baixas taxas de desemprego (ou de desocupação), alguns analistas afirmam que o Brasil se encontra em pleno emprego e, em consequência, sob risco de aceleração inflacionária, seja por conta da pressão de custos salariais ou por "excesso" de demanda. Na verdade, em que pesem eventuais restrições de profissionais em áreas específicas, não há escassez de força de trabalho no Brasil. Além do excedente revelado pela taxa composta de subutilização da

---

[7] A força de trabalho potencial inclui pessoas que buscaram trabalho, mas não se encontravam disponíveis para trabalhar, e pessoas que procuraram trabalho, mas gostariam de ter um trabalho e estavam disponíveis para trabalho. Ver IBGE, *Pesquisa Nacional por Amostra de Domicílios Contínua: medidas de subutilização da força de trabalho no Brasil*, 22 nov. 2016; disponível online.

força de trabalho, há um conjunto expressivo de trabalhadoras e trabalhadores em ocupações pouco produtivas, que representam, antes de tudo, estratégias de sobrevivência e artifícios para auferir alguma renda. E, por fim, a taxa de participação (ou seja, a proporção de pessoas em idade ativa que estão de fato na força de trabalho) ainda não voltou aos patamares anteriores à pandemia, o que pode representar também uma força de trabalho potencial a ser acionada.

Apesar da elevação do rendimento médio do trabalho, os rendimentos ainda são muito concentrados em baixos patamares. Metade dos ocupados brasileiros recebia até, aproximadamente, R$ 2.000 no segundo trimestre de 2024, segundo a PNAD-C. Nas condições brasileiras, o emprego com carteira assinada pode ser mais desgastante do que a ocupação como trabalhador(a) autônomo(a). Os baixos salários, as longas jornadas, o acúmulo de funções e a pressão ou assédio da chefia podem explicar o descompasso entre os aparentemente bons indicadores do mercado de trabalho segundo as pesquisas e a insatisfação da população. Não por acaso, recentemente retomou com força o movimento pela redução da jornada de trabalho.

Considerações finais

A avaliação do governo Lula 3, em meados de seu mandato, não pode desconsiderar o processo de destruição das instituições e políticas públicas levado a cabo pelo governo anterior. O esforço de recomposição de pessoal, processos, conhecimentos e capacidade de elaboração e articulação pode ser tão exigente quanto imperceptível para a sociedade. Além disso, a composição das forças políticas no Congresso Nacional restringe e condiciona o campo de ação do Executivo, assim como, de maneira mais mediada, o posicionamento (de guerra) da elite econômica e da imprensa corporativa. Caso não seja bem articulada, a proposição de mudanças em regras trabalhistas ou previdenciárias pode desencadear, no Congresso, iniciativas prejudiciais à busca de ampliação dos direitos, da equidade e da democracia e/ou custar caro ao Executivo. Tudo indica que esse (des)equilíbrio de forças políticas leva o governo a identificar e priorizar de modo muito cauteloso as batalhas que quer enfrentar no Congresso. Até o momento presente, o governo não propôs mudanças no regramento sindical-trabalhista nem no sistema previdenciário público, e parece ter priorizado a aprovação do arcabouço fiscal, da Reforma Tributária sobre o consumo e da taxação de fundos de investimento exclusivos e de *offshores* (empresas no exterior que investem no mercado financeiro), sem alterar substancialmente o caráter regressivo do sistema tributário nacional e sem conseguir apresentar a proposta de reforma tributária da renda ou a de taxação da distribuição de lucros e dividendos. A proposta de isenção total de imposto de renda para rendimentos mensais de até R$ 5 mil e isenção parcial para rendimentos até R$ 7 mil, combinada com a imposição de alíquota efetiva mínima de até 10% para rendimentos superiores a R$ 50 mil mensais anunciada no fim de novembro de 2024, só veio a ser apresentada na forma de projeto de lei em março de 2025 e encontra-se em tramitação.

A aprovação da política permanente de valorização do salário mínimo e da Lei da Igualdade Salarial configuram expressivos avanços em garantia de direitos. A retomada dos fóruns de diálogo social sinaliza aprofundamento da democracia participativa, apesar da dificuldade de se alcançarem consensos e propostas comuns dos atores sociais.

Um dos eixos da estratégia do governo parece centrar-se na garantia da renda das famílias mais pobres, seja por meio das transferências de benefícios, seja por meio da valorização do salário mínimo, e nos consequentes impactos positivos sobre o consumo, o mercado de trabalho e as condições de vida dessa população. Os dados das pesquisas de mercado de trabalho, no entanto, podem não estar revelando adequadamente a realidade atual.

Os mercados de trabalho contemporâneos são radicalmente diferentes de como eram no passado recente. As mudanças tecnológicas, as transformações socioculturais e as novas formas de organização e de regulação do trabalho alteraram substancialmente sua realidade. As bases conceituais e as metodologias utilizadas hoje nas pesquisas para medir a taxa de desocupação e outros indicadores foram desenhadas em outro contexto, em que as relações de trabalho eram mais reguladas e mais estáveis, e as pessoas trabalhadoras tendiam a ter apenas uma ocupação, com jornadas e rendimentos mais determinados. As pesquisas não expressam mais, com fidelidade, as caraterísticas dos mercados de trabalho contemporâneos. A construção de indicadores do mercado de trabalho no Brasil já era uma tarefa complexa, dada a sua heterogeneidade, e tornou-se ainda mais desafiadora, com a ampliação das formas possíveis de contratação e a flexibilidade de rendimentos e jornadas. Em especial, a disseminação da terceirização e da contratação de trabalhadores como autônomos, MEI ou pessoa jurídica, além da contratação de serviços por aplicativos e a combinação simultânea de formas de inserção, debilitou a capacidade das pesquisas de emprego e desemprego em fornecer elementos para análise do mercado de trabalho, da previdência e da economia. Urge, portanto, construir novos instrumentos de aferição da realidade dos mercados de trabalho.

Ainda assim, na perspectiva do governo, a atividade econômica mais dinâmica e o mercado de trabalho mais apertado poderiam facilitar conquistas por meio das negociações diretas entre entidades empregadoras e sindicatos laborais.

No entanto, a sustentação de renda dos mais pobres está sob constante ataque dos que defendem a imprescindibilidade do ajuste fiscal (e da manutenção das extorsivas taxas de juros). E a capacidade negocial do movimento organizado dos trabalhadores sofreu intensa corrosão com a Reforma Trabalhista do governo Temer, enfraquecendo, portanto, a potência dos sindicatos de transformarem uma conjuntura positiva em ganhos estruturais para sua categoria laboral e, assim, para a classe trabalhadora.

Até fim de novembro de 2024, o governo resistiu à adoção de propostas defendidas com alarde na imprensa pelos representantes dos interesses financeiros. Sob argumento do desequilíbrio fiscal estrutural e na vigência de taxa de juros real inaudita que pressiona tal desequilíbrio, assistia-se a movimentos especulativos com o câmbio e as taxas de juros de longo prazo combinados com (renovadas) propostas de rebaixamento das políticas públicas. A imprensa reverberava em reportagens, análises e editoriais a necessidade de revisão da valorização do salário mínimo; de desvinculação dos pisos previdenciário e assistencial em relação ao salário mínimo; de nova reforma da Previdência; de revogação da regra constitucional dos pisos de gastos com educação e saúde.

As propostas do pacote de ajuste fiscal recaem, em grande medida, sobre a classe trabalhadora. Segundo as estimativas do governo, as propostas de imposição do teto de aumento do salário mínimo, de redução da cobertura do abono salarial e de endurecimento das regras de acesso e fiscalização do BPC e do Bolsa Família representarão, em 2030, R$ 49,2 bilhões da redução de despesas do total de R$ 73,9 bilhões (fora emendas parlamentares) (BRASIL, MINISTÉRIO DA FAZENDA, 2024), ou seja, 66,6% do total do ajuste. Mesmo assim, a especulação com as taxas de juros e de câmbio persistia depois de anunciado o pacote e publicados os primeiros projetos de mudanças legais.

O conteúdo do ajuste fiscal, a pressão por um corte mais profundo das políticas públicas e a continuidade da especulação financeira e da tentativa de imobilizar o governo revelam fragilidade política do governo. Apesar de todo o esforço de reconstrução institucional, o Executivo não conseguiu apresentar nem, muito menos, negociar propostas dedicadas a recompor direitos trabalhistas e a reestruturar a organização sindical, a previdência e a seguridade social. As mudanças legais da previdência pública e dos direitos trabalhistas e sindicais foram reformas "desestruturantes". O programa de governo da coligação "Brasil da Esperança" se comprometia a rever essas reformas. Sua não revisão, no todo ou nas piores partes, significa a ausência de estrutura institucional que garanta, à população brasileira, direitos e o direito de conquistar direitos. Com a organização das trabalhadoras e dos trabalhadores enfraquecida, a democracia se precariza.

As políticas de saúde no governo Lula 3: o difícil esforço de reconstrução

Michelle Fernandez e Vanessa Elias de Oliveira

Policy dismantling, ou desmantelamento das políticas públicas, pode ser definido como as alterações que levam a cortes, reduções ou até mesmo à eliminação de orçamentos, regras, capacidades e instrumentos em uma área governamental (BAUER; KNILL, 2012; BAUER *et al.*, 2014). A partir dessa perspectiva teórica, muitos foram os trabalhos que analisaram o desmantelamento das políticas públicas no Brasil, principalmente durante o governo Bolsonaro (AVRITZER; KERCHE; MARONA, 2021; GOMIDE; SILVA; LEOPOLDI, 2023a).

Esse movimento de desmonte não foi exclusivo de nosso país, mas vem marcando os regimes políticos autoritários mundo afora (GOMIDE; SILVA; LEOPOLDI, 2023b). Várias são as estratégias utilizadas pelos governantes populistas autoritários para o desmantelamento das políticas. Dentre elas encontram-se a redução de recursos, o ataque à burocracia e a redução das responsabilidades do governo, sobretudo por meio da centralização do poder e mudanças das normas (BAUER; BECKER, 2020).

No contexto brasileiro, com o fim do governo Bolsonaro verificou-se um freio no processo de desmantelamento de políticas sociais acompanhado pela tentativa de reversão de retrocessos em uma série de políticas públicas. Com o início do governo Lula 3, um governo de centro-esquerda fortemente vinculado a uma agenda política de cunho social, o Estado retomou a centralidade na produção de políticas públicas e no fortalecimento de políticas redistributivas. A partir dessa perspectiva, nos deparamos com a tentativa de reconstrução de políticas de saúde desmanteladas no período anterior. Nesse sentido, este capítulo tem como objetivo apresentar as principais pautas da saúde no processo de reconstrução dessas políticas, identificando os logros, desafios e debilidades desse processo.

Para compreender o (difícil) processo de reconstrução da política de saúde no governo Lula 3, este capítulo apresenta brevemente o desmonte promovido pelo governo Bolsonaro e, em seguida, discute o processo de reconstrução que foi levado a cabo entre os anos de 2023 e 2024. Conforme demonstraremos, muitas políticas e programas foram retomados e/ou reestruturados, mas há ainda desafios importantes a serem enfrentados pela política de saúde no Brasil.

Desmonte e negacionismo no Brasil durante o governo Bolsonaro

As políticas públicas de saúde durante o governo Bolsonaro foram marcadas por um encolhimento orçamentário, parte de um processo de austeridade iniciado no governo Temer (GIOVANELLA *et al.*, 2016; OLIVEIRA; FERNANDEZ, 2021; LOBATO, 2024). Esse corte no investimento público, somado ao aumento do desemprego e ao empobrecimento da população, aprofundou a vulnerabilidade social no Brasil.

O desmantelamento de políticas de saúde

A descentralização das políticas públicas de saúde no Brasil, iniciada após a Constituição de 1988, conferiu maior autonomia a estados e municípios, colocando estes últimos à frente da Atenção Primária à Saúde (APS) dentro do Sistema Único de Saúde (SUS). A APS, que funciona como a porta de entrada do SUS, passou por expansão entre 1998 e 2016. Entretanto, a partir de 2016, políticas de desinvestimento, como a Emenda Constitucional n.º 95, que limita os gastos públicos por vinte anos, começaram a enfraquecer o SUS e esse nível de atenção (MASSUDA *et al.*, 2018). Três ações governamentais contribuíram para o desmonte da APS no governo Bolsonaro: o fim do programa Mais Médicos, mudanças no financiamento da APS e a desestruturação do Núcleo Ampliado de Saúde da Família e Atenção Básica (NASF).

Em 2018, foi encerrada a cooperação técnica com Cuba no programa Mais Médicos, levando à saída de 8.500 médicos cubanos do Brasil. Esse fato causou um forte impacto no atendimento básico à saúde, principalmente em áreas remotas (SANTOS *et al.*, 2019). Em resposta à saída dos médicos cubanos, o governo Bolsonaro lançou a Medida Provisória n.º 890, que criou o programa Médicos pelo Brasil (PMB) e a Agência para o Desenvolvimento da Atenção Primária à Saúde (ADAPS). O objetivo era aumentar o número de médicos em áreas de difícil acesso e formar especialistas em medicina de família, mas o programa não obteve o sucesso esperado, deixando várias regiões sem atenção médica. Nesse sentido, o fim do Mais Médicos incidiu fortemente sobre a oferta de atendimento básico à saúde em áreas vulneráveis.

Outra mudança que deve ser pontuada ocorreu em 2019 com a criação do programa Previne Brasil, que alterou o modelo de financiamento da APS.

Anteriormente, o financiamento era baseado no número de habitantes e equipes de Estratégia Saúde da Família (ESF). Porém, o Previne Brasil passou a basear o cálculo do financiamento no número de cadastrados nas unidades de saúde e nos resultados de indicadores selecionados. Isso gerou uma diminuição no investimento da APS, pois o financiamento deixou de ser universal, dependendo do cadastramento da população (MASSUDA, 2020).

O NASF, criado em 2008 para fortalecer a APS com equipes multiprofissionais, também sofreu mudanças em janeiro de 2020, quando o governo flexibilizou sua composição. A partir de então, os gestores municipais ganharam autonomia para definir quais profissionais fariam parte das equipes, sem a obrigatoriedade de seguir as formações originais dos NASFs. Isso resultou na desestruturação dessas equipes, desorganizando a proposta inicial dos NASFs e prejudicando o atendimento integrado oferecido na APS.

Em outras áreas de saúde, como na do combate ao HIV/Aids, o governo Bolsonaro também promoveu desmontes significativos. Em 2019, o Departamento de IST, Aids e Hepatites Virais foi renomeado e passou a acumular outras funções, como o combate à tuberculose e à hanseníase. Essa mudança gerou críticas. Por um lado, tivemos a ampliação de atribuições do departamento, o que poderia levar à diminuição da atenção e até mesmo de recursos investidos no combate ao HIV/Aids. Por outro lado, ocorreu a retirada do termo "Aids" do nome do departamento, o que foi visto como uma redução da prioridade dada ao combate à doença (LIMA, J., 2020).

A saúde indígena também foi afetada. Logo no início do governo, houve uma tentativa de municipalizar o Subsistema de Atenção à Saúde Indígena, o que foi criticado por entidades indígenas (BRAVO; PELAEZ; DE MENEZES, 2020). A pandemia de covid-19 agravou a situação, expondo a fragilidade da política de saúde indígena, que enfrentou problemas como a redução de repasses da União, invasões em terras indígenas e altos números de casos e mortes de indígenas devido ao vírus (SILVA; LIMA; JUNQUEIRA, 2023).

As políticas voltadas para a saúde das mulheres sofreram retrocessos durante o governo Bolsonaro, especialmente no campo dos direitos sexuais e reprodutivos. A omissão do Ministério da Saúde em relação à educação sexual, alinhada ao discurso conservador do governo, agravou o cenário de altas taxas de mortalidade materna no Brasil (RODRIGUES; SOUSA; FERLA, 2019). Em 2019, foi aprovada a Lei n.º 13.931, que obriga a notificação à polícia de casos de violência contra a mulher, mas a medida foi criticada por grupos de defesa dos direitos das mulheres, que apontaram a vulnerabilidade gerada pela divulgação de informações sigilosas. Além disso, durante a pandemia, o governo emitiu uma nota técnica reafirmando a importância dos cuidados com a saúde sexual e reprodutiva, mas a interpretação de Bolsonaro de que isso seria um apoio à legalização do aborto resultou na exoneração de funcionários responsáveis pela nota. Esses episódios reforçam o negacionismo e a postura conservadora que marcaram as políticas de saúde do governo Bolsonaro durante a pandemia.

O enfrentamento da pandemia de covid-19

A pandemia de covid-19 encontrou o Ministério da Saúde (MS) já enfraquecido por desmontes ocorridos no período pré-pandemia. No entanto, além dessa fragilidade, outro grande desafio enfrentado pelo MS nesse período foi o discurso negacionista do presidente Jair Bolsonaro, que dificultou a coordenação com estados e municípios. Além disso, a gestão da crise foi marcada por divergências internas no governo e pela resistência do presidente às medidas sanitárias recomendadas (OLIVEIRA; FERNANDEZ, 2021).

Durante os primeiros meses da pandemia, o Brasil passou por sucessivas trocas de ministros da saúde. No início, o ministro Luiz Henrique Mandetta liderou a pasta de saúde baseado na ciência e nas orientações da Organização Mundial da Saúde (OMS). Ele buscou articular estados e municípios, apesar de críticas de que o MS teria demorado a agir, respondendo tardiamente às demandas por leitos, respiradores e testes. O confronto entre o ministro e Bolsonaro, principalmente sobre o uso da cloroquina e medidas de distanciamento social, culminou na exoneração do ministro.

Com a saída de Mandetta, Nelson Teich foi nomeado, mas sua gestão foi breve e conturbada. Teich, sem experiência no SUS, tentou alinhar-se ao presidente, mas discordâncias sobre o uso da cloroquina resultaram em sua renúncia após menos de um mês no cargo. Sua gestão foi marcada pela tentativa de politizar o MS, com exoneração de funcionários de carreira e nomeação de militares, o que pavimentou o caminho para o general Eduardo Pazuello assumir o ministério.

A postura negacionista de Bolsonaro e o alinhamento de Pazuello ao presidente afetaram negativamente a gestão da crise sanitária. A falta de coordenação e o negacionismo foram evidentes na baixa adesão ao isolamento social e na falta de uma estratégia adequada de testagem. A ausência de testagem em massa resultou em altas taxas de transmissão e elevado número de mortos, colocando o Brasil entre os países com piores índices de combate à covid-19, ao lado dos Estados Unidos e da Índia, cujos líderes também adotaram posturas negacionistas (HASSELL, 2020; MAGNO *et al.*, 2020).

A crise sanitária no Brasil também revelou a desarticulação federativa. O atrito entre os entes federativos prejudicou a atuação governamental durante a pandemia e revelou uma ausência de coordenação (FERNANDEZ; PINTO,

2020; OLIVEIRA; MADEIRA, 2021). O governo federal falhou em várias frentes essenciais, como a compra e distribuição de testes, o fortalecimento da APS e a proteção de profissionais de saúde (OLIVEIRA; FERNANDEZ, 2021). Estados e municípios precisaram assumir o protagonismo nas políticas de combate à pandemia, frente à incapacidade de coordenação e suporte do governo central (FERIGATO; FERNANDEZ; AMORIM, 2020; RODRIGUES *et al.*, 2021).

Em resumo, o enfrentamento à pandemia no Brasil foi marcado pela desarticulação entre o governo federal e os estados e municípios, além de uma postura negacionista do presidente, que minou os esforços para conter o avanço da doença. A falta de coordenação, transparência e o apoio a medicamentos sem comprovação científica colocaram o Brasil em uma posição vulnerável no enfrentamento à covid-19, com consequências graves para a população.

O processo de reconstrução entre 2023 e 2024

A desorganização ou desmonte de programas importantes da pasta da Saúde no governo Bolsonaro foi o grande desafio enfrentado pela ministra Nísia Trindade logo no início do governo Lula 3. Compreender as ações em curso nos ministérios é a principal tarefa de novos ministros em qualquer governo, mas o desafio imposto a ela e a outros ministros foi além, demandando a compreensão das áreas e políticas que precisavam de atenção especial para a sua reestruturação. Para compreender esse processo, apresentamos um diagnóstico da saúde no governo de transição, em seguida indicamos as medidas adotadas no início do mandato e, por fim, citamos as principais ações de reconstrução entre os anos de 2023 e 2024.

O diagnóstico da saúde no governo de transição

O diagnóstico da saúde no governo de transição revela um cenário desafiador, marcado por problemas estruturais e crises acentuadas durante a pandemia de covid-19. Entre as principais dificuldades identificadas estão o subfinanciamento crônico do SUS, a falta de recursos humanos e a desorganização na gestão de políticas públicas de saúde. O desmonte de programas essenciais, como o Mais Médicos, e a mudança no financiamento da Atenção Básica afetaram negativamente a capacidade do SUS de atender de forma equitativa a população, especialmente em regiões mais vulneráveis.

Como consequência, desde 2016 observa-se uma deterioração generalizada em diversos indicadores de saúde, incluindo: queda nas taxas de cobertura vacinal; redução significativa nas consultas, cirurgias e procedimentos diagnósticos e terapêuticos realizados pelo SUS em níveis de atenção primária à saúde, especializada e hospitalar, atrasando o início do tratamento para diversas doenças; aumento das internações por desnutrição infantil devido à fome; estagnação na redução da mortalidade infantil; e crescimento das mortes maternas (BRASIL, GABINETE DE TRANSIÇÃO GOVERNAMENTAL, 2022).

Esse quadro sanitário resulta de retrocessos institucionais, orçamentários e normativos que desmontaram políticas de saúde e afetaram o funcionamento de várias áreas do SUS (OLIVEIRA; FERNANDEZ, 2021). A perda de autoridade sanitária nacional e a fragilização do papel de coordenação do Ministério da Saúde foram fatores cruciais na desestruturação de programas antes bem-sucedidos, como o Programa Nacional de Imunizações (PNI), o Mais Médicos, o Farmácia Popular, o HIV/Aids e a Política Nacional de Saúde Integral da População Negra. Além disso, a precarização do trabalho na saúde, com a redução de investimentos na formação e contratação de profissionais, aumentou a sobrecarga em áreas fundamentais do SUS. A saída dos médicos cubanos e o fracasso na substituição por profissionais locais enfraqueceu o atendimento em áreas remotas e de difícil acesso, exacerbando as desigualdades regionais no acesso à saúde.

De acordo com o diagnóstico da equipe de transição de governo, os cortes no orçamento da saúde para 2023, que somavam R$ 10,47 bilhões, comprometeriam diretamente programas e ações estratégicas do SUS, como o Farmácia Popular, as políticas de saúde indígena e o programa de HIV/AIDS. Além disso, as filas para atendimentos especializados, que cresceram de forma alarmante após a pandemia, teriam sua situação agravada com esses cortes (BRASIL. GABINETE DE TRANSIÇÃO GOVERNAMENTAL, 2022).

Perante esse cenário, o início do governo Lula 3 foi marcado por um movimento chamado "revogaço", de revisão e anulação de diversas políticas de saúde implementadas durante o governo Bolsonaro. Em janeiro de 2023, o Ministério da Saúde, sob a liderança da ministra Nísia Trindade, iniciou a revogação de várias portarias da gestão anterior. Essas portarias, embora apresentadas como políticas públicas de saúde, eram amplamente criticadas por especialistas, pois esvaziavam programas existentes e restringiam direitos.

O "revogaço" tratou principalmente da retomada de políticas de saúde voltadas para grupos vulneráveis, enfraquecidas durante o governo Bolsonaro. Medidas que fragilizaram, principalmente, os direitos sexuais e reprodutivos, as políticas materno-infantil e a participação social no SUS foram revogadas em 16 de janeiro de 2023 (BRASIL, 2023).

Ainda nas primeiras semanas de janeiro de 2023, a saúde do povo Yanomami foi centro de preocupação para o governo Lula 3. Em 16 de janeiro de

2023, equipes do Ministério da Saúde chegaram ao território Yanomami para avaliar a extensão da crise, caracterizada pelo aumento de casos de malária, fome crônica e outras violências sofridas pela população local (LOBO; CARDOSO, 2023). Nesse contexto, em 20 de janeiro, o presidente assinou o Decreto n.º 11.384, instituindo o Comitê de Coordenação Nacional para Enfrentamento da Desassistência Sanitária das Populações em Território Yanomami.

O retorno de políticas públicas dos governos Lula e Dilma

As políticas de saúde do governo Lula 3 têm sido marcadas pelo retorno de políticas e programas já executados pelos governos anteriores do Partido dos Trabalhadores, o que representa um esforço para restaurar os pilares do Sistema Único de Saúde (SUS).

O atual governo retomou programas e reestruturou o atendimento à saúde da população, sobretudo da população mais vulnerável. Nos dois primeiros anos de governo, a APS voltou a ter centralidade, em especial os quatros atributos essenciais da atenção primária (acesso, longitudinalidade, integralidade e coordenação do cuidado), segundo Starfield (2002). Para essa mudança de perspectiva, foi proposto um novo modelo de financiamento da APS (FERNANDEZ; KLITZKE, 2024), restaurando regras anteriores.

O modelo de financiamento implementado no governo Bolsonaro, o Previne Brasil, restringiu o repasse de recursos aos municípios com base no número de pessoas cadastradas nas unidades de saúde, deixando de considerar a universalidade do SUS (MASSUDA, 2020). O governo Lula, ao propor a reformulação das regras de financiamento da APS, teve como objetivo retomar um modelo de financiamento mais equitativo, baseado na população e nas necessidades de cada território, visando garantir maior cobertura e acesso aos serviços de saúde, independentemente da capacidade de registro dos municípios.

Durante os governos petistas anteriores, a ampliação da cobertura da Atenção Primária à Saúde e o fortalecimento de programas como o Mais Médicos foram essenciais para reduzir as desigualdades no acesso à saúde em regiões vulneráveis. Assim, para além da reorganização da APS, o governo Lula também reestruturou o Programa Mais Médicos, que teve grande impacto durante os governos anteriores, especialmente em regiões remotas e periféricas do Brasil (PEREIRA *et al.*, 2016). A saída dos médicos cubanos e as mudanças feitas no governo Bolsonaro enfraqueceram-no, resultando na falta de médicos em diversas localidades. O governo Lula restabeleceu o Mais Médicos. Em julho de 2024, o programa alcançou a marca de quase 25 mil médicos atuando. Em números absolutos de médicos, o Nordeste lidera com o maior número de vagas ocupadas (8.362), seguido pelo Sudeste (7.435). Com relação aos estados, São Paulo conta com 3.288 médicos, Minas Gerais com 2.219 e Bahia com 2.127 (AGÊNCIA GOV, 2024).

Outro avanço em políticas de saúde está vinculado ao Programa Nacional de Redução das Filas de Cirurgias Eletivas, Exames Complementares e Consultas Especializadas (PNRF), instituído pela Portaria GM/MS n.º 90 de 2023. Como o próprio nome indica, sua intenção é mpliar a realização de cirurgias eletivas e reduzir as filas para exames e consultas especializadas no país. O programa contou, *a priori*, com R$ 600 milhões em recursos. Cada estado necessitou submeter um plano ao Ministério da Saúde para receber os repasses e realizar as cirurgias eletivas. Os principais objetivos do programa incluem organizar e ampliar o acesso a cirurgias, exames e consultas com demanda reprimida; melhorar a governança da Rede de Atenção à Saúde, garantindo acesso e financiamento estáveis; monitorar e avaliar ações e serviços de saúde para aprimorar a atenção especializada; qualificar contratos com redes complementares; reformular a gestão das filas de espera, adaptando a oferta de serviços às necessidades de saúde e assistenciais; e implementar um novo modelo de custeio para a atenção ambulatorial e as cirurgias eletivas. Em virtude do programa, o Brasil apresentou um crescimento de 20% no total de cirurgias eletivas realizadas, ao se comparar o período de fevereiro a agosto de 2024 com fevereiro a agosto de 2023 (BRASIL. MINISTÉRIO DA SAÚDE, 2024a).

Por fim, avanços importantes foram feitos em relação à vacinação. Se durante os anos Bolsonaro o Brasil chegou a entrar para a lista dos vinte países com mais crianças não imunizadas no mundo, dados recentes sobre vacinação infantil demonstram progressos: segundo relatório do Fundo das Nações Unidas para a Infância (Unicef) e da Organização Mundial da Saúde (OMS), em 2023 o país deixou de fazer parte da lista. O relatório revela ainda que o número de crianças brasileiras que não receberam nenhuma dose da DTP1 diminuiu de 687 mil, em 2021, para 103 mil, em 2023. Da mesma forma, a quantidade de crianças que não receberam a DTP3 caiu de 846 mil, em 2021, para 257 mil, em 2023 (UNICEF, 2024).

Dificuldades do contexto atual para as políticas de saúde

O contexto atual apresenta uma série de dificuldades que complicam a formulação e a implementação de políticas de saúde no Brasil. Uma das principais barreiras é o subfinanciamento crônico do SUS, agravado pelas políticas de austeridade fiscal adotadas nos últimos anos. A Emenda Constitucional n.º 95, que congela os gastos públicos por vinte anos, impôs sérias limitações ao orçamento da saúde, dificultando a expansão de serviços e a manutenção de programas essenciais (FERNANDEZ; PELLANDA, 2018). A falta de recursos compromete diretamente a qualidade do atendimento, a contratação de profissionais e a aquisição de insumos, gerando uma sobrecarga nos serviços públicos de saúde. Os dados demonstram a queda no financiamento público da saúde no Brasil. Segundo Marques (2024b), de 2018 a 2022, a saúde pública acumulou perdas no valor de R$ 70 bilhões.

Além do subfinanciamento, outro grande desafio é a desigualdade regional no acesso à saúde. O Brasil, com sua vasta extensão territorial e grande disparidade socioeconômica, enfrenta problemas estruturais que afetam principalmente regiões mais remotas e carentes, como o Norte e o Nordeste. Nessas áreas, o acesso a serviços de saúde é mais limitado, tanto pela escassez de infraestrutura quanto pela falta de profissionais qualificados. A retomada do programa Mais Médicos busca justamente reduzir essas disparidades, mas estas não são simples de serem superadas, considerando a concentração de cursos de medicina nas regiões economicamente mais desenvolvidas do país, conforme dados da *Radiografia das Escolas Médicas* (CFM, 2024).

Ainda com relação ao orçamento da saúde, as emendas parlamentares, que vêm capturando o orçamento do Executivo, também criam desafios complexos para as políticas de saúde no país. Estudos indicam que o uso excessivo de emendas parlamentares pode comprometer o planejamento e a execução de políticas públicas integradas no setor de saúde (PIOLA; VIEIRA, 2024; ULINSKI; CARVALHO; VIEIRA, 2024). A alocação de recursos por meio dessas emendas, que deveria ser uma forma de assegurar a descentralização do orçamento e atender às necessidades locais, tem sido cada vez mais utilizada para fortalecer interesses políticos específicos. Em muitos casos, as emendas parlamentares são direcionadas a projetos que trazem ganhos políticos locais imediatos, mas que nem sempre se alinham às prioridades estratégicas nacionais da saúde pública. Esse uso fragmentado do orçamento enfraquece a capacidade do governo federal de implementar políticas de saúde a longo prazo e afeta a eficiência na distribuição de recursos, aumentando a desigualdade entre regiões e serviços.

Por fim, é importante reconhecer que os valores conservadores ainda prevalecem, principalmente nas forças políticas presentes no Congresso Nacional, dificultando o avanço de pautas fundamentais vinculadas a políticas de saúde (BIROLI; TATAGIBA; QUINTELA, 2024). Entre esses temas tem destaque as políticas vinculadas à saúde da mulher e aos direitos sexuais e reprodutivos. Deputados e senadores com posições contrárias ao aborto e à educação sexual nas escolas, por exemplo, sustentam uma agenda que impede a progressão de propostas voltadas à autonomia reprodutiva e à saúde integral das mulheres

(Silva, 2024; Fernandez; Fernandes; Amorim, 2025). Temas como acesso a métodos contraceptivos, educação sexual e aborto seguro enfrentam barreiras significativas para serem discutidos e avançam lentamente, ou não avançam, nas políticas de saúde. Portanto, diante da pressão conservadora, o Ministério da Saúde pouco avançou nos temas referentes à saúde da mulher entre 2023 e 2024. Esse avanço tímido dificultou o processo de reconstrução dessa política durante o governo Lula 3.

Considerações finais

Após os ataques e retrocessos em importantes programas da saúde no governo Bolsonaro (Oliveira; Fernandez, 2021), a reconstrução é necessária, mas não se faz rapidamente. Com a aprovação do novo regime fiscal no governo de Michel Temer e o limite imposto às despesas primárias, verificou-se uma queda significativa dos gastos em saúde entre 2017 e 2020, quando excluídos os gastos com a pandemia (Marques; Ferreira, 2023), o que gerou um "desfinanciamento", ou seja, a diminuição de recursos que já eram insuficientes. Nesse cenário, o aumento de recursos no governo Lula não significou, necessariamente, o alcance do patamar necessário para o exercício das funções do Ministério da Saúde no ritmo necessário. Algumas áreas ainda demandam recursos e maior atenção.

Por outro lado, avanços importantes foram conquistados no curto período de dois anos, desde o início do governo Lula 3. A retomada do programa Mais Médicos e a ampliação do número de médicos contratados para diferentes regiões do país, a volta do financiamento da atenção básica em termos *per capita* e os avanços na vacinação infantil, retirando o Brasil do conjunto de países que não conseguem vacinar adequadamente suas crianças, são exemplos de conquistas importantes do novo governo.

No entanto, novos desafios estão colocados, e não basta ao governo retomar programas adotados em momentos anteriores da história. A saúde depende agora de mais investimentos, considerando o aumento da expectativa de vida da população e os desenvolvimentos tecnológicos em saúde. Os últimos encarecem o atendimento em saúde, mas podem também facilitar o acesso em áreas remotas – onde há poucos profissionais de saúde disponíveis –, por meio do teleatendimento, por exemplo. Manejar os desafios da reconstrução, após o desmantelamento da política nos anos Bolsonaro, por um lado, e as novas demandas sociais em saúde, por outro, é a principal tarefa do governo.

Os desafios do MEC no governo Lula 3: quando reconstruir não é voltar ao mesmo ponto

Fernando Luiz Abrucio e Fernanda Castro Marques

Depois de um período de grande inação, o Ministério da Educação voltou. Foram quatro anos de descontinuidade, desconstrução e guerra política e cultural contra os atores educacionais, além de total ausência de coordenação nacional sob o governo Bolsonaro. Nessa política pública, como em várias outras, o governo Lula 3 tem como principal objetivo um processo profundo de reconstrução. Esse esforço não tem sido apenas administrativo, mas também simbólico, buscando reafirmar o papel do MEC como protagonista na coordenação da educação básica e no fortalecimento do regime de colaboração entre União, estados e municípios.

A tarefa é ampla e complexa. Além de lidar com os estragos causados pelo bolsonarismo, é preciso tomar medidas que ainda não estavam no escopo das reformas anteriores, dado que há novas prioridades na agenda educacional do século XXI. Soma-se a isso uma diferença importante em relação aos dois mandatos anteriores de Lula: muito do que foi feito entre 2003 e 2010 pode ser classificado como um conjunto de mudanças incrementais, que aproveitaram o legado da gestão do ministro Paulo Renato (1995-2002), especialmente no plano da educação básica, em questões como o financiamento, a avaliação, a continuidade da universalização do ensino fundamental e o papel de coordenação federativa do MEC. Agora é preciso recuperar caminhos sem ir para os destinos anteriores, ou então dar saltos, construindo agendas novas ao país. Tudo isso exige muita articulação política, inovação de política pública e maior tempo de maturação.

O cenário político, ademais, já não é o mesmo que vigorou no pós-1988. O bolsonarismo fracassou em implementar uma nova agenda educacional (ABRUCIO, 2021), porém conseguiu multiplicar atores políticos e sociais que vocalizam ideias educacionais criadas pela extrema direita, como ideologia de gênero, *homeschooling* e mesmo a proposta do projeto "Escola sem Partido". A força desse ideário é evidente num Congresso Nacional cujas negociações são mais complicadas e demoradas do que nos períodos FHC e Lula 1 e 2. Mas ela é ainda mais forte no plano subnacional, com o crescimento dos governantes e parlamentares vinculados à agenda bolsonarista.

De qualquer modo, recuperou-se o protagonismo do MEC, e isso não é pouco diante da inação passada e da presença atual de discursos contra o caráter público e secular das escolas, com seu papel de combate ao negacionismo científico e à desigualdade social. O presente capítulo fará, de forma sintética, um balanço dos atos de reconstrução e da abertura de novas frentes de trabalho, realçando os desafios e os obstáculos que se colocam perante a necessidade de atualizar a política educacional brasileira para lidar com a realidade da terceira década do século XXI.

O argumento principal do texto, em grandes linhas, é o seguinte: a reconstrução do MEC é essencial para aprimorar a política educacional do país, mas em muitos temas estratégicos não será possível voltar ao mesmo ponto da agenda hegemônica anterior. O país se modificou politicamente, com vários impactos no federalismo cooperativo. O papel do Ministério da Educação na educação básica ainda é central e muito valorizado, mas há vetores fortes em prol de um maior equilíbrio entre a União e os estados. Além disso, há novas agendas e demandas da sociedade em relação à educação. Reconstruir deve ser para mirar para a frente, pois o paradigma que foi se aprimorando incrementalmente de Paulo Renato a Fernando Haddad tem de ser garantido como uma política de Estado, mas já não é mais suficiente, nem do ponto de vista da *politcs*, nem das *policies*.[1]

No fundo, o início do governo Lula, em todas as políticas públicas, tinha de lidar com três desafios: reconstruir o que fora destruído pelo governo Bolsonaro, retomar a trilha reformista derivada do espírito da Constituição de 1988 e, o mais difícil, dar conta de novas questões com soluções inovadoras. Este capítulo investiga o desempenho do MEC frente a esse cenário.

A recuperação da liderança do MEC: o caminho da reconstrução avançou, mas não levou ao mesmo lugar

O Ministério da Educação sob Bolsonaro pode ser analisado por dois ângulos. O primeiro é o da política pública em si, cujo maior exemplo é o malogro em coordenar e apoiar os governos estaduais e municipais durante

---

[1] Este capítulo se concentra na educação básica, por conta de sua centralidade na política educacional brasileira. Ações do MEC relativas ao ensino superior serão citadas quando tiverem impacto sobre a educação básica. Ademais, o espaço aqui não permitiria uma discussão consistente sobre o papel do Ministério da Educação junto às universidades.

a pandemia da covid-19, sendo que cerca de 5 milhões de crianças e jovens ficaram sem acesso à educação em 2020 (UNICEF; CENPEC, 2021). Ademais, houve um enorme crescimento da evasão escolar entre o período pandêmico e a volta às aulas, ainda no período bolsonarista, particularmente das crianças de 5 a 9 anos (NERI; OSORIO, 2022).

Ao fracasso nos resultados somou-se uma redução do papel do MEC na definição das políticas nacionais e na coordenação federativa das políticas educacionais durante o bolsonarismo. Desde a Constituição de 1988, o Brasil adotou como objetivo ampliar o acesso e a permanência na escola de crianças e jovens (números que eram historicamente muito baixos), garantindo o direito educacional, especialmente às famílias mais pobres – mais de um terço das crianças de 7 a 14 anos estavam fora da escola no final do ano da promulgação da nova Carta Constitucional (GOIS, 2025). Para mudar essa realidade, seriam necessárias medidas como maior profissionalização da carreira docente, transformações nas organizações escolares, aumento do financiamento, criação de medidas de avaliação dos resultados, entre outras. Seguindo essa linha reformista, o Brasil conseguiu fazer várias mudanças positivas e inéditas durante cerca de 30 anos (NOGUEIRA FILHO, 2022; ABRUCIO, 2018).

A coluna vertebral dessas mudanças educacionais foi a organização federativa do país, expandindo a oferta descentralizada e, sobretudo, fortalecendo a coordenação federativa, em especial sob o comando da União. Daí surgiu um MEC com um papel inédito em sua história, com seu primeiro impulso na gestão de Murilo Hingel no Ministério da Educação, mudança aprofundada nos períodos de Paulo Renato e Fernando Haddad (MARQUES, 2024). Durante esse período, o MEC consolidou uma estrutura de governança que buscava articular União, estados e municípios por meio de programas estruturantes e financiamento redistributivo – embora com predomínio da relação direta de Brasília com os governos locais. Essas iniciativas estabeleceram um padrão de coordenação que, ao mesmo tempo que respeitava a autonomia dos entes subnacionais, produzia diretrizes, apoio e recursos nacionais para a provisão descentralizada da educação pública (MARQUES, 2024; ABRUCIO; SEGATTO; MARQUES, 2022).

Tal modelo de governança foi importante para ajudar a construir novas capacidades estatais locais do ponto de vista da gestão educacional. Isso se manifestou, por exemplo, na institucionalização de mecanismos de avaliação e planejamento estratégico. A criação do Índice de Desenvolvimento da Educação Básica (IDEB) permitiu ao MEC atuar não apenas no financiamento, mas também na indução da qualidade educacional, estabelecendo metas nacionais de desempenho. Além disso, o governo criou em 2007 o Plano de Ações Articuladas (PAR), um instrumento fundamental para apoiar os municípios na elaboração de políticas educacionais e no acesso a recursos federais de forma planejada. O PAR representou uma inovação na relação intergovernamental, promovendo uma lógica de cooperação baseada no diagnóstico das necessidades locais e no fortalecimento da gestão educacional.

Foram mencionadas aqui apenas alguns exemplos de políticas de coordenação federativa para realçar que seria preciso recuperá-las após a descoordenação e inação geradas pelo federalismo bolsonarista (Abrucio *et al.*, 2020). Só que, para isso, seria necessário recuperar a liderança do MEC nesse processo, não só em termos de arranjos federativos, mas também no plano dos conteúdos da política educacional. Políticas vinculadas à organização e ao desempenho da educação básica que haviam sido implementadas ou discutidas durante décadas foram deixadas de lado pelo Ministério da Educação sob Bolsonaro.

O primeiro passo para essa reconstrução foi reorganizar o próprio MEC, reestabelecendo sua estrutura administrativa e política. Um exemplo importante nesse sentido foi a recriação da Secretaria de Educação Continuada, Alfabetização, Diversidade e Inclusão (Secadi). Ela teve um papel central nesse processo, pois restaurou um espaço institucional fundamental para a formulação de políticas voltadas a grupos historicamente marginalizados. Criada no primeiro governo Lula, a Secadi já havia sido uma referência na construção de políticas educacionais voltadas à inclusão: ensino de jovens e adultos (EJA); educação do campo, indígena e quilombola; promoção da equidade racial e de gênero; além de incorporação de crianças e jovens com deficiências nas escolas, num processo inédito na história brasileira.

No governo Bolsonaro, essas pautas foram praticamente abandonadas, de modo que não tiveram coordenação e prioridade nacional efetivas. Com a retomada da Secadi, o governo Lula 3 buscou restaurar um compromisso federativo com a diversidade educacional, garantindo que esses temas voltassem à agenda nacional de forma estruturada. A reconstrução, aqui, envolve retomar a trilha anterior de avanços incrementais, mas também exige enfrentar novos desafios.

Nesse contexto, destaca-se a instituição da Política Nacional de Equidade, Educação para as Relações Étnico-Raciais e Educação Escolar Quilombola (PNEERQ), por meio da Portaria MEC n.º 470, de 14 de maio de 2024. A PNEERQ tem como objetivo implementar ações e programas educacionais voltados à superação das desigualdades étnico-raciais e do racismo nos ambientes de ensino, bem como promover políticas educacionais específicas para a população quilombola. Num contexto em que uma parcela importante da classe política é refratária às políticas de diversidade, não se pode ignorar os desafios aqui envolvidos.

De modo complementar, o MEC adotou uma postura ativa de escuta e participação com as minorias, indo além da simples retomada do diálogo. O governo Lula 3 passou a promover reuniões constantes e processos de consulta estruturados com educadores, movimentos sociais e representantes dos diferentes segmentos atendidos pelas políticas da Secadi. Essa estratégia não apenas amplia a participação social, mas também fortalece a formulação e implementação de políticas públicas, garantindo maior coerência e adequação às realidades locais. Esse processo é especialmente relevante em um país tão diverso como o Brasil, onde as comunidades indígenas possuem múltiplas línguas e culturas, e as comunidades quilombolas apresentam identidades distintas conforme sua localização geográfica.

Num plano mais geral, o MEC conseguiu, após um início com muitos ruídos entre os próprios apoiadores do governo Lula, estabelecer três eixos estratégicos iniciais para a educação básica: alfabetização, ampliação da jornada escolar e conectividade das escolas. A partir dessas diretrizes, foram estruturadas políticas públicas concretas, como o Compromisso Nacional Criança Alfabetizada, o Programa Escola em Tempo Integral e a Estratégia Nacional de Escolas Conectadas. Essas iniciativas representam um esforço do governo federal para coordenar políticas públicas de impacto nacional em parceria com os entes subnacionais.

Dentre as ações estruturantes do governo Lula 3 na Educação, a que mais avançou foi o Compromisso Nacional Criança Alfabetizada. O programa foi desenhado para fortalecer a colaboração entre União, estados e municípios na alfabetização infantil, promovendo uma governança descentralizada e contando com mais de 7 mil profissionais mobilizados para sua implementação. Esse modelo federativo demonstra um avanço em relação às políticas fragmentadas e descontinuadas do Governo Bolsonaro, trazendo mais estabilidade e eficácia às ações federais na educação básica.

O Compromisso Nacional Criança Alfabetizada não é apenas uma retomada da liderança federal na coordenação de políticas educacionais. Trata-se de um processo de aprendizado com os erros do Plano Nacional de Alfabetização na Idade Certa (PNAIC), criado em 2013 e implementado pela presidenta Dilma. Houve uma crítica de que tal programa tinha escutado pouco os governos estaduais, dando-lhes uma participação secundária – em poucas palavras, que ele fora muito centralizador do ponto de vista federativo. No caso do Compromisso, ocorreu um empoderamento dos governos estaduais, que se tornaram a peça-chave na coordenação das ações municipais. Assim, embora recebam recursos e apoio técnico do Governo Federal, as unidades estaduais puderam dar uma feição própria, customizada, à política de alfabetização em seu território.

Na verdade, além de um efetivo aprendizado incremental, o Compromisso Nacional Criança Alfabetizada representa ainda uma mudança no federalismo brasileiro causada pela ascensão do bolsonarismo. Essa transformação pode ser lida em dois sentidos. O primeiro é que os governos estaduais ficaram mais cautelosos em relação à coordenação federal depois da experiência traumática de descoordenação vivida durante o período Bolsonaro. Isso foi muito forte na educação porque as principais entidades de *advocacy* federativo dos governos subnacionais – especialmente o Conselho Nacional de Secretários de Educação (Consed) e a União Nacional dos Dirigentes Municipais de Educação (Undime) – tiveram de tomar decisões normativas frente à inação no MEC, além de ter aumentado a colaboração horizontal entre os entes como forma de resolver a descoordenação bolsonarista (Marques, 2024). Mesmo com o reforçado papel conferido ao Ministério da Educação no governo Lula 3, o abandono da instância federal durante quatro anos sob Bolsonaro teve consequências.

A adesão de todos os estados e de quase todos os 5.569 municípios ao Compromisso revela a consciência da importância da União no federalismo brasileiro, mas os governos estaduais, em particular, depois do trauma bolsonarista, buscarão maior protagonismo. Um elemento adicional reforça esse ponto: algumas das unidades estaduais são hoje governadas por representantes do bolsonarismo, embora em escalas diferentes de radicalismo. Daí que precisem realçar sua autonomia inclusive do ponto de vista político das propostas, com destaque para as escolas cívico-militares, como veremos mais adiante.

De todo modo, ter conseguido que todos os estados, independentemente do partido do governador, aderissem ao Compromisso Nacional Criança Alfabetizada revela que o MEC recuperou sua liderança federativa e que a coordenação federal é vista pelos atores como essencial para o sucesso da educação brasileira. Todavia, a reconstrução não significou voltar ao mesmo ponto. O federalismo e o sistema político brasileiro mudaram após a experiência bolsonarista, gerando impactos nas políticas públicas.

O ponto mais difícil da reconstrução foi, sem dúvida, a reformulação do chamado Novo Ensino Médio, projeto aprovado ainda no governo Temer, em 2017, por meio de uma medida provisória. Sua implementação foi praticamente ignorada pelo MEC bolsonarista, que não apoiou os estados nem criou uma política de coordenação nacional. O resultado disso já era aquele esperado pela teoria do federalismo brasileiro: quanto menos coordenação federativa, maior desigualdade na implementação e nos resultados das políticas (Abrucio; Segatto; Silva, 2023; Grin; Demarco; Abrucio, 2021; Arretche, 2012). Na verdade, nesse caso as disparidades ficaram evidenciadas pela enorme dificuldade que a maioria dos estados teve para colocar o projeto em pé, de forma que apenas poucos deles conseguiram, efetivamente, estruturar um novo modelo consistente.

Após um ano e meio de intensas negociações, dialogando com setores da educação, governadores, prefeitos e, por fim, parlamentares, o projeto foi aprovado pelo Congresso Nacional em 9 de julho de 2024. Houve muito embate sobre seu conteúdo, especialmente no que diz respeito à divisão de carga curricular, tanto dentro da formação geral básica (FGB) como entre ela e os chamados itinerários formativos. Ao final, houve uma ampliação da parte relativa à FGB e uma melhoria no desenho dos itinerários, tornando o projeto mais palatável para os grupos em conflito. Também se propôs uma transição mais gradual ao modelo completo, que está passando por normatizações no Conselho Nacional de Educação (CNE) e terá como corolário um novo padrão de Enem, previsto para iniciar em 2027.

O projeto de reformulação do Novo Ensino Médio consumiu muitas energias do MEC, com vários momentos de dificuldades nas negociações e concentrando grande parte do trabalho ministerial neste projeto. O custo da reconstrução aqui foi, portanto, bem alto. Por isso, depois de um ano e meio, sua aprovação foi vista como um alívio e abriu espaço para novas agendas. Junto com isso, outro fato positivo foi a recuperação do papel de coordenação federativa, dado que o Ministério da Educação tem promovido diálogos e processos formativos com todas as redes estaduais, ajudando, inclusive, na produção de plano de implementação das mudanças.

Entretanto, mais uma vez, a reconstrução não significou voltar ao mesmo ponto do auge do federalismo cooperativo do pós-1988. Isso porque os estados estão demandando maior autonomia para desenhar e implementar seu Novo Ensino Médio, gerando maior diversidade de projetos frente à normativa nacional, o que tem a potencialidade de aumentar a desigualdade. O MEC deveria ver esse processo não como uma rejeição à sua ação coordenadora, mas com uma nova etapa em seu papel de coordenação federativa, na qual os governos estaduais tenderão a ter maior espaço no jogo intergovernamental, tal qual ocorreu no modelo institucional e no próprio processo de implementação do Compromisso Nacional Criança Alfabetizada.

A atualização da agenda da reconstrução, numa espécie de *aggiornamento*, não se restringiu apenas ao modelo federativo: ela também esteve vinculada às questões educacionais em si. A própria reforma do ensino médio remodelou discussões para além da agenda inicial, particularmente o fortalecimento do itinerário vinculado à educação profissional como componente estratégico que deve se expandir pelas redes estaduais públicas. Essa abordagem não estava presente nas outras gestões lulistas, que buscava expandir o ensino profissionalizante por meio da rede federal, que é importante, mas certamente muito pequena para chegar à maioria dos estudantes. Em outras palavras, recompor o Novo Ensino Médio, ignorado pela inação do MEC bolsonarista, significou dar um novo sentido a tal reforma.

O aprendizado em relação à reconstrução do MEC e da agenda educacional tem passado, ainda, pela construção de novas agendas, que envolvem problemáticas novas ou que não foram bem equacionadas pelas agendas anteriores. São novos desafios que exigem novas ideias e/ou modificações na governança educacional.

O MEC perante o novo: a abertura de caminhos inovadores

O cenário de terra arrasada deixado pelo bolsonarismo claramente afetou as ações do MEC a partir de 2023. Foi preciso gastar muito tempo recompondo programas, trazendo profissionais realmente vinculados à educação para o Ministério e resolvendo imbróglios, como o do Novo Ensino Médio, deixados pelo governo Bolsonaro. Porém, não basta "colocar o trem nos trilhos", uma vez que o caminho anterior já não é mais suficiente, embora necessário, para dar conta dos problemas educacionais do país.

A proposta mais inovadora do novo ministro, Camilo Santana, em articulação com congressistas, especialmente a deputada Tabata Amaral, foi o Pé-de-Meia. Trata-se de um programa de incentivo financeiro-educacional voltado a estudantes matriculados no ensino médio público e beneficiários do Cadastro Único para Programas Sociais (CadÚnico). Sua concepção combina pagamentos recorrentes mensais com depósitos anuais vinculados à conclusão de série, estratégia que já demonstrou resultados positivos em outros programas semelhantes, tanto no Brasil quanto no exterior. No início de 2025, havia 4 milhões de estudantes beneficiados.

A lógica desse modelo parte do pressuposto de que incentivos financeiros contínuos aumentam a permanência escolar e reduzem a evasão, especialmente de alunos em situação de extrema vulnerabilidade. Além disso, um diferencial importante do Pé-de-Meia é que os recursos são repassados diretamente ao estudante, sem intermediação dos responsáveis, fortalecendo o sentimento de pertencimento e autonomia financeira dos jovens. O programa estabelece condições bem planejadas para o recebimento dos incentivos, como a exigência de frequência mínima de 80% nas aulas e aprovação na série, garantindo que os benefícios estejam diretamente alinhados aos objetivos de reduzir abandono e reprovação.

Outra inovação relevante é a exigência da participação dos alunos em avaliações externas de aprendizagem, como o Sistema de Avaliação da Educação

Básica (Saeb) ou avaliações estaduais, contribuindo para o fortalecimento da cultura de monitoramento educacional no país. Além do impacto imediato na trajetória escolar dos estudantes, o Pé-de-Meia também visa apoiar financeiramente o início da vida adulta, permitindo que o aluno acumule uma poupança que pode variar entre R$ 3 mil e R$ 9,2 mil (Todos pela Educação, 2024), dependendo de sua adesão ao programa. Esses valores podem representar um suporte fundamental para viabilizar a entrada no ensino superior ou outras iniciativas que demandem um investimento inicial, reduzindo desigualdades e ampliando oportunidades para a juventude brasileira.

Ainda é muito cedo para avaliar o desempenho do Pé-de-Meia. No entanto, é inescapável a comparação com o Bolsa Família em suas origens. Ambos têm um foco muito claro e ressaltado por evidências, seja para combater a pobreza, seja para combater a evasão e dar um sentido de futuro aos jovens mais vulneráveis. A crença de que os serviços não são suficientes para o usufruto dos direitos por parte de uma ampla camada da população brasileira é outro pressuposto comum, bem como a distribuição direta, sem intermediários, das transferências monetárias, o que empodera o grupo beneficiado.

A inovação, portanto, está em dois pontos: o primeiro é com relação ao público-alvo. Grande parte dele deve ter sido beneficiada pelo Bolsa Família e pela universalização do ensino fundamental, mas não conseguiram completar a educação básica nem ter um horizonte de vida. O segundo ponto está em resolver o problema da evasão escolar no ensino médio, questão que não foi resolvida e continuou alta nas últimas décadas. Caso o Pé-de-Meia dê certo, ela vai atingir positivamente um grupo para o qual as reformas pós-Constituição de 1988 foram insuficientes: os jovens chamados de "nem-nem" – nem estudam, nem trabalham, que hoje congregam 10,3 milhões de brasileiros, o equivalente a 21,2% dos que têm entre 15 e 29 anos (Nalim, Barbi, 2024).

Um caminho novo que ainda está sendo construído é o das políticas nacionais para a primeira infância. Trata-se de uma questão importantíssima, com impacto enorme sobre a população mais vulnerável, que deve afetar positivamente as crianças de 0 a 6 anos, pois é sabido que as que passam por um bom processo educativo aumentam as próprias chances de se tornarem adultos em melhor situação social e econômica. Ademais, programas de apoio social e educativo para crianças dessa idade contribuem para melhorar a qualidade presente de suas famílias (Abrucio *et al.*, 2020), lembrando que quase um terço dos beneficiários do programa Bolsa Família é formado por mães solo.

Embora atualmente haja um forte consenso sobre a importância dessa agenda, sua normatização nacional é muito recente, com o Marco Legal da Primeira Infância, de 2016. As primeiras ações neste campo foram feitas por governos subnacionais, de maneira fragmentada, sem que houvesse sido criado um modelo sistêmico. O governo federal começou a atuar na primeira infância na década passada, com os programas Brasil Carinhoso (governo Dilma) e Criança Feliz (governo Temer), mas tais ações não ganharam a abrangência necessária, e a gestão Bolsonaro deu pouca ou quase nenhuma relevância a essa questão, em mais um exemplo de descontinuidade e inação.

O desafio aqui é que o MEC não é – nem deve ser – o único ator dessa política, pois ela é, por natureza, intersetorial (CRUZ; MARCONDES; FARAH, 2024; ABRUCIO; SEGATTO; MARQUES, 2022). Daí que a coordenação intragovernamental é a peça-chave. O governo Lula 3, a partir do chamado "Conselhão", criou um Grupo de Trabalho Interministerial da Primeira Infância, tendo como principal objetivo elaborar e garantir a implementação de uma política nacional integrada. Para isso, elaborou a proposta do Caminho da Criança, um modelo que estabelece um fluxo contínuo de atendimentos essenciais desde o pré-natal até os seis anos de idade, garantindo suporte integrado nas áreas de saúde, educação e assistência social.

O MEC avançou em aspectos vinculados mais à sua parte específica, relativa à educação infantil, elaborando novas definições pedagógicas e articulando ações junto aos governos subnacionais, especialmente com os municípios, que são provedores desses serviços. Do ponto de vista da infraestrutura, o governo federal retomou a maior parte das cerca de 3 mil creches e pré-escolas que tinham ficado paradas desde o governo Dilma. Tais desafios, no entanto, ainda estão no terreno do modelo incremental de reformas inaugurado pela Constituição de 1988. No entanto, há um caminho pouco trilhado nesse terreno: a necessidade de se criar uma governança colaborativa complexa, que mistura intersetorialidade e intergovernamentalidade.

O caminho novo que a primeira infância requer do MEC é mais do que aprimorar a educação infantil em si. É preciso construir um modelo intersetorial e intergovernamental que seja capaz de articular os governos subnacionais e os diversos setores envolvidos em políticas públicas para essa faixa etária. Trata-se de uma nova fronteira para as políticas educacionais, que envolve outras questões, como arranjos intersetoriais na política de inclusão de crianças e jovens com deficiências (PLETSCH; CALHEIROS DE SÁ; MENDES, 2023; ABRUCIO *et al.*, 2024). Cabe frisar que a intersetorialidade é um dos maiores desafios das políticas sociais do pós-1988 (MONNERAT; ALMEIDA; SOUZA, 2014; AKERMAN *et al.*, 2014; VEIGA; BRONZO, 2014; CARMO; GUIZARDI, 2017; BICHIR; HADDAD; LOTTA, 2018; BICHIR; CANATO, 2019). Se a política educacional avançar na criação de governanças mais colaborativas com vários atores, setores e territorialmente, terá mais chances de melhorar a qualidade com equidade (ABRUCIO; SEGATTO; MARQUES, 2022).

No início de 2025, o MEC lançou seu programa mais estrutural de transformação da política educacional: o Programa Mais Professores para o Brasil. A relevância dessa reforma está no fato de que, entre os fatores intraescolares, 60% do resultado educacional brasileiro é explicado pela variável professor (ABRUCIO; FERNANDES; COUTO, 2024). Embora já tenha havido outros programas federais importantes para valorização do docente no Brasil desde o ciclo iniciado por Murilo Hingel, há um sentido bastante inovador no Programa Mais Professores para o Brasil: trata-se de uma proposta bastante ampla e, principalmente, sistêmica, ao contrário das anteriores, que geralmente eram fragmentadas e captavam apenas uma parte do problema.

O caráter sistêmico da proposta está em abarcar o ciclo completo da carreira docente: atratividade, formação inicial, seleção e incentivos para alocação de professores em áreas carentes. As inovações que atuam nessa linha são a Prova Nacional Docente, a partir da qual o governo federal ajudaria os governos subnacionais, especialmente os municípios, no processo de recrutamento; o Pé-de-Meia Licenciaturas, que oferece bolsas para os alunos de licenciaturas cursarem todo o ensino superior, procurando captar e segurar um contingente de 12 mil futuros docentes; e a Bolsa Mais Professores, que oferece um pagamento de R$ 2.100 mensais (adicional ao salário) para garantir profissionais para disciplinas e/ou regiões carentes de tais docentes.

Não é possível, por ora, avaliar a efetividade dessa política docente, e há efetivamente muitos desafios pela frente, como garantir melhor qualidade da formação inicial num trabalho difícil (mas urgente) de regulação do ensino superior, fazer parcerias com os estados e municípios e realmente atrair os jovens vocacionados e talentosos para a carreira de docente. A implementação de uma medida tão ampla e sistêmica, com tantos atores e instituições envolvidos, será enorme. De todo modo, há um ideário e um embrião inovador de política pública, para além da reconstrução da trajetória destruída pelo bolsonarismo. É esse tipo de iniciativa que deveria crescer não só no MEC, mas em toda a Esplanada dos Ministérios.

Considerações finais: o novo contexto de reformas e os desafios estruturantes da Educação

O MEC foi provavelmente um dos ministérios que mais conseguiu avançar numa tripla agenda colocada ao início do governo Lula 3: consertar a maior parte da destruição de políticas e capacidades feita pelo bolsonarismo, retomar a trilha de garantia de direitos e ampliação do *welfare state* e, algo muito raro na atual gestão, construir propostas inovadoras para problemas não resolvidos anteriormente ou questões novas que surgiram nos últimos anos. A liderança política e administrativa do Ministério da Educação foi reconstruída, embora num novo equilíbrio federativo de forças; os programas educacionais mais tradicionais foram recuperados, sendo alguns melhorados; e propostas inovadoras entraram em cena, com mais destaque para o Pé-de-Meia e, ainda em gestação, o Mais Professores para o Brasil.

O sucesso relativo do Ministério da Educação não pode apagar o fato de que o cenário da *politics* e das *policies* educacionais se transformou e de que é preciso enfrentar essa nova realidade. Embora o MEC continue tendo centralidade na coordenação federativa da educação básica, os governos subnacionais, em particular os estados, ganharam maior protagonismo e vão reclamar por maior autonomia. Vale ressaltar aqui que o Novo Fundeb ampliou a participação da União no financiamento, ao mesmo tempo que aumentou os recursos à disposição das prefeituras e, sobretudo, deu um poder relevante aos governos estaduais para coordenar e regular algumas das condicionalidades presentes nesse novo modelo, como é o caso da Lei do ICMS.

O novo equilíbrio federativo também se expressa na capacidade de forças políticas subnacionais, em especial as que constituem ou se aliam com o bolsonarismo, de produzir novas agendas. A maioria é apenas uma forma de guerra cultural, mas uma delas tornou-se política pública efetiva: as escolas cívico-militares, cujas unidades representavam, em agosto de 2024, 569 colégios em 16 estados (ALFANO, 2024). É preciso discutir os impactos desse modelo na política educacional do país, em termos de desempenho e de visão pedagógica de mundo. Contudo, a postura terá de ser de diálogo federativo, e não de imposição centralizada, porque, por mais equivocada tecnicamente que seja a proposta, ela exprime uma vontade popular em várias regiões, o que significa que é necessário ter uma perspectiva político-democrática para lidar com essa questão.

A maneira mais adequada para lidar com esse novo cenário federativo é por meio da construção de um Sistema Nacional de Educação (SNE) que seja capaz de abrigar o diálogo e a negociação entre os três entes da Federação para produzir os caminhos mais consensuais às políticas educacionais. Ele deve conter também, em alguma medida, uma governança multinível para além das relações intergovernamentais, gerando uma articulação entre os gestores públicos e atores sociais. Esse fórum federativo pode ser, ademais, o melhor veículo para disseminar programas e ações governamentais bem-sucedidas, não só definidas pelo governo federal, mas também vinda dos governos subnacionais, num movimento mais *bottow-up,* essencial para trazer inovações de quem é responsável pela provisão das escolas. Como corolário dessa mudança institucional, o SNE deve ser uma arena de discussões e acompanhamento das políticas de longo prazo, como o Plano Nacional de Educação (PNE).

Sem um Sistema Nacional de Educação, será mais difícil fazer o *aggiornamento* necessário na coordenação federativa a cargo do MEC, de acordo com a nova realidade política e de políticas públicas do país. Cabe realçar que o Ministério da Educação enviou ao Congresso Nacional o novo Plano Nacional de Educação para possível votação em 2025, sinalizando um compromisso fundamental do governo em consolidar políticas educacionais de longo prazo. No entanto, sem uma estrutura de governança mais ampla da política educacional, o próximo PNE terá um destino similar ao dos dois anteriores: alimenta o debate público, mas não é uma diretriz mandatória para os gestores públicos educacionais.

No fundo, o SNE é o modelo institucional que faltou à agenda educacional desde 1988. Isso porque, mesmo que ele fortaleça instrumentos sistêmicos de planejamento e gestão, particularmente no campo do financiamento, a Educação não tem um fórum político adequado para consolidar a pactuação federativa e com a sociedade, nem para irradiar princípios e instrumentos de gestão para fortalecer as capacidades estatais locais. Não por acaso, na crise da covid-19, a política de saúde, pela via do SUS, foi muito mais capaz de coordenar e articular os atores governamentais do que a política educacional, o que gerou menor efetividade e maior desigualdade na provisão do ensino (PETERS; GRIN; ABRUCIO, 2021).

Essa nova configuração institucional não responde apenas à nova realidade política. Ela é fundamental para lidar com as novas demandas da educação básica. Dois desafios nessa linha são a ampliação das escolas de tempo integral e a disseminação da educação profissional no ensino médio. Para ambos será necessário criar condições e capacidades estatais novas, tanto no plano federal como em estados e municípios. Se tais políticas ganharem forte escala, será uma revolução educacional. Para se chegar a esse caminho, o papel reconstruído do MEC será essencial, não apenas para recuperar agendas, mas também para construir o futuro. Nessa linha, poderiam entrar muitas questões visionárias, como o uso da tecnologia na educação, o aumento da intersetorialidade, a garantia da equidade e da inclusão, entre outras.

Os desafios do MEC trazem uma lição para todo o governo Lula 3: reconstruir é ter uma política de Estado duradoura, mas será um processo mais frutífero se projetar caminhos inovadores para dar conta das demandas e dos sonhos da sociedade contemporânea.

Entre o desarmamento e a liberação? Disputas políticas sobre o controle de armas no Brasil (2003-2024)

Ludmila Ribeiro, Valéria Oliveira e Amanda Lagreca

Em 27 de agosto de 2024, após negociações com o governo federal, o Senado decidiu retirar da pauta um projeto que visava anular parcialmente as regras estabelecidas sobre o controle de armas de fogo editadas um ano antes (BRASIL, 2023f). De acordo com a Agência Senado (2024), o governo, por meio de articulações conduzidas por seus representantes no Congresso, comprometeu-se a editar um novo decreto, menos restritivo em relação às normas que regulamentam o porte e posse de armas, retornando parcialmente ao cenário de liberação institucionalizado pelo presidente anterior, Jair Bolsonaro. Assim se encerrou o debate sobre o projeto de decreto legislativo proposto para revogar algumas das medidas do governo Lula em 2023, mas estamos longe de um consenso. Já em setembro de 2024, a presidência encaminhou uma proposta de decreto em que se restringia o horário dos clubes de tiros perto de escolas, mas houve resistência por parte dos parlamentares integrantes da chamada "Bancada da Bala".

Em 22 de outubro de 2024, o debate sobre o controle de armas e munições se tornou mais acalorado, dada a comoção gerada com a tragédia de Novo Hamburgo (RS), ocorrida na semana em que estavam em curso as negociações entre o governo e os apoiadores da posse para o grupo de Caçadores, Atiradores e Colecionadores (CACs). Na ocasião, um homem de 45 anos matou sua família e dois policiais militares após denúncias de que o atirador mantinha seus pais em cárcere privado. A situação levantou debates sobre quais devem ser as condições para liberar a posse e o porte de arma e a validade do exame psicotécnico exigido para tanto. Isso ocorreu porque, apesar de o atirador ser uma pessoa com esquizofrenia, ele possuía permissão para o uso da arma.

Finalmente, no penúltimo dia do ano, o Governo Lula 3 aprovou o Decreto n.º 12.345/2024, permitindo a manutenção de clubes de tiro que já estivessem funcionando nas proximidades de estabelecimentos de ensino. De acordo com a normativa, os clubes que naquela data estavam situados dentro de um raio de um quilômetro de escolas são autorizados a funcionar em horário noturno, em dias de semana, e em horário comercial nos finais de semana. Apenas a abertura de novos clubes na vizinhança de escolas foi proibida.

O destino desses negócios em funcionamento na data de publicação do decreto era um dos principais impasses desde a apresentação da proposta. Contudo, o governo teve dificuldades em estabelecer uma posição firme sobre o tema, como fica evidente no pronunciamento do Senador Jaques Wagner, líder do governo, naquela ocasião (Wagner, 2024). Na fala, o líder se mostrava sensível à demanda de não fechamento dos clubes de tiros e era categórico: a mudança "não pode atingir aqueles que já estão instalados".

Em termos dos atiradores, o decreto institui uma nova categoria dentro dos CACs: atiradores de alto rendimento, os quais devem estar cadastrados na Confederação ou Liga Nacional (Fogo Cruzado, 2024). Por fim, o texto adiciona artigo proibindo o transporte de armas e munições por CACs 24 horas antes e depois do dia das eleições, assim como proíbe o funcionamento dos clubes de tiro no mesmo período.

O Decreto n.º 12.345/2024 também estabelece novas exigências para os clubes de tiro, como a implementação de isolamento acústico e a elaboração de um plano de segurança, que deverão ser monitorados pelo órgão fiscalizador. Diferentemente do decreto de 2023, que atribuía essa responsabilidade ao Exército Brasileiro, a nova norma não especifica essa competência, sendo que os clubes de tiro terão um prazo de 18 meses, a partir da publicação do decreto, para se adequar às novas exigências. Todavia, mesmo com tantas mudanças, o saldo foi negativo, e o texto final refletiu mais uma derrota do campo governista no tema do controle das armas de fogo no país.

Esse quadro contrasta diretamente com o observado há 21 anos, quando o Brasil foi considerado um modelo em termos de regulação responsável de armas e munições. Naquela ocasião, durante o primeiro mandato do presidente Lula (Benetti, 2022), foi aprovada a Lei n.º 10.826/2003, conhecida como Estatuto do Desarmamento (Brasil. Constituição Da República Federativa Do Brasil, 2003). A expectativa era de que as restrições para acesso a armas e munições contribuíssem para a queda da quantidade de homicídios perpetrada por esses instrumentos, reduzindo substancialmente as taxas de violência letal e intencional (Cerqueira; Bueno, 2020) e, ainda, garantindo maior proteção às mulheres, já que armas de fogo são fatores de risco para a vida delas, especialmente dentro de suas casas (Instituto Sou da Paz, 2024). Porém, a história nem sempre acompanha a previsão dos modelos econométricos, pois a política de controle de armas de fogo responde também às mudanças econômicas, sociais e políticas (VIEIRA; JARDIM, 2024).

Nas últimas duas décadas, o sucesso da política desarmamentista do primeiro mandato de Lula foi progressivamente erodido por políticas de flexibilização do acesso a armas de fogo, que tiveram seu auge no governo Bolsonaro e evidenciaram a fragilidade das regulamentações diante das mudanças políticas. Nesse contexto, a experiência brasileira oscila entre períodos de restrição e flexibilização, dependendo do governo em exercício, já que o Estado exerce um papel central na criação e promoção de regras sobre a posse de armas, influenciando a percepção pública e a adesão a essas normas (VIEIRA; JARDIM, 2024). Durante o governo Bolsonaro, houve enorme desregulamentação – no sentido que Bauer *et al.* (2012) atribuem ao termo –, que facilitou a compra de equipamentos antes restritos às forças de segurança por qualquer cidadão que assim desejasse, de tal maneira que, antes restritas, armas de guerra estivessem em ampla circulação, nas mãos de qualquer um que pudesse pagar por elas (FÓRUM BRASILEIRO DE SEGURANÇA PÚBLICA, 2024; INSTITUTO SOU DA PAZ, 2024). Para responder às demandas por maior controle de armas e munições, já no momento da posse, o governo Lula 3 publicou o Decreto n.º 11.366, de 1º de janeiro de 2023, revogado pelo Decreto n.º 11.615, de julho de 2023, e recentemente, revogado pelo Decreto n.º 12.345, de dezembro de 2024.

No entanto, o governo Lula não (re)regulamentou o controle de armas: apenas interrompeu a concessão de novos registros de clubes e escolas de tiro e de CACs e suspendeu algumas das regras que estavam em vigor no momento. A alternativa foi acenar sem medidas mais efetivas, porque revogar todos os decretos editados por Bolsonaro seria uma alternativa pior em termos da legitimidade política do presidente. Afinal, qualquer mudança afetaria diretamente os CACs, um grupo de apoio em disputa pela direita e pela esquerda, dada a importância de sua participação parlamentar, compondo a Bancada da Bala, uma das maiores do Congresso Nacional. A aprovação do Decreto n.º 12.345/2024 se deu após uma longa articulação junto à Bancada da Bala, com a permanência de muitos dos desafios referentes ao decreto anterior. Todo o imbróglio foi considerado pelo Governo como uma derrota, haja vista que anulou parte do Decreto 11.615/2023, que havia sido uma medida com certo apelo simbólico, marcando o início do mandato do presidente Lula. No momento, o que fica é a sensação de que a ideia de resgatar o Estatuto do Desarmamento em sua configuração original foi sepultada por essa nova legislação, aprovada no apagar das luzes de 2024.

Considerando esse histórico, neste texto buscamos entender como as mudanças ocorridas durante o governo Bolsonaro são, agora, ressignificadas no governo Lula, ainda que estejamos longe de uma política desarmamentista. Apesar dos discursos diametralmente opostos de ambos os presidentes sobre a questão, há uma notável convergência em alguns pontos, especialmente quando o objetivo é agradar tanto os defensores do armamento quanto aqueles que rejeitam a flexibilização das regras, garantindo assim capital político. Analisamos, então, como, em diversas legislações, a gestão Lula procura encontrar maneiras de conciliar interesses antagônicos, sem desagradar completamente nenhum dos lados, nem, ao que tudo indica, agradar quaisquer deles. Para entender essa "corda bamba" do governo Lula, destacamos as modificações legislativas e as tratativas públicas realizadas no acesso a armas e munições, mostrando como essas alterações serviram para satisfazer os diferentes públicos, sem comprometer a imagem política de cada governo.

Retomando os "legados" da disputa entre controle de armas: de Lula a Bolsonaro

O início do século XXI no Brasil foi marcado por um aumento alarmante nas taxas de homicídios: aproximadamente 29 mortes por 100 mil habitantes em 2001, um crescimento de mais de 40% em relação a 1980 (FÓRUM BRASILEIRO DE SEGURANÇA PÚBLICA, 2024). Diante disso, o governo Lula 1 (2002-2006) implementou o Estatuto do Desarmamento (Lei n.º 10.826/2003), que trouxe importantes restrições: elevação da idade mínima para compra de armas de 21 para 25 anos; obrigatoriedade de comprovar necessidade e passar por testes psicológicos e técnicos; proibição do porte de armas, exceto em casos especiais, e controle mais rigoroso sobre munições (LUCAS, 2008; PEKNY *et al.*, 2015). Embora o referendo de 2005 tenha permitido a continuidade da venda de armas (63,9% dos eleitores rejeitaram a proibição), o Estatuto ainda foi considerado um marco no controle de armas no Brasil (SANJURJO, 2020; 2022; 2023).

Com a aprovação do Estatuto do Desarmamento (Lei n.º 10.826/2003), empresas como Taurus e CBC, que antes apoiavam candidatos de forma individual, passaram a se organizar no formato de um *lobby*, financiando o que viria a se tornar a Bancada da Bala no Congresso Nacional (BENETTI, 2022). Tal apoio foi essencial para a formação de uma divisão simbólica na sociedade entre o "cidadão de bem" e o "bandido". Os primeiros defenderiam a flexibilização do controle de armas para garantir a proteção de seus bens e a sua segurança pessoal e à de suas famílias contra "agressões injustas", enquanto os segundos eram criminalizados como marginais (BENETTI, 2022; MIRANDA, 2019). Tal dicotomia facilitou a aprovação de mudanças significativas na legislação sobre armamento civil (MACAULAY, 2017; 2019). Por isso, já no ano seguinte à aprovação do desarmamento, foi iniciada a flexibilização do porte de armas, inicialmente, para as guardas municipais de cidades com mais de 50 mil habitantes (Lei n.º 10.867/2004).

No governo Lula 2 (2006-2010), a pressão pela flexibilização se tornou mais intensa, resultando na extensão do porte de armas para auditores da Receita Federal e auditores-fiscais do Trabalho (Lei n.º 11.501/2007) e no porte para residentes rurais e profissionais de certas ocupações, como seguranças privados (Lei n.º 11.706/2008), o que sinalizou a crescente influência da Bancada da Bala (MACAULAY, 2019; GALLEGO, 2018). Embora o Brasil estivesse sob o governo do Partido dos Trabalhadores, essas mudanças representaram um avanço significativo para grupos pró-armas (VIEIRA; JARDIM, 2024). A controvérsia continuou com o aumento das taxas de homicídio entre 2007 e 2010, fortalecendo o discurso de que o desarmamento civil estaria impulsionando a violência (MIRANDA, 2019).

No governo Dilma Rousseff (2011-2014 e 2015-2016), a flexibilização do Estatuto do Desarmamento alcançou servidores de segurança dos tribunais e do Ministério Público (Lei n.º 12.694/2012) e agentes prisionais (Lei n.º 12.993/2014). Com a ascensão de Michel Temer à presidência (2016-2018), observou-se uma desregulamentação ainda maior do controle de armas, com o Decreto n.º 8.938/2016, que aumentou o prazo de validade do registro de armas de três para cinco anos e alterou a necessidade de testes de capacidade técnica e psicológica, ampliando seu intervalo para até dez anos (MIRANDA, 2019). No governo Temer também foi permitido o porte de trânsito, de forma que os CACs pudessem circular entre seus acervos e locais de tiro com armas prontas para uso (MARQUES; UCHOA, 2023). Essas medidas abriram caminho para a expansão do armamento civil e a flexibilização das regras de posse e porte, em sintonia com o discurso da Bancada da Bala (GALLEGO, 2018; MACAULAY, 2017; 2019).

Nos primeiros dias da gestão de Jair Bolsonaro (2019-2022), o cenário das normas relativas ao controle de armas mudou significativamente com a assinatura do Decreto n.º 9.685/2019. Dentre as principais alterações, destacam-se a remoção da exigência de comprovação de "efetiva necessidade" para a compra de armas de fogo e a ampliação dos grupos de cidadãos aptos a possuir e portar armas, incluindo agentes públicos e residentes de áreas rurais ou urbanas com índices de homicídios superior a 10 por 100 mil habitantes, de acordo com os dados de 2016 (o que, na prática, englobava praticamente todos os estados brasileiros). Além disso, o decreto também beneficiava os CACs, que obtinham registros no Exército, e estendia essas permissões a proprietários de estabelecimentos comerciais e industriais.

O Decreto n.º 9.785/2019 substituiu o Decreto n.º 9.685/2019, em maio do mesmo ano, aprofundando a flexibilização do controle sobre armas. Entre 2019 e 2020, foram emitidos diversos outros atos normativos que enfraqueceram o Estatuto do Desarmamento, incluindo "onze decretos, uma lei e quinze portarias do Exército", que, conforme analisado por Cerqueira e Bueno (2020, p. 11), incentivaram a disseminação de armas e munições, além de dificultarem o rastreamento de munições utilizadas em crimes. Em 2021, outros quatro decretos seguiram o mesmo rumo, como o Decreto n.º 10.629/2021, que facilitou a obtenção do laudo técnico de capacidade para manuseio de armas pelos CACs, permitindo que a participação em treinamentos ou competições substituísse a avaliação formal. O porte de trânsito, que havia sido alterado em 2017 durante o governo Temer (BRASIL. EXÉRCITO BRASILEIRO, 2017), passou a permitir que CACs transportassem armas prontas para uso.

Parte das medidas adotadas pelo governo Bolsonaro enfrentou resistência nos tribunais, arena acionada para conter a sanha armamentista do governo (MACAULAY, 2017; VIEIRA; JARDIM, 2024). Em março de 2021, o Supremo Tribunal Federal (STF) começou a analisar a constitucionalidade de vários decretos por meio das Ações Diretas de Inconstitucionalidade (ADIs) n.º 6675, 6676, 6677 e 6680, contestando sua validade. Além disso, o Projeto de Lei n.º 3723/2019 foi apresentado na Câmara dos Deputados, buscando consolidar em lei cerca de quarenta atos normativos relacionados ao armamento durante a gestão de Bolsonaro, com o objetivo de garantir segurança jurídica aos CACs (INSTITUTO SOU DA PAZ; IGARAPÉ, 2023). Ao final, o ministro Edson Fachin, em decisão liminar, limitou o uso de fuzis aos CACs, condicionando sua aquisição a casos de interesse público ou defesa nacional (INSTITUTO SOU DA PAZ; IGARAPÉ, 2023).

Apesar da introdução do STF como ator qualificado para conter a expansão de armas e munições no Brasil, como indicam Ribeiro *et al.* (2024), o governo Bolsonaro representou um crescimento sem precedentes na quantidade e na variedade de armas nas mãos de civis que se autoclassificam como CACs, chegando a 230 armas para cada 100 mil habitantes. Retomar algum controle sob essa política foi o desafio proposto por Luiz Inácio Lula da Silva com o Decreto n.º 11.615/2023. A Figura 1 ilustra, assim, as principais mudanças pelas quais o Brasil passou de forma razoavelmente pendular no controle de armas nos últimos 21 anos.

Figura 1: Linha do tempo com as principais mudanças no controle de armas no Brasil. Elaboração das autoras, a partir de dados da legislação federal.

ENTRE O DESARMAMENTO E A LIBERAÇÃO?

Avanços do governo Lula 3?

O discurso de posse do presidente Luiz Inácio Lula da Silva foi amplamente caracterizado pela imprensa nacional como uma crítica direta às políticas do governo anterior, de Jair Bolsonaro. Em particular, Lula condenou os decretos que ampliaram o porte de armas, referindo-se a eles como "criminosos" e comprometendo-se a revogá-los imediatamente. Assim, em seu primeiro dia de mandato, foi publicado o Decreto n.º 11.366, de 1º de janeiro de 2023, que estabelecia, entre outras medidas, a suspensão dos registros para aquisição e transferência de armas de uso restrito por CACs, a restrição na aquisição de armas e munições de uso permitido e a suspensão de novos registros de clubes, escolas de tiro e CACs. O decreto ainda instituiu um grupo de trabalho para elaborar uma nova regulamentação para a Lei n.º 10.826, de 2003 (Estatuto do Desarmamento). O Decreto n.º 11.615/2023 foi publicado, substituindo o anterior e introduzindo uma regulamentação ajustada, ou seja, menos restritiva. Embora o decreto de 2023 não revogasse completamente os atos de Bolsonaro, ele representou um aceno à Bancada da Bala e aos CACs, sinalizando uma posição intermediária na abordagem do controle de armas.

Como destacado na introdução, a grande perda do Governo Lula 3 foi a publicação do Decreto n.º 12.345/2024, pois, apesar de articulações com a "Bancada da Bala", o resultado foi a possibilidade do funcionamento de clubes de tiro perto de estabelecimentos escolares, mesmo com a restrição do horário de funcionamento, considerando uma perda para o Governo. Além disso, o decreto cria a categoria de "atiradores de alto rendimento", cuja regulamentação está a cargo do Ministério da Justiça e Segurança Pública e do Ministério dos Esportes e deve ser anunciada ao longo de 2025. Outra mudança relevante diz respeito à forma de comprovação da frequência dos CACs (Colecionadores, Atiradores e Caçadores) nos clubes de tiro, que agora será feita por tipo de arma (restrita ou permitida), em vez de considerar todos os calibres utilizados.

O Quadro 1 sumariza as principais mudanças verificadas nessas políticas ao longo de vinte anos de discussão sobre o controle, ou a falta dele, de armas no Brasil.

Quadro 1: Mudanças empreendidas no acesso a armas e munições no Brasil (2003 a 2024).

Público	Critério	Estatuto do Desarmamento (Lei n.º 10.826/2003)	Durante o governo Bolsonaro (alterada por distintos decretos e portarias entre 2019 e 2022)	Decreto n.º 11.615/2023
Civis em geral	Idade mínima para compra de armas	25 anos	Permanece a mesma	Permanece a mesma, mas acrescenta que a pessoa que solicita deve declarar que "sua residência possui cofre ou lugar seguro, com tranca, para armazenamento das armas de fogo desmuniciadas de que seja proprietário, e que adotará as medidas necessárias para impedir que menor de 18 anos de idade ou pessoa civilmente incapaz se apodere de arma de fogo sob sua posse ou de sua propriedade".
	Critérios de aprovação	Demonstração de efetiva necessidade, idoneidade, ocupação lícita, aptidão física e mental	Não é necessário comprovar a efetiva necessidade	A efetiva necessidade para adquirir armas volta a ser exigida a cada compra, sendo que o exame psicológico passa a ser requerido de forma semelhante ao necessário para a habilitação para condução de veículo automotor
	Quantidade de armas	Máximo de duas armas para defesa pessoal	Máximo de seis armas para defesa pessoal	Máximo de duas armas para defesa pessoal
	Potência das armas	Somente são permitidas armas de porte, de repetição ou semiautomáticas cuja munição tenha energia de até 407 joules. Armas de calibres como .357 Magnum, 9mm, .40, .44, .45 só podem ser utilizadas por forças de segurança	São permitidas armas de porte, de repetição ou semiautomáticas cuja munição tenha energia de até 1.620 joules. Armas de calibres como .357 Magnum, 9mm, .40, .44, .45 se tornam liberadas, assim como fuzis dos calibres .223, 5,56 mm e 7,62 mm	Somente são permitidas armas de porte, de repetição ou semiautomáticas cuja munição tenha energia de até 407 joules. Armas de calibres como .357 Magnum, 9mm, .40, .44, .45 voltam a se tornar restritas às forças de segurança, assim como os fuzis
	Quantidade de munições	50 unidades por ano, por arma registrada	2.000 unidades por mês, por arma registrada	50 unidades por ano, por arma registrada
	Validade do registro	5 anos	10 anos	5 anos, sendo a renovação condicionada à demonstração de efetiva necessidade, idoneidade, ocupação lícita, aptidão física e mental

Público	Critério	Estatuto do Desarmamento (Lei n.º 10.826/2003)	Durante o governo Bolsonaro (alterada por distintos decretos e portarias entre 2019 e 2022)	Decreto n.º 11.615/2023
	Atestado de capacidade técnica	Laudo de capacidade técnica, emitido pela Polícia Federal	Atestado de habitualidade, emitido pelos clubes de tiro	Comprovação da aptidão psicológica e da capacidade técnica para manusear armas, emitido pela Polícia Federal
	Porte	Proibição do porte de trânsito	Porte de trânsito de armas municiadas – permitia que CACs levassem armas de porte prontas para uso em deslocamentos	Fim do porte de trânsito: o deslocamento para a prática das atividades deverá ser realizado com a arma desmuniciada e acondicionada de maneira que seu uso não possa ser imediato, após emissão por meio digital de guia de tráfego, em trajeto e período especificados
CACs		Atiradores: 16 armas, 60 mil munições e 12 kg de pólvora	Atiradores: 60 armas, 180 mil munições por ano e 20 kg de pólvora	Atiradores: 16 armas, podendo ser até 4 de uso restrito; 20 mil munições por ano.
	Posse	Caçadores: 12 armas, 6 mil munições e 2 kg de pólvora	Caçadores: 30 armas, 90 mil munições e 20 kg de pólvora	Caçadores: até 6 armas, podendo ser 2 de uso restrito; 500 munições por arma, por ano
		Colecionadores: uma arma de cada tipo e uma munição por modelo	Colecionadores: 5 armas de cada tipo, mil munições para cada arma de uso restrito e 5 mil munições para cada de uso permitido	Colecionadores: uma arma de cada tipo, modelo e calibre

Fonte: Elaboração das autoras, a partir de dados da legislação federal.

Para os civis em geral, a idade mínima para a compra de armas permanece em 25 anos, mas o Decreto n.º 11.615/2023 requer a declaração de que o solicitante possui um local seguro para armazenamento, com a garantia de medidas para evitar o acesso por menores ou pessoas incapazes. Além disso, os critérios de aprovação foram reajustados, reintroduzindo a necessidade de comprovar a efetiva necessidade para adquirir armas, e o exame psicológico passa a ser requerido de forma semelhante ao exigido para a habilitação para conduzir veículos automotivos. A quantidade máxima de armas para defesa pessoal volta a ser limitada a duas, revogando o aumento para seis feito durante o governo Bolsonaro. Da mesma maneira, a quantidade de munições permitidas retorna para cinquenta unidades por ano, por arma registrada. Ademais, a lista de armas de uso restrito foi aumentada, limitando-as ao uso de agentes das forças de segurança pública. No que diz respeito aos clubes de tiro, houve a restrição do tempo de funcionamento, de maneira que não podem mais ficar abertos por 24 horas.

Para os CACs, as mudanças incluem a comprovação da aptidão psicológica e da capacidade técnica para manusear armas, emitida pela Polícia Federal. Além disso, o porte de trânsito foi encerrado, exigindo deslocamento com armas desmuniciadas e guia de tráfego digital. As posses para atiradores, caçadores e colecionadores foram ajustadas, limitando a quantidade de armas e munições permitidas por ano para cada categoria.

As entidades da sociedade civil especializadas no controle de armas e munições, como o Instituto Sou da Paz/Igarapé (2023), apresentaram diversas críticas ao Decreto n.º 11.615/2023. Entre elas, destaca-se o fato de que as armas consideradas restritas e adquiridas antes da entrada em vigor do decreto poderão ser mantidas pelos proprietários, representando um desafio adicional no combate à violência armada (Instituto Sou da Paz; Igarapé, 2023). Em termos de pontos fortes da nova legislação estão a inclusão de duas alterações para o acompanhamento e o controle do acervo de armas de fogo entre civis (Instituto Sou da Paz; Igarapé, 2023). Por um lado, tem-se a criação de procedimentos para a punição de pessoas que não renovem os registros de armas de fogo, podendo tais artefatos serem recolhidos pela Polícia Federal. Não se trata de medida de menor importância, considerando que, de acordo com o Fórum Brasileiro de Segurança Pública (2023), existem 1.542.168 armas cadastradas no Sistema Nacional de Armas (SINARM) cujos registros estão vencidos e não foram renovados. Por outro lado, houve o aprimoramento dos controles das armas de fogo com a concentração dos registros das armas de fogo de civis em um único banco de dados (SINARM) e sob a fiscalização da Polícia Federal, no lugar do Exército, a quem competia a fiscalização do acervo dos CACs.

Logo, com o Decreto n.º 11.615/2023, somente as armas das Forças Armadas, das Forças Auxiliares e do Gabinete de Segurança Institucional permanecerão no Sistema de Gerenciamento Militar de Armas (Sigma). Todas as demais armas de fogo, inclusive as dos CACs, serão registradas no Sinarm, e, com isso, todo o armamento civil será controlado e fiscalizado pela Polícia Federal, o que solucionará a questão da falta de integração, fortalecendo não apenas o controle sobre o arsenal de armas, mas também a investigação de crimes nos quais armas registradas tenham sido utilizadas.

Com a aprovação do Decreto n.º 11.615/2023, o então ministro da Justiça e Segurança Pública indicou a necessidade de se refletir sobre quais foram os impactos do decreto nos indicadores criminais de segurança pública. Essa medida é importante, especialmente, para compreender os resultados do decreto. Contudo, mais de um ano após a aprovação, muito pouco se avançou na discussão em termos de avaliação qualitativa realizada pelo governo, o que gerou, inclusive, críticas da sociedade a respeito da pouca centralidade da pauta.

Organizações da sociedade civil realizaram um balanço após um ano do decreto de 2023, indicando pontos de baixa regulamentação e fragilidade institucional, com ameaças inclusive de retrocessos na política de controle de armas de fogo. Dois pontos ressaltados pelos especialistas no tema que ainda carecem de regulamentação chamam atenção: a transferência da competência de registro e fiscalização dos CACs do Exército para a Polícia Federal e o programa de recompra de armas de fogo (INSTITUTO SOU DA PAZ; IGARAPÉ, 2024). No que diz respeito à transferência dessa atribuição para a PF, houve negociações no início de outubro para acesso aos dados da Justiça para a melhoria da fiscalização, mas ainda há fragilidades de medidas concretas que de fato regulamentem o que está previsto na norma. De acordo com o governo, a transferência começa a valer a partir de janeiro de 2025, mas não houve, até o momento (abril de 2025), recursos humanos destinados para tanto, nem novas notícias sobre o andamento desse processo.

A mudança mais substantiva que vale ser destacada é o Decreto n.º 12.345/2024, alterando em especial as condições de fiscalização dos clubes de tiro. Contudo, essa mudança ainda carece de regulamentação por parte daqueles que serão responsáveis para tanto, já que o decreto anterior previa a responsabilização por parte do Exército Brasileiro, e há uma lacuna quanto a essa questão no decreto aprovado no final do ano passado. Ainda, contudo, não há a implementação das lacunas verificadas no decreto anterior.

O Decreto n.º 12.345/2024 também prevê a regulamentação do novo tipo de CAC: atirador desportivo, e ainda não houve medidas publicadas a respeito do funcionamento dessa nova modalidade, a ser regulamentada pelo Ministério da Justiça e Segurança Pública e Ministério dos Esportes. O arsenal de armas liberado pelo governo Bolsonaro ainda está em mãos de civis, sem que o programa de recompra tenha tido avanços. Em termos práticos, estamos falando de uma sociedade mais armada, fortemente influenciada e operacionalizada pelo governo Bolsonaro, mas com pouca regulamentação pelo governo Lula 3 (Vieira; Jardim, 2024).

No que concerne ao debate legislativo, em maio de 2024 aprovou-se na Câmara um decreto que anula trechos importantes do decreto aprovado pelo presidente Lula em julho de 2023. O objetivo, segundo parlamentares, seria então regulamentar a prática esportiva, e não de fato atuar na política de restrição de armas de fogo. Mesmo com isso, a proposta acabava com a exigência de os clubes de tiro estarem a no mínimo um quilômetro das escolas e permitia o uso de fogo para atividades além daquelas declaradas quando a arma foi adquirida. O texto, já aprovado na Comissão de Constituição e Justiça (CCJ), foi para o Senado para votação (PDL n.º 206/2024), mas, após acordo com o governo, o qual se comprometeu a propor novo decreto, não será mais votado. Contudo, após pressão da Bancada da Bala junto ao governo, o Decreto n.º 12.345/2024 foi aprovado, incluindo a prática esportiva e permitindo a atuação dos clubes de tiro em um raio inferior a um quilômetro de estabelecimentos escolares, mesmo que em período mais restrito (das 18h até as 22h em dias de semana, e em horário comercial em finais de semana e feriados).

Além disso, como destaca o Fogo Cruzado (2024), uma das mudanças mais preocupantes é a criação da categoria de "atirador de alto rendimento", que amplia o acesso a armas de uso restrito, elevando o limite permitido de quatro para oito e aumentando em 20% a quantidade de munições adquiríveis, o que pode dificultar a fiscalização e aumentar o risco de desvios para o mercado ilegal.

No que diz respeito à gestão Lula, não temos verificado acenos que nos indiquem que a maior fiscalização e regulamentação das armas têm sido políticas prioritárias no âmbito da segurança pública. O mercado permanece saturado de armas, e o governo nada tem feito para conter a permanência do armamentismo. Por exemplo, o projeto de Lei do deputado Eduardo Bolsonaro (PL n.º 5417/2020), que está em trâmite na Comissão de Constituição e Justiça da Câmara, propõe a autorização para publicidade de armas de fogo no Brasil. Caso avance, essa medida representa uma abertura simbólica e prática para o armamento civil, reforçando a normalização das armas como parte do cotidiano. Esse projeto, atualmente nas mãos de uma relatora do Partido Liberal (PL) de Santa Catarina, permanece engatilhado e demonstra como o *lobby* armamentista ainda influencia os rumos da legislação.

Outra questão importante é o fortalecimento das carreiras e políticas de segurança pública que são sustentadas pelo uso de armas de fogo. Um caso em evidência é o dos policiais penais, cujo porte de armas foi considerado inconstitucional pelo Supremo Tribunal Federal em dezembro de 2023.[1] Contudo, a crescente dependência da segurança pública em armas de fogo continua a moldar as práticas do setor, consolidando a presença de armamento como uma ferramenta essencial na garantia da ordem. Essa tendência, mesmo sem mudanças legislativas imediatas, configura-se como um aspecto de longo prazo que não apenas mantém, como também legitima a expansão armamentista no país. Inclusive, é nessa seara que os efeitos mais diretos das políticas públicas aparecem, sobretudo, nos municípios, onde, de fato, se concretizam no cotidiano, a partir de arranjos complexos no âmbito subnacional (CORTEZ; LOTTA, 2022).

No que concerne à segurança pública, a discussão municipal perpassa pela ausência de clara delimitação sobre qual seria a função das forças de segurança e sobre o crescimento da participação das guardas municipais (SILVA; SAPORI, 2023; COSTA, 2020). As guardas foram, inclusive, recentemente reconhecidas pelo STF como parte integrante do Sistema Único de Segurança Pública (SUSP), haja vista que, segundo a regulamentação do Estatuto Geral das Guardas Municipais (Lei n.º 11.022/2014), essas organizações fariam atividades típicas da segurança pública.

Em se tratando das armas de fogo, entre 2019 e 2023, de acordo com dados publicados no final de 2024 ela Pesquisa de Informações Básicas Municipais (Munic) do IBGE, o percentual de municípios que utilizam armas de fogo em suas guardas passou de 22,4% para 30% (IBGE, 2024b). Ao analisarmos de forma desagregada, a maior parte dos municípios com guardas municipais que responderam a respeito das armas utilizadas em sua atuação, temos que 4,1% dos municípios que utilizam apenas armas de fogo, enquanto 25,7% combinam armas de fogo com armas não letais, totalizando aproximadamente 29,8% das guardas municipais com algum uso de armamento letal. Esse cenário é ainda mais grave quando observamos essa situação nos municípios com até 10 mil habitantes, em que o crescimento foi de quase 100%. Estamos, portanto, diante de uma sociedade que vê o crescimento do uso de armas de fogo não apenas nas mãos de civis, mas também nas mãos de profissionais da segurança pública, especialmente, entre 2019 e 2023. Em outras palavras, o crescimento se deu,

---

[1] Em dezembro de 2023, o STF declarou, por unanimidade, a inconstitucionalidade do artigo 43-A, § 7º, da Lei Complementar n.º 389/2010, que havia sido incluído pela Lei Complementar n.º 748/2022, no estado do Mato Grosso. Essa legislação estadual permitia o porte de arma de fogo a servidores administrativos da Polícia Penal de Mato Grosso, decisão que o STF julgou como violação constitucional.

prioritariamente, na gestão Bolsonaro, podendo, inclusive, indicar os efeitos de suas políticas de "libera geral", como os muitos decretos assinados pelo então presidente ficaram conhecidos (VIEIRA; JARDIM, 2024).

Por fim, voltamos ao problema que abre o nosso texto, qual seja, o contexto dos ataques com uso de armas de fogo em escolas, o qual também exemplifica a complexidade do problema. Embora o governo tenha revogado o decreto das escolas cívico-militares, a frequência e a gravidade desses ataques se agravaram, com muitos jovens utilizando armas de fogo em suas ações. Em vez de abordar essa crise com medidas de controle de armas mais rigorosas, o debate legislativo segue com propostas que sugerem a presença de militares ou outros profissionais de segurança armados em escolas, numa resposta que reforça a lógica armamentista. O que temos visto é a vitória da Bancada da Bala nessas disputas, com a permissão de clubes de tiro muito próximos às escolas, ainda que não no período diurno.

O que esperar do restante do governo Lula 3?

O governo Lula 3, embora tenha revertido alguns dos decretos de flexibilização de armas instituídos pelo governo Bolsonaro, não adotou uma posição desarmamentista absoluta. Pelo contrário, vem procurando acomodar tanto as bandeiras da base governista no Congresso e dos movimentos sociais contrários ao enfraquecimento do Estatuto do Desarmamento quanto a Bancada da Bala, o *lobby* das empresas e outros favoráveis ao armamento; e temos visto que essa acomodação pesa a balança, dado o aceno favorável a essas manifestações. Essa postura de conciliação se reflete em legislações e decisões que, ao mesmo tempo que sinalizam controle, deixam brechas que favorecem os setores armamentistas, como no caso do porte de armas para policiais penais e nas concessões parciais feitas à Bancada da Bala.

Assim, o governo Lula trilha uma linha tênue, buscando capital político sem polarizar suas ações e tentando moderar as expectativas dos dois grupos, o que o coloca em uma posição de constante negociação entre o avanço e o recuo em questões sensíveis de segurança e regulação de armas; demonstrando perdas substantivas para o seu governo, com a aprovação do Decreto n.º 12.345/2024 no apagar das luzes do ano passado. A considerar pelo que foi realizado até aqui (meados de 2025), a expectativa é de maior inércia dessa política, com mais armas e munições em circulação, entre as forças de segurança e entre os civis, sem muita fiscalização. Não é preciso mencionar que os efeitos de um país fortemente armado serão desastrosos.

No atual combate à pobreza e à desigualdade, por que a melhora tem teto?

Natália Sátyro

A pobreza caiu na América Latina nos últimos anos, e 80% dessa diminuição é função da queda desse fenômeno, especificamente, no Brasil, diz relatório da Cepal (2024). De acordo com os dados do relatório, no Brasil houve um aumento de 3,7 pontos percentuais na pobreza entre 2014 e 2019, e entre 2019 e 2020 esse indicador caiu cerca de 1,8 ponto percentual por causa do Auxílio Emergencial durante a pandemia. Se, por um lado – uma vez que esse programa teve vida curta, diferentemente da pandemia, e diante de um governo sem preocupação com essa pauta –, a pobreza aumentou 6 pontos percentuais entre 2020 e 2021 (CEPAL, 2024, p. 52), por outro, já em um novo governo, entre 2022 e 2023, "a extrema pobreza caiu de 5,9% para 4,4%, e a pobreza de 31,6% para 27,4%; pela primeira vez na série a extrema pobreza ficou abaixo de 5% da população e houve redução de cerca de 3,1 milhões de pessoas extremamente pobres e de 8,7 milhões de pessoas pobres" (IBGE, 2024b, p. 22). Foi a maior magnitude de diminuição de pobreza no continente (CEPAL, 2024, p. 45-46).

Segundo Carvalho (2024a, p. 2), "no segundo trimestre de 2023, a renda média se manteve acima da observada no mesmo trimestre de 2019 pela primeira vez desde a pandemia (0,6%). Já no segundo trimestre de 2024, a renda média superou o mesmo trimestre de 2019 em 6,5%". Apesar da avaliação dada pelo mercado ao final dos dois anos do terceiro governo de Luiz Inácio Lula da Silva, há que se ressaltar três indicadores bastante positivos. O primeiro é a diminuição do desemprego a taxas históricas. Segundo o IBGE, a taxa de desemprego recuou para 6,6% em agosto de 2024. O segundo é a baixa inflacionária no segundo semestre de 2024 (a mais baixa dos últimos quatro anos. Para alguns analistas a menor desde 2019, para outros, desde 2020). O terceiro, por fim, é o registro de maior crescimento do PIB do que o esperado (AMITRANO; ARAUJO; SANTOS, 2024). Segundo esses autores, "o resultado registrado pelo produto interno bruto (PIB) no segundo trimestre de 2024, com avanço de 1,4% em relação ao primeiro trimestre de 2024 (isto é, na margem) e de 3,3% em relação ao segundo trimestre de 2023 (isto é, na comparação interanual), se mostrou significativamente maior do que havíamos previsto".

Primeiramente, é importante dizer que, do ponto de vista social, destaca-se, como marca dos governos Lula, as transferências de renda, em especial, o programa Bolsa Família. O relatório da Cepal anteriormente citado sugere que esse foi um dos grandes determinantes da diminuição da pobreza. Decerto, não há dúvidas da força dos benefícios sociais para tais feitos. Em 2019, havia 22,7% de pessoas em domicílios com recebimento de alguma transferência de renda dos programas sociais; em 2020, por causa do Auxílio Emergencial, essa proporção foi a 36,8%, caindo para 29,7% em 2021, para 25,8% em 2022 e chegando a 27,9% em 2023 (IBGE, 2024b).

Fato é que o governo Lula herdou do seu antecessor um país em frangalhos. Essa afirmativa se baseia em fatos que configuraram a irresponsabilidade fiscal de Jair Messias Bolsonaro em 2022, com medidas eleitoreiras e com um comportamento antiausteridade em que nem as regras do Novo Regime Fiscal da Emenda n.º 95 de 2016 o frearam. Entre outras medidas é possível ressaltar que Bolsonaro agiu eleitoreiramente, aumentando a cobertura do então Programa Auxílio Brasil em quase 6 milhões de novas famílias no ano eleitoral de 2022 e aumentando também o valor do benefício básico. Afirmar que se tratou de uma ação eleitoreira decorre do fato de que não havia previsão orçamentária para 2023 – pós-eleição. No entanto, isso pode ser visto como uma herança bendita. Dificilmente tais ações – isto é, um aumento orçamentário de tal magnitude para um programa de transferência de renda não contributiva – teriam aprovação do Congresso se fosse um governo de esquerda. Tendo Lula vencido as eleições, na prática, isso permitiu que logo de imediato houvesse um redesenho do programa Auxílio Brasil para voltar aos moldes do programa Bolsa Família, deixando para trás os aspectos meritocráticos e mercadológicos que haviam sido inseridos, para falar o mínimo. Assim, iniciou-se o governo com a possiblidade de garantir uma renda básica a cerca de 21 milhões de famílias em um valor relativamente alto quando comparado com os valores praticados nos dois primeiros governos de Lula.

É possível inferir que os dados aqui referidos, por si sós, já afetam positivamente a pobreza, diminuindo-a. No entanto, é importante saber dos limites das transferências de renda não contributivas. Elas são centrais para a redistribuição de renda, mas têm seus limites, afinal, o melhor é a criação de postos de trabalho não precarizados. Ou seja, elas são essenciais pois combatem de forma direta a pobreza das pessoas mais vulneráveis, mas, do ponto de vista redistributivo, seu teto chega relativamente rápido. Tendo isso em consideração, a pergunta que vem em seguida é: Quais as limitações deste governo (Lula 3) para melhorar ainda mais tais indicadores? E o que tem sido feito para que mudanças na direção redistributiva sejam garantidas?

Este governo tem três grandes amarras. A primeira é que, apesar de Lula ser do Partido dos Trabalhadores, partido de esquerda, o governo não o é. O governo é uma ampla aliança entre os partidos que "rezam o credo democrático", ou seja, que respeitam as instituições democráticas. Porém, nesta coalizão, que foi feita para vencer o avanço de extrema direita populista, radical, antissistêmica e antidemocrática, encontram-se os partidos que, antes de Bolsonaro, eram conhecidos como a nossa extrema direita até os partidos de esquerda. Ou seja, dada essa coalizão, não se pode esperar que o terceiro governo Lula seja como os dois primeiros. Lula 3 não é a continuação de Lula 1 e 2, é de outra natureza. Se acrescentarmos a essa discussão a composição da Câmara dos Deputados, isso fica ainda mais fácil de ser entendido. Só como uma amostra, basta lembrar que, em 2018, o Partido Social Liberal (PSL) tinha apenas uma cadeira no parlamento, nas eleições de 2018 elegeu 52 cadeiras e, nas eleições de 2022, alcançou 99 cadeiras que é o atual parlamento, tornando-se o maior partido de extrema direita.

A segunda amarra diz respeito à importância que representou a existência de um conjunto de mecanismos institucionais de coordenação federativa para o alcance de metas nacionais. No caso, trata-se dos mecanismos de coordenação que foram utilizados pelo governo federal para conseguir induzir a ação dos estados e municípios em direções a bens públicos coletivos. Havia um receio teórico na década de 1990 de que a fragmentação e as características centrífugas de nosso federalismo iriam causar uma paralisia decisória, que não permitiria alcançar metas nacionais facilmente. Essa paralisia não se confirmou. Tais receios foram respondidos pela capacidade normativa e financeira da União e pelos mecanismos institucionais de coordenação federativa que conseguiram uma concertação no nível nacional para o atingimento de metas nas áreas da saúde, assistência social e educação, para citar algumas (ARRETCHE, 2012; MACHADO, 2023). Houve a montagem de diferentes desenhos em cada arena setorial, e, mesmo respeitando a autonomia de municípios e estados, o Executivo Federal conseguiu impor e especificar direções de ações a partir de incentivos financeiros e regramentos (ARRETCHE, 2012; MACHADO, 2023). Machado (2018) mostra como os mecanismos de coordenação possuem uma destinação previamente pactuada (foram criadas instâncias de pactuação nas áreas da Saúde e da Assistência Social) onde há uma especificação certa do destino dos recursos, e também construiu-se mecanismos de monitoramento e controle dentro do Executivo e fora dela, por outros atores institucionais com o poder de impor sanções para o não cumprimento daquele que foi especificado e pactuado para que a transferência seja realizada. Foi desse jeito que o Executivo federal foi capaz, no decorrer do tempo, de alcançar melhorias de indicadores sociais a partir da criação de mecanismos de indução para coordenar a ação dos governos subnacionais.

No entanto, as Emendas Constitucionais n.º 86, n.º 95, n.º 100 e n.º 132, que tratam do Novo Regime Fiscal e das emendas parlamentares, solaparam essa capacidade do governo na medida em que diminuem o espaço de manobra, donde se lê a discricionariedade da União, aumentam o papel do Legislativo na distribuição dos recursos, portanto, na implementação de políticas públicas, e, complementarmente, distribuem recursos sem nenhum direcionamento, isso é, sem uma coordenação central que vise bem públicos. Ou seja, a junção dos efeitos de tais emendas leva à fragmentação dos recursos que visam mais bens privados – no caso, o curral eleitoral dos deputados – do que bens públicos. Vejamos.

Primeiro, em 2016, sob a batuta do governo Temer, a Emenda Constitucional (EC) n.º 95, conhecida tanto como "Novo Regime Fiscal" quanto como "Emenda do Teto", impôs um teto para o crescimento dos gastos primários do Executivo durante vinte anos. Barcelos, Couto e Calmon (2022) enfatizam que daquele momento em diante observam-se: i) o aumento da participação do Legislativo na definição das regras e na mobilização e alocação dos recursos, ii) o aumento do papel dos órgãos de controle na definição e interpretação das normas relativas aos recursos orçamentários, e iii) a diminuição da participação popular, seja pelo desmantelamento dos conselhos setoriais, seja pelo recuo na gestão do Plano Plurianual. De acordo com esses autores, a EC 95 reduziu "os espaços para o atendimento às demais dimensões de sustentabilidade do regime – política, institucional, social – bem como limit[ou] o tratamento às especificidades locais e setoriais necessárias num regime com tal complexidade", em função da sustentabilidade fiscal a que os autores adjetivam como "cega". Mais do que isso, eles afirmam que "o teto de gastos reduziu tanto a autonomia quanto os incentivos à cooperação, dado que a competição por recursos dentro do teto se acentua e um esforço para elevação de receitas próprias não se traduz em maior capacidade de gasto" (2022, p. 22). Portanto, só a EC 95 já significaria uma forte redução do espaço de ação do Executivo federal.

Mas, para compreender o real impacto dessas regras sobre a capacidade de coordenação do governo federal, bem como sobre sua capacidade de implementação de políticas públicas, é importante entender a EC 95 juntamente com outras quatro emendas constitucionais que tratam das emendas parlamentares (86, 100, 105 e 132). A Emenda Constitucional n.º 86, de março de 2015, fixou cota mínima obrigatória de emendas individuais no valor de 1,2% da receita corrente líquida da União. Até então, isso dependia de disponibilidade orçamentária, mas a partir da EC 86 passou a ser obrigatória e com valor vinculado. Acrescenta-se a isso mais 1% da receita corrente líquida da União vinculadas às emendas das bancadas estaduais, a partir da Emenda Constitucional n.º 100, de junho de 2019. Ou seja, estamos até aqui observando a criação de um limite dos gastos do Executivo (EC 95) e a vinculação de parte destes gastos ao Legislativo (EC 86 e EC 100).

A Emenda n.º 105, de dezembro de 2019, foi além, pois criou um mecanismo de transferências especiais para as emendas individuais impositivas diferente das transferências específicas, permitindo o repasse de recursos de emendas parlamentares de forma direta do Tesouro para os governos estaduais e municipais. Antes, o repasse ocorria a partir de algum convênio celebrado ou algum outro instrumento dessa natureza; agora, o repasse é direto e sem condicionalidades. Segundo o Manual de Emendas, a única proibição é a sua "utilização para pagamento de despesas com pessoal e encargos sociais e de encargos referentes ao serviço da dívida" (CONGRESSO NACIONAL. MANUAL DE EMENDAS, 2023, p. 6).

Com essas três emendas, o Legislativo passa a não só legislar, mas também a fazer políticas públicas. Para se ter noção do espaço discricionário retirado do Executivo, é importante entender que houve um salto substantivo. Segundo Barcelos, Couto e Calmon (2022, p. 12), "as emendas parlamentares que representavam 9,2% em 2014 alcançaram o patamar de 41% do total em 2020". Para tais autores, essa regra esvaziou o Programa de Aceleração do Crescimento (PAC), que foi reduzindo desde 2014, teve uma grande inflexão e desapareceu em 2020, logo após a referida emenda. A leitora atenta ao volume de investimento realizado pelos governos de esquerda via o PAC consegue entender a analogia de que o volume anual investido pelo PAC entre 2015 e 2019 é o mesmo, em valores nominais, do volume de investimento de emendas parlamentares, segundo Barcelos, Couto e Calmon (2022).

Hartung, Mendes e Giambiagi (2021, p. 3) afirmam que, em 2021, "51% de todo o investimento federal foi decorrente de emendas"; já em 2023 elas representaram cerca de 27% do total de recursos investidos pelo governo federal. Em janeiro de 2024, o relator havia recolhido um total de "7,9 mil emendas parlamentares individuais, de bancadas estaduais e de comissões, que somavam R$ 53 bilhões. Com o veto nas emendas de comissão, a previsão era que o valor global naquele ano ficasse em torno de R$ 44,6 bilhões" (Agência Câmara de Notícias, 2024). Para se ter uma base de comparação, nos Estados Unidos o Legislativo ocupa cerca de 1,5% contra algo em torno de 20% que tem sido praticado nos últimos três anos no Brasil (Marcos Mendes, pesquisador do Insper). Lembramos que essas emendas foram apelidadas de "orçamento secreto": elas não só não têm destinação planejada em função de um bem público como não são (eram, nesses dois anos de governo) passíveis de fiscalização. Esse conjunto de informações mostra a diminuição drástica da discricionariedade do Executivo federal, ou seja, seu menor poder de alavancagem no que se refere a pautas específicas, como o combate à pobreza.

Na segunda metade de 2024, o Supremo Tribunal Federal, na figura do ministro Flávio Dino, iniciou uma batalha contra o Legislativo visando uma maior transparência das emendas. As decisões da Corte seguem os mesmos princípios constitucionais que fazem com que os entes federativos, União, estados e municípios, estejam obrigados a fornecer garantia de rastreabilidade, comparabilidade e publicidade os gastos executados a partir de informações e dados contábeis, orçamentários e fiscais. A tônica das ações do ministro Flávio Dino foi a inconstitucionalidade do chamado "orçamento secreto". Ainda que tudo isso garanta a transparência, ainda assim a União continua sem assegurar o direcionamento desses gastos de acordo com metas nacionais, o que diminui substantivamente a sua capacidade discricionária, diminuindo, portanto, sua capacidade redistributiva também.

Um terceiro ponto que impõe limites ao desenvolvimento social, à diminuição da pobreza e da desigualdade é a regressividade do sistema tributário brasileiro. Como ele pesa excessivamente a arrecadação sobre a classe média, mas principalmente sobre os mais pobres, é em si um instrumento indubitável de concentração de riqueza e renda, nosso maior retrocesso. Primeiro, pela quantidade de impostos indiretos em produtos de toda natureza, de maneira que uma pessoa pobre fica sujeita à mesma cobrança de impostos que uma pessoa rica. Também é importante observar que os tributos não ocorrem de forma uniformizada, fazendo com que na maior parte das vezes eles se tornam cumulativos, ou seja, que um mesmo produto tenha várias tributações na cadeia produtiva. Isso é o que os estudiosos da área chamam de "efeito cascata": como explica Fabrício Augusto de Oliveira (2024, p. 63), trata-se do "fato de os impostos irem incidindo também sobre os impostos em todas as transações efetuadas do mesmo fato gerador sem que se contemple qualquer dedução desses mesmos impostos". No entanto, as regras variam para cada tributo e, na maior parte das vezes, são específicas para cada estado e município, com diversos regimes especiais e exceções e com algumas vedações constitucionais. Para que fique clara a gravidade disso, segundo Oliveira (p. 72), "somados, os impostos que incidem sobre o consumo (em torno de 50%) e os que são cobrados sobre a folha de pagamento (cerca de 25%), uma tributação indireta que é transferida para os preços dos produtos, chega-se a uma participação de 75% de impostos indiretos em sua estrutura, sabendo-se que esses penalizam mais as camadas de baixa renda".

Soma-se a isso o fato de que essa regressividade ocorre em várias dimensões. No que se refere aos impostos diretos, podemos falar de "regressividade horizontal", em que duas pessoas com o mesmo rendimento, mas com fontes distintas de renda, com ou sem isenções, possuem tributações muito distintas.[1] Porém, podemos falar também de "regressividade vertical", quando uma pessoa mais pobre paga proporcionalmente mais sobre a sua renda do que uma pessoa rica, e isso ocorre em todos os grandes tributos que um cidadão mediano sabe nominar – Imposto de Renda sobre Pessoa Física (IRPF), Imposto Predial e Territorial Urbano (IPTU), Imposto sobre Propriedade de Veículos Automotores (IPVA), para citar alguns. Ou seja, a maior parte dos impostos são indiretos, e os diretos têm uma regressividade vertical, isto é, incide mais sobre os pobres. Em países desenvolvidos ocorre o contrário: tributa-se mais diretamente e menos indiretamente.

Além disso, o sistema tributário brasileiro é um dos mais complexos do mundo. Segundo Oliveira, entre a Constituição Federal de 1988 e setembro de 2023, foram editadas 492.521 normas tributárias: 42.534 normas do governo federal, 162.710 dos estados, 287.277 dos municípios, "o que representa 38 normas por dia ou 55 por dia útil" (OLIVEIRA, 2024, p. 62). Portanto, uma das "bolas mais acertadas" deste governo é a reforma tributária; é claro, se ela alcançar os pontos fulcrais do problema. Ou seja, uma das formas de se resolverem parcialmente os problemas da sociedade brasileira (pobreza e desigualdade) é a partir de uma reforma tributária, que é o que atual governo de Lula está tentando fazer. Algo que nenhum presidente desde a volta à democracia logrou fazer na magnitude dessa administração. Isso é central, pois, para falarmos de desigualdade, é necessário entender sobre a regressividade do sistema tributário brasileiro.

Por isso, iniciativas como a Emenda Constitucional n.º 132 de 2023 são importantes, mesmo que limitadas. Nos estertores de 2024, o governo considerou uma vitória a parte da reforma emplacada, pois manteve a "espinha dorsal", apesar dos "jabutis", isenções e exceções que foram aparecendo no percurso. Por exemplo, o Projeto de Lei Complementar n.º 68 de 2024 criou o mecanismo conhecido como *cashback*, que permite a devolução de impostos para consumidores de baixa renda (os quais terão de estar inscritos no Cadastro Único de programas sociais do Governo Federal, para pessoas e famílias com renda

---

[1] Por exemplo: duas pessoas ganham o mesmo tanto anualmente, mas uma, por ser dona de uma pequena empresa, declara seus rendimentos como lucros e dividendos, e a outra, por ser empregada de uma empresa, declara de maneira distinta, fazendo com que a segunda seja tributada e a primeira não.

familiar de até três salários-mínimos). Esse PL também regulamenta o imposto seletivo, o então apelidado de "imposto do pecado", uma vez que incidirá sobre produtos prejudiciais à saúde e ao meio ambiente, como cigarros, bebidas alcoólicas e refrigerantes. Apesar das muitas controvérsias, por exemplo a isenção de proteínas na cesta básica – carnes, frangos e peixes –, de forma geral o governo conseguiu uma vitória expressiva. As modificações realizadas simplificarão o sistema tributário brasileiro deixando-o mais transparente e simples, dado que o Imposto sobre Valor Agregado incidirá, de maneira unificada, sobre uma base ampla de bens e serviços. No entanto, a reforma sobre renda e patrimônio ainda está parada, e esse é determinante para desigualdade de renda no Brasil.

E por que tudo isso impactará na capacidade do governo em ser mais redistributivo? Primeiro, é claro, pela diminuição da regressividade do sistema, pela diminuição menor do que a esperada, uma vez que, sem taxação das grandes fortunas, o impacto será muito menor do que o necessitado pela sociedade. Mas, para além disso, isso trará um impacto nas relações federativas, uma vez que as maneiras como as receitas são distribuídas na Federação serão modificadas.

No entanto, mesmo que isso diminua a autonomia dos entes subnacionais, que não mais cuidarão dos próprios tributos, a expectativa é que haja "potenciais ganhos de arrecadação para pelo menos 92% dos municípios brasileiros no cenário em que a reforma produza efeitos moderados sobre a produtividade" (Gobetti; Orair; Monteiro, 2023, p. 13). Esses autores apresentam estudo no qual estimam que "na esfera municipal, em particular, a unificação da base tributária entre bens e serviços, além da aplicação do princípio do destino, proporcionará uma redução substancial da desigualdade de receitas, com consideráveis benefícios para as cidades mais pobres, sejam pequenas ou grandes" (p. 13). Ou seja, as expectativas são positivas, mas precisaremos esperar que as reformas sejam completadas e implementadas para entender os potenciais efeitos delas na coordenação entre os entes, na capacidade fiscal de cada ente federativo e, portanto, os efeitos nas políticas sociais.

Considerações finais: o teto para um país de mais justiça social

Os dois primeiros anos do governo Lula 3 impactaram positivamente os principais indicadores sociais relativos à pobreza e à extrema pobreza. Mais do que isso, aumentou a renda média, o consumo, diminuiu a inflação e o desemprego. A extrema pobreza e o desemprego atingiram níveis historicamente baixos. Isso tudo à revelia do mercado financeiro, que insiste em jogar contra, à revelia da comunicação pobre do governo e à revelia também de parte progressista do governo que ainda está perdida em um jogo político-burocrático dentro de ministérios-chaves. No entanto, sem dúvidas, o ministro Fernando Haddad e as ministras Esther Dweck e Simone Tebet são as estrelas que estão entregando mais resultados neste governo Lula 3.

Entretanto, há um teto para toda a entrega que vem sendo feita. Nos últimos anos, foram destruídas as ferramentas institucionais que empoderavam o Executivo federal para coordenação de políticas sociais tão importantes para alcançarmos metas nacionais. Mais do que isso, a Emenda do Teto e as emendas que conformaram as atuais emendas parlamentares transformaram o nosso sistema político, dando uma força política ao Legislativo que diminui não só a margem discricionária de gastos do Executivo, mas também sua força política. Isso faz do Legislativo um implementador de políticas públicas. Por fim, a grande vedete de uma redistribuição de renda só virá a partir de uma reforma tributária completa. Em relação a isso, o governo deu passos importantes, mas ainda está longe da discussão mais importante, que é tributar altas rendas e patrimônio. Tudo isso põe limites claros ao que o governo Lula consegue fazer no combate à desigualdade de renda e à pobreza.

O feminismo estatal participativo no governo Lula 3: continuidades, inovações e desafios

Clarisse Paradis

No dia 1º de janeiro de 2023, Lula subiu a rampa do Planalto acompanhado por seis brasileiros(as) representativos das camadas populares e das subalternidades que marcam a sociedade brasileira.[1] Diante da recusa de Bolsonaro de seguir o protocolo de transmissão do cargo, Lula recebeu a faixa presidencial das mãos de Aline Souza – jovem negra, liderança do movimento de catadores de materiais recicláveis. Em entrevista, Aline afirmou que a emoção de passar a faixa para Lula foi a mesma de quando recebeu as chaves da casa financiada pelo programa Minha Casa, Minha Vida, em governo anterior do PT.[2]

O primeiro ato do novo governo simbolizava as energias reunidas na campanha eleitoral, que se centraram, sobretudo, no retorno da promessa do Estado de apresentar soluções para as mazelas vivenciadas por grandes parcelas da população, sintetizadas no discurso de posse do presidente pela noção ampliada de desigualdade.[3] Mobilizando os louros dos governos anteriores do PT, o novo mandato buscou substituir o luto decorrente da pandemia e do que Lula qualificou como "lenta e progressiva construção de um verdadeiro genocídio"

---

[1] Alguns dos que subiram a rampa participaram das atividades do acampamento em Curitiba, durante a prisão de Lula – o menino Francisco, a cozinheira Jucimara Santos e o artesão Flávio Pereira. Acompanharam também, além de Aline, Raoni Metuktire, liderança indígena; Ivan Baron, do movimento anticapacitista; Weslley Rocha, metalúrgico do ABC paulista; Murilo de Quadros, professor (G1, 2023c).

[2] Conforme veiculado pelo programa *Fantástico*, da rede Globo, do dia 11 de janeiro de 2021.

[3] "Por isso, eu e o meu companheiro vice Geraldo Alckmin assumimos hoje, diante de vocês e de todo o povo brasileiro, o compromisso de combater dia e noite todas as formas de desigualdade no nosso país. Desigualdade de renda, desigualdade de gênero e de raça, desigualdade no mercado de trabalho, na representação política, nas carreiras do Estado, desigualdade no acesso à saúde, à educação e a demais serviços públicos" (BRASIL, 2023b).

do governo Bolsonaro, pelos valores do amor, da felicidade, da esperança e da "fé inquebrantável" no povo (BRASIL, 2023b).

Um dos pontos nevrálgicos da disputa entre os projetos políticos concorrentes nas eleições de 2022 foi o papel das mulheres e da família – de um lado, vitrine da confluência entre neoliberalismo e conservadorismo, e, de outro, calcanhar de aquiles de Bolsonaro na campanha. Afinal, a reprovação do seu governo e a menor intenção de voto foram constantes entre o eleitorado feminino. O primeiro governo Lula buscou recuperar o legado das políticas para as mulheres dos governos anteriores do PT que, de 2003 a 2015, contribuíram para a conformação de um feminismo estatal de caráter participativo (SARDENBERG; COSTA, 2010; MATOS; ALVAREZ, 2018a; MATOS; PARADIS, 2013; PARADIS; SANTOS, 2019).

Enfrentando enormes desafios de governabilidade, o governo Lula 3 busca deslocar o discurso da extrema direita sobre as mulheres e a família, a partir de várias ações, entre elas, tornar o trabalho de cuidados uma preocupação pública que requer ações estatais. Assim, pretende recuperar uma agenda que obteve avanços significativos no plano internacional, impulsionada pelos efeitos da pandemia.

O objetivo deste capítulo será, portanto, analisar os discursos e algumas das ações do governo Lula 3 para enfrentar as desigualdades de gênero. Para tal, busca-se recuperar o conceito de feminismo estatal, campo feminista e ativismo institucional, para compreender as rupturas de Bolsonaro e o retorno inovativo das políticas de igualdade de gênero no terceiro governo Lula. Recuperam-se os discursos sobre o papel das mulheres e da família nos dois governos e, por fim, analisam-se as alterações institucionais com a criação do Ministério das Mulheres. Ao final, espera-se constituir um quadro que aponte para os desafios da execução de uma agenda feminista no governo, diante da permanência do bolsonarismo e da extrema direita, como projetos mobilizadores de setores importantes da sociedade civil e política.

Recuperações teóricas para analisar as disputas democráticas em torno da institucionalização da agenda feminista no Brasil

Compreendem-se os processos de institucionalização das demandas feministas no Estado como fruto da ação política do campo feminista que, nos termos de Alvarez (2014), refere-se a um campo discursivo difuso, policêntrico, heterogêneo, que engloba tanto fluxos horizontais, na sociedade civil, quanto verticais, na sociedade política (ALVAREZ, 2014; MATOS; ALVAREZ, 2018a). Pode-se enquadrar essa institucionalização a partir de repertórios de interação que, nos governos do PT, envolveram tanto ações diretas e protestos na sociedade civil quanto engajamento nas instituições participativas, além de interações pessoais entre militantes dentro e fora do governo, facilitadas pela ocupação de cargos nas burocracias do Estado (ABERS; SERAFIM; TATAGIBA, 2014; SILVA; PARADIS, 2022).

Tais repertórios corporificam a existência de um feminismo estatal, entendido como o grau de inclusão das demandas, dos discursos e das próprias atrizes do movimento de mulheres no interior do Estado, a partir dos mecanismos institucionais de mulheres (MIMs), isto é, dos órgãos responsáveis pela elaboração de políticas de igualdade de gênero, de modo a produzir, com maior ou menor sucesso, resultados considerados feministas em termos de processos políticos e impactos sociais (MAZUR; MCBRIDE, 2008).

No escopo da presença de atrizes do movimento nas burocracias do Estado, entende-se o ativismo institucional da mesma maneira que Abers (2021), como uma forma de ação criativa que se dá no interior das instituições e que envolve ação coletiva orientada por causas contenciosas. Se por um lado, o Estado constrange esse ativismo, por sua natureza hierárquica e limitadas por regras, por outro ele oferece recursos que têm potencial de construir mudanças que seriam muito difíceis em outras arenas (ABERS, 2021).

De 2003 a 2015, o Brasil experimentou um feminismo estatal participativo (SARDENBERG; COSTA, 2010; MATOS; PARADIS, 2013; MATOS; ALVAREZ, 2018; SILVA; PARADIS, 2020; 2022), fruto do crescimento da articulação dos movimentos feministas e de mulheres, da institucionalização e da ampliação dos canais participativos e do reforço dos mecanismos institucionais de mulheres no Executivo federal e subnacional.

A experiência da construção da Secretaria de Política para as Mulheres no governo federal produziu importantes resultados feministas – a inserção da agenda no planejamento orçamentário, o incentivo da institucionalização de MIMs em estados e municípios, a transversalização em outros ministérios e o fortalecimento das formas de interação com os movimentos sociais (via conferências, conselho, financiamento de projetos etc.) (SILVA; PARADIS, 2020; GUSTÁ; MADERA; CAMINOTTI, 2017). Tais resultados foram possíveis também pelo reconhecido ativismo institucional de uma parte considerável das servidoras que ocuparam a Secretaria de Políticas para Mulheres e a presença de feministas em órgãos-chave em outros ministérios (OSAKABE, 2020; MOURÃO, 2023).

O *impeachment* contra a presidenta Dilma e o governo Temer interromperam esse acúmulo. Entra em cena um governo marcado pela ausência de mulheres no gabinete ministerial, pelo discurso conservador,[4] pela descontinuidade,

---

[4] Quem não se lembra da "bela, recatada e do lar" Marcela Temer?

pelo desfinanciamento e pela perda de hierarquia da Secretaria de Política para as Mulheres no governo.[5]

O neoliberalismo autoritário e conservador do governo Bolsonaro e as disputas em torno das mulheres e família nas eleições de 2022

A eleição de Bolsonaro intensificou, fundamentalmente, o desmantelamento da agenda feminista no Estado, que já vinha em curso. Compartilha-se a ideia de que a criação e atuação do Ministério da Mulher, Família e Direitos Humanos (MMFDH), especialmente em sua cruzada "antigênero", foi das vitrines mais importantes do modo bolsonarista de (des)governar (AVRITZER, 2021; SZWAKO; LAVALLE, 2021; TOKARSKI *et al.*, 2023; FARIA; LIMA, 2024). O desmonte proposto pelo MMFDH visou reorientar a política, a partir de um "ativismo institucional com verniz conservador" (PARADIS; SANTOS, 2019; OSAKABE, 2020), personificado, especialmente, na ministra Damares Alves.[6] Tal reorientação permitiu o acesso de setores que não alcançavam plenamente o "microfone público" (ALVAREZ, 2014) nas arenas do Executivo, mas que se forjaram como redes poderosas na sociedade civil e no Legislativo (IPEA, 2023; GOULIOURAS, 2021).

A criação da Secretaria Nacional da Família (SNF) no escopo do MMF-DH, ainda que com baixa capacidade institucional,[7] e os diversos programas e políticas promovidos por ela e outros órgãos, que se centralizavam na família, seguiram uma metodologia de "teor psicologizante, individualista e moralista, pois, centrada nas mudanças de projetos individuais dos sujeitos para superação de condições concretas de vida, como a pobreza" (HORST; CASTILHO; ALVES, 2023).

O ideal de família passou, portanto, a figurar no lugar dos termos relativos à igualdade de gênero (BIROLI; QUINTELA, 2021), aproveitando o já existente

---

[5] Para um panorama do desmonte da agenda feminista no governo Temer, ver Carvalho (2018), Paradis e Santos (2019) e Tokarski *et al.* (2023).

[6] É pastora evangélica, ativista antiaborto, fundadora e coordenadora de diversas ONGs,extensa trajetória como assessora parlamentar de deputados evangélicos (OSAKABE, 2020). Como aponta essa autora, Damares era amplamente percebida como uma ministra militante, dada sua trajetória e sua atuação dentro e fora do governo em prol das pautas dos movimentos "antigênero".

[7] Em 2021, a dotação orçamentária atualizada da SNF foi de quase R$ 7 milhões. Em 2022, a dotação subiu para mais de R$ 8 milhões, porém o percentual de execução nesse ano foi de 53% (MINISTÉRIO DA MULHER, 2022). Em termos de pessoal, a SNF contava com 21 cargos (BRASIL Decreto n.º 10.883, 2021e).

arcabouço técnico e administrativo das políticas para as mulheres – observatório, prêmios de boas práticas, incentivo para a criação de órgãos em nível subnacional, editais públicos de fomento à pesquisa, todos voltados para a família. Construiu-se, assim, uma "transversalidade da família" (TOKARSKI *et al.*, 2023) nas diferentes áreas.[8] A roupagem "antigênero" para a desinstitucionalização passou pelo plano simbólico (por exemplo, retirada do termo "gênero" dos instrumentos de política); pelo plano dos direitos (como a dificuldade de acesso ao aborto legal) e administrativo e técnico (desestruturação de órgãos e pessoal) (SZWAKO; GURZA, LAVALLE, 2021).

Os estudos sobre o neoliberalismo têm demonstrado uma confluência entre agendas econômicas "austericidas" e agendas conservadoras, em diferentes campos da política (BROWN, 2019; BIROLI; MACHADO; VAGGIONE, 2020). Guimarães e Cruz (2021, p. 29) reconhecem que a mudança na cultura cívica que o neoliberalismo produziu combinou um "forte *ethos* mercantil a valores tradicionalistas e conservadores", dando base para uma agenda de alterações institucionais da democracia liberal.

Conforme nos mostra Brown (2019), a ascensão da política antidemocrática nos Estados Unidos de Trump foi possível pelo duplo ataque neoliberal à ideia de igualdade, deslegitimando a noção de sociedade, e à democracia, construindo uma legitimidade da antipolítica. Nesse duplo ataque, os neoliberais buscaram legitimar o mercado e a moral tradicional, como mediadores de uma ordem em que as pessoas agissem livremente, sem precisarem ser submetidas às conformidades requeridas pela ideia de soberania popular. No entanto, ao contrário de produzirem uma ordem livre e harmônica e um Estado eficiente, as criaturas "frankensteinianas" produzidas pelo neoliberalismo, corporificadas pelo trumpismo, disseminaram clientelismos, violências, ressentimentos, plutocracia etc. (BROWN, 2019).

Cooper (2017), ao recuperar o pensamento neoliberal estadunidense que floresce entre a primeira e a segunda metade do século XX, em contraposição ao Estado de bem-estar-social (EBES), demonstra que o ataque produzido naquele momento tinha como objetivo desmantelar as inclinações redistributivas do EBES, exatamente por terem questionado o papel da divisão sexual do trabalho e a normatividade sexual na proteção contra os riscos e inseguranças sociais

---

[8] Em dezembro de 2020, pelo Decreto n.º 10.570, cria-se a Estratégia Nacional de Fortalecimento de Vínculos Familiares, gerida por um comitê interministerial, composto por MMFDH, Ministério da Cidadania, Ministério da Educação, Ministério da Saúde e Casa Civil. Visava transversalizar a prioridade de defesa da família e, dentre outros, articular a sociedade civil, "em prol da valorização, do apoio e do fortalecimento dos vínculos familiares".

(COOPER, 2017). Nesse sentido, a resposta neoliberal e neoconservadora naquele momento foi criar um "aparato federal imenso para policiar as responsabilidades privadas familiares dos pobres, enquanto a despesa pública vai sendo transferida do Estado para a família privada" (COOPER, 2017, p. 24).

Está, portanto, no cerne do projeto bolsonarista, a busca por destituir o Estado e os espaços públicos em favor de uma sociedade formada por unidades independentes: as famílias, capazes de "empreender" economicamente e prover chão moral, almejando estabilidade, prosperidade e blindagem aos progressismos igualitários. O familismo neoconservador toma a família como lócus que organiza o plano moral e o econômico, propagada como sendo uma instituição natural (HORST; CASTILHO; ALVES, 2023). Como afirmam Mantovani, Santos e Nascimento (2023), a união entre Bolsonaro e Guedes possibilitaram construir a família também como lócus de naturalização da obediência e autoridade, como forma de barrar "excessos democráticos" do Estado social.

O ex-presidente continuou a articular a síntese: "Deus, pátria, família, vida e liberdade" nas eleições de 2022. Família e liberdade associam-se nesse discurso com o objetivo de blindar o dito "autoritarismo pelas intervenções do Estado" (PLANO DE GOVERNO BOLSONARO, 2022). Em seu plano de governo para 2023-2026, consta que:

> O governo Bolsonaro entende a família como célula ou base da sociedade, defendendo o seu direito e o fortalecimento dos vínculos familiares e intergeracionais, e compreende o papel da mulher na sociedade moderna, afinal cabe a elas chefiarem cerca de 50% das famílias no Brasil. Na família, crianças, adolescentes, as pessoas idosas e pessoas com deficiência, além das mulheres, devem receber uma atenção especial. Não existe organização social que crie maiores vínculos que a família, sendo o melhor espaço da construção do que significa o ser humano. Assim, o ponto de partida e de chegada das políticas públicas e ações sociais do nosso Plano de Governo é a família (PLANO DE GOVERNO BOLSONARO, 2022).

As propostas para as mulheres que se desdobram da centralidade da família se articulam de modo a isentar o Estado das responsabilidades com o bem-estar e a correção das desigualdades. Garantem que a "conciliação trabalho-família" se dê numa combinação entre trabalho flexível (por meio do incentivo ao empreendedorismo, acesso ao crédito, capacitação profissional e trabalho híbrido ou *home office*) e amparo para o "exercício integral da maternidade" (PLANO DE GOVERNO BOLSONARO, 2022, p. 28). De acordo ainda com o plano, no caso das famílias que enfrentem vulnerabilidades ou que cuidem de pessoas dependentes, a solução seria apoiar a mobilização da própria sociedade civil, por meio do incentivo ao voluntariado, engajado em ajuda humanitária e projetos sociais.

Por fim, o plano reconhece a importância da igualdade salarial e, no campo das propostas em torno do combate à violência contra as mulheres, prevê a aplicação do *Plano nacional de enfrentamento ao feminicídio*, que foi aprovado em 2021 e a reformulação do projeto da Casa da Mulher Brasileira,[9] em modalidades com menor custo. De acordo com relatório do INES, houve baixíssima execução do já rebaixado orçamento dedicado à política (INESC, 2023). Por fim, há uma vaga menção à sub-representação política das mulheres no parlamento, a ser encarada por meio de capacitação.

Feminismo estatal no governo Lula 3: continuidades e inovações

O discurso sobre as mulheres na campanha eleitoral, no relatório do gabinete de transição e no início do governo Lula 3 buscou reconhecê-las em sua diversidade e articular três principais campos de ação política: (i) combate à violência contra as mulheres; (ii) garantia de autonomia econômica; (iii) aumento da representação política. Para articular as propostas, o governo criaria, dessa vez, o Ministério das Mulheres, com uma estrutura institucional e atribuições mais robustas do que a experiência da Secretaria de Política para as Mulheres quando funcionou com *status* de ministério, ligada à presidência da República (de 2003 a 2015).

O plano de governo apresentado para a disputa eleitoral de 2022 pela coligação Brasil da Esperança situava o Brasil em uma "profunda crise social, humanitária, política e econômica", que só poderia ser enfrentada com o estímulo do poder público, desde a construção de um Estado de bem-estar social (Coligação Brasil da Esperança, 2022b).

As famílias aparecem sempre no plural no programa de governo, como objeto de políticas públicas (como acesso à moradia) e no enfrentamento ao endividamento (Coligação Brasil da Esperança, 2022b). No programa eleitoral gratuito de televisão, no segundo turno, conforme nos mostram Mantovani, Santos e Nascimento (2023), o enquadramento dado por Lula reconhecia que a precarização da vida, sentida pelas famílias, deveria ser adereçada pelo Estado em uma perspectiva de serviços públicos e não de uma defesa vazia de valores.

As propostas para as mulheres, por sua vez, reconheciam sua diversidade (com menção às mulheres negras) em diferentes campos: combate à violência,

---

[9] Equipamento público que reúne atendimento multidisciplinar para mulheres em situação de violência, lançado pelo governo Dilma, em 2013 (INESC, 2023).

igualdade salarial, saúde integral para todas as fases da vida (e não apenas na maternidade), além do estímulo à representação política feminina e negra. O diagnóstico feito pelo gabinete de transição governamental reconheceu que o desemprego, a fome, a violência e a sobrecarga de trabalho de cuidados foram mais sentidas pelas mulheres, especialmente negras, e que a pandemia teve um impacto intensificado para as trabalhadoras domésticas (BRASIL, 2022). Dentre as recomendações, está a necessidade de políticas efetivas com recortes de gênero e raça (BRASIL, 2022).

Em seu discurso de posse, depois de receber a faixa presidencial, Lula acentuou a necessidade de encarar a "odiosa opressão imposta às mulheres", materializada na violência vivenciada no espaço público e privado, na desigualdade salarial e na falta de representação nos espaços de poder:

> É inadmissível que as mulheres recebam menos que os homens realizando a mesma função, que não sejam reconhecidas em um mundo político machista, que sejam assediadas impunemente nas ruas e no trabalho, que sejam vítimas de violência dentro e fora de casa. Estamos refundando também o Ministério das Mulheres para demolir este castelo secular de desigualdade e preconceito (BRASIL, 2023b).

Além da criação do Ministério das Mulheres, Lula indicou 11 ministras para formação do gabinete ministerial, o maior número de mulheres na história, sendo cinco não brancas (SOUZA; ZANLORENSSI, 2023). Sob pressões impostas pelos partidos da coalizão, o governo reduziu esse número para nove ministras.[10]

O Ministério das Mulheres (MM), criado pelo Decreto n.º 11.351/2023, experimentou um incremento orçamentário em 2024, em comparação com 2023 (foi de R$ 149 milhões para R$ 463,6 milhões, o que compreende 0,012% do orçamento geral da União) (SIGA BRASIL, 2024). Tal incremento é significativo em comparação com o orçamento da Secretaria de Política para as Mulheres, no âmbito do Ministério da Mulher, Família e Direitos Humanos (MMFDH). Em 2021, sua dotação atualizada foi de pouco mais de R$ 60 milhões. Em 2022, essa dotação caiu para quase R$ 50 milhões, sendo que seu percentual de execução foi de 52% nesse ano[11] (MINISTÉRIO DA MULHER, 2022).

---

[10] Após a demissão do ministro Silvio Almeida, o gabinete ministerial passou a contar com dez ministras, sendo seis não brancas.

[11] A má execução do orçamento do MMFDH gerou um requerimento de investigação junto à Comissão de Fiscalização Financeira e Controle (CFFC) da Câmara dos Deputados, e a abertura de um inquérito pelo Ministério Público Federal (MPF) (INESC, 2023).

Além do aumento no orçamento, o MM apresentou, na sua estrutura administrativa, algumas inovações em relação à Secretaria de Políticas para as Mulheres (SPM).[12] Nota-se uma ampliação da preocupação com a participação e articulação com a sociedade civil, especialmente com a criação da "assessoria de participação social e diversidade". Há também um reconhecimento da interseccionalidade no âmbito das ações do MM, ausente na estrutura administrativa da SPM. A promoção da igualdade étnica e racial e o enfrentamento das desigualdades regionais aparecem como parte das atribuições da "assessoria de participação social e diversidade".

A recém-criada Secretaria Nacional de Articulação Institucional, Ações Temáticas e Participação Política,[13] por sua vez, tem como parte das suas atribuições a coordenação, formulação e execução de políticas para mulheres, "que considerem sua diversidade racial, étnica, dos povos originários e tradicionais, de orientação sexual, de identidade de gênero, geracional, territorial e das mulheres com deficiências" (BRASIL. DECRETO n.º 11.351, 2023a), o que recupera os avanços do segundo Plano Nacional de Política para as Mulheres, resultado da II Conferência Nacional de Políticas para as Mulheres (II CNPM), realizada em 2007.

O novo MM manteve as secretarias que cuidam da temática da violência e da autonomia econômica, mas houve pelo menos duas alterações a serem destacadas. No âmbito da Secretaria Nacional de Enfrentamento à Violência contra as Mulheres, ocorreu a inclusão de ações de enfrentamento ao feminicídio, crime tipificado pela Lei n.º 13.104/2015, sancionada no dia 8 de março pela então presidenta Dilma Rousseff.

Destaca-se, ainda, no âmbito da Secretaria Nacional de Autonomia Econômica, a atribuição de elaborar "a política nacional de cuidados para desenvolver, executar e integrar estratégias de visibilização e desnaturalização da divisão sexual do trabalho" (BRASIL. DECRETO n.º 11.351, 2023a). No início do governo, foi criada ainda a Secretaria Nacional de Cuidados e Família (SNCF), no âmbito do Ministério do Desenvolvimento e Assistência Social, Família e Combate à Fome. Juntas, as duas secretarias passaram a coordenar, desde março de 2023, o Grupo de Trabalho Interministerial (GTI) para a elaboração da Política Nacional de Cuidados.[14]

---

[12] Desde a criação da SPM, houve uma série de alterações na sua estrutura. Tomo como base aquela vigente pelo Decreto n.º 8030/2013 e pelo Decreto n.º 8195/2014. Em 2015, a então presidenta Dilma criou o Ministério das Mulheres, da Igualdade Racial e dos Direitos Humanos, rebaixando a SPM na hierarquia governamental.

[13] Em substituição à antiga Secretaria de Articulação Institucional e Ações Temáticas da SPM.

[14] Por meio do Decreto n.º 11.460 de 30 de março de 2023, que envolveu 16 ministérios.

Fruto do trabalho desse GTI, em junho de 2024, o governo apresentou ao legislativo um projeto de lei que instituiu a Política Nacional de Cuidados (n.º 2.762/2024), com o objetivo de "garantir o direito ao cuidado, por meio da promoção da corresponsabilização social e de gênero pela provisão de cuidados, consideradas as desigualdades intersseccionais" (BRASIL, 2024b, p. 1). Como parte ainda de suas tarefas, o GTI vai apresentar a proposta de um Plano Nacional de Cuidados.

O trabalho de cuidados passou a ter outro lugar na agenda pública a partir dos efeitos da pandemia, da pressão de uma agenda regional e internacional e das demandas societárias, dado o aumento das demandas de cuidado da população, bem como a diminuição da disponibilidade das famílias (leia-se, as mulheres) de cuidar privadamente. No Brasil, há uma progressiva transição demográfica, com aumento da população idosa, ao mesmo tempo que ocorre uma massiva presença das mulheres na força de trabalho. Observa-se uma progressiva alteração nas configurações familiares – crescimento dos domicílios chefiados por mulheres, famílias estendidas com mais de duas gerações, mães solos e casais sem filhos (CAMARARO; FERNANDES, 2023).

De acordo com o marco conceitual da Política Nacional de Cuidados, elaborado pelo governo, entende-se que ela promove "a reorganização e o compartilhamento da responsabilização social pelos trabalhos cotidianos de reprodução da vida e de garantia de bem-estar às pessoas", por meio da "oferta de serviços, benefícios, formação, regulação, dentre outras, que buscam atender as necessidades de quem demanda cuidados e de quem cuida" (BRASIL. MINISTÉRIO DO DESENVOLVIMENTO, 2023).

Se o papel das mulheres e das famílias estão no centro das disputas políticas entre os setores progressistas e neoconservadores, a Política de Cuidados parece ser uma resposta do governo Lula ao familismo neoliberal de Bolsonaro – politizando a esfera privada e o lugar das mulheres nela, a partir da visão de que o Estado deve garantir outra organização social do cuidado e do bem-estar, incidindo, assim, na sobrecarga de trabalho das mulheres, o que impulsiona as desigualdades de gênero e raça no Brasil. Além disso, ela dialoga com a vida concreta das pessoas e da organização intrafamiliar, que, em última instância, deve decidir como dar conta das tarefas cotidianas de lavar, passar, limpar, cuidar das pessoas etc.

Considerações finais: os desafios do governo Lula 3

A eleição de Lula em 2022 interrompeu a agenda de desmonte das políticas para as mulheres que vinha em curso desde 2015. A agenda feminista ganha maior importância, considerando que as disputas sobre o papel das mulheres e da família estiveram no centro do projeto bolsonarista e do conjunto da extrema direita. A criação do Ministério das Mulheres, a retomada das políticas públicas dos governos anteriores do PT, como a Casa da Mulher Brasileira, e as inovações, a exemplo da Política Nacional de Cuidados, conformam uma nova fase no feminismo estatal brasileiro. Tal fase retoma, também, os espaços participativos, incluindo a convocação da V Conferência Nacional de Política para as Mulheres, em 2025.[15]

As contradições enfrentadas pelo novo governo Lula, no entanto, se renovaram. O governo experimenta condições muito mais difíceis de governabilidade, dadas as alterações na relação com o Legislativo, experimentando índices de aprovação menores do que nos seus governos anteriores e com o campo da extrema direita fortemente representado no legislativo e na sociedade civil.

Na primeira reforma ministerial do governo, para acomodar o dito "Centrão", houve ameaças de troca da ministra das Mulheres, que acabaram não se confirmando (ainda que duas outras ministras tenham sido substituídas por homens). Essa constante ameaça sobre as condições institucionais do ministério e de sua autoridade esteve também presente ao longo da vida institucional da SPM e configura um desafio para a institucionalização das políticas de igualdade de gênero. Além disso, as denúncias de assédio sexual que recaíram sobre o ministro Silvio Almeida, provocando sua demissão em setembro de 2024, escancaram as contradições sobre como a violência contra as mulheres está enraizada nos diferentes espaços institucionais.

Por fim, a agenda "antigênero" continua firme no Parlamento, o que reduz as condições de avanço da agenda feminista do Executivo Federal. Por exemplo, o projeto de lei apresentado pelo Executivo, que institui a Política Nacional de Cuidados na Câmara, só foi aprovado em 12 de novembro de 2024, depois de um acordo com o Partido Liberal e demais partidos da oposição para retirada dos termos "gênero" e "interseccionalidade" (só o Partido Novo encaminhou votação contrária) (CÂMARA FEDERAL, 2024). Tal caso demonstra que o papel das mulheres e da família continua no centro das disputas dos projetos políticos.

---

[15] Resolução n.º 5, de 15 de dezembro de 2023, do Ministério das Mulheres.

As políticas antirracistas no Lula 3

Luiz Augusto Campos

O Brasil vive um cenário paradoxal em relação às desigualdades raciais. De um lado, temos um dos maiores conjuntos de políticas públicas antirracistas do mundo, o que envolve não apenas leis punitivas de condutas discriminatórias, mas também medidas de promoção de uma educação antirracista e de ações afirmativas em diversos campos, do ensino superior às eleições, passando pelos concursos públicos e pelos cargos comissionados do governo federal. De outro lado, porém, permanecemos com índices estratosféricos de desigualdade racial, o que se reflete na branquitude de nossas elites e na negritude de nosso sistema carcerário, por exemplo.

É bem verdade que a incorporação de um recorte racial nas políticas públicas brasileiras é relativamente recente. Somente no início dos anos 2000, com as cotas no vestibular das universidades estaduais do Rio de Janeiro, é que o critério racial foi utilizado como corte de uma política pública (DAFLON; FERES JÚNIOR; CAMPOS, 2013). A rigor, o Brasil já possuía leis antirracistas desde os anos 1940 e políticas de incentivo à cultura negra desde o fim dos anos 1980 (MOEHLECKE, 2002), mas foi só nos anos 2000 que se difundiram políticas compensatórias de amplo alcance e específicas para a população preta e parda. Ainda assim, os resultados de tais políticas permanecem ambivalentes: se elas tiveram impactos diretos dignos de nota, o quadro geral ainda está longe de mudar substantivamente.

O objetivo deste texto é analisar o estado atual das políticas públicas antirracistas no terceiro mandato de Lula. Para tal, utilizamos como parâmetro comparativo não apenas os governos anteriores do PT, de Lula a Dilma, como também os retrocessos gerados no período em que Michel Temer e Jair Bolsonaro ocuparam a presidência da República.

Para fins de definição, existem três tipos de políticas antirracistas. O primeiro tipo engloba todo o conjunto de *leis que proíbem práticas discriminatórias* e preveem *punições* para suas ocorrências. Embora sejam parte de quase todas as Constituições democráticas em vigor no mundo, as leis antidiscriminação são de difícil aplicação. Justamente porque o racismo é criminalizado, a detecção de casos de discriminação quase sempre depende da confissão de intenções por parte de quem discrimina, o que é cada vez mais raro. Nos processos que tramitam no Judiciário brasileiro ligados ao crime de racismo, é comum encontrar "justificativas" dos atos cometidos que apelam para a situação de classe da vítima como forma de escapar da imputação racial (MARQUES; LOURENÇO, 2024).

O segundo engloba todas as *campanhas de conscientização e educação* contra práticas racistas, que podem se dar pela publicidade via meios de comunicação ou através de políticas educacionais. Embora sejam importantes, essas campanhas também têm raio limitado. O racismo vigente no mundo contemporâneo se baseia muitas vezes em preconceitos e estereótipos subconscientes, raramente manifestados em público de modo explícito. Dificilmente as campanhas são efetivas o suficiente para reconstruir atitudes racistas de modo geral. Por isso mesmo, difundiu-se em todo século XX um terceiro tipo de política focada mais na compensação dos efeitos do racismo que na punição da discriminação: as chamadas políticas de discriminação positiva ou simplesmente *ações afirmativas*.

Pelo fato de essas ações serem mais ousadas e polêmicas, focaremos, adiante, nelas. Apesar de o Brasil ter tido mudanças nas suas leis antirracistas (como aquela que equiparou as penas dos crimes de racismo e de injúria racial) e produzido campanhas de conscientização (como aquela relacionada à lei que obriga o ensino de história e cultura afro-brasileira no ensino básico), as principais transformações aconteceram nas últimas décadas nas políticas de ação afirmativa.

O que se segue está dividido em quatro seções, além desta. A primeira acompanha a emergência das políticas de ação afirmativa no final do governo Fernando Henrique Cardoso e sua difusão nos governos de Lula e Dilma Rousseff. Vale destacar que tanto o governo FHC quanto os governos do PT mantiveram um apoio oscilante em relação a essas políticas, o que torna a análise do período ainda mais complexa. A segunda seção acompanha os retrocessos registrados nos governos de Temer e Bolsonaro, os quais também foram marcados por certas complexidades. A rigor, nenhum dos dois presidentes atacou frontalmente as políticas de cotas, embora tenham minado as instituições que lhe dão suporte. A terceira seção analisa o tempo presente e as medidas tomadas pelo governo Lula em seu terceiro mandato. Finalmente, a quarta e última seção resume esse percurso e delineia desafios para o futuro das ações afirmativas no Brasil.

Os governos Lula e Dilma

O debate sobre a aplicação de ações afirmativas no Brasil se intensifica especialmente durante os anos 1990, nos dois governos de Fernando Henrique

Cardoso. A proposição de medidas desse tipo é bem anterior, sendo os primeiros projetos de lei propostos por Abdias do Nascimento em 1983, quando era deputado federal (NERIS, 2020). No entanto, o governo federal e os governos estaduais só começaram de fato a cogitar adotar esse tipo de medida nos anos 1990, ainda assim, de modo titubeante. Além de organizar seminários, o governo FHC sugeriu políticas desse tipo nos diferentes planos nacionais de direitos humanos que editou, mas praticamente nenhuma delas saiu do papel (LOPES, 2023).

As medidas com ações afirmativas raciais começam durante a gestão de Lula, mas não por iniciativa do governo. A rigor, a relação dos governos do PT com as ações afirmativas foi ambivalente no mínimo até 2012 (FERES JÚNIOR; DAFLON; CAMPOS, 2011). Primeiro, porque as universidades pioneiras na adoção de cotas o fizeram de modo autônomo em relação ao governo federal. Não à toa, entre 2000 e 2003, todas as instituições que adotaram esse tipo de medida eram estaduais (UERJ, UENF, UNEB e UEMS). Mesmo a Universidade de Brasília (UnB), primeira universidade federal a adotar cotas raciais, o fez a partir de uma decisão autônoma do seu conselho superior. Segundo, o próprio governo demorou para apoiar essas medidas e, quando o fez, recuou em seguida. Numa entrevista para o jornal *O Globo*, em 2004, o então ministro da Educação, Tarso Genro, se pronunciou sobre o tema com as seguintes palavras:

> Quanto a isso só vou emitir um conceito. As políticas de discriminação positivas não são políticas que necessariamente levem para cotas. Elas podem buscar acabar com a discriminação nas suas fontes. No Brasil, os problemas racial e social estão fundidos. Então, é necessário que se tenha atenção não somente aos negros, mas também ao conjunto de pobres onde evidentemente há um contingente negro (O GLOBO, 2004).

É bem verdade que Genro defenderia o projeto de reforma universitária que incluía cotas alguns meses depois dessas declarações. Porém, houve um novo recuo antes do envio da proposta ao Congresso Nacional. A partir disso, o governo como um todo passou a afirmar que o debate sobre o tema precisava amadurecer antes de qualquer lei nesse sentido, adotando uma posição bem mais ambivalente. Num discurso proferido em junho de 2006, Lula afirmou:

> A questão das cotas, vocês perceberam que não é um debate fácil, parece fácil quando a gente está entre meia dúzia que concorda, mas daqui a pouco a gente descobre que tem outra meia dúzia que não concorda, e o debate se torna um debate preconceituoso, um debate eminentemente elitista, porque a verdade, nua e crua, é que ensino superior no Brasil não

foi feito nem para pobre nem para negro, foi feito para gente pertencente a uma parcela da elite brasileira (LULA DA SILVA, 2006).

Independentemente disso, fato é que o primeiro governo Lula oscilou durante seus dois mandatos em relação aos projetos de lei que propunham implementar cotas no ensino superior. Isso não quer dizer, contudo, que esse gênero de política tenha se espraiado sem seu apoio, ao contrário. Logo no início de seu segundo mandato, Lula instituiu o Programa de Apoio a Planos de Rees-truturação e Expansão das Universidades Federais (Reuni), uma política para expandir a infraestrutura universitária e multiplicar o número de matrículas. Há ainda hoje muitas polêmicas sobre os impactos desse programa (BAPTISTA *et al.*, 2013), mas fato é que ele mais do que duplicou o número de matrículas no ensino superior entre 2007 e 2012, massificando o sistema (FAVATO; RUIZ, 2018). Dentro do seu arcabouço, havia incentivos financeiros para as instituições que tivessem políticas de inclusão social e racial com metas claras, o que serviu de incentivo à adoção de cotas por parte das instituições federais de ensino superior. Não à toa, o número de universidades públicas que adotam políticas de cotas, autonomamente ou por lei estadual, aumentou consistentemente entre 2002 e 2010, tendo um pico em 2008, ano posterior à criação do Reuni (FERES JÚNIOR; DAFLON; CAMPOS, 2011).

Outro apoio indireto a tais iniciativas veio da Secretaria Especial de Políticas de Promoção da Igualdade Racial (Seppir), pasta criada por Lula ainda em 2003 para gerir a pauta racial em seu governo. A atuação da Seppir nesse período mereceria uma bibliografia dedicada, mas vale ressaltar que ela constituiu siste-mas de interação com o movimento negro e atuou diretamente na promoção de políticas de ação afirmativa junto a universidades e outras autarquias públicas (GOMES; SILVA; BRITO, 2021).

Entretanto, foi somente em 2012, já no governo Dilma Rousseff, que a Lei Federal n.º 12.711/2012 (ou simplesmente Lei de Cotas no Ensino Superior) foi aprovada no Congresso. Depois de um longo e polêmico processo de discussão no Supremo Tribunal Federal, políticas de cotas foram não apenas considera-das legais por todos os ministros da Corte, como também parte das premissas fundamentais da Constituição de 1988 (BUCCI, 2021). Isso abriu caminho para a aprovação da Lei de Cotas, que reservou metade das vagas em cada curso universitário para estudantes de escola pública e, dentro dessa cota, subcotas para estudantes de baixa renda, pretos, pardos ou indígenas. Essa aprovação, por sua vez, levou à multiplicação de ações afirmativas em outros campos. Em 2014, por exemplo, o governo aprovou uma lei de cotas para os concursos públicos federais (Lei Federal n.º 12.990/2014).

Vale lembrar que, antes disso, o governo também havia enviado e aprovado no Congresso o Estatuto da Igualdade Racial. Ainda que a versão aprovada tenha sido substantivamente desidratada em relação ao projeto inicial, o Estatuto demarcou balizas legais importantes, como o compromisso de toda autarquia pública com a geração de dados raciais e políticas públicas antirracistas. O Estatuto serviu de base para avanços políticos posteriores importantes, como a estabilização das categorias raciais utilizadas nas cotas (pretos e pardos), o incentivo para que autarquias estatais produzam dados com a variável raça, além de outros fatores.

Foi nos governos Lula e Dilma também que as ações afirmativas se expandiram para outras searas além do ensino superior público. Antes mesmo da lei de cotas nas universidades federais, o governo Lula já havia criado a Política Nacional de Saúde Integral da População Negra (PNSIPN) em 2009, instituído a obrigatoriedade do ensino de História e Cultura Afro-Brasileira nas escolas em 2003 e estabelecido o Programa Universidade para Todos (ProUni) em 2005. O ProUni, particularmente, é um programa de concessão de vagas ociosas nas faculdades privadas a estudantes carentes, que é combinado com um sistema de renúncia fiscal. Ainda que não estabeleça cotas raciais, o programa incentiva a distribuição dessas bolsas de estudo para estudantes pretos e pardos.

Em resumo, foi nos governos de Lula e Dilma que o Brasil sedimentou um conjunto de ações afirmativas baseadas em duas modalidades: cotas raciais e mecanismos de incentivo. Ainda que as gestões do PT tenham manifestado certa ambivalência no suporte às políticas de cotas, elas produziram insumos para a criação de ações afirmativas, o que culminou com a aprovação da lei de cotas no ensino superior federal e da lei de cotas nos concursos públicos, além de outros incentivos para a promoção da saúde da população negra, promoção de uma educação antirracista e diversificação das faculdades privadas. Os resultados e o destino de cada uma dessas políticas foram, no entanto, acidentados nos governos posteriores.

Os governos Temer e Bolsonaro

Ainda que breve, o governo de Michel Temer aprovou no Congresso modificações na legislação antirracista brasileira que passaram despercebidas pelo debate público. Foi durante sua gestão que algumas modificações foram feitas na Lei de Cotas no Ensino Superior. A principal delas, aprovada em 2016, desobrigava o poder Executivo a realizar uma avaliação da política depois de dez anos de sua validade, deixando essa responsabilidade com sujeito indeterminado. Isso criaria em 2022 um cenário de insegurança jurídica, já que a nova redação abria margem para interpretações de que a lei perderia validade caso tal avaliação não fosse feita.

A bem da verdade, não houve durante todo o governo Bolsonaro um ataque orquestrado contra as políticas antirracistas comparável, por exemplo, aos retrocessos impressos às pautas de gênero (CAMPOS, 2021). A recorrência da questão racial nos discursos do ex-presidente e de seus correligionários foi infinitamente menor que as abundantes referências às questões de gênero e sexualidade, obsessões do bolsonarismo de modo geral. Isso não quer dizer, porém, que o bolsonarismo tenha ignorado as questões raciais ou que elas tenham ficado protegidas de suas investidas, ao contrário. Além dos ataques recorrentes às universidades públicas, o governo tentou minar a base dessas políticas a partir de resoluções e outras normativas infralegais.

Esse foi o caso da resolução que incentivava a criação de ações afirmativas nos programas de pós-graduação, criada em 2016 na gestão Dilma, mas revogada por Abraham Weintraub no seu último dia como ministro da Educação no governo Bolsonaro. Vale lembrar que a portaria apenas recomendava a adoção desse gênero de políticas, o que já teve um efeito positivo na sua difusão pelos programas de mestrado e doutorado brasileiros (VENTURINI; FERES JÚNIOR, 2020). Além de extemporânea, a decisão de Weintraub parece ter tido como objetivo demonstrar as intenções do governo em relação à pauta. Diante das reações públicas à medida e da pressão do Congresso, o governo voltou atrás e reeditou a portaria em seguida.

Grosso modo, é possível inferir uma estrutura comum dos posicionamentos aparentemente desconexos do governo Bolsonaro em relação à questão racial. A premissa básica de suas falas e ações reciclava o mito da democracia racial com um enfoque que reconhece divisões raciais no Brasil, mas as apresenta como fraternidades fundadoras da nação. Na prática, isso veio acompanhado de medidas infralegais para enfraquecer políticas raciais por meio da desmobilização de instituições que as sustentam, como universidades públicas e a Fundação Palmares. Foi essa última instituição, aliás, que mais editou medidas com o objetivo de minar as políticas antirracistas brasileiras. Na gestão de Sérgio Camargo, por exemplo, houve uma redução drástica no número de territórios quilombolas reconhecidos entre 2018 e 2022 e o fechamento de canais de comunicação entre movimentos antirracistas e o Estado.

Em resumo, o governo não atacou diretamente as leis que criaram ações afirmativas, mas enfraqueceu suas bases por meio do desmonte de estruturas institucionais e da inação deliberada. Em resposta, o movimento negro reorganizou sua estratégia, deslocando esforços para o campo legislativo e judiciário, resultando em avanços como a decisão do Tribunal Superior Eleitoral (TSE) de promover maior equidade na distribuição de recursos eleitorais entre candidatos de diferentes raças. Essa rearticulação levou a uma nova fase do ativismo antirracista no Brasil. Diante do fechamento dos tradicionais canais de participação nas decisões estatais, o ativismo deslocou seus investimentos para os partidos políticos e para as eleições. Não gratuitamente, o número de candidaturas pretas e pardas bateu recordes sucessivos nas eleições de 2020 e 2022.

O terceiro mandato de Lula

O terceiro mandato de Lula começou com uma restituição da questão racial (e da pauta diversidade, de modo geral) à agenda governamental. Primeiro numa dimensão simbólica, com referências às questões no seu discurso de posse e na célebre imagem de sua subida ao Palácio do Planalto, acompanhado de oito pessoas, cada qual representando uma minoria política (negros, indígenas, pessoas com deficiência etc.). O simbolismo se estendeu ao anúncio de seu gabinete, com a recriação e elevação ao estatuto de ministério de pastas focadas na Igualdade Racial, Mulheres, Direitos Humanos e Indígenas, entre outros. Em termos absolutos, este é o governo brasileiro com o maior número de ministros não brancos da história, ainda que a proporção seja relativamente baixa, dada a quantidade de pastas criadas.

No que concerne às políticas públicas, pode-se dizer que o governo assumiu o papel de reconstruir o aparato colocado em xeque nas gestões anteriores. Além da criação do Ministério da Igualdade Racial – uma pasta ainda pequena, mas bem maior que a antiga Seppir –, o governo tem se orientado mais para a atualização de leis preexistentes. A mais célebre delas talvez seja a Lei de Cotas no Ensino Superior Federal. Como vimos na seção anterior, as mudanças introduzidas pela gestão de Michel Temer criaram um cenário de disputa jurídica em torno da redação da lei, particularmente com relação a seu prazo de avaliação. Segundo algumas interpretações, a lei federal deveria deixar de valer no fim de 2022, quando completaria uma década.

Porém, nenhuma parte da lei deixava explícito esse prazo de validade. Ainda assim, essa incerteza jurídica e outras antinomias da lei fizeram com que o governo propusesse uma nova redação para ela. Em 2023, o governo finalmente conseguiu aprovar uma nova lei de cotas, resolvendo as incertezas quanto a sua validade e aprimorando alguns dos seus itens.

A primeira modificação se deu justamente no mecanismo de avaliação da política, que passa a ocorrer de dez em dez anos, sem que isso implique qualquer um prazo de validade legal. Os limites de renda para se beneficiar das cotas, relativamente altos na redação original, também foram ajustados.

O método de ocupação das vagas também mudou, com todos os candidatos concorrendo juntos e sendo alocados nas cotas apenas quando não obtiverem nota equivalente, expediente importante para deslocar para a ampla concorrência estudantes negros, carentes, de escola pública etc. que porventura tenham desempenho similar ou melhor que os de ampla concorrência. Isso evita que as cotas funcionem como teto, e não piso, como já vinha acontecendo em alguns cursos. Finalmente, a lei passou a obrigar os programas de pós-graduação das universidades federais a adotar ações afirmativas, ainda que não estabeleça regras específicas para tal.

Não obstante a importância simbólica e prática de renovação de Lei n.º 12.711/2012 ainda no primeiro ano do governo, seus efeitos hoje são, de certo modo, mais restritos que aqueles inaugurados na sua criação, em 2012. A bibliografia especializada não parece deixar dúvidas de que as cotas tiveram inúmeros impactos positivos nas universidades, no mercado de trabalho e no debate público como um todo (Campos; Hirschle, 2024; Campos; Lima, 2025). Isso, porém, contrasta com a situação atual do sistema federal de ensino superior, que corresponde hoje a uma parcela diminuta das matrículas totais. Outrora responsável por mais da metade das matrículas, as universidades e institutos federais responderam nos últimos anos por cerca de 20% do sistema como um todo (Bielschowsky, 2020). Logo, não deixa de ser paradoxal que as cotas nas universidades federais tenham se consolidado justamente no momento em que seu peso no sistema nacional de ensino superior tornou-se particularmente marginal.

As cotas nos concursos públicos federais, por outro lado, estão numa situação mais complexa. Seus resultados práticos são bastante inferiores àqueles atestados para as cotas no ensino superior (Campos; Hirschle, 2024). O grau de burocratização dos concursos públicos, a pluralidade de métodos e fases de avaliação, bem como a pulverização das vagas em inúmeras carreiras, dificultam a aplicação de cotas. Ao mesmo tempo, o projeto que atualiza a lei emperrou no Congresso Nacional, sendo aprovado pela Câmara, mas não pelo Senado. Ao contrário da lei de cotas no ensino superior, a lei de cotas nos concursos tinha prazo de validade e formalmente venceu em 2024. No entanto, uma liminar do STF vem garantindo a sua aplicação até uma eventual decisão do Congresso. Caso aprovada, a nova lei encontrará outra estrutura de seleções públicas, baseadas no recém-criado Concurso Nacional Unificado, o que pode facilitar ou dificultar a sua aplicação.

Todos esses movimentos legislativos evidenciam que o governo concentrou forças na reconstrução com alguma atualização do aparato legal que normatizava políticas de cotas. Afora essa atualização, ele vem trabalhando na implementação de uma política de cotas de 30% para pretos, pardos e indígenas em cargos comissionados dos diferentes escalões governamentais. Por ser de foro específico da União, a medida foi criada via resolução e encontra-se em implementação. Dados preliminares mostram resultados positivos nos escalões mais baixos dos cargos comissionados, mas gargalos resistentes na hierarquia de ministérios de maior prestígio, como no da Fazenda e no das Relações Exteriores. Nesse caso como em outros, o Ministério da Igualdade Racial tem incorporado uma visão interseccional das políticas, cruzando a dimensão de gênero com a racial. Para as cotas para cargos comissionados, metade é destinada a mulheres negras.

Houve também uma retomada do reconhecimento oficial de terras quilombolas, estagnado nos anos de Bolsonaro. Nos anos de Lula e Dilma, 177 novas terras quilombolas foram tituladas, número bem superior ao das 29 até então reconhecidas desde a Constituição de 1988 e o fim do governo FHC. Nesse terceiro mandato de Lula, cerca de trinta novas terras foram tituladas, somando atualmente 237 no total.

Outra medida criada em 2024 foi o Plano Juventude Negra Viva. Não é exagero afirmar que a alta letalidade da população preta e parda brasileira, particularmente dos homens jovens, é a expressão mais crônica das desigualdades raciais. Apesar disso, as políticas no sentido de mitigar o problema têm sido pífias. O cenário se torna ainda mais alarmante quando temos em vista a queda recente no número de homicídios, mas que vem seguida do aumento da desigualdade racial (ARCOVERDE, 2022). Por ser uma responsabilidade em grande medida estadual, o Plano estabelece um conjunto amplo de ações para monitorar e articular medidas dos estados na redução da letalidade negra por 12 anos e com investimentos de mais de R$ 600 milhões de reais. Esse pode ser considerado um dos primeiros programas federais voltados especificamente para o problema. No entanto, ainda é cedo para mensurar seus impactos.

Tudo isso evidencia que o terceiro governo Lula vem aplicando à questão racial o seu mote oficial, baseado na noção de "reconstrução". Diante dos ataques infralegais realizados no governo Temer e, sobretudo, no governo Bolsonaro, a reconstrução e a atualização da legislação antirracista brasileira é necessária e bem-vinda. Porém, há que se questionar até que ponto essa postura responde à gravidade e às urgências do problema racial no Brasil, especialmente num contexto diverso daquele do início dos anos 2000. O papel do ensino superior na equalização das chances de mobilidade social vem caindo, resultado da expansão desenfreada do sistema privado e das mudanças no mercado de trabalho de modo geral. Outrora em remissão, as altas taxas de informalidade vêm se consolidando no país, resultado não apenas de dinâmicas econômicas internas, mas também da remodelação global das relações entre capital e trabalho, o que tem impactos maiores na população negra. Como mencionado, a proporção de negros assassinados violentamente ainda é bem maior que a de brancos, mesmo depois de uma queda relativa nas taxas de homicídio.

Logo, ainda que o Brasil tenha criado um complexo conjunto de políticas antirracistas, que engloba o maior·modelo de cotas raciais do mundo, ele ainda está aquém dos desafios colocados pelo nosso racismo e seus impactos em diversas esferas da vida. Para que a pauta permaneça avançando minimamente na mesma velocidade em que avançou nos primeiros mandatos de Lula e no de Dilma, seria preciso pensar num sistema nacional de ações afirmativas preocupado não somente com a formação em nível superior da população preta e parda, mas também com sua inserção em estratos superiores do mercado de trabalho. Nos países com histórico mais longo de ações afirmativas, como Índia, Estados Unidos e África do Sul, essas políticas miraram especialmente a equalização de oportunidades no mercado privado. No Brasil, contudo, leis desse tipo são vistas como ingerências estatais, o que é contradito pelo que ocorre em países de tradição mais neoliberal que a nossa. Em resumo, apenas reconstruir o conjunto de políticas antirracistas, construído no início do milênio, não é suficiente para mitigar um dos maiores problemas da estrutura social brasileira.

A política reconfigurada: gênero, sexualidade e silenciamento em Lula 3[1]

José Szwako e Adrian Gurza Lavalle

Há um par de anos argumentamos que o governo Bolsonaro podia ser entendido como produto de uma reconfiguração do conflito político (SZWAKO; GURZA LAVALLE, 2021). Nessa reconfiguração, fontes de legitimidade, em geral pouco consideradas nas análises, passaram a ganhar, cada vez mais, estatuto público e político – nomeadamente, discursos religiosos, bem como padrões morais relativos a costumes. No entanto, mostramos que o bolsonarismo não era um divisor de águas em todas as áreas de políticas, não apenas porque não poderia fazer uma *tabula rasa* das instituições que o precederam, mas, sobretudo, porque as dinâmicas do conflito político antecederam-no, de modo que as dimensões político-temporais (as temporalidades) também deveriam entrar nas equações e nos diagnósticos.

Neste capítulo, seguimos essa linha de argumentação para entender um padrão específico que evidencia o modo como o atual governo (doravante Lula 3) vem lidando com agendas politicamente demandantes, tal como é o caso das demandas por inclusão do par de categorias com forte carga simbólica, "gênero e sexualidade", nas ações públicas. Como alhures, dizemos que o "tempo importa", ou seja, os processos observados se inscrevem em tempos políticos mais extensos, não se reduzindo, portanto, à conjuntura imediata nem ao governo anterior, embora este também faça parte de nossas equações.

Avançando em nosso diagnóstico, argumentamos aqui que a dimensão moral (isto é, dos moralismos e moralidades) na política e nas políticas tem se tornado um fator incontornável para entender a orientação dos atores e coalizões, tanto para forjar capacidades socioestatais quanto para refreá-las. Mais interessante: quando vista sob o ângulo da mobilização de direita e de extrema direita, essa orientação moralista pode não suscitar espanto. No entanto, como

---

[1] Agradecemos expressamente a Nana Soares e Henrique Aragusuku pelas valiosas sugestões. Permanecemos, por óbvio, como únicos responsáveis por eventuais erros e omissões.

tentaremos argumentar, não é apenas a partir de forças de direita que a moral tem jogado peso decisivo nas disputas públicas e governamentais.

Adicionalmente, de um ponto de vista mais amplo, atentamos para a importância de se alargar o foco da observação tradicional da política – tendencialmente centrada em eleições, partidos e os Três Poderes –, para enriquecer o rol dos atores e fatores que nos permite ver "a política *nas* políticas" (GURZA LAVALLE; DOWBOR; SZWAKO, no prelo). Quer dizer, ao trazer para primeiro plano atores não estatais, trajetórias de interação e seus reflexos nas capacidades socioestatais, estamos argumentando que as políticas públicas, agora observadas desde Bolsonaro até Lula, veiculam disputas que não são paralelas nem alheias ao conflito político, mas, ao contrário, encarnam interesses e valores (morais e materiais) que estão na raiz desse conflito.

Nosso caso específico trata das mudanças e continuidades observadas nas áreas de direitos humanos e especialmente da educação, com atenção ao destino das noções de gênero e sexualidade no âmbito sob o novo governo. O foco no Ministério de Educação se justifica devido à extinção do Ministério da Mulher, da Família e dos Direitos Humanos (MMFDH), cujas secretarias e agendas ficaram organizacionalmente distribuídas entre o Ministério dos Direitos Humanos e o Ministério das Mulheres, assim reconstituídos. Indicamos, neste texto, apenas um padrão – o do silenciamento – pelo qual o governo Lula 3 vem lidando com um par simbólico cuja gênese remete à intensa e duradoura interação entre Estado e organizações civis. No entanto, é importante notar que, a depender da área e da política pública, poderiam ser outros padrões. Esperamos mostrar que, à luz das temporalidades e moralidades em jogo, o silenciamento de "gênero e sexualidade" no futuro Plano Nacional de Educação (PNE) traduz as encruzilhadas e, sobretudo, os limites políticos hoje impostos ao governo.

Da batalha moral ao silenciamento na Educação

Quando, em janeiro de 2019, a então ministra Damares Alves declarou que o Brasil entrava em uma "nova era", na qual "meninos vestem azul" e "meninas vestem rosa", ela mandou um recado enfático a seus adversários, boa parte deles ativistas de organizações e movimentos feministas e LGBTQIA+ que carregavam em sua bagagem biográfica décadas de interação com o Estado brasileiro. A adjudicação dada a seu MMFDH encapsulava, desde cedo, o conjunto espelhado de valores e contravalores bolsonaristas para o novo mandato. Não se tratava apenas de subverter a agenda dos "direitos humanos", cuja trajetória também remonta às décadas anteriores e posteriores a 1988 e passou por institucionalidades importantes, como a Comissão da Anistia e a Comissão Especial de Mortos e Desaparecidos – ambas minadas ao longo e ao final do governo Bolsonaro. Os valores almejados e perseguidos através da nova fórmula de classificação ministerial, ao colocar "mulher e família" literalmente à frente dos "direitos humanos", acabaram por silenciar outro par de classificação bastante caro aos feminismos e às sexualidades não heteronormativas: gênero e sexualidade. Por meio da criação de uma Secretaria Nacional da Família no MMFDH e de ações como o Programa Famílias Fortes e a Escola Nacional da Família, políticas "familiares" visaram dar vazão à agenda antigênero de parte importante da base bolsonarista (PEREIRA; ARAGUSUKU; TEIXEIRA, 2023).

Embora o nome e o ministério de Damares Alves tenham ganhado protagonismo, ativistas e agendas antigênero não permearam o Estado brasileiro só a partir do MMFDH. O Ministério da Saúde, por exemplo, por força da ocupação por aliados do ex-presidente retrocedeu ao século XIX ao lançar uma campanha de "abstinência sexual" para prevenir gestações indesejadas (BIROLI; TATAGIBA; QUINTELA, 2024). Além disso, outro lócus institucional de peso nesse mesmo sentido foi o Ministério da Educação, que teve extinta a Secretaria de Educação Continuada, Alfabetização, Diversidade e Inclusão (Secadi) logo nos primeiros dias de mandato do governo Bolsonaro. Em seu lugar, foi criada a Secretaria de Alfabetização, celebrada pelo ex-presidente: "Formar cidadãos preparados para o mercado de trabalho. O foco oposto de governos anteriores, que propositalmente investiam na formação de mentes escravas das ideias de dominação socialista" (*apud* BIROLI; TATAGIBA; QUINTELA, 2024, p. 18). Mais ainda: os ataques à educação com enfoque em gênero não estiveram restritos ao MEC, pois, apoiado e elogiado por redes na sociedade civil, o próprio Bolsonaro chegou a esboçar um projeto de "lei contra a ideologia de gênero".

A recondução de Luiz Inácio Lula da Silva à presidência da República trouxe, mais uma vez, um ar de esperança para as bases sociais vindas, agora, na segunda década do XXI, de diferentes gerações. Não eram apenas os aliados de longa data, dos tempos das greves no ABC e da gênese do Partido dos Trabalhadores (PT). Junto e em paralelo à emergência pública e eleitoral da extrema direita, também entravam em cena novas coortes de cidadãs e cidadãos nascidos nas décadas de 1980 e 1990, que, com a terceira posse de Lula, engrossavam o caldo das promessas de uma social-democracia *à* brasileira (BOSCHI, 2010), abortada, porém, pela ascensão do radicalismo das direitas, seus valores, agendas e categorias.

Quiçá o maior desafio político do atual Ministério da Educação esteja diante da futura promulgação ou não do futuro PNE, previsto para 2025-2035. O plano segue a versão anterior, promulgada há uma década, ainda durante o governo Dilma (Lei n.º 13.005/2014). A elaboração do próximo PNE contou com uma trajetória de participação intensa, cujo ápice ocorreu na Conferência Nacional de Educação (Conae), realizada em janeiro de 2024. Na composição dessa conferência, ao lado de dezenas de redes e coalizões da sociedade civil em defesa da educação, participaram também organizações LGBTQI+, a exemplo da Associação Brasileira de Lésbicas, Gays, Bissexuais, Travestis, Transexuais e Intersexos (ABGLT). Quanto à atenção a questões de gênero e sexualidade, no bojo das sugestões dirigidas ao PNE, o documento final da Conae menciona:

> A educação a ser garantida por um plano de Estado visa à formação integral dos sujeitos de direitos com promoção, respeito e valorização da diversidade (étnico-racial, religiosa, cultural, geracional, territorial, físico individual, de deficiência, de altas habilidades ou superdotação, *de gênero*, *de orientação sexual*, de nacionalidade, de opção política, linguística, dentre outras) (BRASIL. MINISTÉRIO DA EDUCAÇÃO, 2024, p. 16; grifo nosso).

Ou ainda:

> [...] a afirmação da instituição educacional como espaço de direito e de política de Estado se caracteriza pela socialização, pelo cuidado e proteção, e pela promoção da democracia e da cidadania. Assim, a educação não pode prescindir do enfrentamento e da superação de políticas públicas excludentes, individualistas e atomistas, avessas à formação para a cidadania e a coletividade, que favorecem a evasão e a exclusão escolar, o aprofundamento das desigualdades e das discriminações (de origem, região, território, renda, raça/etnia, sexo, *gênero*, *orientação sexual*, idade, credo, deficiência, transtornos globais do desenvolvimento, altas habilidades ou superdotação entre outras), e as múltiplas formas de violências (BRASIL. MINISTÉRIO DA EDUCAÇÃO, 2024, p. 66; grifo nosso).

De maneira sintomática, contudo, o texto do novo plano submetido como projeto de lei pelo governo ao Congresso Nacional não traz qualquer menção a gênero, tampouco a sexualidade (SOARES, 2024). O termo correlato mais próximo a essa seara semântica é "diversidade", que aparece logo ao começo: "São diretrizes do PNE [...] – a promoção dos direitos humanos, do respeito à diversidade e da sustentabilidade socioambiental" (BRASIL, 2014). Ato e efeito: o plano não ficou sem a correspondente crítica de uma importante coalizão civil:

> [...] é urgente que também tenhamos Diretrizes Curriculares para a Educação em Gênero e Educação Sexual. O PL silencia sobre a necessi-

dade do trabalho pedagógico no tema das relações de gênero (a palavra gênero foi, mais uma vez, silenciada no Plano). Essa temática deve ser incluída nos currículos para diminuir as desigualdades sociais, fortalecer e proteger crianças, adolescentes e pessoas adultas diante de possíveis situações de assédio ou violência sexual, prevenção à gravidez indesejada e a Infecções Sexualmente Transmissíveis (BRASIL. PNE, 2024, p. 7).

O silenciamento operado pelo PNE sobre as noções de gênero e sexualidade, apagadas discursivamente por uma genérica "diversidade", tem, pelo menos, dois condicionantes: político-morais e temporais-institucionais (isto é, de dependência de trajetória).

Lida do ponto de vista das tensões político-morais, a politização da perspectiva de gênero com sentido antigênero, bem sintetizada na acusação de uma "ideologia de gênero", remete, em âmbito congressual, aos debates parlamentares pós-2013 nos quais se vê o aumento expressivo e consistente do uso dessa forma de acusação (ARAGUSUKU, 2020). Embora difundida regionalmente e mobilizada para fins golpistas em países vizinhos (SZWAKO, 2014), no Brasil, pelo menos até 2015, essa expressão permanecia relativamente concentrada em redes de organizações civis. No entanto, ao contrário do que se imagina, ela não esteve concentrada em organizações de denominação evangélica: sua gênese é plenamente católica. É, então, a partir de 2015 que a "ideologia de gênero" passa a operar como categoria política e paulatinamente, tal como em outros momentos,[2] como uma sorte de "cola simbólica" que une atores de ideologias e agendas bastante dispersas e mesmo divergentes na sociedade civil.

No contexto do governo Bolsonaro, a prévia conexão entre representantes do novo governo e movimentos da sociedade civil se traduziu em diferentes encaixes no Estado brasileiro, pelos quais se deu um combate à alegada "ideologia de gênero". Longe de ter sido mera agenda negativa, tratou-se de esforços para institucionalizar ativamente uma agenda antigênero por diferentes mecanismos institucionais. Enquanto órgãos como o Conselho Nacional de Combate à Discriminação foram reformulados, reduzindo a participação civil, viu-se também uma expressiva redução orçamentária para agendas de inclusão, correlata a um maior investimento em "políticas públicas familiares" (PEREIRA; ARAGUSUKU; TEIXEIRA, 2023). Quer dizer, na contraface de uma categoria com difícil tradução institucional, como a de "ideologia de gênero", a gestão Bolsonaro deu à categoria

---

[2] Por certo, não daríamos conta das raízes nacionais, regionais e internacionais da história da "ideologia de gênero"; para pistas adequadas dessa história, ver Kováts e Poïm (2015), e Corrêa (2018).

"família" especial centralidade em suas políticas realizadas, em particular mas não exclusivamente, a partir do Executivo renovado. Se os pânicos morais ao redor da "família" já tinham aparecido como fulcrais na deposição de Rousseff em 2016 (Szwako; Sívori, 2022), eles ganharam ainda maior impulso e um nome expresso no então criado MMFDH.

A batalha moral antigênero ganhou no governo Bolsonaro faces que, porém, foram muito além do MMFDH. No âmbito das políticas educacionais, o MEC esteve "nas mãos de ativistas com forte atuação pública contra a 'ideologia de gênero' e a 'doutrinação nas escolas'" (Biroli; Tatagiba; Quintela, 2024, p. 17). Aí, por "doutrinação" entenda-se igualdade de gênero. Sempre apoiado por movimentos como o "Escola sem Partido" e por ideólogos do naipe de Olavo de Carvalho, a orientação editorial do MEC de então para os livros didáticos encarnou quase à perfeição a volição moral do bolsonarismo, pois suas principais empreendedoras em cargos indicados visavam, no termo delas, "retirar todas as ideias, premissas e estratégias pedagógicas da ideologia de gênero", bem como "eliminar todas as interferências e violações do direito dos pais à educação moral dos filhos" (MEC *apud* Biroli; Tatagiba; Quintela, 2024, p. 20). Foi, então, com esse viés moral que o governo Bolsonaro tentou institucionalizar suas políticas "familiares" para a educação, como a educação domiciliar e as escolas cívico-militares – bem longe, portanto, do universo semântico e simbólico mais afeito às noções de gênero e das sexualidades.

Do ponto de vista mais imediato, foi diante dessa herança que o terceiro governo Lula teve que lidar com o espólio bolsonarista: uma agenda antigênero cuja tradução institucional distribuída por diferentes pastas ministeriais, e também entre o Executivo e o Legislativo, tem um de seus pilares simbólicos na noção de "família". No entanto, ao caráter moral e moralista dessa batalha se soma ainda outro fator relevante para a compreensão do silenciamento quanto a gênero e sexualidade no mais recente Plano Nacional de Educação: a trajetória interacional prévia dessas categorias, bem como a de "família", no conjunto das políticas sociais e educacionais brasileiras.

Por um lado, o bolsonarismo não teve papel inaugural na gênese da preocupação com a "família" como *target* de política social. No longo prazo, "mães e crianças" figuraram como alvos prioritários da ação assistencial, que, desde o pacto travado entre varguismo e Igreja católica, se tornou parte (invisibilizada) das formas de proteção regulada e financiada pelo Estado brasileiro (Szwako, 2024). Já no contexto de médio prazo pós-1988, em razão da mobilização de assistentes sociais de orientação progressista que desaguou na promulgação, em 1993, da Lei Orgânica de Assistência Social, a "família" passou a ocupar lugar de destaque como sujeito primeiro dessa lei. A despeito dos vaivéns da política assistencial dos anos 1990, tal tendência se manteve na Política Nacional de Assistência Social, de 2004, cujo primeiro objetivo visava "prover serviços [...] e benefícios de proteção social básica [...] para famílias, indivíduos e grupos que deles necessitarem" (BRASIL, 2004). Para as assistentes sociais, essa foi uma conquista de monta, pois a ênfase na "família" significou um deslocamento do foco no indivíduo para seu entorno social imediato. Paralelamente, o carro-chefe da política social dos primeiros governos Lula trazia no nome seu foco privilegiado: Bolsa Família.

Diante dessa trajetória prévia, a gestão Bolsonaro se empenhou na ressignificação da noção simbólica de "família". Agora, porém, ela seria entendida e moralmente defendida em chave restrita e excludente, por inúmeros meios: seja pela ocupação de cargos no Executivo; pela extinção e renomeação de Secretarias e Ministérios; pela criação, por exemplo, de um Observatório Nacional da Família e da Secretaria homônima; seja, enfim, por meio de instrumentos de política pública como o Disque-100, através do qual se tentou nada menos que tipificar uma nova "vítima", no caso, da "ideologia de gênero" (MARACCI; PRADO, 2022).

Por outro lado, o PL do Plano Nacional de Educação de 2024 foi mantido, com efeito, em evidente continuidade com sua versão anterior. Elaborado e sancionado no governo Dilma Rousseff, o PNE 2014-2024 já havia suprimido os termos "gênero" e "sexualidade", precisamente devido aos esforços de grupos religiosos evangélicos e católicos, sobretudo[3] (CLAM, 2014; ROSADO-NUNES, 2015). Naquele contexto, o texto aprovado fez menção mais genérica à "superação das desigualdades educacionais, com ênfase na promoção da cidadania e na erradicação de todas as formas de discriminação" (BRASIL. PNE, 2024). E o mote da preocupação dos grupos religiosos não poderia ser outro: "[tais] grupos temem pela 'destruição da família', os 'valores e morais' alicerçados na 'lei natural'" (SENKEVICS, 2014). Não por acaso, foram os anos 2014 e 2015 que marcaram o aumento expressivo da menção ao termo "ideologia de gênero" nos debates parlamentares. Nesse sentido, a postura do atual governo reproduz,

---

[3] Além das especificidades, valeria também notar as convergências entre retóricas conservadoras católicas e evangélicas na composição desse quadro moralizante mais amplo. A hoje clássica defesa de que meninas e meninos usam, respectivamente, rosa e azul, compartilha parte de suas raízes, por exemplo, com uma fração do bispado católico, quando este uma década antes dizia: "[se] o homem brinca de bola e sente necessidade de trabalhar fora de casa a fim de melhor sustentar a família ao passo que as mulheres preferem, via de regra, passar mais tempo em casa junto aos filhos [...], não estariam [segundo a perspectiva feminista de gênero], de modo algum, atendendo a seus anseios inatos" (CNBB *apud* ROSADO-NUNES 2015, p. 1.248).

inclusive, uma continuidade quanto ao apagamento da contribuição advinda da Conferência Nacional, que, hoje, como também no governo de Dilma, teve a demanda por incluir aquele par classificatório barrada.

Nestes termos, tendo discernido condicionantes temporal-institucionais e político-morais, podemos compreender melhor as razões do silenciamento de gênero e sexualidade no PL do futuro Plano Nacional de Educação. Após um processo relativamente exitoso de construção simbólica e institucional da "família" como alvo privilegiado da política assistencial, a aliança entre partes da sociedade civil e dos partidos de direita e extrema direita emplacou, de modo igualmente exitoso, a ideia de que uma suposta "ideologia de gênero" colocaria em risco a "família" brasileira – como se existisse, afinal, um só modelo de arranjo familiar. Afinado a esse contraideal, a gestão Bolsonaro retorceu ao máximo, em especial, o termo "gênero" tornando-o uma arma eficaz e moralizante (e eficaz porque moralizante) na disputa política, de modo a aumentar consideravelmente os custos de sua explicitação no plano. Ao ter que lidar com o espólio legado pelo bolsonarismo, o atual governo se vê então taticamente restrito na escolha das batalhas nas quais ele pode e, sobretudo, quer entrar. Mas o caso do "kit anti-homofobia", entre tantos outros, já pode ter ensinado ao PT que é demasiado custoso e politicamente pouco lucrativo disputar essa seara moral, diríamos, relativamente hegemonizada pelos discursos e grupos vindos da direita. Mais ainda: se o plano anterior tampouco falava de "gênero e sexualidade", a continuidade da não menção a eles hoje sequer pode ser lida como um retrocesso em sentido estrito. Assim, como vínhamos argumentando (SZWAKO; GURZA LAVALLE, 2021), o moralismo parece ter se tornado um arsenal político nada irrelevante, cujas armas e pânicos são mobilizados, mas também evitados, sempre e cada vez que convém ao partido no governo.

Considerações finais

Passados quase dois anos, o terceiro governo Lula tem de encarar desafios e limites impostos, em boa medida, pela reconfiguração do sistema partidário brasileiro, das relações entre o Executivo e o Legislativo, e pelo relativo sucesso ideológico e congressual de legendas e personagens pautadas pela direita radicalizada. É, então, com referência aos contornos do conflito político e das políticas que se pode entender os padrões pelos quais este governo vem lidando com uma parte do espólio bolsonarista. O padrão aqui observado está circunscrito pela reconfiguração das relações (mais ou menos custosas) com o Legislativo, cuja lógica pós-1988, conhecida como "presidencialismo de coalizão", vem, há algum tempo,[4] sendo transformada pela perda de predominância do presidente e da coalizão vencedora no controle sobre diferentes agendas.[5]

O caso dò silenciamento de gênero e sexualidade no âmbito da educação, especificamente do Plano Nacional, é eloquente da balança nas relações de poder entre Congresso e governo. Ou seja, qualquer governo precisa escolher suas batalhas e, em um domínio altamente moralizado e polarizado como o dos costumes que afetam códigos e valores "familiares", seria, no mínimo, contraintuitivo investir quantidades expressivas de recursos e energia política. Assim, dado que o histórico prévio de institucionalização do Plano Nacional de Educação tampouco mencionara essa dupla simbólica, parece politicamente mais conveniente ao governo atual retirar seus cavalos de uma batalha com poucas chances reais de vitória e com alto risco de oferecer instrumentos passíveis de moralização pelo campo das direitas radicalizadas.

Tentamos mostrar e argumentamos que, ao lado da consagração da moralidade e dos moralismos como arsenal político relativamente eficaz, a temporalidade política é também fator interveniente relevante para pensar o destino de diferentes capacidades socioestatais. Assim, essa dupla chave interpretativa – moralidade e temporalidade – é pertinente à compreensão da agenda negativa de gênero e sexualidade, mas esta não é, por certo, a única instância empírica em que se pode ver o efeito dos cálculos da governabilidade na orientação (conservadora) do governo (BEZERRA, 2020).

Após seis décadas do golpe que levou ao regime autoritário, e na véspera do aniversário da efeméride, Lula em seu terceiro mandato ordenou que seu gabinete ministerial "ignorasse" a data ou "evitasse" comemorá-la. Com essa ordem, o presidente parecia querer evitar a politização do tema e eventuais rusgas com os militares. A reação foi dupla. Houve quem apoiasse a decisão, argumentando que se tratava de uma "postura realista" diante dos eventos do 8 de janeiro, logo após sua posse, ao passo que outros criticaram o silenciamento do governo em um tema tão delicado, não apenas para os militares, mas, sobretudo, para aqueles que perderam parentes por razões políticas. Embora tenha suscitado múltiplas reações, tanto positivas quanto negativas, essa decisão não chocaria se recordássemos o histórico prévio de aproximação de Lula às Forças Armadas: todas as

---

[4] Ver Almeida (2018).

[5] Com efeito, não deixa de ser interessante que esse mesmo arranjo, no qual o Congresso pauta a agenda *vis a vis*, o Governo possa ter tido papel fundamental para frear, em outro momento, o peso do presidente Bolsonaro no contexto da crise da pandemia de covid-19. Para dados que denotam o interesse temporal e consistentemente crescente do Legislativo na elaboração e no controle de políticas, ver Almeida (2024; 2018).

vezes em que ele teve de se posicionar a respeito da relação dos militares com a agenda de direitos humanos, ela própria inconcebível fora do esquadro das interações Estado/organizações de familiares (HOLLANDA; SZWAKO, no prelo), o presidente arbitrou a favor daqueles primeiros. Foi assim, por exemplo, que, em 2004, após um cabo do Exército ter dito à imprensa que tinha provas da responsabilidade militar sobre o assassinato de Herzog, Lula, contornando tensões com a caserna, demitiu o ministro da Defesa, José Viegas Filho, que pedia explicações para o caso. Já em 2009, diante das primeiras promessas de uma Comissão Nacional da Verdade, o presidente mudou, sob pressão, o texto que tratava do alcance da então futura comissão, mantendo assim uma posição de relativo conforto aos militares. Ocorreu, enfim, de forma similar nos casos em que Lula pressionou o Superior Tribunal Federal (STF), em 2010, para não mudar a extensão da Lei da Anistia, e ainda mais recentemente, quando o governo Lula 3 tardou a refazer a extinta Comissão Especial de Mortos e Desaparecidos Políticos. Assim, tomado em sua própria temporalidade, o silenciamento quanto a 1964 se inscreve numa trajetória prévia que carrega a notável e permanente disposição (inclusive orçamentária) do presidente para amenizar o potencial conflitivo com as Forças Armadas (HOLLANDA; SZWAKO, 2024).

Mas não é apenas de temporalidades que vínhamos falando na dupla chave interpretativa. O moralismo ganhou também inegável destaque como parte da disputa política, no Brasil e em outros lugares, de maneira, porém, a seus usos irem além das direitas e extrema direitas. Ilustração especialmente espinhosa e polêmica, e, *por isso*, relevante para a mobilização político-moralizante, está, a nosso ver, na recente deposição de Silvio Almeida, então à frente da pasta de Direitos Humanos desde o início do governo Lula 3. Depois de uma notória trajetória em debates midiáticos e acadêmicos, sua ascensão como figura pública se deu notoriamente em meio a acaloradas discussões com congressistas da oposição. Entre agosto e setembro de 2024, contudo, tal ascensão esbarrou em uma série de acusações de diferentes tipos de assédio. O caso foi uma fonte considerável de tensão interna para parte dos movimentos sociais que celebraram o protagonismo de um ministro negro. As justificativas públicas dadas pelo governo colocaram no centro uma categoria simbólica politicamente construída pelo movimento feminista e cara ao imaginário igualitário de gênero: "assédio sexual". Para evitar mal-entendidos, convém explicitar que essas e outras formas de violência devem ser combatidas, e as responsabilidades devem ser fincadas conforme as disposições jurídicas cabíveis. A análise política do acontecimento comporta, todavia, outra dimensão que tende a ser eclipsada pelo registro moral da denúncia, registro que prescreve imperativamente a consequência: assédio sexual é, por definição, incompatível com o cargo de ministro dos Direitos

Humanos. Já o *timing* da denúncia revela que uma compreensão moral do acontecimento – política em um sentido mais amplo – inibe sua compreensão no registro da disputa política. O escândalo ao redor da figura do ministro só veio à tona quando uma outra figura ministerial foi alvo dessa forma de violência, pois outros casos – provavelmente envolvendo figuras bem menos conhecidas e prestigiadas – eram antes de conhecimento restrito, mas permaneciam longe dos holofotes da mídia e dos movimentos sociais. Ao esperar a emergência de uma figura de vítima de naipe ministerial, a decisão de interpelar o ministro teria poucas chances de levar a outro destino que não fosse sua queda. Assim, ao mesmo tempo que moralizou em chave feminista e progressista a saída do ex-ministro, reforçando tensões da militância e entre militâncias, o governo conseguiu tirar do horizonte (quiçá eleitoral) dos protagonismos em disputa um nome em ascensão dando, dessa forma, uma tacada sem parecer tanto o que foi: uma escolha política.

Bem entendido, o silenciamento em agendas tais como a efeméride de 1964 ou gênero e sexualidade é fruto da política reconfigurada – com valores, modelos de "família" e costumes operando politicamente, goste-se ou não. Nessa reconfiguração, quanto mais próximos das eleições de 2026, maiores são os custos da anuência do Legislativo em temas demasiadamente moralizados e politizados e, portanto, menor a margem de manobra para o governo agir.

Parte V:
Cultura política, valores democráticos, representação e participação

A cultura política no terceiro mandato de Lula: o desafio da governabilidade mediante as marcas da comunicação digital da extrema direita nos valores dos brasileiros

Luciana Fernandes Veiga

Quando Lula foi eleito para o seu terceiro mandato presidencial, em 30 de outubro de 2022, o então presidente Jair Bolsonaro, recém-derrotado nas urnas, ficou indeciso sobre como se comportar até que, em 1º de novembro, se manifestou sobre o resultado das urnas. Quando se pronunciou, não houve qualquer aceno ao presidente eleito e aos brasileiros de maneira geral, voltou-se exclusivamente para os seus eleitores e seus apoiadores que, indignados, ocupavam estradas do país contra o resultado eleitoral. Rapidamente, agradeceu os votos que recebeu e buscou justificar a motivação das manifestações com o que chamou de "sentimento de injustiça" em relação ao processo e resultado eleitoral, mas condenou o fechamento das rodovias por caminhoneiros.

No dia 30 de dezembro, na véspera do fim de seu mandato, o presidente embarcou no avião presidencial rumo aos Estados Unidos, sem aviso prévio. Ele não passou a faixa presidencial para Lula em sua posse.

Quando Lula recebeu a faixa presidencial de Fernando Henrique Cardoso em 1º de janeiro de 2003, o antigo presidente deixou cair do rosto os seus próprios óculos. Lula se movimentou instintivamente para pegá-lo, enquanto FHC mantinha-se focado em colocar a faixa em seu sucessor. Quando reportou essa cena, a Agência Senado (2003), através de seu site, classificou o momento como "embaraçoso". Fora um ato de generosidade, de respeito e comprometimento um com o outro, de grandeza com o povo. Embaraçosa foi a retirada do avião presidencial em 2022.

Mas pior aconteceria em 8 de janeiro de 2023, na Praça dos Três Poderes. A Justiça Eleitoral do Brasil sempre esteve ciente de que o desafio seria tanto conduzir as eleições em outubro de 2022 como empossar os eleitos, sobretudo o presidente da República. O limite do que parecia impossível foi então mais uma vez esgarçado. Milhares de cidadãos deixaram seus acampamentos em frente aos quartéis generais e rumaram em protestos que resultaram na invasão e depredação do Palácio do Planalto, do Supremo Tribunal Federal e do Congresso Nacional. Uma sequência de eventos ligados ao dia 8 de janeiro de 2023 esteve presente na agenda política nas redes sociais e na mídia tradicional nos dois primeiros anos do terceiro mandato do presidente Lula.

Em janeiro de 2025, quando ele chega à metade de seu mandato, o número de brasileiros que desaprovam o seu trabalho (49%) supera o dos que aprovam (47%) pela primeira vez desde 2022, de acordo com a pesquisa nacional Genial/Quaest. A comunicação do governo é avaliada como negativa por 53% dos brasileiros (GOMES, 2025).

Este capítulo é sobre a opinião pública e a cultura política em contexto do terceiro mandato do governo Lula, marcado pela força do *modus operandi* da extrema direita nas redes sociais, com intensificação de discursos antissistema e mobilizações online e de rua por parte de apoiadores do ex-presidente. Primeiramente, abrimos a discussão abordando os valores políticos e os fenômenos de desinformação, e apresentamos o contexto que moldou o retorno de Lula. Na sequência, tiramos uma fotografia dos desafios enfrentados pelo presidente na consolidação da governabilidade mediante prioridades tão divergentes entre segmentos do eleitorado. Mostramos ainda como tal segmentação política ideológica partidária influencia a avaliação e a adesão ao governo, evidenciando o peso de governar mediante tanto desafeto.

Os valores políticos e os fenômenos da desinformação na realidade contemporânea

Valores políticos são princípios, crenças ou ideais que orientam as atitudes, as escolhas e os comportamentos de indivíduos ou instituições em relação ao poder, às regras e formas de organização política. Eles apontam o que as pessoas consideram importante ou desejável em uma sociedade e ajudam a moldar o sistema político e as decisões coletivas. Como resultado, influenciam as avaliações de governos e as decisões acerca de como votar. Através deles, busca-se a legitimação de políticas públicas, mandatos e até mesmo de regimes políticos.

Valores políticos disputam espaços na arena política e podem gerar tensão. Há aqueles que não renunciam à democracia e outros que toleram as práticas autoritárias, quiçá até têm apreço por elas. Da mesma forma, há aqueles que valorizam e confiam nas instituições, enquanto outros as desqualificam a favor de lideranças fortes e antissistema. Por fim, podemos dizer que há aqueles que priorizam a igualdade social em detrimento do esforço individual, e os que pesam valorizam exatamente o contrário.

Em uma realidade de eleitores com forte animosidade a adversários, radicalizam-se os valores, dividindo a sociedade em *nós* contra *eles*. Os valores são reinterpretados de forma que exponham as (construídas) discrepâncias. Restringe-se o compartilhamento de valores por toda a sociedade.

Nesse processo de esgarçamento, destacam-se os fenômenos de desinformação, que são muito utilizados para colocar em xeque valores políticos que pensávamos ser já estabelecidos, como a democracia, através de ataques às instituições representativas com elementos de teorias da conspiração e negacionismo.

O contexto político que trouxe Lula para o seu terceiro mandato

Falar do terceiro mandato do governo Lula é falar de expectativas, marcadas pela esperança de parte dos brasileiros e pela indignação de outra parte, e isso nos obriga a voltar às lembranças do primeiro e do segundo governos. É preciso reconstruir as narrativas das subjetividades.

De acordo com dados do Latinobarômetro, a aprovação do presidente Lula no primeiro ano de seu primeiro mandato, em 2003, era de 61,7%.[1] Em 2007, seu segundo mandato começa com taxa de aprovação de 57,7%. Nesse segundo mandato, o poder de compra do brasileiro subiu expressivamente, destacando-se como um fator importante para elevar a aprovação presidencial ao patamar de 86,6%. O brasileiro nunca consumiu tanto, nunca comprou tanto carros populares, linha branca de eletrodomésticos e passagens aéreas. De acordo com resultados do Latinobarômetro, naquele ano, 76% dos brasileiros se diziam muito satisfeitos com a sua vida, taxa recorde desde que começou a ser aferida em 1997 até o dia de hoje. Da lembrança desses anos, muito trazidas na propaganda eleitoral de 2022, vinha parte da esperança por dias melhores, ainda que se imaginasse que nada mais seria como antes depois do que o país experimentou desde as passeatas de junho de 2013.

As passeatas de 2013 marcam um processo crescente de caráter disruptivo com o sistema político e suas instituições de representação, de modo que, entre 2013 e 2017, o número de brasileiros que diziam ter nenhuma confiança no Congresso Nacional subiu de 33,6% para 60,2%, de acordo ainda com dados do Latinobarômetro. O mesmo aconteceu com a confiança nos partidos políticos, que viram subir de 46,8% para 72,4% o número daqueles que diziam destinar nenhuma confiança aos partidos. A data de 2017 também demarca a maior taxa de desaprovação (91%) de um presidente – na ocasião, Michel Temer –, e entre 2016 e 2018 se registram as menores de taxas de satisfação do brasileiro com a

---

[1] Análises disponíveis em: latinobarometro.org. Acesso em: 5 abr. 2025.

vida desde 2000, respectivamente, 56,8% e 58,2%. Sucederam às passeatas de 2013 as denúncias da operação Lava Jato, o *impeachment* da presidente Dilma, o mandato de Michel Temer e a eleição de Jair Bolsonaro para presidente, em meio ao crescimento de movimentos sociais a favor de valores de uma extrema direita marcadamente antissistema, orquestrados nas redes sociais. Dos eleitores do representante da extrema direita Jair Bolsonaro, vinha a maior parte da desilusão ou indignação com o mandato de Lula.

Quando Lula assumiu a presidência da República pela terceira vez, ele contava com a aprovação de 60,5% dos brasileiros, patamar muito parecido com as taxas de aprovação com as quais iniciou os seus dois mandatos anteriores. Mas os valores que embasavam a aprovação e a desaprovação, dessa vez, estavam mais radicalizados.

O que Lula recebe em termos de valores políticos dos brasileiros

Ao assumir a presidência, Lula enfrentou desafios imediatos para consolidar a governabilidade em um Congresso Nacional fragmentado. A composição do Legislativo, dominada por partidos de centro-direita e direita, exigiu a formação de alianças complexas e, muitas vezes, contraditórias. Alianças muito caras, pois cada deputado conservador pode contar com um eleitorado mobilizado nas redes sociais e vigilante, e, mais importante, com visão, em muitos aspectos, bastante distinta do governo federal.

Os dados da pesquisa Atlas Intel mostram um país em que mais da metade de sua população não confia no Congresso Nacional, e aproximadamente a metade não confia no Supremo Tribunal Federal, nem no governo federal. O país sempre teve desconfiança com suas instituições políticas, mas as taxas cresceram depois de 2013. De acordo com dados do Latinobarômetro, 35% da população brasileira dizia não confiar nem um pouco no Congresso Nacional; para o Supremo Tribunal Federal, a taxa era de 25,3%, e para o governo federal, 20,5%. Merece destaque, ainda, a redução da confiança nas Forças Armadas, que contavam com 13% de taxa de nenhuma confiança em 2013.[2]

Mas o que merece mais destaque nas taxas de não confiança é a diferença de atitude entre os eleitores de Lula e os eleitores de Bolsonaro no segundo tur-

---

[2] Há duas maneiras distintas de se medir a confiança entre os dois instrumentos aqui comparados. A Atlas Intel pergunta sobre confiar e não confiar, o Latinobarômetro pergunta em confiar muito, confiar alguma coisa, confiar pouco ou nenhuma confiança. Tomamos o cuidado de não juntar confiar pouco com nenhuma confiança, mas, qualquer que fosse a escolha, fica evidente que houve um desgaste nas taxas de confiança nas instituições a partir de 2013.

no das eleições. O caso mais discrepante acontece entre as percepções sobre o STF: 11,4% dos eleitores de Lula dizem não confiar na suprema corte, enquanto 89,4% dos eleitores de Bolsonaro adotam tal postura. Ou seja, a desconfiança no STF não se dá de maneira igual na população, há um segmento específico que é avesso a ele. O STF é alvo prioritário do discurso de Bolsonaro e de seus aliados desde que Arthur Lira (PP) assumiu a presidência da Câmara dos Deputados em 1º de fevereiro de 2021. Sob a presidência de Rodrigo Maia (então DEM), o Congresso Nacional tinha prioridade nos ataques. Ou seja, os dados sugerem que a taxa de confiança no STF sofre o efeito das estratégias discursivas do campo da extrema direita antissistema.

Situação semelhante pode ser considerada na avaliação de desconfiança no Congresso Nacional, em que se dá uma discrepância entre o que pensam os eleitores de Lula e os de Bolsonaro: 35,3% dos eleitores de Lula não confiam no Congresso, enquanto 84,1% dos de Bolsonaro adotam essa postura. Os eleitores de Bolsonaro elevam a taxa de desconfiança no Congresso Nacional. Ou seja, há um segmento do eleitorado com mais predisposição disruptiva das instituições da representação democrática.

Inversamente, as corporações policiais e as igrejas evangélicas, com forte destaque para estas, aparecem como mais confiáveis entre os eleitores de Bolsonaro do que entre os de Lula. Com as Forças Armadas não acontece o mesmo: ainda que elas tenham sido representadas pelo vice-presidente general Hamilton Mourão (Republicanos) e pelo ministro do Gabinete de Segurança Institucional (GSI) general Augusto Heleno, e sempre tenham contado com forte aderência ao mandato de Bolsonaro, a taxa de desconfiança nas Forças Armadas se nivela entre ambos os eleitorados. Esse dado sugere o desgaste entre a base do presidente e as Forças Armadas no decorrer do mandato.

Tabela 1 – Você confia ou não confia nas seguintes instituições?

Temas	Total/ Não confio	Eleitores de Lula – 2T	Eleitores de Bolsonaro – 2T	De 0 a 2 salários de Renda
Igreja católica	27	23,8	26	32,8
Polícia Federal	28	21,7	30,7	29,5
Banco Central	25	10,7	31	22,7
Polícia Civil	30	35,8	**26,3**	24,6
Governo estadual	35	30,8	41,8	30,2

Temas	Total/ Não confio	Eleitores de Lula – 2T	Eleitores de Bolsonaro – 2T	De 0 a 2 salá- rios de Renda
Polícia Militar	35	46,3	**23**	28,5
Igrejas evangélicas	38	57,5	**18**	26,1
Governo federal	**45**	10,5	**66,3**	41,9
Supremo Tribunal Federal	**47**	11,4	**89,4**	40,6
Forças Armadas	39	39,2	40,5	41,5
Congresso Nacional	**57**	35,3	**84,1**	53,2

Fonte: Atlas Intel.

Como esses valores políticos definem prioridades de governo

Durante a maior parte dos primeiros dois anos de mandato, Lula manteve uma taxa de aprovação constante, chegando em outubro de 2024 com 50,7% de aprovação e 45,8% de desaprovação de acordo com pesquisa Atlas Intel. Nesse momento, o seu melhor desempenho se dava entre as mulheres (54,8%), pessoas com ensino superior (61%), agnósticos (73,9%), e contava com aprovação acima da média também entre os católicos (55, 5%) e nordestinos (61,4%). Entre os seus eleitores de segundo turno de 2022, perfazia 89,1% de aprovação, enquanto entre os eleitores de Bolsonaro era aprovado por 8,6%, sinalizando a polarização política.

A pesquisa, para aferir o risco político, perguntava a percepção de conflito entre pessoas que votam em partidos políticos diferentes; as taxas confirmam o sentimento de acirrada polarização: 36% afirmam sentir que há um muito forte conflito, 25% identificam forte conflito, 19% mencionam algum conflito, 10% percebem pouco conflito e apenas 11% disseram não verem conflito. Chama a atenção como os eleitores de Lula (41% dizem ser muito forte; 24%, forte; 24%, algum; 7%, pouco; 3,3%, nenhum) se demonstram mais sensíveis aos conflitos políticos do que eleitores de Bolsonaro (27,7% dizem ser muito forte; 21,8%, forte; 13,6%, algum; 13,5%, pouco; 23,4%, nenhum).

Quando se verificam as agendas políticas prioritárias dos dois grupos políticos, constata-se que a polarização está muito expressa ali. São duas leituras de Brasil e de suas necessidades.

Importante dizer que todos esses aspectos estão envoltos com as disputas de narrativas que situação e oposição estabelecem entre si. Trata-se de um espelho invertido em vários temas que dividem o eleitorado. Os eleitores de Lula se distanciam dos eleitores de Bolsonaro ao se preocuparem mais com valores pós-materialistas, como meio ambiente e a agenda identitária e de defesa dos direitos. Agenda esta que os eleitores de Bolsonaro recusam e refutam a favor dos temas corrupção, criminalidade e tráfico de drogas; economia, inflação e altos impostos, e ambiente de negócios; e mau funcionamento da justiça.

Tabela 2 – Na sua opinião, quais são os maiores problemas do Brasil hoje em dia?

Temas	Total	Lula	Bolsonaro	De 0 a 2 salá-rios de renda
Corrupção	54,8	34,6	**77,2**	57,8
Criminalidade e tráfico de drogas	54,1	48,8	**61,1**	54,7
Degradação do meio ambiente e aquecimento global	31,9	**51**	11,3	28,5
Pobreza, desemprego e desigualdade social	16,8	16,7	17,9	19,8
Extremismo e polarização política	16,3	**27,9**	2,7	7
Economia e inflação	15,4	5,2	**24,8**	14,1
Enfraquecimento da democracia	15	13,1	19,5	10,3
Mau funcionamento da Justiça	14,7	6,4	**25,4**	7,4
Conservadorismo	12,5	**23,9**	0,3	4,1
Situação da educação	8,7	9,7	8,4	12,5
Situação da saúde	8,4	7,9	9,9	14,5
Impostos altos e ambiente de negócios	8,1	2,6	**13,5**	5
Racismo, homofobia, xenofobia etc.	7,4	**11,7**	2,2	7,5

Fonte: Atlas Intel.

No último trimestre de 2024, a avaliação do presidente Lula sofre um decréscimo, e a pesquisa Genial/Quaest de janeiro de 2025 aponta uma taxa de desaprovação que supera a de aprovação em dois pontos percentuais.

A estratégia de comunicação digital da extrema direita

Cesarino (2022) busca investigar a realidade virtual em que o bolsonarismo se desenvolveu durante o seu mandato. Há três aspectos que vale a pena destacar no seu estudo. Um deles, começando do mais "senso comum" para o mais específico, é quando ela aponta que, com a fragmentação da comunicação, cada usuário das plataformas tem a sua visão personalizada da realidade e se apega a ela como se trouxesse a verdade absoluta, enquanto a visão do outro é descartada como manipulada.

Cesarino avança e argumenta que o discurso bolsonarista soube operar por meio de ambiguidades e oscilações. As falas de Bolsonaro teriam sido deliberadamente indecisas, permitindo múltiplos cortes e interpretações que se ajustavam às narrativas de diferentes públicos. A "faixa de significação" criada pelos seguidores do ex-presidente reflete uma estrutura cibernética em que a mensagem é ressignificada e amplificada. Para ilustrar esse aspecto, vale retomar à mensagem de Bolsonaro, retirada de matéria da Agência Senado (2022), por ocasião do reconhecimento da vitória de Lula:

> Quero começar agradecendo os 58 milhões de brasileiros que votaram em mim no último dia 30 de outubro. Os atuais movimentos populares são fruto de indignação e sentimento de injustiça de como se deu o processo eleitoral. As manifestações pacíficas sempre serão bem-vindas, mas os nossos métodos não podem ser os da esquerda, que sempre prejudicaram a população, como invasão de propriedade, destruição do patrimônio e direito de ir e vir.

Nessa mesma matéria da Agência Senado, a senadora Soraya Thronicke (União-MS), ao comentar a manifestação do presidente sobre as eleições, destacou "contradição e ambiguidade" em sua fala, quando o então presidente disse que os protestos de caminhoneiros são fruto de "indignação" com o processo eleitoral. Para ela, o tom do presidente é proposital: "O método de causar confusão funcionou bem para ele até agora", afirmou. No conteúdo, há desqualificação da esquerda e de suas lutas populares, sem que haja uma orientação explícita e inequívoca para seus seguidores cessarem a movimentação. Ele chega a demonstrar empatia com os seus. Ao mesmo tempo, não nos permite dizer que ele não tenha sinalizado contra a paralização, para aqueles que entendem que aquela em específico estaria seguindo o que ele chama de padrão da esquerda. Como se, sobre esse ponto em específico, tivesse ficado o dito pelo não dito.

O terceiro ponto de Cesarino (2022) que merece ser apresentado é quando ela chama a atenção para um complexo que não pode ser analisado de maneira separada: há a fala do indivíduo Bolsonaro e a de seu público refratado, que exerceria o papel de suplemento cibernético. Essa dinâmica teria sido sustentada por ações coordenadas de influenciadores explícitos ou ocultos, que reforçavam um sistema de crenças antissistema. Para Cesarino, a arquitetura das plataformas digitais, com sua capacidade de segmentar públicos e estabelecer crises contínuas, oferece o terreno ideal para discursos disruptivos. Esses discursos rejeitam instituições tradicionais, como imprensa e academia, enquanto promovem teorias conspiratórias e deslegitimam a democracia liberal.

Para continuar com o exemplo da fala de Bolsonaro, para seu público que exerce o papel de suplemento cibernético – para usar o termos de Cesarino –, ele pode ter dado a entender que: a) demorou a se pronunciar porque, assim como eles, sente dificuldades de reconhecer a lisura do processo eleitoral; b) excluiu de seus agradecimentos os eleitores adversários, que não estão no seu campo de aceitação; c) é empático com a indignação e o sentimento de injustiça que tomaram as ruas; d) se volta contra as práticas da esquerda; e que e) se mostrou contrariado em reconhecer a vitória do adversário, assim como de se posicionar contra as manifestações que colocavam em xeque o processo eleitoral.

O quarto ponto que merece destaque é quando Cesarino (2022) introduz o conceito de "indecidibilidade", presente no discurso bolsonarista. Medidas aventadas e depois abandonadas, normas anunciadas e desfeitas funcionam como balões de ensaio, testando a reação de diferentes públicos em tempo real. Essas estratégias mantêm a base mobilizada e minam gradualmente as condições para o amadurecimento democrático. Um segmento de brasileiros seguiu no 7 de Setembro de 2021 para as ruas na expectativa de um golpe de Estado. Mas o que parecia estar codificado nas mensagens nas redes sociais não aconteceu. Depois, um segmento de brasileiros ficou paralisado nos portões dos quartéis-generais esperando o sinal e a instrução para impedir a posse do presidente eleito. O silêncio do presidente nos últimos três meses de seu mandado, depois da derrota eleitoral, dava margem para diversos entendimentos. Com a ida do presidente aos Estados Unidos, parecia mais uma frustração. Até que, em 8 de janeiro de 2023, o ímpeto de agredir e ocupar as instâncias da representação democrática e destruí-las foi levado a cabo.

Os ciclos cibernéticos de avanços e recuos descritos por Cesarino (2022) são inspirados pela noção de atrator, que ilustra como *feedbacks* positivos e negativos sincronizam as reações dos públicos dominantes e refratários. Enquanto os recuos geram alívio em um grupo, produzem decepção no outro, criando uma dinâmica previsível e autoalimentada de polarização.

A plataformização, com suas *affordances* técnicas, possibilitou a difusão de discursos antissistema em uma estrutura fragmentada e carregada de afeto.

Considerações finais

Ao alcançar a metade de seu terceiro mandato em janeiro de 2025, Lula governa em um ambiente profundamente polarizado, que se divide entre valores progressistas e conservadores, impulsionados por narrativas conflitantes sobre a democracia e agendas prioritárias de políticas públicas muitas vezes discrepantes. Os dados analisados revelam a persistência da desconfiança em instituições democráticas, sob impacto das estratégias discursivas que radicalizam a opinião pública.

A cultura política brasileira neste momento reflete a dificuldade de construir consensos em uma sociedade fragmentada. O governo Lula enfrenta o desafio de equilibrar expectativas e governar um país em que a oposição se mobiliza ativamente nas redes e nas ruas. A comunicação do governo federal precisa decidir se irá apostar na radicalização, enfatizando as diferenças, ou se irá buscar distensionar o clima de animosidade, destacando os poucos denominadores comuns. A urgência da segurança pública e da geração de renda não tem bandeira. Apesar de tudo, os sonhos de grande parte dos brasileiros continuam os mesmos: uma vida digna e com oportunidades.

Valores democráticos

Ricardo Fabrino Mendonça

No fim de 2020, escrevi um capítulo sobre valores democráticos no contexto do fechamento da primeira metade do governo Bolsonaro. Ali, busquei chamar a atenção para a magnitude dos desafios enfrentados pela democracia brasileira, dadas as ações do agora ex-presidente, mas também o contexto mundial de erosão democrática. Argumentei que, por várias razões, em muitos países, a ideia de democracia e os valores de que ela depende estavam em xeque. A eleição de Luiz Inácio Lula da Silva, em 2022, oferece uma oportunidade rica para retornar a essa hipótese. Claramente, houve uma mudança profunda no tipo de liderança exercida: passamos de um aspirante a déspota não esclarecido para uma figura declaradamente favorável à democracia e que precisou articular instituições em defesa dela desde os primeiros dias de seu governo. No entanto, e infelizmente, os desafios colocados aos valores democráticos não se resumem aos anseios de líderes no poder. Se minha hipótese está correta, desafios muito significativos à sobrevivência de valores democráticos seguem em curso, a despeito das intenções e dos anseios do ocupante da presidência do Brasil.

Chegando agora à metade do governo Lula, cabe-nos fazer um novo voo macroscópico sobre os dois últimos anos, assinalando pontos de preocupação e de esperança no que concerne aos valores democráticos. Para tanto, apoio-me novamente na ideia de dimensões da democracia que tenho sustentado em um conjunto de trabalhos (MENDONÇA, 2018; 2021). As dimensões operam como eixos do debate sobre democracia, indicando categorias centrais para a reflexão normativa sobre democracia. Diferentemente definidas por abordagens teóricas diversas, as dimensões funcionam como eixos para a compreensão normativa sobre democracias. Neste capítulo, opero com sete dimensões: (1) igualdade; (2) participação; (3) representação; (4) competição política; (5) monitoramento e controle; (6) liberdade; e (7) debate público. Nas seções subsequentes, abordarei cada uma dessas dimensões, que podem ser entendidas como valores da democracia. Assim como no capítulo mencionado anteriormente relativo ao governo Bolsonaro, mobilizarei momentos da primeira metade do governo Lula para refletir sobre a forma como o presidente tem se colocado em torno de tais valores, mas também sobre os desafios mais amplos colocados pelo contexto a esses valores. As passagens e os eventos em questão serão extraídos de veículos da grande mídia, na sua dimensão factual, cabendo-me as interpretações e as articulações conceituais realizadas. Em síntese, argumento que, apesar do contexto mais amplo de desafios a democracias, a valorização de elementos centrais à democracia em discursos e práticas representa um passo necessário, ainda que insuficiente, para a resiliência democrática no longo prazo.

Igualdade

A noção de igualdade é pilar fundamental da ideia de democracia. Seja como forma de governo ou como modo de vida, democracias são comunidades políticas baseadas em um conjunto de iguais, que se diferem daqueles e daquelas que não são cidadãos por um conjunto de prerrogativas. Não há consenso entre diferentes teorias democráticas sobre a substância da igualdade requerida para alicerçar a cidadania. Por vezes, ela é tomada no sentido formal do termo, a partir de um conjunto de direitos que protegem os cidadãos (do Estado e dos concidadãos) e lhes concedem oportunidades de atuar na construção conjunta da comunidade política, sobretudo por meio do voto. Em outras perspectivas, ganha fôlego a atenção às condições sociais para o exercício da cidadania, que incluem não apenas o direito a uma vida digna, mas também o enfrentamento de desigualdades que podem afetar a capacidade de exercício de influência política.

Nos dois primeiros anos do governo Lula 3, é possível observar um conjunto de ações que buscam endereçar algumas das desigualdades estruturais existentes. Nota-se, por exemplo, uma reação às claras tentativas de constrangimento do direito de voto, que coloca em xeque a dimensão basal da própria cidadania. A este respeito, cabe lembrar a investigação e prisão do ex-diretor da Polícia Rodoviária Federal pela instrumentalização da instituição para constranger o exercício do voto em redutos eleitorais tradicionalmente ligados ao PT (O GLOBO, 2023a). Se isso não se trata, obviamente, de política de governo, a criação de um contexto em que ações de tal natureza sejam passíveis de punição mostra avanços da sociedade em defesa de valores democráticos.

Nos dois primeiros anos do governo Lula 3, é possível notar, também, diversas ações endereçadas ao questionamento de desigualdades estruturais. É o caso, por exemplo, da lei sancionada em julho de 2023 para assegurar igualdade salarial entre homens e mulheres (RODRIGUES; MAZUI, 2023). Também merecem destaque os dois pacotes voltados à promoção da igualdade racial lançados em 2023, com ações diversas que vão da titulação de terras quilombolas à realização de investimentos para "desenvolver mecanismos que garantam a transparência, a participação, o controle social, a gestão, o acompanhamento, o monitoramento e a avaliação de políticas afirmativas" (BRASIL, PLANALTO, 2023c). Antes disso, cabe citar a própria criação do Ministério dos Povos Indígenas, em um reconhecimento histórico da exclusão continuada de populações indígenas pelo Estado brasileiro (BRASIL, MINISTÉRIO DOS POVOS INDÍGENAS, 2024). A formação do primeiro escalão do governo em 2023 evidencia sensibilidade ao enfrentamento de desigualdades crônicas. Lula inicia seu governo com onze ministras, diferindo-se do governo Temer, que não tinha mulher alguma, e do governo Bolsonaro, que contava com duas (VILELA, 2023). Cerca de 30% dos ministros se declaravam negros ou pardos, em comparação aos 4% que o faziam no governo Bolsonaro (ADORNO; MARÍN, 2023).

Os resultados das políticas sociais em um Brasil pós-pandemia também vieram em ritmo acelerado. Em relatório, o Observatório Brasileiro das Desigualdades revelou um declínio da ordem de 40% da população em situação de extrema pobreza em 2023 (RACIUNAS, 2024). Também em 2023, a ONU relatou um declínio de 85% da insegurança alimentar no país (ARAÚJO, 2024). Contribuíram para o endereçamento de questões sociais não apenas os aportes adicionais no programa Bolsa Família, mas também o retorno de programas como o Minha Casa Minha Vida e o Farmácia Popular.

Ainda que se note um esforço efetivo na promoção do valor da igualdade, é inegável, contudo, que o Brasil segue profundamente marcado por desigualdades abissais que limitam significativamente a possibilidade de fortalecimento democrático. Segundo o Instituto Brasileiro de Geografia e Estatística (IBGE), os 5% mais pobres do país têm renda mensal média de 126 reais, enquanto os 1% mais ricos têm renda média de 20,7 mil reais (RIBEIRO, 2024). Assimetrias regionais se fazem muito evidentes quando se comparam dados como taxa de desnutrição e de mortalidade infantil (LACERDA, 2023), e, dentro das regiões, a marcação racial ainda segue um preditor poderoso das nossas abissais desigualdades. Em relatório, a Anistia Internacional destaca o Brasil como um dos países mais desiguais do mundo, com diversas violações de direitos humanos: "22% dos domicílios chefiados por mulheres negras encontravam-se em estado de fome em 2023" (UOL, 2024a).

As assimetrias na capacidade de influência política também permanecem gigantescas. Se houve esforços para assegurar o direito ao voto, situações como a do PL 2630, que tentava regular as plataformas digitais, evidenciam o peso desigual de certos atores nos processos de tomada (ou de não tomada) de decisão.

Um relatório que analisou agendas públicas do Executivo brasileiro entre o fim de 2022 e julho de 2024 constatou que "a cada 4 horas e 48 minutos, um membro do Executivo se reuniu com" associações e lobistas do agronegócio e da indústria química (Schiochet, 2024). Em 58% dessas reuniões do Executivo, estariam presentes representantes da Bayer, Basf ou Syngenta. São dados simples, mas que evidenciam limites profundos da própria ideia de democracia, se se tem como foco alguma noção de igualdade.

Participação

Um segundo valor fundamental quando se pensa em democracia é a participação política. A comunidade de iguais só é democrática se esses iguais atuam, de alguma forma, na produção conjunta das regras e das gramáticas que regem as interações sociais. A ideia de autogoverno pode ser pensada no exercício do voto, na mobilização social em torno de temas de interesse público, no processamento discursivo de problemas coletivos e na estruturação de formas menos ou mais diretas de produção de decisões políticas.

Desde o início, o governo Lula 3 acenou para a possibilidade de restauração de práticas participativas pelas quais o Brasil se destacou mundialmente. O governo Bolsonaro realizara uma tentativa deliberada de desmantelar instituições participativas, o que ficou patente no Decreto n.º 9.759/2019, que buscou extinguir colegiados da administração pública federal não estabelecidos por meio de leis. Mesmo diante da resiliência de várias instituições e mesmo que a sociedade civil tenha construído caminhos participativos novos, Lula chegou ao seu terceiro mandato com um cenário muito diferente em relação à vitalidade participativa que legara ao país ao fim do seu segundo mandato.

O valor da participação foi ressaltado desde a transição (Máximo, 2022) e defendido como pilar fundamental para o fortalecimento democrático depois do forte retrocesso experienciado no país entre 2016 e 2022. Já em janeiro de 2023, Lula criou um conselho de participação social para dialogar como movimentos sociais (Brasil, Planalto, 2023b). A ideia de um Orçamento Participativo Nacional era promessa de campanha, que se viu reafirmada logo no início do mandato (Roubicek, 2023), e inspirou um amplo processo participativo em torno do Plano Plurianual, que

> envolveu a realização de três fóruns Interconselhos, 27 plenárias regionais (com presença de mais de 34 mil pessoas) e uma plataforma digital para participação cidadã, com mais de 4 milhões de acessos, que recebeu mais de 1,5 milhão de votos e colheu 8.254 propostas da sociedade. As 20 pro-

postas mais votadas pela população em cada área foram estudadas pelo respectivo ministério. Do total, 76,5% foram consideradas incorporadas de alguma forma, sendo 58% de forma total e 14% de forma parcial (BRASIL, MINISTÉRIO DO PLANEJAMENTO E ORÇAMENTO, 2024).

Os conselhos também se viram fortalecidos, restabelecidos e revalorizados: em abril de 2023, na marca dos cem dias do governo, um decreto atualizou diretrizes para assegurar o pleno funcionamento de oito conselhos (BRASIL, PLANALTO, 2023a). Nos dois primeiros anos de governo, foram realizadas treze conferências, e a ideia de um sistema de participação amplo, interconectado e contínuo voltou a pautar uma série de ações do governo (BRASIL. SECRETARIA-GERAL, 2023). Percebida como transversal e reconhecida como um valor, a participação institucional viu-se advogada como necessária para fazer frente à erosão democrática.

Isso não significa, obviamente, que tudo sejam flores. Muitas das ideias de participação apresentadas no governo Lula 3 parecem engessadas e presas a configurações da esfera pública de um outro momento. As transformações tecnológicas, a reconfiguração da natureza do engajamento social, os desafios colocados à mobilização política na atualidade, a transnacionalização de muitas agendas e a própria mudança do cenário político convocam reinvenções mais criativas sobre como promover a participação hoje. Se é inegável que o governo Lula 3 voltou a ter a participação institucional como um valor, de modo efetivo, ainda estamos muito distantes da capacidade de produzir um Estado mais poroso e criativo na promoção da escuta de cidadãos e cidadãs.

Representação

A representação política é um terceiro valor central das democracias modernas, sendo ela aqui entendida como algo que alimenta a circularidade entre Estado e sociedade (URBINATI, 2006). Plural em suas fontes de legitimação, a representação política torna presente aquilo que está ausente em um determinado processo político, promovendo alguma compreensão de generalidade social se se deseja democracia (ROSANVALLON, 2011).

Luiz Inácio Lula da Silva precisou defender a legitimidade do voto como mecanismo de construção da representação democrática desde o fim do processo eleitoral de 2022. Diante da dubiedade do candidato derrotado em 2022, que alternava entre o silêncio e a produção de sinais de desconfiança sobre a derrota nas urnas, o primeiro movimento de Lula foi defender a lisura do processo eleitoral brasileiro e das instituições responsáveis por conduzi-lo

(AGOSTINE, 2022). Nos meses que antecederam a posse, a contestação às urnas se fortaleceu, e a sombra de um golpe manteve-se viva nos acampamentos em frente a quartéis, onde manifestantes clamavam por uma intervenção militar (CNN BRASIL, 2022a).

É nesse contexto que o início do governo Lula 3 se liga fundamentalmente a uma defesa da legitimidade da representação e dos processos de autorização eleitoral realizados no Brasil. Tal defesa é feita de modo explícito e público em diversas falas, mas se mostra particularmente eloquente na articulação feita por Lula com governadores e representantes do Judiciário e do Legislativo no resguardo da institucionalidade democrática após os atentados de 8 de janeiro de 2023 em Brasília (G1, 2023).

A defesa do valor da representação também aparece ao longo da primeira metade do mandato nas falas do presidente sobre o Parlamento. Em mensagem presidencial enviada ao Congresso no início de 2024, Lula fez um balanço do primeiro ano de mandato e ressaltou a necessidade de diálogo com um parlamento que é essencialmente plural (SANTI, 2024). Diante das críticas de aliados, o presidente também sempre enfatizou a necessidade de diálogo com adversários para assegurar governabilidade em uma democracia. Discursando para apoiadores, em junho de 2023 em São Bernardo do Campo, por exemplo, ele lembrava depender fundamentalmente dos parlamentares de diversas origens e ideologias para governar (PAUXIS, 2023).

A defesa enfática da representação eleitoral e do papel do Congresso aparece mesmo quando Lula deseja defender participação política ampliada. Curiosamente, por ocasião da efeméride dos cem dias iniciais do mandato, circularam notícias falsas de que o Decreto n.º 8.243/14, sobre a Política Nacional de Participação Social, seria usado pelo presidente petista para fechar o Congresso, o que foi amplamente desmentido (BRASIL, SECRETARIA DE COMUNICAÇÃO SOCIAL, 2023). Em evento no Planalto em julho de 2024, Lula voltou a elogiar o Parlamento pelo necessário atrito democrático que ele realiza com o Executivo (TRUFFI; MURAKAWA, 2024). Em tom elogioso, o presidente afirmou:

> Ninguém é obrigado a votar do jeito que o governo quer. Temos que estar preparados para a flexibilização do projeto de lei que parece perfeito, mas não é perfeito. É verdade que [os parlamentares] colocam jabutis, mas, por outro lado, corrigem coisas que fazemos, esse é o outro lado da moeda.

Não se deseja, aqui, apresentar um discurso ingênuo de uma suposta aquiescência do presidente e de seu governo às diversas investidas do parlamento e às disputas de poder e interesse que marcam a política. O interessante é que, do ponto de vista dos valores democráticos, Lula reconhece a importância desses processos e não endossa o discurso antipolítica e anticongresso que era tão característico do governo Bolsonaro.

Competição política

A competição é um valor absolutamente central à democracia, independentemente da base teórica da qual se parta. Não há teoria democrática que defenda a supressão de adversários políticos ou que propague a ideia de que um único grupo social deva se impor aos demais. Desde o elitismo democrático schumpeteriano até o normativismo deliberacionista de Habermas, nota-se a máxima teorizada por Dahl (1997) de que democracias requerem não apenas inclusão política, mas a possibilidade de disputar e concorrer com os outros. Assim, a tolerância à alteridade é um valor central à democracia.

A este respeito, notam-se, novamente, acenos públicos muito claros de Lula sobre a importância de que os adversários políticos não sejam convertidos em inimigos a serem eliminados. No campo discursivo, Lula parece colocar-se, sistematicamente, em defesa da legitimidade de existir de adversários políticos, desde que operem no campo das regras democráticas (PAUXIS, 2023). A fala a seguir, de julho de 2023, ilustra essa questão:

> É importante que vocês saibam que não é só ganhar uma eleição. Você ganha uma eleição e, depois, você precisa passar o tempo inteiro conversando para ver se você consegue aprovar alguma coisa. [...] E aí, você não tem que procurar amigo. Você tem que conversar com quem não gosta da gente. Você tem que conversar com quem não votou na gente.

Em pronunciamento em rede nacional para a celebração do Dia da Independência em 2024, Lula ressaltou que a democracia é justamente a "convivência civilizada entre opostos", dependendo da divergência (HIRABAHASI, 2024). Desde a campanha para se eleger em 2022, Lula destacou a importância de alianças com adversários e a estruturação de uma frente ampla, que permitisse fortalecer a própria ideia de democracia. A escolha de Alckmin, seu ex-adversário, como colega de chapa já sinalizava nesse sentido. Do mesmo modo, as reiteradas afirmações de que seu governo não seria "do PT" ou essencialmente "de esquerda" dizem dessa visão (CARTACAPITAL, 2022). O posicionamento pessoal do presidente sobre a crise eleitoral venezuelana (VILELA; PEDUZZI,

2024), que culminou no veto à parceria do país com os Brics, também se pauta por uma defesa pública do valor da competição política (INFOMONEY, 2024).

As tentativas bolsonaristas de atribuir a Lula uma suposta perseguição a adversários pela existência de processos que levaram seja à inelegibilidade de Bolsonaro, seja às condenações de bolsonaristas pelos atos antidemocráticos de 8 de janeiro de 2023, não encontram respaldo nas ações concretas de responsabilidade do presidente. Elas tampouco se mostram defensáveis quando se analisam as evidências efetivas de ataque à democracia, seja por abuso de poder, seja pela agressão frontal e vândala contra as instituições. De todo modo, elas levantam suspeitas (mesmo que infundadas) entre alguns cidadãos, o que mina a confiança de que dependem a tolerância e a efetiva competição democrática. Em tempos de radicalização política, a percepção dos custos de tolerância é central para a própria sobrevivência democrática.

Monitoramento e controle

Democracias, por definição, implicam não concentração de poder. Se, desde Atenas, o controle sobre a agenda por uma instância distinta daquela que tomava decisões e a construção de mecanismos de revisão eram percebidos como vitais (MENEZES, 2010), as democracias modernas fortaleceram essa visão e se estruturaram em torno de aparatos legais e institucionais de pesos e contrapesos para controlar o exercício do poder. A discussão sobre *accountability* na atualidade dá ênfase à centralidade de mecanismos de transparência e escrutínio que viabilizem o constante monitoramento e o controle sobre as autoridades.

É impossível negar que, diferentemente do governo Bolsonaro, o início do governo Lula 3 se viu marcado por uma tentativa de retorno da civilidade na relação entre poderes, com diversas defesas sobre a importância da convivência independente entre eles. Como já mencionado, Lula salienta a relevância dos três Poderes na sobrevivência da democracia em diversos momentos (AGÊNCIA BRASIL, 2023a).

Uma ambivalência do governo é notada, contudo, quando se atenta para a questão da transparência. Houve uma tentativa de resgate e fortalecimento da Lei de Acesso à Informação (BRASIL, ACESSO À INFORMAÇÃO, 2023), e a Controladoria-Geral da União restringiu a possibilidade de que documentos sejam colocados em sigilo de cem anos, resgatando a ideia de transparência como regra e não exceção (VARGAS, 2024). No entanto, se Lula foi um crítico contumaz das emendas do relator do chamado "orçamento secreto" (CNN BRASIL, 2022b) nas eleições de 2022, e seguiu criticando a falta de transparência nas emendas parlamentares ao longo da primeira metade do seu governo (BEHNKEDA,

2024), as chamadas "emendas Pix", com procedimentos menos burocráticos e transparentes de envio de recursos a estados e municípios, mantiveram ampla opacidade no emprego de recursos públicos (CNN BRASIL, 2024).

Liberdade

O valor democrático da liberdade abarca múltiplas práticas e ideias. Há relativo consenso, todavia, sobre duas dimensões desse valor. A primeira diz respeito ao fato de democracias requererem que indivíduos se vejam protegidos de violações e perseguições políticas por parte de outros indivíduos e do próprio Estado. Estamos aqui no rol de liberdades negativas que assegura liberdade de crença, de opinião, de expressão, de associação, de ir e vir e semelhantes. A segunda dimensão diz respeito às liberdades positivas para intervir na construção da comunidade política.

Tratamos da segunda ao falar de participação. Cabe aqui, todavia, ressaltar alguns pontos relativos à primeira dimensão. Ao final do primeiro ano de mandato, Lula sancionou a Lei n.º 10.825 de Liberdade Religiosa, e, em encontro com o secretário de Estado do Vaticano no Palácio do Planalto, enfatizou a importância de governos assegurarem a liberdade religiosa (COLETTA; HOLANDA, 2024). Antes disso, logo no início de seu mandato, ele sancionara a criação do Dia Nacional das Tradições das Raízes de Matrizes Africanas e Nações do Candomblé (MOREI-RA, 2023), muito embora um conjunto de terreiros tenha acusado a ministra de Igualdade Racial Anielle Franco de descaso para com o segmento (DOCA, 2024).

A recriação do Ministério da Cultura depois do governo Bolsonaro também foi apresentada como uma defesa da liberdade.

> Quem tem medo de cultura é quem não gosta do povo e não gosta de liberdade, é quem não gosta de democracia, e nenhuma nação do mundo será uma verdadeira nação se não tiver liberdade cultural. O país vai recuperar a sua cultura (PAPELPOP, 2022).

No que concerne à liberdade de expressão e de opinião, observaram-se intensas discussões nesses dois anos. Em diversos momentos, Lula fez defesas sobre a necessidade de regras claras, que não se confundam com censura, para balizar a esfera pública e assegurar a liberdade. Isso aparece, por exemplo, no discurso de abertura da 79ª Assembleia Geral da ONU (AGÊNCIA GOV, 2024b):

> O futuro de nossa região passa, sobretudo, por construir um Estado sustentável, eficiente, inclusivo e que enfrenta todas as formas de discriminação.

Que não se intimida ante indivíduos, corporações ou plataformas digitais que se julgam acima da lei. *A liberdade é a primeira vítima de um mundo sem regras* [...]. Elementos essenciais da soberania incluem o direito de legislar, julgar disputas e fazer cumprir as regras dentro de seu território, incluindo o ambiente digital.

Essa defesa de regras que assegurem a liberdade de expressão se desdobra em propostas práticas de regulação que discutiremos na seção subsequente.

Debate público

O último valor democrático a ser aqui discutido é o do debate público. Entendido em muitas teorias democráticas como aspecto essencial para a legitimação das decisões e a construção de soluções mais complexas, o debate público possibilita o processamento discursivo de questões pela comunidade política. Para tanto, fazem-se necessários dois elementos. Em primeiro lugar, é preciso que haja tolerância à diferença e ao contraditório. Em segundo lugar, é preciso que haja infraestruturas e ecossistemas comunicacionais que viabilizem o choque público de argumentos e posições.

Sobre o primeiro ponto, trabalhamos na seção sobre pluralidade o modo como Lula 3 advogou o respeito à diferença, desde que essa se colocasse em termos de competição política democrática e não por meio de ataques à própria democracia. É assim que, às vésperas do Dia da Independência em 2024, Lula se pronunciou nos seguintes termos (HIRABAHASI, 2024):

> Democracia é debate entre opiniões divergentes, diálogo e convivência civilizada entre opostos. É o respeito à vontade do povo expressa nas urnas. Não o direito de mentir, espalhar o ódio e atentar contra a vontade do povo.

Sobre o segundo ponto, convém destacar que grande parte do debate público contemporâneo é abrigado em ecossistemas híbridos e profundamente atravessados por mídias digitais, incluindo plataformas de redes sociais e de mensageria (KEANE, 2013). Nos dois primeiros anos do terceiro mandato Lula, o Parlamento discutiu o PL 2630, sobre a regulação de plataformas, e também o PL 2338, sobre a regulação do uso de inteligência artificial (IA). Nenhuma das duas leis foi aprovada até o momento de redação deste texto, em novembro de 2024. No entanto, o debate sobre as balizas e os significados da liberdade de expressão tem sido bastante presente ao longo destes dois anos.

Tal debate ganhou contornos especiais quando a rede social X (antigo Twitter) foi suspensa no Brasil pelo STF, em 30 de agosto de 2024, pela recusa da empresa em indicar representação legal no país (Supremo Tribunal Federal, 2024a). O governo Lula se colocou a favor de um regramento que assegure um ambiente informacional de maior qualidade e que fosse capaz de impedir as próprias plataformas de se isentarem de suas responsabilidades (Carlucci, 2024). A preocupação com o tema das *fake news* atravessou o período em tela, como ilustra o apelo do presidente contra a desinformação por ocasião das enchentes no Rio Grande do Sul (Brasil, Planalto, 2024).

Se há quem veja riscos no avanço da pauta da regulação e na suspensão de redes sociais (Camargo, 2024), amplia-se a sensação sobre a necessidade de balizas para assegurar que exista debate público, e esta agenda foi parte importante da primeira metade do governo Lula 3.

Considerações finais

Este pequeno ensaio buscou resgatar notícias e eventos da primeira metade do terceiro mandato de Luiz Inácio Lula da Silva para pensar valores democráticos. Importante ressaltar que não se faz aqui uma análise de opinião pública ou de percepção de cidadãos sobre valores democráticos. Mais simples, o texto busca pensar valores derivados de dimensões relevantes à democracia, mobilizando-os para refletir sobre os últimos dois anos.

Em linhas gerais, é impossível não assinalar um avanço muito significativo na defesa de valores democráticos. As diferenças em relação ao governo Bolsonaro são públicas, notórias, evidentes e eloquentes. O Brasil tem um governo alinhado a valores democráticos. Isso não significa que tudo seja um mar de rosas ou que vivamos uma era de superação da erosão democrática. Há desafios gigantescos na promoção de igualdade, de transparência, de liberdade e de debate público na atualidade. Há um cenário internacional de fortalecimento de valores antidemocráticos e de naturalização de ataques à democracia, como explicita a vitória de Donald Trump com ampla margem na disputa pela presidência dos Estados Unidos. Temos uma sociedade intolerante, violenta, desigual e avessa à pluralidade em grande medida. O fortalecimento discursivo de alguns valores democráticos por parte do governo federal é um passo pequeno rumo à resiliência democrática. Mesmo que se trate de um passo não suficiente para salvaguardar a democracia, trata-se, contudo, de um passo absolutamente necessário.

Lula 3 e a representação: inovação ou reedição?

Debora Rezende de Almeida

As eleições de outubro de 2018 surpreenderam muitos e deixaram cientistas sociais atônitos. A vitória de Jair Bolsonaro fugiu do *script* desenhado desde a redemocratização, especialmente por sua trajetória pífia no Congresso Nacional e por seu discurso abertamente conservador e autoritário. Em vez de explicar por que foi eleito, argumentei na coletânea *Governo Bolsonaro: retrocesso democrático e degradação política* que a adesão de seus eleitores a sua liderança é melhor compreendida através de outros sentidos da representação, como a simbólica e a por encarnação, muitas vezes negligenciados na definição contemporânea de governo representativo. Outrossim, mostrei como esses sentidos foram mobilizados e alteraram a conexão entre representação e participação política (ALMEIDA, 2021). Em 2022, a vitória de Lula reorientou os rumos da representação política e, com isso, a forma como ela se conecta com a participação e a democracia. Neste capítulo, analiso o governo Lula 3 e questiono: como representação e participação se entrelaçam neste novo governo, e quais possibilidades essa relação oferece para a democracia brasileira?

Essas perguntas são orientadas por um movimento crescente na teoria democrática que revisa o conceito de representação, resultando em uma compreensão plural e inclusiva, que valoriza múltiplos sentidos de representação e rejeita sua dicotomia com a participação. Essa revisão é impulsionada pela insatisfação com o modelo liberal-eleitoral em atender ao ideal democrático e pelas inovações de atores sociais e políticos que buscam novas formas de exercer e disputar a representação, diante da crescente desconfiança dos cidadãos nas instituições políticas e da desilusão com as democracias liberais e seus fracassos. Argumento que essa contestação, tanto ideacional quanto prática, tem gerado pelo menos quatro linhas de interpretação da representação: uma que visa recuperar diferentes significados de representação – descritiva, simbólica e por encarnação (YOUNG, 2000; SINTOMER, 2013; MULIERI, 2016). Outra que se concentra no caráter democrático da representação, defendendo mais participação na representação (URBINATI, 2006).

Uma interpretação que visa desvendar a dinâmica da representação dentro da participação, por exemplo, nos canais de intermediação entre Estado e sociedade, como conselhos de políticas no Brasil, ou nos atores sociais que cada vez mais falam pelos ausentes, apesar de não eleitos (CASTIGLIONE; WARREN, 2006; GURZA LAVALLE; HOUTZAGER; CASTELLO, 2006; ALMEIDA, 2015). Finalmente, atores de organizações civis e movimentos sociais também disputam a representação eleitoral e se propõem a exercer a representação como se fosse participação, introduzindo práticas participativas no mandato (ALMEIDA, 2023).

Parto dessas diferentes modalidades de interação entre participação e representação para avaliar o governo Lula 3, tendo como referência algumas mudanças introduzidas pelo governo anterior de Jair Bolsonaro. Vale lembrar que Bolsonaro conectou claramente diferentes sentidos da representação, como o simbólico, encarnação e mandato. Ademais, mudou a forma como a representação se conectava com a participação. Bolsonaro buscou uma relação de proximidade com seus seguidores, especialmente por meio das mídias sociais, e o foco na participação direta por meio de manifestações de protesto. Em relação às dinâmicas de representação na participação, atacou a participação institucional e a relação do governo com a sociedade civil, especialmente aquela antes articulada com os governos petistas.

Como estaria o governo Lula 3 nessa direção da conexão entre participação e representação? Essa análise é importante porque pode revelar as potencialidades e os limites da representação política para conectar-se com o público, cada vez menos afeito à política e a instituições do governo representativo.

Representação e participação: dois lados da mesma moeda

Nas últimas duas décadas, a teoria democrática tem enfatizado que representação e participação não são dinâmicas opostas, mas complementares da democracia. Porém, como elas se entrelaçam e que possibilidades essa relação apresenta para a democracia? Argumentei em outros trabalhos que os estudos que conectam participação e representação podem ser situados em quatro linhas (ALMEIDA, no prelo). Uma delas visa recuperar diferentes significados de representação encobertos pela dominância do paradigma do governo representativo, como a representação descritiva, simbólica e por encarnação (SINTOMER, 2013). Esses sentidos são importantes para interpretar experiências recentes de protestos contra o sistema representativo, em que os atores se recusam a agir como representantes ou rejeitam a lógica da representação eleitoral, como os manifestantes em movimentos como Occupy Wall Street, nos Estados Unidos, que declaram encarnar os 99%, ou o Movimento dos Coletes Amarelos, na França, cujos participantes afirmam falar por si e personificar a identidade autêntica do grupo (Hayat, 2021). A representação simbólica e por encarnação também é muito utilizada para a análise de líderes carismáticos e populistas que constroem sua representatividade com os constituintes menos pela legitimidade do voto e mais por encarnar o povo (Urbinati, 2019; Rosanvallon, 2021).

Outra linha de estudos se concentra em recuperar o caráter democrático da representação, defendendo um modelo de participação na representação, especialmente pela ampliação das possibilidades de participação e julgamento político (Urbinati, 2006) ou desconfiança democrática em relação aos Poderes (Rosanvallon, 2011). Neste caso, a representação deixa de ser sinônimo de voto e requer a conexão entre instituições do sistema representativo, especialmente os partidos políticos, e a sociedade durante o ciclo iniciado com as eleições.

Em uma terceira linha, alguns analistas visam desvendar a dinâmica da representação na participação, olhando para dinâmicas representativas de movimentos e atores sociais na esfera pública (Warren, 2008; Saward, 2010), ou para experiências institucionais de participação, como os conselhos e as conferências de política no Brasil, nas quais operam atores coletivos que falam ou se colocam pelos atores ausentes no processo de formulação de políticas públicas, apesar de não eleitos por eles (Gurza Lavalle; Houtzager; Castello, 2006; Almeida, 2015).

Finalmente, atores de movimentos sociais e organizações civis estão cada vez mais disputando eleições e propondo democratizar o sistema político, exercendo a representação como participação (Almeida, 2023). A partir da análise empírica dos mandatos coletivos no Brasil,[1] argumentei que essas experiências mesclam diferentes sentidos da representação e propostas de conexão com a participação. A demanda por representação descritiva está presente na reivindicação por maior representatividade de grupos minorizados na política, como mulheres e negros. Há também uma busca por retomar a noção de que a representação não se exerce de forma individual e personalista, mas guiada por projetos políticos e defesa de temas construídos de maneira coletiva e participativa. Mas o maior envolvimento dos cidadãos e movimentos sociais no mandato extrapola a proposta de maior influência e julgamento político do representado. É uma participação que deveria alcançar também o processo

---

[1] Mandatos coletivos derivam de candidaturas coletivas, nas quais um grupo de pessoas concorre junto para uma única vaga no Legislativo ou Executivo. Para uma análise sobre candidaturas e mandatos coletivos, ver Almeida (2024). Há outras experiências de disputa eleitoral por parte de movimentos ocorrendo em diferentes países que fazem parte, por exemplo, do Movimento Municipalista Global ou da emergência de novos partidos-movimentos (DELLA PORTA *et al.*, 2017; BOOKCHIN; COLAU, 2019).

decisório das políticas e formas de funcionamento do mandato, a partir de um processo de constante interação e influência (ALMEIDA, 2023).

Essas mudanças, que são ao mesmo tempo analíticas e empíricas, se deram num contexto de constante questionamento da representação eleitoral e uma avaliação negativa da performance governamental e das políticas públicas em diferentes partes do globo. No Brasil, a insatisfação social com a representação se intensificou na última década, e as eleições de 2018 se deram em um contexto político turbulento, caracterizado por grande instabilidade (política, econômica, social) e incerteza. Em contextos turbulentos, os atores políticos precisam reavaliar suas preferências e adaptar a maneira como mobilizam recursos, rotinas e formas de ação para lidar com a instabilidade e mudanças em curso (ABERS; ALMEIDA; VON BÜLOW, 2023). Bolsonaro aproveitou a turbulência – ao mesmo tempo que contribuiu para sua construção – para fazer uma contestação ideacional e adaptar a prática representativa. Do ponto de vista ideacional, o recurso à representação simbólica e por encarnação foi crucial para construir uma unidade social e política. O ex-presidente encarnava um *nós* marcado por uma lógica antagonista e negativa em relação a *eles*: o sistema político, as elites e os partidos (ALMEIDA, 2021). Além disso, alinhado às demandas por maior participação, experimentou outras formas de exercer a representação política em interação com a sociedade, conclamando a participação ativa de sua base, por meio de plataformas de mídias sociais. A relação com o representado se deu pela diminuição do papel dos partidos e outros intermediadores como meios de comunicação tradicionais (ALMEIDA, 2021), tornando-se ainda mais imediatista e personalista do que a democracia de público prevista por Manin (1997). Ademais, Bolsonaro utilizou-se de manifestações de protestos seja para gerar apoio, seja para atacar as instituições do sistema político, estabelecendo formas de participação e conexão com o público que desafiam leituras apressadas que o veem como antiparticipacionista (SCERB, 2021). A conexão entre participação e representação – que desde a redemocratização passava pela intermediação da sociedade civil nas instituições participativas (IPs) – foi alvo de ataques do ex-presidente. Assim, o governo, por um lado, trocou de intermediários, dando espaço na administração federal para vários movimentos de direita e conservadores,[2] e desinstitucionalizando as IPs[3] mais diretamente

---

[2] Na área de meio ambiente, por exemplo, responsável por controle de desmatamento, o presidente enfraqueceu essas agências e transferiu responsabilidades para estruturas paralelas e burocracias leais, particularmente as militares (PEREIRA *et al.*, 2024).

[3] O Decreto n.º 9.759 é expressão maior da iniciativa de desmonte das IPs, o qual foi seguido por outros vários decretos que propunham mudança institucional na composição, regras e funcionamento dos colegiados nacionais.

ligadas ao projeto político adversário, como aquelas da área de direitos humanos e meio ambiente (BEZERRA *et al.*, 2024). Por outro lado, preservou espaços da área econômica: aqueles com maior representação empresarial foram mantidos (FERNANDES, 2024).

Não cabe aqui avaliar a efetividade dessa receita para oferecer respostas ao contexto turbulento. Mas o fato é que Lula foi eleito por uma ínfima diferença de dois milhões de votos, o que mostra que algum sentido de identificação e participação foi compartilhado. Sendo assim, o governo Lula 3 tem o desafio de encontrar pontos de unidade com o povo diverso e oferecer respostas distintas à conexão entre participação e representação.

A conexão entre participação e representação no Lula 3

No que tange aos diferentes sentidos da representação, é inegável que Lula foi capaz de contrapor o discurso de Bolsonaro e o vencer na eleição mais acirrada da nova república porque também oferecia ao eleitor a representação simbólica e por encarnação, para além de uma proposta liberal pautada na legitimidade das eleições. A representação simbólica expressa por meio de símbolos, rituais ou atos intersubjetivos de imaginação, empatia e sentimentos, tem um papel crucial no estabelecimento de um senso de identidade compartilhada. O recurso aos símbolos também permite aos cidadãos julgarem as decisões políticas com base no engajamento com esses valores simbólicos (GÖHLER, 2014). Todo ato de representação envolve um ato simbólico – retratando um representante e o representado –, mas o recurso aos símbolos em termos de intensidade e conteúdos varia entre lideranças e pode tomar formas democráticas e antidemocráticas. Já a representação por encarnação é apenas uma das formas pelas quais as reivindicações representativas são feitas ou tomam forma. Quando dizemos que o representante encarna o representado, é o mesmo que dizer que age *como se fosse parte do grupo*, e, portanto, fosse capaz de encarnar o todo. Para alguns autores, a representação por encarnação pode levar a formas autoritárias e ameaçar o pluralismo democrático (URBINATI, 2019), para outros, essa não é uma relação necessária, uma vez que requer do líder esforço diário para mobilizar apoio e contestação do grupo (TALPIN, 2016). Lula produz no imaginário social um sentido de identificação gerado tanto por símbolos e performances como por encarnar uma liderança popular que produz algum grau de mimesis no sentido de ser "como nós". Mas, ao contrário de seu reflexo de direita (NICOLAU, 2020), oferece uma imagem da sociedade especialmente marcada por uma defesa em sentido *latu* da democracia, que reconhece a diversidade e a diferença na sociedade e, portanto, conecta distintamente representação e participação. Avaliar a maneira pela qual o governo tem apresentado condições sistêmicas para a formação da opinião pública, julgamento e influência política do representado é crucial para pensar a democratização da representação (DISCH, 2021).

Nessa direção, vale destacar que o Brasil é referência em desenhos participativos que, ao contrário das experiências mais pontuais do Norte global, incorporam sistemática e institucionalmente atores coletivos e sociais como representantes na formulação de políticas públicas em diferentes níveis da federação. Essa é uma conquista da redemocratização, mas que também foi encampada como projeto político pelo Partido dos Trabalhadores (PT), em seu modo petista de governar. Assim, era esperado que o novo governo retomasse formas de "representação na participação". Em 2023, o governo federal brasileiro e organizações da sociedade civil começaram um processo de reconstrução das arenas participativas diretamente afetadas por uma sequência de decretos presidenciais a partir de 2019. A primeira medida simbólica e legal do governo foi revogar o "revogaço",[4] por meio do Decreto n.º 11.371/2023, além da edição de outros decretos para reinstalação de colegiados, como o Conselho Nacional de Segurança Alimentar e Nutricional (Decreto n.º 11.421/2023) e o chamado "Conselhão", isto é, o Conselho de Desenvolvimento Econômico e Social (Decreto n.º 11.454/2023). O novo governo redesenhou a Secretaria-Geral da Presidência da República (SG-PR), retomando a centralidade dos processos participativos entre suas funções, e criou o Sistema Nacional de Participação Social (Decreto n.º 11.407) e o Conselho Nacional de Participação Social. A demanda por um orçamento participativo federal, que era expectativa dos movimentos sociais desde o governo Lula 1, também aparece no planejamento da SG, embora sem muita clareza sobre a viabilidade de sua implementação. Houve ainda a retomada das conferências nacionais. De acordo com o calendário de conferências da SG,[5] foram realizadas 5 em 2023, e mais 21 conferências foram previstas até 2025. Vale destacar que o governo se preocupou com a retomada do processo participativo, mas também com uma avaliação desses mecanismos. Nessa direção, foi instalado um grupo de trabalho técnico sobre participação social em conselhos, comissões e conferências nacionais, responsável por produzir diagnósticos a respeito da participação institucional e propor melhorias.

---

[4] Como ficou conhecido o Decreto n.º 9759, que propôs inicialmente a revogação de todos os colegiados nacionais.

[5] Disponível em: https://www.gov.br/secretariageral/pt-br/noticias/2023/novembro/conferencias-nacionais. Acesso em: 21 out. 24.

Entre as indicações,[6] estão o aperfeiçoamento da representatividade nas IPs, por meio da adoção de cotas que garantam os diversos grupos e a paridade entre sociedade e governo, a adoção de plataformas digitais para ampliar o seu alcance, o fortalecimento da estrutura de apoio e gestão, e a existência de mecanismos para garantir avaliação e implementação das deliberações.

É importante perceber que a recriação dos espaços vem acompanhada de uma preocupação em aperfeiçoar processos e mecanismos já amplamente criticados pela literatura. Os dados sobre a resiliência dos colegiados aos decretos de Bolsonaro mostram que o desmonte só não foi maior devido às características do desenho institucional de alguns espaços e da defesa das comunidades de políticas (MARTELLI; ALMEIDA; COELHO, 2022; BEZERRA *et al.*, 2024). Porém, a maioria dos 103 colegiados pesquisados por Bezerra *et al.* (2024) era frágil institucionalmente – criada por decretos ou normas infralegais inferiores. Além disso, face à baixa efetividade dos mecanismos, do ponto de vista da implementação das políticas, em algumas áreas não existia uma comunidade de política diversa e forte para defesa dos conselhos; ou, apesar de existir, essa comunidade não dava centralidade às IPs e, portanto, não as defenderam de modo direto e articulado. Ainda é cedo para avaliar em que medida os apontamentos do grupo de trabalho serão concretizados, haja vista as limitações políticas e orçamentárias de um governo que não tem maioria em termos de forças políticas, tampouco conta com uma coalizão estável, a julgar pelas mudanças na configuração do Congresso Nacional, cada vez mais influente no orçamento e menos dependente do presidente. Mas é possível dizer que a reconstrução ainda é limitada. Dos 103 colegiados nacionais pesquisados por Bezerra *et al.* (2024), em 46 casos ainda havia decretos editados por Bolsonaro vigentes após um ano do governo. A recriação também, nesse contexto difícil de articulação com o Legislativo, tem se dado sob bases normativas frágeis, como os decretos, facilmente reeditados com mudanças governamentais.

No que tange à agenda de participação na representação, o planejamento da SG aponta para a diversificação da intermediação política e contato direto com a população não organizada. Entre esses planos, destacam-se a formulação de um Programa de Participação Social com Educação Popular nos Territórios, ainda em andamento, e a proposta de mobilização popular nos territórios por meio de comitês e mutirões.[7] Outra iniciativa que vai ao encontro do diagnóstico de pouca

---

[6] Relatório disponível em: https://online.fliphtml5.com/atvna/kjcf/#p=6. Acesso em: 21 out. 24.

[7] Informações sobre planejamento da SG-PR apresentadas pelo Secretário Adjunto Valmor Schiochet e pelo Secretário Nacional de Participação Social Renato Simões no seminário "Ouvidorias e Participação Social", promovido pela SG e CGU, em 9 de outubro de 2024.

centralidade das interfaces socioestatais em áreas sem tradição de participação (Pires; Vaz, 2014) é a criação de 33 assessorias de participação social e diversidade na quase totalidade dos ministérios, transversalizando o tema da participação para áreas antes não cobertas. A capacidade dessas assessorias instituírem participação, ao mesmo tempo com foco em políticas de diversidade, ainda é uma tarefa a ser avaliada. Mas os desafios são vários, especialmente considerando a pouca adesão de algumas áreas, bem como a falta de estrutura institucional para o trabalho, haja vista que, na maioria dos casos, trata-se de assessores que são "chefes de si mesmos", sem corpo técnico de apoio. Ainda não parece ser claro o papel das assessorias, como elas irão atuar duplamente na demanda por participação e diversidade, e como elas se conectam com o Sistema de Participação.

Ainda, nessa tentativa de conectar participação individual e direta com representação, foco das ações de Bolsonaro, é notável a proposta de participação digital do governo. As experiências de participação brasileira geralmente envolveram sociedade civil e movimentos sociais, e menos o cidadão não organizado, a não ser nas experiências menos constantes e locais, como o orçamento participativo, audiências públicas e planos diretores. O uso de tecnologias de comunicação e informação para inclusão do cidadão leigo e não organizado é um tema amplamente discutido na literatura sobre participação cívica e deliberação (Silva, 2005; Coleman; Blumer, 2009; Bernardes; Bandeira, 2016). O país já havia iniciado essa trilha com a introdução de uma plataforma de participação digital, chamada Participa.br, em 2014. Mas a decisão do governo Lula 3 de desenvolver a participação em massa na discussão do Plano Plurianual (PPA 2024-2027) inaugura um momento distinto nas administrações petistas. Para isso, foi lançada uma nova plataforma digital, o Brasil Participativo (BP),[8] baseada na experiência do Decidim – um *software* livre, desenvolvido pela prefeitura de Barcelona, entre 2016 e 2017. Além do PPA participativo, até o momento, a plataforma foi utilizada para consultas e audiências públicas específicas em diversas áreas de políticas, para etapas digitais de conferências nacionais e para elaboração de planos, como o Plano Clima e o Plano Nacional de Cultura. Em termos de ampla participação, o PPA se destaca pelos números: 8 mil propostas, mais de 4 milhões de acessos e 1.529.826 de votos. Dado notável é o envolvimento dos ministérios com a participação, não apenas daqueles da área social, mais afeitos a interações socioestatais nos governos petistas anteriores. Ainda que a recepção ao planejamento participativo tenha sido variada nos ministérios (Carvalho; Zanandrez, 2024), a burocracia teve que lidar com mais de 8 mil propostas para fazer a priorização das 20 principais na área

---

[8] Disponível em: https://brasilparticipativo.presidencia.gov.br/. Acesso em: 4 abr. 2025.

temática de cada ministério, além de mobilizar a população para votar em 3 programas apresentados por esses ministérios.

Os dados de inclusão da plataforma são notáveis, especialmente considerando que o Decidim foi tradicionalmente utilizado em outros países para propostas participativas em governos locais. A decisão governamental de aprimorar a participação digital é crucial, especialmente considerando que o país utilizou de maneira muito limitada mecanismos de inclusão dos cidadãos, como plebiscitos e referendos, quando comparado a outros países (ALTMAN, 2011). Porém, contrariamente a esses mecanismos de participação direta que têm como norte toda a população, a participação digital apresenta alguns limites de inclusão e alcance participativo que precisam ser considerados.

No que tange à inclusão, a literatura já vinha apontando a dificuldade das experiências de participação coletiva em incorporar diferentes atores sociais, como os afro-brasileiros, os povos indígenas e a população pobre das periferias urbanas (MARICATO, 2008; MARTELLI; ALMEIDA; LÜCHMANN, 2019; FONSECA; ALMEIDA, 2024). Os dados disponíveis para o PPA revelam que foi um processo inclusivo do ponto de vista de gênero: 60,7% dos participantes, 60% dos votantes e 50,5% daqueles que apresentaram propostas eram do sexo feminino. O PPA também conseguiu alcançar proporcionalmente diferentes regiões. Contudo, a falta de acesso aos dados sobre perfil socioeconômico e de raça inviabiliza uma análise mais profunda sobre inclusão da plataforma.[9]

O governo buscou chegar a audiências amplas, seja investindo em redes sociais e mobilização via assessores de participação, seja pela facilitação de acesso – reduzindo e simplificando as etapas de entrada na plataforma e incluindo ferramentas de acessibilidade –, seja pela adaptação do design do Decidim para acesso via *smartphones*. Apesar do sucesso numérico de participantes, Carvalho e Zanandrez (2024) mostram que das dez propostas mais votadas, sete foram apresentadas por grupos corporativos, como servidores públicos, sindicatos e conselhos profissionais, tratando de qualificação e valorização profissional, salário, carreira e aposentadoria. É importante também destacar a divisão digital no país, onde mais de 90% da população atualmente tem acesso à internet, mas apenas 22% possui conectividade significativa, considerando velocidade de conexão, tipo de dispositivo, pacote de dados e frequência de uso (NIC.br,

---

[9] O acesso ao BP é feito via sistema gov.br, que conta hoje com mais de 150 milhões de usuários. Porém, a fim de facilitar o acesso, esses dados não foram coletados. Além do fato de que o cadastro via gov.br nem sempre é completamente respondido pelos usuários e, para proteção dos dados, as informações dos participantes também não foram compartilhadas, nem mesmo com a SG-PR.

2024). Resultados de pesquisa desenvolvida na Universidade de Brasília[10] também apontam nessa direção. Em oficina com dezoito representantes de organizações e movimentos sociais de grupos minorizados, como mulheres negras, quilombolas, indígenas, movimentos ribeirinhos e agrários, da cidade de Belém (PA), foi possível perceber o desconhecimento da plataforma. As lideranças tampouco sabiam da consulta sobre o Plano Clima, aberta naquele mês no BP, apesar de a cidade ter sido escolhida para sediar em 2025 o maior evento climático mundial, a COP-30. As lideranças destacaram as dificuldades de acesso à internet, habilidades para participação digital deste público e usabilidade/acessibilidade da ferramenta (ABERS; ALMEIDA *et al.*, 2024).

Em relação à qualidade dessa participação digital e o quanto ela pode ativar a representação, deve-se avaliar se, em nome de inclusão numérica, a experiência não acabará por constranger a deliberação e, portanto, a própria participação. Para Mendonça e Cunha (2014), as duas coisas não são opostas, participação em larga escala e deliberação, sendo possível incentivar a ampla participação sem apostar na possibilidade deliberativa de troca de razões e argumentos. Até o momento, o Brasil Participativo tem sido adotado para visibilidade pública e participação por meio de votações, o que pode levar ao plebiscitarismo – uma participação binária entre "sim" ou "não" – com pouco espaço para a participação deliberativa. Os participantes da mesma oficina também destacaram os limites – de caracteres – da plataforma para apresentar propostas e a baixa integração com a sociedade civil, já que as propostas eram individuais e não coletivas. Por fim, destacaram o baixo retorno do governo acerca dos resultados da participação, em relação às propostas votadas e sua implementação. Não obstante as críticas, se mostraram muito interessados na Plataforma e sugeriram maior integração entre esses processos diretos e as lideranças que atuam como intermediárias nos territórios de modo a ampliar a mobilização e participação. Desse modo, há ainda um caminho a percorrer, no sentido de integrar diferentes formas de participação na plataforma e, ao mesmo tempo, articular diferentes modalidades de participação, online e offline, de maneira a potencializar o alcance do BP.

Considerações finais

A representação política no governo Lula 3 é, ao mesmo tempo, inovação e reedição, tanto em relação ao governo anterior de Bolsonaro como aos próprios governos petistas. Por um lado, é inovação porque consegue mesclar

---

[10] Conforme pesquisa "Bens comuns digitais e sustentáveis para a justiça social: o caso do Decidim no Brasil", financiada pela Agência Francesa de Desenvolvimento (AFD).

diferentes sentidos da representação política, sem com isso propor um modelo exclusivista ou não pluralista de representação, que ameace a participação dos oposicionistas. Além disso, retoma uma tradição de intermediação entre Estado e sociedade via instituições participativas, mas sem perder de vista os dilemas desses espaços da perspectiva da inclusão e representatividade, fragilidade institucional e efetividade das decisões, buscando corrigir rumos da representação exercida nos mecanismos participativos. Inova também em relação ao governo anterior que atacava publicamente a intermediação política, ainda que na prática não a cancelava, mas substituía interlocutores e preservava canais mais afeitos aos seus projetos políticos. Pode-se alegar que esta é uma prática corriqueira, pois mudanças governamentais levam a mudanças programáticas e dos atores. Porém, do ponto de vista democrático, o governo Bolsonaro afetou diretamente o pluralismo do Estado ao negar a interlocutores, nos conselhos reconhecidos desde a Constituição de 1988, o direito de contestarem políticas e programas no interior do governo. As novidades se apresentam também nas iniciativas voltadas a melhorar a participação na representação, introduzindo novos atores – assessorias de participação e diversidade – e novos canais, o Brasil Participativo, com potencial de incluir atores que antes não interagiam com o governo.

Por outro lado, é reedição porque as instâncias de intermediação com a sociedade civil permanecem e são criadas sob bases frágeis, facilmente desmontadas se a competição pelo poder alcançar coalizões adversárias. Mas o governo está envolto num dilema de difícil resolução. A pluralização da representação é especialmente relevante num governo que precisa buscar aliados na sociedade, já que é frágil na coalizão política. Ao mesmo tempo, sem esta coalizão forte, necessária para mudanças legislativas, é difícil encontrar caminhos para fortalecer institucionalmente as IPs. Ainda assim, seria possível avançar na diversidade de desenhos participativos para além do modelo conselhista e conferencista existente. No que tange à participação digital, há também desafios de ordem mais estrutural, que envolvem recursos, articulação com diferentes ministérios, além da necessidade de avançar na conexão digital. Mas também há modelos de participação digital e propostas de conexão entre participação e deliberação que podem servir de modelo.

Por fim, a necessidade de mudar a representação por meio de práticas participativas mais efetivas, no sentido de influência nas políticas e no mandato, parece quimera, ainda que experimentada com muitos desafios em mandatos locais. Mas parece fazer falta ao governo a adaptação a práticas e formas de experimentação criativa que vêm da sociedade civil, tanto presencial como digitalmente, e muitas vezes em territórios periféricos por ele não alcançados. Contra o risco do autoritarismo, é preciso oferecer mais do que a manutenção da democracia liberal, ou adesão tímida ao povo e à participação.

A política nas ruas: entre inflexões da extrema direita, dilemas do campo progressista e uma pitada de solidariedade

Priscila Delgado de Carvalho

Este capítulo observa dinâmicas da ação coletiva no Brasil durante os dois primeiros anos do novo governo Lula, buscando responder à provocação dos editores do livro sobre como se configura a relação entre o governo e a sociedade civil no período. Para isso, revisita alguns dos principais protestos e mobilizações entre 2023 e 2024.

A narrativa foi organizada em dois eixos. O primeiro revisita caminhos da extrema direita após a frustrada tentativa de golpe em 8 de janeiro de 2023. O segundo volta-se à atuação de movimentos populares sob o novo governo, a partir do caso dos sem-terra, mas também com menções a outros grupos, como feministas e indígenas, apontando que a conformação dos confrontos políticos no país, atualmente, exige atenção não apenas ao Executivo, mas também a movimentações no Legislativo e no Judiciário. Por fim, registra brevemente ações de solidariedade às pessoas atingidas pelas enchentes que abateram o Rio Grande do Sul em 2024.

O texto oferece um olhar a partir de um ponto de partida externo ao governo, que contribui para entrever como a política que se desenvolve fora das instituições contribui para moldar suas possibilidades, mas também é influenciada pelas lideranças eleitas, em interações complexas que se desenrolam nas ruas, nas plataformas de internet e nos gabinetes, sempre simultaneamente. Antes de chegar aos últimos dois anos, porém, é necessário revisitar a dinâmica de protestos no Brasil e como a teoria tem olhado para esses fenômenos.

Sociedade civil e ação coletiva: quem se mobiliza no Brasil?

Desde os anos 1980, sindicatos e movimentos sociais foram os atores mais visíveis na política das ruas no Brasil. Suas greves, protestos e ocupações contribuíram para a redemocratização, para a construção de políticas públicas, para a ampliação dos limites da participação institucional (Dagnino; Olvera; Panfichi, 2006). Como preveem as teorias sobre movimentos sociais, houve variações na intensidade e nos sentidos dos protestos a depender do governo em questão e dos alinhamentos e rupturas entre movimentos e lideranças políticas.

A partir de 2013 ocorreram intensas transformações, tanto entre os movimentos progressistas, baseados em uma agenda de defesa de direitos e, em geral, posicionados à esquerda do espectro político, como pela visibilidade de novos atores. Junho de 2013 foi iniciado por esquerdas não petistas, com um discurso autonomista e que buscava formas políticas mais horizontais. A massificação dos protestos chacoalhou esse quadro e trouxe uma dinâmica de participação mais individualizada – sintetizada nos milhares de pequenos cartazes carregados por manifestantes. Alonso (2023) sintetizou as forças presentes em 2013 em três campos, neossocialistas, autonomistas e nacionalistas, à direita do governo da época, mas ainda muito pouco coesos. Outros trabalhos atentaram para diferentes dinâmicas a depender das cidades, de gênero, do perfil dos coletivos (MENDONÇA, 2017; PEREZ, 2024; SARMENTO; REIS; MENDONÇA, 2017). Outros olhares voltaram-se ainda para o impacto de 2013 nas dinâmicas de ativismo: a partir dos protestos massivos de 2013, emergiu um novo padrão de mobilização que combinava duas dinâmicas: a polarização política e a heterogeneização de atores e reivindicações (TATAGIBA; GALVÃO, 2019). A diversidade de grupos e interesses complica as teorias que encontram no realinhamento das elites a explicação para a emergência de oportunidades políticas para o protesto, e abre espaço para as críticas culturalistas que enfatizam a leitura dos grupos sobre os cenários políticos.[1] Ainda assim, a coexistência de diferentes grupos e o conflito que se estabeleceu nas ruas brasileiras na última década sugere a importância de análises que levem em conta como a capacidade de articular diferentes elementos, das bases ideológicas à capacidade de alianças, é necessária para captar as dinâmicas das ruas no Brasil.

Nos anos seguintes, camisetas verde-amarelas foram se sedimentando nas ruas, sobretudo a partir da defesa do *impeachment* de Dilma Rousseff. Produziram novos agenciamentos, associando-se a ideias nacionalistas e conservadoras, e terminaram por se tornar o símbolo da emergente extrema direita no país (TATAGIBA; TRINDADE; TEIXEIRA, 2015). Em que pesem diferenças teóricas ou sobre o marco inicial do processo, há consenso entre analistas de que houve ali um fenômeno que marcou a Nova República.

---

[1] A posição sobre a abertura e o fechamento de oportunidades políticas encontra-se em Tarrow (2009), enquanto as críticas culturalistas podem ser encontradas em autores como Goodwin e Jasper (1999). Para olhares mais contingentes e preocupados com o agenciamento de elementos heterogêneos nos protestos, estão debates feministas e outros buscando fugir dos estruturalismos das teorias de movimentos (ALVAREZ, 2022; ROSA; PENNA; CARVALHO, 2021).

As direitas protagonizaram um inédito ciclo de protestos que contribuiu para deslocar atores e recolocar debates na sociedade civil e nas instituições políticas. Dados de pesquisa sobre mobilizações, com base em notícias do jornal *Folha de S.Paulo*, mostram uma presença residual até 2015, quando, durante os embates sobre o *impeachment*, as novas direitas que iam se conformando sob a identificação verde-amarela chegaram a 16% de menções sobre o total de grupos noticiados. Novamente, entre a pandemia de covid-19 e as eleições de 2022, mantiveram-se na casa dos 17%. Entre os dois picos, de 2016 a 2019, permaneceram em um patamar alto, na casa dos 10% (TATAGIBA; CARVALHO, 2024b). Isso não significa, porém, que os atores coletivos que estiveram frequentemente nas ruas brasileiras desde a redemocratização – trabalhadores, estudantes, movimentos populares e feministas – tenham saído das ruas. Seguiram organizando protestos, com picos entre 2016 e 2019. No período, organizações e suas articulações em frentes amplas (Brasil Popular e Povo Sem Medo) realizaram atos em defesa de Dilma Rousseff e, depois, mobilizaram-se contra as reformas trabalhista e previdenciária, com destaque para os sindicalistas, urbanos e rurais (CARVALHO, 2024). A tendência, como poderia se esperar, foi de diminuição da sua presença durante o governo Bolsonaro. Aqui, a teoria do processo político parece reter sua capacidade explicativa. Quando os custos de mobilização são altos, e as expectativas de retorno são baixas, grupos tendem a optar por outras estratégias que não os protestos – algo que poderia se esperar sob um governo que começou mostrando hostilidade a opositores com frases como "Prometo acabar com todas as formas de ativismo" e classificou manifestantes como "marginais" (TATAGIBA, 2021).[2] Não se tratava, evidentemente, de questionar qualquer ativismo, mas de grupos do outro lado do espectro político.

Com sua retórica contundente, mas também com ações, Bolsonaro trouxe mudanças importantes à relação entre governos e sociedade civil (TATAGIBA, 2021). Sem partido forte, sem base fixa no Congresso e com intenso domínio das redes sociais, houve quem apelidou sua gestão de governo-movimento (AVRITZER *et al.*, 2021). Perderam lugar as interações formalizadas entre movimentos progressistas e governo via instituições participativas, das rotinas de protesto e da política de proximidade vistas nos governos petistas (ABERS; SERAFIM; TATAGIBA, 2014). Apesar da expressa hostilidade do presidente a organizações de movimentos e sindicatos, não seria correto afirmar que Bolsonaro não se relacionou com a sociedade civil. O fez, porém, com outros grupos, mais alinhados a seus valores conservadores. Priorizou conexões diretas com apoiadores, via pronunciamentos

---

[2] O cenário viria a se alterar novamente com o crescimento dos protestos de grupos progressistas nos embates relativos à pandemia de covid-19.

na frente da residência oficial e *lives*, coerentes com sua dinâmica (populista) de atuar sem as tradicionais mediações políticas de partidos e imprensa. Porém, o governo Bolsonaro fez mais do que isso. Usou das ruas para pautar agendas, convocou passeios de moto para legitimar suas decisões, inclusive sobre a defesa do não isolamento durante a pandemia de covid-19. Valeu-se das comemorações do 7 de Setembro para valorizar as Forças Armadas e demonstrar apoio público aos seus questionamentos a outros poderes. O uso de mobilizações como elemento de ratificação de suas posições foi, ao cabo, uma das marcas de seu governo.

Em síntese, se a grande novidade da política das ruas, na última década, foi a emergência de novas e extremas direitas, a história dos protestos ficaria demasiado incompleta sem levarmos em conta também a resiliência de atores coletivos que povoam os protestos no Brasil desde a Nova República, tais como sindicatos, movimentos populares e estudantes. Além disso, uma análise do período também requer levar em conta um conjunto de ativismos mais fluidos, baseados em identidades coletivas menos delineadas e por vezes menos ligados às organizações perenes e usando táticas pouco usuais. Aqui figuram grupos autonomistas, *black blocs*, coletivos, bem como a atuação direta de indivíduos, via plataformas de internet, que marcou a última década – tensionando uma imagem de sociedade civil baseada em grupos mais ou menos estáveis. Olhando grupos mobilizados em protestos ao longo de uma década, temos afirmado que a sociedade civil se reconfigurou, pluralizando-se na disputa entre campos políticos ideologicamente distintos e polarizados de maneira assimétrica, mas também pelas mudanças no nexo indivíduo-organização, e sugerimos nomear essa dupla dinâmica de mudanças ideológicas e organizacionais de *pluralização* dos protestos no Brasil (TATAGIBA; CARVALHO, 2024a). Nas páginas a seguir, busca-se observar esse padrão de pluralização em dois eixos – no das direitas e no de movimentos progressistas. O debate sobre expressões mais individualizadas será feito nesses eixos e também antes das considerações finais.

Essa estratégia não tem a pretensão de observar toda a dinâmica de protestos e mobilização no período, o que de resto seria impossível. É certo que, para o novo período, pode haver outras dinâmicas emergindo, mas a percepção delas exigirá mais distanciamento temporal do que podemos ter agora.

A extrema direita nas ruas: o 8 de Janeiro e além

O período eleitoral de 2022 foi marcado por intensas manifestações, tanto por aquelas questionando nas redes e nas ruas a confiança nas urnas eletrônicas, organizadas pelo candidato à reeleição e seus apoiadores, quanto por outras, encabeçadas pela coalizão de centro-esquerda que se mobilizou em abaixo-assinados sob um enquadramento de defesa da democracia. Após a divulgação da vitória de Lula, a reação da extrema direita, bloqueando estradas e acampando na frente de quartéis, ampliou ainda mais a relevância dos protestos naquela eleição. O que ocorreu depois é bem conhecido: oito dias após a posse do terceiro governo de Lula, manifestantes acampados em frente ao quartel-general do Exército em Brasília somaram-se a cerca de cem ônibus vindos de todo o país para um protesto na Esplanada dos Ministérios (CONGRESSO EM FOCO, 2024a). O que inicialmente parecia uma manifestação comum mudou de figura quando manifestantes ultrapassaram barreiras policiais, invadiram as sedes de cada um dos três Poderes e as depredaram. A reação institucional impediu a continuidade dos esforços de ruptura.[3]

O ato, que ficou conhecido como 8 de Janeiro, pode ser entendido como uma culminância do ciclo de protestos de direitas e extremas direitas, que vinha se desenhando desde 2014 e se intensificou após as eleições de 2022. O malogro da tentativa de golpe de Estado, por sua vez, levou a uma inflexão nesse ciclo, com forte redução de sua expressão pública em 2023. A violência da depredação das sedes dos Poderes reproduzida por dias a fio nos noticiários, a prisão de cerca de 1.400 ativistas e o inevitável dos processos judiciais que vieram em seguida certamente tomaram as forças dos ativistas – o que não significa que tenham sido interrompidos contatos e articulações fora das ruas, naquilo que se pode chamar de ação semipública, mas que não é o foco deste texto. Ao longo de 2023, enquanto se avolumavam as evidências de planejamento do ato golpista na cúpula do Executivo, incluindo o ex-presidente Jair Bolsonaro, e de setores das Forças Armadas, viu-se a diminuição da expressão pública da extrema direita.

Quem permaneceu nas ruas questionava a justiça sobre os ativistas presos, e o mote para a retomada de mobilizações de maior volume foi justamente a morte, em 20 de novembro de 2023, de Cleriston Pereira da Cunha, após um mal súbito na prisão da Papuda, em Brasília. No domingo seguinte, 26 de novembro, houve um ato que marcava o luto pelo ativista, ao lado de cartazes e falas contra o ministro Alexandre de Moraes e o presidente Lula, mas também referências ao apoio a Israel, em guerra contra o Hamas desde o mês de outubro daquele ano (UOL, 2023). A morte do ativista voltou a ser objeto de protestos no mês seguinte.

Em fevereiro de 2024, um novo ato foi convocado, agora diretamente pelo ex-presidente Bolsonaro, em defesa da anistia para as pessoas presas após o 8

---

[3] A síntese dos eventos de protestos neste texto tem como base eventos noticiados na *Folha de S.Paulo*, coletados ainda de modo preliminar na pesquisa "LAProtesta_Brasil para 2023 e 2024", a partir dos quais foram coletadas informações de outros periódicos. Observação de eventos e entrevistas de movimentos e governo também fazem parte da pesquisa.

de Janeiro. A estratégia ocorreu em meio às investigações que apontavam sua participação na tentativa de golpe de Estado – negada por ele no carro de som. A manifestação ocupou sete quarteirões da Avenida Paulista e reuniu cerca de 185 mil pessoas, segundo dados da USP divulgados pelo portal G1 (2024).

Assim, a análise preliminar é de que houve uma diminuição da visibilidade pública da extrema direita, seguida, já no fim de 2023, pela retomada de sua atuação nas ruas. As dinâmicas do 7 de Setembro também apontam nesse sentido. A data tornara-se chave para o ativismo ligado a Bolsonaro desde 2018, um dia após a facada que marcou sua primeira campanha à presidência. Ganhou visibilidade em 2021, quando apoiadores de Bolsonaro se reuniram em Brasília e em São Paulo, convocados pelo então presidente que buscava mostrar força. Ali, Bolsonaro questionou o STF, falou em golpe e que só sairia da presidência morto, sugeriu o não cumprimento de decisões judiciais e colocou em xeque a confiabilidade de urnas eletrônicas (Folha de S.Paulo, 2021a). Em 2022, o bicentenário da Independência foi um misto de parada militar, comício e protesto. Empresários e movimentos de direita levaram caravanas a Brasília e, em São Paulo e no Rio, candidatos discursaram para uma multidão pontuada por demandas pela intervenção militar, sem deixar de lado referências religiosas. Ali, Jair Bolsonaro voltou aos embates com o poder Judiciário e o poder Legislativo.

Em 2023, a cena mudou. O desfile oficial foi marcado pelo retorno ao padrão de desfile militar, e o foco político do evento deslocou-se para a relação entre a presidência e as Forças Armadas. Com presença de ministra do Supremo, o tom foi de "pacificação com os militares e de normalização institucional". A direita, dessa vez, atuou para esvaziar o ato e ficou em casa, estimulada pelo clã Bolsonaro a "curtir com a família" ou doar sangue. Em paralelo, corriam notícias da delação premiada do ajudante de ordens Mauro Cid sobre o cartão de vacinas e o destino das joias presenteadas a Jair e Michelle Bolsonaro (Holanda; Machado, 2023).

Porém, se 2023 foi marcado por um recuo, os ares novamente mudaram em 2024. Neste 7 de Setembro, a direita voltou às ruas, vestida de verde-amarelo, em meio à campanha para as eleições municipais. Bolsonaro discursou em São Paulo, em manifestação organizada pelo pastor Silas Malafaia (Albuquerque; Linhares, 2024). O alvo permaneceu no Supremo Tribunal Federal, e manifestantes pediam o *impeachment* de Alexandre de Moraes, que, dias antes, havia bloqueado o acesso à rede social X em território pela não indicação de representante legal no país. A crítica retomava também a atuação do magistrado nas eleições de 2022. A demanda por anistia dos presos pelo 8 de Janeiro seguia na agenda. Em síntese, se as manifestações de extrema direita mostram potencial para recobrar força e manter a polarização que marca as ruas há uma década, a agenda das grandes manifestações bolsonaristas, agora deslocadas para a oposição, ficou mais reativa, focada na defesa da anistia aos presos na tentativa de golpe.

Os protestos recentes da direita tendem a manter a estética de manifestantes em verde-amarelo, por vezes carregando cartazes individuais. Em termos do nexo indivíduos-organizações, não demonstram a presença de um ecossistema forte de organizações, mantendo a ênfase nas conexões individuais dos cidadãos. Ainda assim, eventos como o 8 de Janeiro deixaram entrever apoios financeiros tanto individuais como de organizações (G1, 2023b) – algo que já vinha sendo registrado desde as manifestações de 7 de Setembro de anos anteriores (POMPEIA, 2022a).

Protestos no asfalto e disputas sobre terras

Este segundo eixo volta-se para protestos protagonizados por grupos que estiveram tradicionalmente nas ruas brasileiras, desde a redemocratização, e que não deixaram de realizar protestos desde então, mas viram sua posição relativa em termos do conjunto de protestos ser alterada em anos recentes, quando as ruas passaram a ser disputadas pelos nacionalistas e pela extrema direita. Também perderam força sob um governo que desde o início apresentou-se como hostil às suas mobilizações (TATAGIBA, 2021). Com o retorno do PT à presidência, já no governo de transição, foram reabertos canais para influência de movimentos populares, ao lado de esforço por conferir nova relevância a instituições participativas. Também a estratégia de deslocamento de militantes progressistas para cargos no governo federal voltou a ser possível, e foi articulada com uma intensidade inédita, como no caso da criação do Ministério dos Povos Indígenas. Isso não significa, no entanto, que todas as disputas e pressões saíram das ruas e que a estratégia de protestos se esvaiu. Pelo contrário, o que tem sido visto é a articulação, pelos movimentos, de estratégias institucionais e conflitivas, inclusive porque boa parte dos embates públicos recentes passa por áreas em que o governo federal se equilibra entre interesses opostos de setores com os quais mantém alianças. Além disso, alguns dos principais temas de conflito – como a demarcação de terras indígenas, as normas para aborto legal ou a exclusão de pessoas que participem de ocupação de programas sociais – situam-se nos Poderes Legislativo e Judiciário.

Trabalhadores e estudantes estiveram nas ruas, em 2023, discutindo condições de trabalho, salários e materiais didáticos. Em junho de 2024, feministas e suas aliadas organizaram-se rapidamente contra um projeto de lei (PL n.º 1904/2024), apelidado de "PL do Estupro", que criminaliza o aborto legal e prevê, para interrupções de gestações com mais de 22 semanas, pena equiparada ao crime de homicídio (BRASIL DE FATO, 2024). O foco do tensionamento a partir das ruas, nesse caso, é o poder Legislativo.

Dinâmica semelhante ocorre com as intensas mobilizações de povos indígenas e seus aliados, que se mantiveram mobilizados e protestando sobretudo em Brasília contra a aprovação do Marco Temporal – que ganhou força entre 2023 e 2024 a partir dos embates entre o STF, que derrubou a tese do Marco Temporal em 2023, para em seguida vê-lo recolocado via PL no Congresso. O Executivo vetou o cerne da norma, mas o jogo de forças seguiu com a derrubada do veto pelo Congresso (SENADO FEDERAL, 2023). Em paralelo, no espaço público, os conflitos em torno da posse seguem violentos e, nos últimos anos, viu-se inclusive o retorno de ações armadas de grupos contrários a demarcações de terras. A novidade, por um lado, é que, em alguns casos, também passaram a se apresentar como movimentos (PENNA, 2023). Por outro, o uso da violência armada lembra práticas de longa data de associações patronais do campo brasileiro.

Em se tratando de mobilizações voltadas diretamente ao poder Executivo, a atuação de trabalhadores sem-terra permite aproximações sobre as relações entre movimentos progressistas e o governo Lula. Dados da pesquisa DATALUTA indicam a presença de sem-terras em mais de 66% dos protestos registrados no campo entre 2020 e 2023. Neste último ano, foram registradas 59 ocupações de terra – praticamente a metade no Nordeste – e a formação de 20 acampamentos (LIMA; ORIGUELA; GOMES; SOUSA, 2024).

O governo reestruturou o Ministério do Desenvolvimento Agrário (MDA), retomou o Programa de Aquisição de Alimentos (PAA) e aumentou o programa de crédito, enquanto a pauta da reforma agrária segue disputada. Em fevereiro de 2023, o movimento chamado Frente Nacional de Luta Campo e Cidade (FNL), dissidência do MST, protagonizou o que chamou de "Carnaval Vermelho", com ocupações de terras no Oeste paulista, pressionando por assentamentos (SANTOS, 2023).

O MST foi aliado de primeira hora do governo Lula, e ainda assim voltou às ruas em abril, mantendo a prática de mobilizar-se no mês que marca o assassinato de 21 trabalhadores rurais no Massacre de Eldorado dos Carajás, no Pará. Mostrou sua capilaridade com atos em sete estados simultâneos. Realizou ocupações em fazendas no Nordeste, em áreas de empresa de papel, e em sedes do Incra em estados do Sul, Sudeste e Nordeste (FOLHA DE S.PAULO, 2023). Com os protestos, cobrava do governo um plano com metas de assentamento de famílias de trabalhadores rurais ao longo dos próximos anos – em entrevista, lideranças falavam em 60 mil acampados e números de mobilização chegando a 100 mil pessoas (AGÊNCIA BRASIL, 2023b). Na época, o próprio Lula expressou irritação com as ocupações, aliados afirmaram que as manifestações atrasariam anúncios de reforma agrária, e o governo mostrou temer desgastes com o agronegócio (FOLHA DE S.PAULO, 2023). Em julho, o MST ocupou novamente área da Embrapa cobrando cumprimento de acordos de abril, entre eles o assentamento das 1.550 famílias na região. Apenas em abril de 2024 o governo federal anunciou seu plano de reforma agrária, chamado Terra da Gente, prevendo o assentamento de 295 mil famílias até 2026, enfatizado via transferências de propriedade de grandes devedores da União em troca de abatimento de dívidas ou permutas. Para 2024, foi anunciado o orçamento de R$ 520 milhões para a criação de assentamentos destinados a 73 mil famílias. As falas de Lula no lançamento do programa evidenciavam o esforço para evitar conflitos com o agronegócio (AGÊNCIA BRASIL, 2024b).

Ao longo de 2024, as notícias da página do MST evidenciam canais de diálogo – alguns diretamente com a presidência da República –, e satisfação com a retomada de algumas políticas que contribuem com a sustentabilidade econômica de assentados. O tom mais duro segue nos discursos – em julho, liderança disse em entrevista que nem desapropriações, nem créditos para assentados, nem programa de educação haviam avançado (MERLINO, 2024). Em novembro, notícia publicada no site falava de "paralisia do governo Lula 3 em relação à pauta agrária" (MST, 2024b).

Os episódios deixam entrever que, mesmo com apoio declarado ao governo, tensão em momentos de cobranças por ações podem ocorrer, e que avanços em agendas menos conflitivas são mais evidentes do que naquelas que colocam em questão interesses de outros aliados. Em paralelo, a permanente tensão com o Congresso tem sido uma marca do período atual, o que fica especialmente patente com os embates entre interesses organizados no parlamento e grupos organizados em torno da defesa dos direitos estabelecidos na Constituição de 1988, que permanecem sendo questionados.

Neste segundo eixo aqui analisado, a presença de organizações e grupos estáveis segue evidente e, ao menos aparentemente, os grupos mais autonomistas têm estado menos presentes no cenário de protestos do que estiveram em décadas anteriores – uma percepção que, no entanto, precisará ser mais bem desenvolvida com o passar do tempo.

Antes das considerações finais, cabe dedicar ainda algumas linhas para, ao menos, registrar um elemento marcante em termos de ação coletiva no período recente. Trata-se de ações de solidariedade em resposta às enchentes que atingiram o Rio Grande do Sul entre final de abril e início de maio de 2024. O desastre ambiental impactou diretamente 8,9% da população do estado, quase 900 mil pessoas, deixando 183 mortos e 418 municípios do Rio Grande do Sul em estado de calamidade ou emergência, segundo o IPEA (2024). É verdade que o tema desloca o foco do capítulo desde os protestos para uma ideia de mobilização menos contenciosa, voltada para a solidariedade, mas também por isso seu registro é relevante, na medida em que aponta para a existência de um tecido da sociedade civil que, sem a visibilidade das ações mais disruptivas de protesto, mostra-se em situações de crise. De forma semelhante ao que já havia ocorrido durante a pandemia de covid-19, aliadas ao Estado – ou apesar dele –, articulações de grupos, organizações e associações atuaram para realizar doações e apoiar pessoas em situação de necessidade. Alguns atores coletivos que se mostraram atuantes na pandemia voltaram a acionar redes de solidariedade em 2024, a exemplo da Central Única de Favelas, da Ação da Cidadania, e de movimentos como os dos trabalhadores sem-terra, dos atingidos por barragens e dos sem-teto, bem como de centrais sindicais e sindicatos de perfil variado. Enquanto uma listagem não sistemática corre o risco de deixar de fora grupos importantes, iniciativas pontuais de empresas e pessoas a partir de redes sociais, ou que usaram redes com ampla difusão para ecoar ações de solidariedade de organizações estabelecidas, também apareceram em um breve levantamento de ações de solidariedade no período. Isso aponta para a hipótese de permanência de visibilidade de ativismos bastante fluidos e por vezes ancorados simultaneamente em plataformas digitais, e em práticas da vida cotidiana. Para além das mudanças de governos, esse tipo de atuação coletiva parece ter vindo para ficar.

Considerações finais

Em síntese, enquanto os protestos golpistas do 8 de Janeiro provocaram inflexão nas manifestações públicas, a extrema direita demonstrou capacidade de se rearticular e voltar às ruas ao final de 2023, adotando uma postura mais reativa, com foco na defesa da anistia aos presos pelos atos golpistas.

O governo Lula, por sua vez, retomou o padrão de relação com movimentos sociais próximos ao seu campo político, reabrindo canais de negociação e instituições participativas. No entanto, essa reaproximação não significou o atendimento de demandas mais conflitivas, em especial aquelas relativas à propriedade e aos interesses de setores econômicos relevantes. Assim, não se viu no período algo que indicasse o fim das pressões via mobilizações e protestos. Um dos elementos que caracterizam o período, por fim, é a presença do Legislativo como lócus central dos embates políticos, o que sugere necessária atenção também à ação coletiva via representação de interesses no parlamento e suas conexões com protestos e ativismos além das paredes do Congresso. O Judiciário, por sua vez, segue como ator e alvo da agenda dos protestos, seja como opositor nos protestos à direita, seja como espaço onde se disputam posicionamentos quando se trata da agenda de direitos. De modo que a relação da ação coletiva com o Estado, atualmente, precisa atentar para cada um dos três Poderes.

Os evangélicos e as esquerdas: um diálogo difícil

Ronaldo de Almeida

Este capítulo propõe uma reflexão sobre a relação das esquerdas com os evangélicos, entre os quais há uma hegemonia conservadora na política e nos comportamentos (familiares, sexuais, reprodutivos e de gênero, principalmente). Essa parcela da população e, mais amplamente, o cristianismo tornaram-se temas incontornáveis e transversais nas diversas arenas políticas contemporâneas, tanto estatais quanto civis. O artigo tem quatro objetivos centrais: oferecer algumas diferenciações para navegar na diversidade evangélica; identificar um deslocamento de radicalização à direita; discutir a re(emergência) contra-hegemônica dos evangélicos à esquerda; imaginar horizontes possíveis.

Diferenciações necessárias

"Precisamos conversar com *os evangélicos*!", admitem as esquerdas políticas brasileiras. Essa consciência resignada é vocalizada pelas esquerdas no debate público pelo menos desde as eleições municipais de 2016, logo após o golpe-*impeachment* em Dilma Rousseff. Duas eleições presidenciais depois (2018 e 2022), o fosso aumentou e adquiriu certa estabilidade. Os dois primeiros anos do governo Lula 3, até o momento, não estancaram o antilulismo, o antipetismo ou o antiesquerdismo, ao contrário. A conjuntura atual é muito diferente da dos governos Lula 1 e Lula 2, nos anos 2000, que neutralizaram (não eliminaram) o antipetismo existente pelo menos desde as eleições de 1989, quando Lula foi demonizado, em níveis diferentes, pelas principais denominações evangélicas, sobretudo pelo então emergente neopentecostalismo (PIERUCCI; MARIANO, 1992).

Mas de quem estamos tratando quando falamos dos evangélicos? Regina Novaes (2017) e Joanildo Burity (2015), entre outros autores, vêm advertindo há bastante tempo que a categoria social "os evangélicos" adquiriu um sentido político e pejorativo no debate público que os estereotipa como manipuladores econômicos e moralizadores fundamentalistas. A categoria "neopentecostal", em especial, remete a posturas como intolerância religiosa, restrições nos comportamentos, disputa pelos poderes estatais e demasiada preocupação com os bens materiais. Não se trata de negar tais características, e sim de questionar sua generalização e estigmatização.

Não tenho a pretensão de propor mais uma classificação do meio evangélico brasileiro, uma vez que é um verdadeiro cipoal de instituições, teologias, rituais, cosmologias, comportamentos etc. Cada vez menos ele corresponde a um universo com fronteiras delimitadas, e mais se parece com uma nebulosa formada por alguns aspectos semelhantes que formam um adensado gerador de mútuos reconhecimentos, mas que fica pulverizada e diferenciada conforme se vai para as suas extremidades. Tentar totalizá-lo ou defini-lo pelo que lhe é elementar são esforços com pouco rendimento analítico. Ciente disso, elenco quatro diferenciações necessárias para a interpretação dos dados empíricos, sobretudo os eleitorais quantitativos.

A primeira, para os objetivos deste capítulo, trata os termos "conservadores" e "progressistas" mobilizados como categorias sociais do debate público com propriedades oscilantes e contextuais. Este capítulo não parte de definições reificadas de tais categorias, embora as agendas e pautas tenham padrões históricos, por exemplo: pluralismo ético em oposição a concepções morais unitárias (BIROLI; MACHADO; VAGGIONE, 2020). Sigo a estratégia metodológica do conservador-liberal Samuel Huntington (1975) na definição de conservadorismo como uma ideologia posicional – e não propriamente ideacional como são o socialismo, o liberalismo, o ambientalismo etc. Mais do que definir conteúdos específicos, é melhor compreender as categorias de forma relacional e situada, como forças políticas e religiosas em tensão e tendendo em sentidos distintos, em muitos casos opostos e em rejeição mútua.

Apreendo os termos "conservadorismo" e "progressismo", sobretudo, nos seus usos no debate público a partir do enquadramento conflituoso e desigual. A relacionalidade, todavia, não pressupõe equivalências de poder, ao contrário. Na configuração atual, a direita religiosa apresenta densa articulação política, construção de pautas mobilizadoras, surgimento de novas lideranças etc., enquanto um campo à esquerda, em escala bem menor, passa por renovação geracional e *aggiornamento* das temáticas teológicas (desigualdade, raça, gênero, sexualidade, etnia etc.) e das práticas políticas.

A segunda diferenciação, como desdobramento da primeira, é em relação *aos evangélicos*, que são distintos entre si e não são só conservadores ou de direita. A visão estereotipada é a primeira grande dificuldade no entendimento de quem são e como dialogar com eles. Por muito tempo, e ainda atualmente, os principais meios de comunicação têm contribuído para o estereótipo ao visibilizar os atores sociais mais histriônicos e caricatos com suas pautas fundamentalistas, tanto no sentido teológico como no político. A visão homogênea dos *evangélicos* é desejada por quem exerce a hegemonia e tem a pretensão de falar em nome do *povo evangélico* (BURITY, 2020) e/ou da *maioria cristã*. Esta última categoria (*maioria cristã*) vincula o dado demográfico (católicos somados aos evangélicos) a uma suposta predominância no Brasil do conservadorismo cristão nos termos pregados por líderes evangélicos (neo)pentecostais.[1]

Muito em consequência dos resultados eleitorais, tem crescido o entendimento entre as esquerdas, e na imprensa de forma geral, de que *os evangélicos* são diversos teológica, moral e politicamente. No gradiente político atual, o universo daqueles que se declaram evangélicos com alguma significância política vão da esquerda à extrema direita, com forte concentração no intervalo entre o centro, a centro-direita e a direita. Apesar do alerta sobre as diferenças internas, é inegável a existência de uma hegemonia eclesial e política à direita que capturou e tenta monopolizar a identidade dos *evangélicos*. A hegemonia é composta por uma população predominantemente conservadora e é alimentada e amplificada discursivamente pelas lideranças, que operam como uma dobradiça entre a política institucional e a base religiosa-eleitoral.

Em relação ao universo político evangélico mais ao centro, cabe destacar duas constatações nas duas últimas eleições. Por um lado, a maior parte dele acabou optando no segundo turno mais por Bolsonaro do que pelos candidatos do PT, sem que necessariamente fossem bolsonaristas. Tratou-se mais do consolidado antipetismo nas denominações. Para marcar distância do bolsonarismo, esse centro político, sobretudo das classes médias, vinculou-se mais fortemente à onda lavajatista de combate à corrupção no campo jurídico criminal, cujos personagens evangélicos de destaque foram o procurador da República Deltan Dallagnol, em Curitiba, e o juiz federal Marcelo Bretas, no Rio de Janeiro, ambos de denominações de tradição batista. Por outro lado, é fato também que uma parcela menor do centro político evangélico votou em Marina Silva (PSB) e em Fernando Haddad (PT) em 2018 e, sobretudo, em Lula em 2022, após quatro anos de mandato de Bolsonaro e sua condução no enfrentamento à pandemia. Mas muitos desse centro (eleitores e políticos), também sobre o trilho do lavajatismo, apoiaram ou se isentaram do golpe-*impeachment* em Dilma em 2016, a exemplo da pentecostal Marina Silva.

---

[1] Como exemplos, temos o pastor-empresário Silas Malafaia, da Assembleia de Deus, com sua beligerância histriônica; o apóstolo-empresário Estevam Hernandes, organizador da Marcha para Jesus; o pastor-empresário André Valadão, com sua estética, discurso e performance de *coach*; e o bispo-empresário Edir Macedo, articulador das conexões entre a TV Record, os fiéis-eleitores da Igreja Universal e a política nacional via Partido Republicanos (anteriormente PRB e PL).

Para completar o espectro político, os últimos anos têm apresentado a (re)emergência dos ativismos evangélicos à esquerda (aos quais voltarei adiante), que se colocam em oposição às suas lideranças e instituições. Eles disputam com os conservadores o nome evangélico e a interpretação da Bíblia como efeito da própria dinâmica política. Em boa medida, trata-se de uma contrarreação religiosa ao reacionarismo a uma suposta ameaça secularizante e laicista do pluralismo ético na sociedade brasileira. Frente a tal cenário diverso e radicalizado à direita, não foram raros os casos de divisões internas nos quadros oficiais das denominações evangélicas nem nas redes comunitárias dos templos. Evangélicos à esquerda no período Bolsonaro contaram em depoimentos como eles se afastaram da comunidade devido aos embates religioso-políticos com os "irmãos de fé" e os seus pastores, e como, inversamente, pastores que não acompanharam a onda extremista foram afastados pela direção das denominações ou pela própria membresia conservadora dos templos. Em resumo, as duas últimas eleições à presidência causaram profundas fissuras e rupturas nos segmentos evangélicos, e isso alimentou o crescente universo dos "desigrejados".[2]

A terceira diferenciação necessária é não tomar os fiéis pelas lideranças. Em que medida os líderes ou a Bancada Evangélica falam pelas pessoas que se identificam como evangélicas neste país? Qual a capacidade de indução do voto feita pelas lideranças institucionais denominada como "voto de cajado"[3]? Afirmar que nem todos votam conforme a orientação dos seus pastores é apenas o começo, e não anula a potência indutora do voto de muitos evangélicos. Estudos como os de Prandi e Santos (2017) sobre o que pensam os fiéis e o que propõe a Bancada Evangélica sobre o armamento revelam a não sobreposição. Ela é mais conservadora e fundamentalista do que a média dos fiéis evangélicos. Isso também vale para a pauta sobre o aborto, que é majoritariamente rejeitado pela população como norma pública, mas para o qual há muita tolerância em

---

[2] Evangélicos que não renunciaram a sua fé, que optaram ou não por continuar a se definir pela sua tradição religiosa (batista, presbiteriana, assembleiana etc.), mas romperam com a forma institucional *igreja* e mantêm uma religiosidade mais autônoma, o que não significa individual. Muitos "desigrejados" costumam construir vínculos religiosos menores, seguindo o modelo de células, onde praticam a religiosidade (fazem orações e cantos, testemunhos e partilhas, sermões e estudos bíblicos, principalmente).

[3] Em termos eleitorais, há camadas na reprodução da orientação política: pelo carisma institucional e de certas lideranças; por meio dos pastores locais operando capilarmente como *brokers*; pelas pequenas igrejas de garagem, cada vez mais demograficamente significativas, que na maior parte dos casos reproduzem o discurso conservador pentecostal brasileiro etc.

relação a quem realizou – daí a dificuldade de criminalizá-lo como tentou a Bancada Evangélica em 2024.

Por fim, a quarta e última diferenciação é em relação à diversidade interna da direita religiosa, da qual os segmentos evangélicos são partes. No capítulo da coletânea organizada por Avritzer, Kerche e Marona (2021), procurei mapear "a religião do governo Bolsonaro" (ALMEIDA, 2021). Identifiquei *clusters* religiosos na gestão federal pesquisando os quadros burocráticos, as pautas dos comportamentos e os interesses econômicos. Não busquei encontrar uma identidade religiosa da administração federal, mas uma configuração de diferentes segmentos religiosos: de católicos carismáticos a católicos tradicionalistas, de neopentecostais a calvinistas, de judeus (seculares e religiosos) a sionistas cristãos (GHERMAN, 2022; CAMURÇA; BRUM; SILVEIRA, 2021; MACHADO; MARIZ; CARRANZA, 2021). Como alguns exemplos, cito: os interesses econômicos de carismáticos e (neo)pentecostais no Ministério das Comunicações; a disputa pelo ordenamento jurídico no sistema de justiça por protestantes reformados aliados a católicos tradicionalistas do Opus Dei; os interesses da indústria gospel e de católicos monarquistas na Secretaria de Cultura, responsável pelo financiamento da Lei Rouanet e pelo patrimônio histórico e artístico da nação; e as ações de religiosos no Ministério das Relações Exteriores, onde transitaram, de um lado, os interesses israelenses vocalizados por judeus e cristãos sionistas brasileiros e, de outro, o ativismo internacional católico em torno dos temas família, aborto e gênero (ALMEIDA, 2019).

Em termos religiosos, o grande legado do governo Bolsonaro foi ter sido o espaço oficial de produção de política públicas, alteração de regulamentações, gestão de recursos humanos e econômicos que geraram sinergia e consolidação de uma direita religiosa, predominantemente cristã. Apesar das históricas e mútuas desqualificações entre católicos tradicionalistas e carismáticos ou entre protestantes históricos e neopentecostais, o governo Bolsonaro consegui produzir um alinhamento transcristão,[4] configurando uma direita religiosa mais ampla que a dos *evangélicos*. Isso significa que não basta buscar o diálogo só com os evangélicos, embora sejam os mais expressivos e vocais dessa direita e extrema direita. Os conservadorismos e extremismos católicos e de outras religiões (judaísmo e espiritismo kardecista) têm também se fortalecido e demonstrado capacidade de mobilização.

---

[4] O alinhamento do governo Bolsonaro articulou diferentes segmentos cristãos e judaicos, predominantemente, e ao mesmo produziu inimigos internos nos segmentos religiosos: o católico comunista, o evangélico progressista, o judeu de esquerda. O *modus operandi* foi unir as religiões, dividindo-as internamente.

Antipetismo: da neutralização ao acirramento (2002-2014)

As posições à direita do universo evangélico, sobretudo dos representantes eleitos, variam entre o pragmatismo, o antipetismo e, mais recentemente, a radicalização. O pragmatismo já foi descrito pela literatura como um dos modos de atuação política de setores evangélicos, sobretudo na esfera legislativa nos níveis municipal, estadual ou federal desde a eleição para a Assembleia Nacional Constituinte, em 1986 (MARIANO, 2010). Em linhas gerais, a trajetória política dos evangélicos tem sido marcada pelo o que visa a atender aos interesses corporativos e que tem pouca disposição de permanecer como oposição. Não por acaso a atuação de parcela considerável dos parlamentares evangélicos sobrepõe-se e confunde-se com a rede de negociação e de interesses do chamado "Centrão".

O antipetismo das igrejas evangélicas é longevo. A demonização do PT e de Lula data, pelo menos, desde a eleição de 1989, e se repetiu nas duas eleições seguintes, vencidas por Fernando Henrique Cardoso pela aliança PSDB/PFL. Entretanto, os anos 2000 significaram uma inflexão evangélica ao lulismo, conforme definido por André Singer (2012). As explicações são multicausais, mas dois movimentos parecem-me centrais. O primeiro foi a composição dos governos Lula 1 e 2, que abrigou parcelas do segmento evangélico de direita, a começar pela aliança com o bispo Macedo, em 2002, quando o PL, ligado à Igreja Universal, compôs a chapa presidencial com o PT na candidatura à vice-presidência de José Alencar. O segundo foi o crescimento econômico que atingiu todas as camadas da sociedade, sobretudo a dos mais pobres e a classe média baixa – nas quais concentram-se os evangélicos pentecostais – que experimentaram a ampliação da renda e do consumo. Em resumo, houve uma costura política no sistema político e melhoria da qualidade de vida da população.

Entretanto, o equilíbrio construído nos governos Lula 1 e 2 (2002 e 2006) com os evangélicos, malgrado o escândalo do "Mensalão", começou a desandar nas eleições de 2010 muito devido ao debate em torno do Programa Nacional de Direitos Humanos (PNDH) 3, que tratava de maneira progressista os temas do aborto e dos direitos reprodutivos (VITAL DA CUNHA; LOPES; LUI, 2017). O programa eleitoral de José Serra, candidato à presidência pelo PSDB, na eleição de 2010, atacou Dilma Rousseff, candidata pelo PT, com relação ao tema do aborto por meio do pastor Silas Malafaia, que já havia apoiado Lula, em 2006. A candidata evangélica Marina Silva, do Partido Verde, por sua vez, propôs um plebiscito, o que lhe causou desgastes tanto entre progressistas como entre os religiosos pró-vida. Coube a Serra o ataque no horário eleitoral para provocar um segundo turno com Dilma. A estratégia deu certo, mas não o suficiente para levá-lo à vitória final. Como consequência, a politização do tema do aborto pela direita abriu um flanco na relação dos evangélicos com o governo Dilma e as esquerdas que só adensou nos anos seguintes. O antipetismo reacendeu progressivamente e aprofundou as rachaduras com um discurso radicalizado contra as esquerdas no processo de impeachment de Dilma Rousseff, em 2016.

O discurso anticorrupção potencializado pela operação Lava Jato em torno do escândalo "Petrolão", a partir de 2014, corroeu as imagens do PT, de Lula e, por extensão, das esquerdas. Tratou-se de um fenômeno geral na sociedade brasileira, mas que foi exaustivamente alimentado entre muitos evangélicos, os quais viam a corrupção financeira como uma extensão da corrupção moral das esquerdas nas temáticas sobre os comportamentos sexuais, de gênero e reprodutivos. Cristãos conservadores (evangélicos e católicos) foram os principais formuladores e propagadores dos pânicos morais, como a pedofilia, a homoafetividade, o comunismo e o aborto.

As eleições de 2014 expressaram a queda na aprovação a Dilma entre os evangélicos pentecostais na disputa com Aécio Neves (PSDB), que deu um dos primeiros passos para a quebra da legitimidade do sistema político ao não aceitar o resultado das eleições e questionar a vitória da candidata do PT. Ao fim e ao cabo, o pleito de 2014 elegeu uma presidenta de centro-esquerda desenvolvimentista e um Congresso Nacional conservador e fisiológico que a golpeou com um *impeachment*, concluído em agosto de 2016. O desgaste do processo foi fundamental na desidratação do PT nas eleições municipais em outubro daquele mesmo ano.[5]

Como parênteses, vale destacar que a eleição para a prefeitura do Rio de Janeiro, em outubro de 2016, vencida por Marcelo Crivella do PRB contra Marcelo Freixo do PSOL prefigurou em escala local e na chave religiosa muitos dos temas e embates das eleições que levaram Bolsonaro à presidência em 2018, a saber: o apelo aos temas comportamentais (aborto e gênero), o discurso securitário e punitivista, a demonização das esquerdas, o discurso anti-Estado protetor, o combate ao secularismo da educação pública, o início do uso do Whatsapp na disseminação de narrativas e *fake news*, entre outros. A eleição também revelou a forma preconceituosa e imprópria da esquerda em lidar com os políticos e eleitores evangélicos, quando o candidato psolista nos debates finais em TV aberta acabou sendo considerado o intolerante religioso, e não o

---

[5] Como esperado, a condenação da presidenta impactou negativamente o desempenho do PT e dos partidos à esquerda e positivamente nos à direita, principalmente o PSDB, que foi o grande vencedor das eleições ao passar do controle de 695 cidades para 803. O PT que havia conquistado 638 cidades em 2012 caiu vertiginosamente para 254 em 2016.

bispo da Igreja Universal do Reino de Deus. A derrota geral das esquerdas nas eleições municipais de 2016, entre outros efeitos, despertou o alerta "Precisamos conversar com os evangélicos".

A hipótese da calcificação: cristianismo como identidade política (2018-2022)

Na esteira do pós-Junho de 2013, da polarização em 2014, do *impeachment* de Dilma em 2016, da prisão de Lula em 2017 e do lavajatismo que atravessou esse período, as eleições de 2018 e 2022 refletiram um forte discurso antipolítico e um cenário de radicalização à direita. Conforme o título do livro de Nicolau (2020), *O Brasil dobrou à direita*. Acrescento: da radicalização participaram parcelas hegemônicas dos *evangélicos*, sendo fundamentais na bolsonarização das igrejas.

Em 2018, houve uma gradação dos votos em Bolsonaro entre os religiosos. Segundo o Instituto DataFolha, no segundo turno, Bolsonaro teve 69% dos votos válidos entre os evangélicos, 61% entre os judeus, 55% entre os espíritas, 51% entre os católicos, 45% entre os que se declaram sem religião e 30% entre os membros das religiões afro-brasileiras. Em 2022, a maioria dos evangélicos (69%) teria votado novamente em Bolsonaro, mesmo após quatro anos de um mandato muito questionado. Em contrapartida, os outros segmentos religiosos (59% dos católicos, por exemplo) e os sem religião votaram em Lula. Do ponto de vista da autoidentificação religiosa, *grosso modo*, foram os evangélicos contra o resto. Um possível gráfico dessas intenções de voto poderá ser reduzido a duas linhas: a dos evangélicos e a dos não evangélicos.

O processo de perda crescente de interlocução com os evangélicos manteve-se conforme as pesquisas de opinião em 2023 e 2024, mesmo com os reveses do bolsonarismo e de Bolsonaro. Se a quarta diferenciação elencada no início deste capítulo tratou da miríade de segmentos religiosos na gestão federal, no nível do eleitorado a aderência é acentuadamente maior entre os segmentos evangélicos.

Nunes e Traumann (2023), após as eleições de 2022, defenderam a hipótese de uma tendência à calcificação da polarização política no Brasil. Contudo, outros pesquisadores questionaram a leitura de dois polos, argumentando que a radicalização ocorre em um polo, e a polarização é também efeito do próprio processo eleitoral em dois turnos. Sem comprometer-me com alguma das posições, pergunto se o argumento da calcificação não é o horizonte, pelo menos a médio prazo, de parcela do meio evangélico brasileiro, que se radicalizou politicamente à direita com posições antidemocráticas e extremistas.

Na redemocratização do Brasil, por exemplo, em meados dos anos 1980, ficou célebre a mudança de ênfase política dos evangélicos: de "crente não participa de política" para "irmão vota em irmão". Essa última frase expressa bem os focos na proteção da religiosidade evangélica e nos interesses econômicos corporativos (principalmente em relação à tributação de impostos e aos meios de comunicação) que são tratados com pragmatismo pelas esquerdas quando elas estão no poder estatal. Recentemente, entretanto, ouve-se mais a expressão "Deus no comando" para justificar a recristianização da sociedade brasileira por meio de leis, políticas e regulações estatais. "Deus no comando" não se trata apenas de disputar o espaço público, mas também de ditar as regras que o estruturam.

Aqui, parece-me profícua a sugestão de Ronilso Pacheco (2022) que buscam encontrar correspondências dessa hegemonia política evangélica com o nacionalismo cristão dos Estados Unidos, entendido essencialmente como um movimento político que inclusive abriga não cristãos. Trata-se de algo que não diz respeito propriamente ao plano das crenças e das práticas religiosas, nem da vivência em uma comunidade religiosa. É, antes, uma identidade política, na qual o cristianismo é o signo englobante de pautas conservadoras e extremistas. Há algumas décadas, os *white evangelicals*, segmento mais predominante entre os nacionalistas CRISTÃOS (GORSKI; PERRY, 2022), distribuíam-se de maneira não tão desequilibrada entre democratas e republicanos como é hoje, quando cerca de 70% deles se declaram pró-republicanos. Ato contínuo e potencializado, Trump obteve 81% dos votos dos *white evangelicals*, em 2016, e 84%, em 2020 e em 2024. A correspondência entre identidade religiosa e política foi construída de forma crescente em torno de pautas que dividem o eleitorado porque são colocadas acima de todas as demais, como o aborto e o armamento.

No Brasil, muitos evangélicos antipetistas, apesar de terem condenado Bolsonaro, entrincheiraram-se na questão do aborto para justificar o voto nele, em 2018 e 2022, que, conforme dito anteriormente, foi densamente politizada em 2010. Além desta, a politização do porte de armas no governo Bolsonaro penetrou muitas denominações e foi encampada por suas lideranças. A conjugação de armas e certos evangélicos não é estranha aos Estados Unidos, mas não teve abrigo na história do protestantismo brasileiro. A principal referência religiosa evangélica da propaganda contra o porte de armas no plebiscito de 2006 foi o pastor Silas Malafaia. Sua posição durante o governo Bolsonaro, entretanto, foi a mais discreta possível. A normalização do tema no meio evangélico é algo recente e ainda incipiente, mas um *quantum* de apoio foi decantado nos anos do governo Bolsonaro.

Durante a campanha eleitoral de 2022, ocorreu um evento de violência política que mobilizou intensamente a mídia nacional. Um bolsonarista assassinou um dirigente petista, em Foz do Iguaçu, em sua festa de aniversário. O assassino identificava-se em seu perfil do Facebook como "conservador" e "cristão", embora a leitura de suas postagens não indicasse nenhuma prática de religiosidade ou participação em alguma comunidade religiosa. À semelhança do nacionalismo cristão estadunidense, o termo "cristão" na conjuntura política recente brasileira não se refere tão somente a um conjunto de crenças nem à participação ativa em uma comunidade de fiéis, mas a pautas políticas transversais às religiões, sobretudo as cristãs. Compreendendo a identidade de forma relacional, quem é o "outro" desse "cristão"? Não se trata de budistas, islâmicos ou praticantes de religiões de matriz africana, mas de feministas, progressistas, esquerdistas, abortistas, comunistas, LGBTQIA+, entre outros. Em suma, nos últimos anos vem sendo decantada uma qualidade ao termo: cristão como identidade política. "Não dá para ser cristão e ser de esquerda" foi uma das frases mais propagadas pelas lideranças evangélicas e católicas durante as campanhas eleitorais de 2018 e 2022.

Evangélicos à esquerda: a dupla rejeição

O quadro desenhado até aqui seguiu o leito principal do rio evangélico que se estabeleceu da desconfiança à hostilidade às esquerdas. Porém, cada vez mais tem crescido no debate público evangélicos com orientações políticas em oposição à hegemonia conservadora. Inseridos em uma linhagem histórica de militância ecumênica e evangelical dos anos 1970 aos 1990, que girou em torno principalmente da Teologia da Libertação (TL) e da Teologia da Missão Integral (TMI), o campo dito progressista vem se renovando geracionalmente e se reconfigurando na forma e nas temáticas da ação política – e, mais recentemente, com maior presença de pentecostais, mas ainda muito tímidos tendo em vista sua amplitude e visibilidade. A renovação geracional é também temática e metodológica, o que fica mais explícita no tratamento interseccionado da religião com outros marcadores sociais, como classe, raça, etnia e gênero, o que é constatável nas recentes produções teológicas evangélicas feminista, negra, *queer*, indígena, ecológica etc.

Como Burity (2015) identificou, o ativismo à esquerda é realizado, preferencialmente, por meio da sociedade civil, mais do que por mandatos eletivos. A participação dá-se no terceiro setor, no nível do associativismo, nos movimentos interdenominacionais, nas agências paraeclesiáticas e em coletivos ativistas mais do que pela via denominacional, embora haja exceções de comunidades menores com autonomia da "igreja local". Os setores à esquerda são pouco expressivos demograficamente, mas dispõem de densa capacidade de reflexão, discurso e carisma, o que tem oferecido um contraponto crítico à hegemonia conservadora no nível das comunidades religiosas, das teologias, dos seminários de formação e das redes digitais. É importante ressaltar que a postura dos evangélicos à esquerda em relação à disputa por cargos eletivos tem mudado desde o início desse momento de radicalização política à direita, mas também é ainda pouco expressivo.

Esses evangélicos não são progressistas ou de esquerda na mesma intensidade e alcance. Muitos se identificam progressistas nas questões sociais mas conservadores nas teológicas, o que deixa uma ampla margem de posicionamentos em relação a questões centrais do debate público atual: aborto, sexualidade e gênero, por exemplo. Trata-se do conservadorismo teológico dos evangélicos à esquerda. Há uma espécie de escalonamento sobre a concordância ou não com as ditas pautas progressistas: primeiro, unanimidade em relação à defesa da democracia e ao combate à desigualdade social; depois, reconhecimento da existência do racismo e da necessidade do protagonismo feminino, mas pouca disposição para combater o primeiro e dificuldade de incorporar as pautas do segundo; e, por fim, o amplo campo de divergências em relação às questões de sexualidade, gênero, drogas e aborto. O espectro ideológico pode ser, então: do conservador na doutrina, nem tanto nos costumes e social-democrata na economia, até o liberal na doutrina também nos costumes e socialista na economia. Em síntese, as identidades política e religiosa acabam sendo sobrepostas ou interseccionadas a outras dimensões da vida religiosa, o que complexifica os diferentes sentidos do que se entende por progressista (e conservador, por suposto).

Assim, se existem tensões entre os evangélicos à esquerda e o meio evangélico, é fato também que a conversa não é muito boa entre as esquerdas com os evangélicos à esquerda. A principal crítica destes é a visão estereotipada e negativa que as esquerdas em geral têm dos evangélicos, que são tratados como reprodutores de alienação política e ideologia capitalista estadunidense. O contraponto com a Teologia da Libertação e a aceitabilidade do catolicismo de esquerda contribuíram para fixar os evangélicos, sobretudo os pentecostais, no polo oposto. Além disso, há uma percepção generalizada dos evangélicos progressistas de que são instrumentalizados em períodos eleitorais, o que é seguido de esquecimento durante o mandato e de pragmatismo com os adversários da direita eleitos. Com exceções, o duplo pertencimento não produz uma soma forte que potencializa os posicionamentos políticos e religiosos à esquerda nem resulta em soma zero. Ao contrário, o saldo fica aquém do politicamente desejado e decorre da dupla rejeição. Pouco conhecidos e pouco reconhecidos, os evangélicos de esquerda são vistos como uma espécie de ornitorrinco que apanha dos dois lados.

O que (dá pra) fazer?

Em *Quadros de guerra*, Butler (2015), desenvolveu o argumento, tanto teórico quanto metodológico, segundo o qual os conflitos político-culturais que opõem a moral religiosa à diversidade de gênero, ou, mais especificamente, os islâmicos aos gays, devem ser compreendidos a partir dos "enquadramentos" que produzem as polarizações e naturalizam as identidades, a tal ponto que acabam dificultando possíveis coligações entre eles, pois ser islâmico seria ser contra LGBT e vice-versa. É preciso, portanto, dar um passo atrás e deslocar o enquadramento para gerar novas coligações.

Muito em função das recentes derrotas eleitorais, o campo das esquerdas tem revisto essas polarizações e tentado internalizar novas diferenças, em vez de espantá-las para outros campos políticos. Isso implica diferenciar aliados, acolher e internalizar um diálogo com perspectivas políticas e religiosas e estabelecer conexões em torno de dimensões comuns. Ser de esquerda não pode ser um combo. Entretanto, como alerta Butler, as novas coligações geram rachaduras e fissuras, e necessitam de "emendas", sobretudo em torno de questões sensíveis, como sexualidade, gênero e aborto.

As soluções partidárias para conversar com os evangélicos após as últimas eleições foram variadas. O PSOL foi o primeiro a dar um passo consistente após a derrota de Marcelo Freixo (PSOL) para Marcelo Crivella (PRB), para a prefeitura do Rio de Janeiro, em 2016. Logo após as eleições, o meio digital ativista e progressista *Mídia Ninja* começou a produzir vídeos com o pastor Henrique Vieira, que pregava uma narrativa bíblica a partir de posições políticas minoritárias (classe, raça e gênero, principalmente); além disso, o PSOL lançou candidaturas com esse perfil político-religioso nas eleições seguintes. É importante afirmar que o efeito foi mais de combate ao estereótipo dos evangélicos para as esquerdas do que o inverso. Em suma, falou-se mais para fora do que para dentro do meio evangélico, o que já é muito.

O PDT, em torno da candidatura de Ciro Gomes em 2022, apostou na conexão pelo trabalhismo, sem politizar e evitar as questões nomeadas "identitárias" por considerá-las secundárias frente ao tema da desigualdade econômica, além de serem um terreno desfavorável para as esquerdas. Em suma, o PDT adotou o caminho conservador de postergar tais debates para poder avançar.

Por fim, depois da derrota de 2018, quando Haddad fez o primeiro evento de campanha com evangélicos somente no segundo turno, o PT setorizou a questão criando o Núcleo de Evangélicos do PT, que é ativado basicamente como recurso eleitoral. Em linhas gerais, o PT tem dado pouco protagonismo e visibilidade aos evangélicos dos seus quadros partidários para produzir contrapontos. Em termos substantivos, Lula 3 até o momento logrou pouco terreno no meio evangélico brasileiro, pelo contrário.

O próprio presidente Lula, afirme-se, tem demonstrado em palavras e atitudes o desejo de não fazer o embate político em termos religiosos. As poucas vezes em que tentou pareceram o que Pierucci (2011) chamou de "efeito fariseu" (tratados por Jesus nos Evangelhos como hipócritas), quando analisou a propaganda pró-vida do candidato tucano, José Serra, em 2010, citado anteriormente. De fato, nem o catolicismo popular de Lula nem o catolicismo conservador do vice-presidente Geraldo Alckmin foram mobilizados nesses dois últimos anos para blindar simbolicamente o primeiro da acusação de ateu ou anticristão, e não propriamente para atrair os votos dos católicos, uma vez que esse segmento bem difuso no país votou mais em Lula que em Bolsonaro em 2022.[6]

Lula 3 tem pretendido atingir os evangélicos pelos efeitos de uma dinâmica econômica antirrecessiva, recuperando a receita de Lula 1 e 2. O esforço tem sido evitar a pauta dos costumes e conectar-se aos evangélicos pela percepção de melhoria das condições materiais de vida, sobretudo dos pobres e da classe média baixa. De fato, foi o que Lula prometeu e é o esperado dele. Sua credibilidade e a do PT estaria nesse legado. Desse modo, esse movimento acompanha a sugestão de Evangelista, Teixeira e Reis, em meio à campanha presidencial de 2022, de abordar o fiel evangélico interseccionado a outros marcadores sociais da desigualdade – raça, classe e gênero – e compreender o lugar da religião em meio às carências sociais e às matérias da população, em particular o universo feminino do estratos sociais mais baixos que lidam diretamente com os temas da família e do cuidado. Este é um dos caminhos de conexão que foram parcialmente perdidos pelas esquerdas e que a direita capturou em torno do tema da família tradicional. A disputa pelo eleitorado exige atenção focada com políticas públicas possíveis.

"Possíveis" porque a sua realização depende do atual jogo de forças pelo orçamento público que envolve, principalmente, o mercado financeiro e o Congresso Nacional. Na conjuntura política de Lula 3, qual pragmatismo é possível

---

[6] Um dos poucos apelos à simbologia religiosa ocorreu no início do horário eleitoral, em 2022. O primeiro programa eleitoral de televisão teve como tema principal o combate à fome, principal legado de Lula. A trilha sonora de fundo para sensibilizar o telespectador era a oração de São Francisco de Assis, em versão cantada. Talvez ele seja o único santo católico não bíblico que atinja a sensibilidade evangélica (e de outras religiões também) de forma sacral. Mais que católico, São Francisco é signo de cristão, daí seu caráter englobante. Esse enquadramento religioso da candidatura de Lula, no entanto, não teve continuidade durante a campanha eleitoral.

quando a negociação entre legislativo e executivo foi afetada pelo aumento exponencial das emendas parlamentares impositivas a partir do governo Bolsonaro?

Por fim, desviar da pauta dos costumes imposta pela direita, no entanto, não significa anulá-la. Se a tradição política evangélica brasileira *mainstream* é conservadora, governista e de direita, a conjuntura política recente a empurrou para posições extremistas; e a radicalização potencializou ainda mais o antipetismo entre os evangélicos. Esse deslocamento à direita, até o momento, ganhou estabilidade e demonstra capacidade de tração política.

Dito isso, conforme o cenário traçado até aqui, há diferentes desafios para as esquerdas em relação a evangélicos. Em síntese: oferecer maior protagonismo e visibilidade aos seus quadros políticos evangélicos; equacionar taticamente o incontornável pragmatismo da política partidária brasileira para produzir fissuras e rupturas entre os adversários; neutralizar ou arrefecer (não eliminar) o antipetismo por meio de fatores socioeconômicos que melhorem as condições materiais de vida da população mais pobre; e enfrentar, dentro e fora das comunidades religiosas, a radicalização política em gramática religiosa, cujos principais inimigos são as pautas progressistas.

Trata-se, em suma, de um campo religioso árido para as esquerdas. Pelo andar da carruagem, a curto prazo, perder de pouco entre os evangélicos é um horizonte realista positivo. Com muito esforço, o resultado pode não ser muito, mas é necessário para as pretensões eleitorais majoritárias. Para tanto, não pode ser só uma aliança eleitoral, caso contrário ecoará de novo o diagnóstico resignado "Precisamos conversar com os evangélicos", como ouviu-se novamente após a derrota das esquerdas nas eleições municipais de 2024, dois anos depois de retomarem a presidência do Brasil.

Parte VI:
Opinião pública e comunicação política

Parte VII
Governo pubblico e
comunicazione politica

Os 24 meses iniciais de avaliação do governo Lula 3: quando a boca do jacaré se fecha

Arthur Ituassu e Emerson Cervi

No início de 2025, o governo Lula enfrentou uma queda expressiva na aprovação popular, atingindo o menor patamar desde o início do mandato. Em fevereiro, segundo o Datafolha, apenas 24% dos brasileiros consideravam a gestão petista ótima ou boa, uma queda de 11 pontos percentuais em relação a dezembro de 2024 (35%). A reprovação também cresceu, passando de 34% para 41%, enquanto aqueles que consideravam o governo regular subiram de 29% para 32%. Os que não opinaram permaneceram em 2%. Um mês antes, a Genial/Quaest apontou que somente 31% avaliavam positivamente o governo. Pela primeira vez desde o início de Lula 3, a desaprovação superou a aprovação, atingindo 49% (NUNES, 2025).

Os números surpreenderam analistas e pesquisadores de opinião pública no Brasil, especialmente porque não havia uma crise política ou econômica evidente que justificasse uma queda tão expressiva. Esse cenário provocou um debate sobre os fatores estruturais que podem estar moldando a percepção pública dos governos. Dentre as hipóteses levantadas, destacam-se a ascensão de uma nova cultura política "pós-material", na qual valores identitários ganham protagonismo sobre questões econômicas; a transformação do ambiente midiático, que teria reduzido o papel dos jornalistas na organização da insatisfação social, tornando-a mais autônoma, fluida e constante nas redes digitais; bem como as dificuldades do governo em sua comunicação institucional (ITUASSU, 2025).

No entanto, também é preciso considerar o caráter dinâmico e multifacetado da opinião pública. A avaliação de um governo se dá principalmente sobre a conjuntura que envolve diretamente a administração e suas áreas. Mas não é só isso. Também é possível que um governo seja cobrado por consequências de crises internacionais que não estão sob seu controle. Ou que seja beneficiado por efeitos inesperados das mesmas crises, sem ter nenhuma responsabilidade por isso. Avaliação de governo também é resultado de pesos diferentes dados pela opinião pública para diferentes áreas de políticas públicas. Por vezes a economia pode ir bem, mas a segurança apresenta problemas e pode ser o que ganha atenção na avaliação do governante. Como destacou pioneiramente Lippmann ([1922] 2008), a opinião pública é cognitiva, mas não racional. O conhecimento usado para formar uma opinião é parcial, dirigido e enviesado por estereótipos sociais, muitas vezes construídos pelo contato com a comunicação midiática.

De fato, a avaliação da popularidade presidencial sempre foi uma métrica central na política, influenciando eleições, governabilidade e estabilidade democrática. No entanto, a popularidade dos presidentes tem se tornado cada vez mais volátil, e índices de aprovação mais baixos parecem ter se consolidado como um traço do cenário político contemporâneo. O presidente Luiz Inácio Lula da Silva, que em mandatos anteriores registrou altos níveis de aprovação, chega à metade do seu terceiro governo enfrentando um contexto distinto, mesmo sem crises políticas ou econômicas significativas.[1]

Diante disso, este capítulo se pergunta: essa tendência é generalizada? Governos ao redor do mundo estão enfrentando maior dificuldade em sustentar altos índices de aprovação? Se sim, que fatores podem explicar essa mudança, ao menos no caso brasileiro? De modo ensaístico, este capítulo explora essas questões por meio de análise de dados, reflexões teóricas e comparações com outros contextos na América Latina e nos Estados Unidos. Nosso argumento é que, sim, há uma mudança em curso, e compreendê-la em seu contexto é fundamental para a estabilidade da política e da democracia no país.

Uma tendência?

Ao fim de 2020, ainda em plena pandemia de covid-19, o Latinobarómetro aplicou mais de 20 mil entrevistas presenciais e online, em 17 países da América Latina. O Latinobarómetro é uma pesquisa de opinião pública realizada anualmente em diversos países da América Latina, com o objetivo de medir percepções, atitudes e valores da população sobre democracia, economia, instituições e outros aspectos sociais e políticos.

Coordenado pela Corporación Latinobarómetro, uma organização sem fins lucrativos com sede no Chile, o estudo coleta dados por meio de entrevistas aplicadas em toda a região, fornecendo uma visão abrangente sobre as tendências políticas e sociais nos países latino-americanos.

---

[1] Os melhores desempenhos de Lula na opinião pública foram no segundo mandato, notadamente na segunda metade do segundo mandato. O desempenho de seu primeiro governo, especificamente os primeiros 24 meses de Lula 1, são parecidos com o desempenho de Lula 3 no que diz respeito ao volume de queda da avaliação positiva e crescimento da negativa, ainda que os patamares iniciais de avaliação sejam diferentes.

Em meados do ano seguinte, foi publicado, então, o relatório Latinobarómetro 2021, intitulado *Adiós a Macondo*. O título do relatório faz referência ao universo fictício criado por Gabriel García Márquez em *Cem anos de solidão*, um símbolo de fatalismo e ciclos históricos que se repetem sem solução. A escolha do nome reflete a crescente impaciência dos latino-americanos com seus governos e a persistência de problemas crônicos na região, evidenciada na pesquisa realizada no final de 2020. O relatório sugere que a população latino-americana estaria deixando para trás a resignação e o conformismo representados por Macondo, manifestando um desejo de mudanças mais efetivas e soluções concretas para os desafios históricos que marcam o continente. "Os presidentes já têm metade da aprovação que tinham há uma década", afirma o texto de 2021. De fato, segundo os dados do próprio Latinobarómetro, a aprovação aos governos na América Latina teve média de 51,75%, entre 2004 e 2014, e de 37,8%, entre 2014 e 2024. Em todo o mundo, desde o fim da covid-19, tem sido mais comum incumbentes perderem eleições a candidatos de oposição do que em períodos anteriores. Isso vale para os Estados Unidos, além de Brasil, Argentina, Uruguai, na América Latina, e vários países europeus, onde eleições legislativas alteraram o equilíbrio de forças políticas que existia antes da pandemia.

Nos Estados Unidos, a situação parece ser semelhante. O Instituto Gallup é um tradicional avaliador da aprovação dos governos no país e traz dados interessantes para a nossa discussão. Entre Harry Truman, que tomou posse em 1945, e George W. Bush, em 2001, a média de aprovação dos presidentes ao longo dos mandatos foi de 54%, segundo o Gallup. Entre Barack Obama, que tomou posse em 2009, e Joe Biden, em 2021, a média foi de 43,6%.

Além da média de aprovação, o Gallup também apresenta dados sobre a aprovação e a desaprovação inicial dos governos, logo depois da posse. Entre Truman e George W. Bush, a aprovação inicial média dos governos foi de 65%. Entre Obama e o segundo governo Trump, a média de aprovação foi de 54,25%. Com relação à desaprovação, os dados são mais impressionantes. A média de desaprovação no início dos mandatos entre Truman e W. Bush foi de incríveis 8,9%, ao passo que entre Obama e o segundo governo Trump foi de 33,75%.

No Brasil foi semelhante. Com as medições de Datafolha, CNT/Sensus, Ipec e Quaest, temos uma média de aprovação e reprovação no início do mandato e ao fim de 26 meses de governo, para os casos do primeiro mandato de Fernando Henrique Cardoso (1995-1997), do primeiro mandato de Lula (2003-2005), do primeiro mandato de Dilma Rousseff (2011-2013), do governo Bolsonaro (2019-2021) e do terceiro mandato de Lula (2023-2025).

Fernando Henrique Cardoso obteve 42% de aprovação na primeira medição e 49% 26 meses depois. O primeiro governo Lula obteve 74% e 44%. O primeiro governo Dilma, 72% e 64%. Bolsonaro, 49% e 30%, e Lula 3, 55% e 24%. A média de aprovação inicial nos três primeiros casos foi de 62%. De reprovação, 52%. Nos casos de Bolsonaro e Lula 3, a média de aprovação inicial foi de 52%, dez pontos percentuais a menos, enquanto a média de aprovação depois de 26 meses de governo foi de baixíssimos 27%, 25 pontos percentuais a menos que a média nos três primeiros casos.

Os números sugerem que a tendência de queda na aprovação presidencial é um fenômeno mais amplo, que se manifesta em diferentes contextos políticos e históricos. Ao mesmo tempo, quando olhamos para a dinâmica de alternância na América Latina, ela revela um cenário em que a instabilidade política e a insatisfação popular se manifestam de forma bastante evidente. No Chile, por exemplo, a sucessão entre os mandatos de Bachelet (2014-2018), Piñera (2018-2022) e, mais recentemente, Boric (2022-) aponta para uma busca contínua por novos rumos e alternativas que rompem com a tradição política anterior. De modo semelhante, na Colômbia, as passagens de Uribe (2002-2010), Santos (2010-2018), Iván Duque (2018-2022) e, finalmente, Petro (2022-) evidenciam não apenas desafios na governabilidade, mas também a dificuldade de consolidar um projeto de país que atenda às demandas da população.

Na Argentina, o ciclo que transita entre Macri (2015-2019), Fernández (2019-2023) e, agora, Milei (2023-) expõe uma polarização acentuada e uma volatilidade do eleitorado, refletindo a necessidade de respostas imediatas a crises e insatisfações acumuladas. O caso peruano é ainda mais marcante: com uma sucessão de líderes – de García (2006-2011), Humala (2011-2016), Kuczynski (2016-2018), Vizcarra (2018-2020), Sagasti (2020-2021), Castillo (2021-2022) e Boluarte (2022-) –, a fragilidade institucional e a contínua busca por representatividade tornam-se palpáveis, sinalizando uma ruptura profunda com a estabilidade esperada de um sistema democrático. No Brasil, a sucessão que passou por Dilma (2011-2016), Temer (2016-2018) e Bolsonaro (2019-2022), culminando com o retorno de Lula (2023-), ilustra como as mudanças abruptas na liderança podem tanto expressar a resposta do eleitorado a políticas impopulares quanto acentuar a percepção de incerteza. Resta entender quais fatores estruturais explicam essas tensões, instabilidades e mudanças e quais podem ser suas consequências para a política e a democracia.

Causas e consequências

O conceito de mudança pós-material na opinião pública refere-se à transformação dos valores que os cidadãos priorizam à medida que suas sociedades se tornam mais seguras economicamente. Em fases iniciais de desenvolvimento, quando a sobrevivência e o bem-estar material são as principais preocupações, as pessoas tendem a focar em questões como segurança econômica e física. Contudo, uma vez que uma sociedade atinge certo nível de prosperidade, os cidadãos passam a valorizar mais questões "pós-materiais" – como a moral religiosa, a identidade, o meio ambiente, os direitos humanos etc.

Pesquisadores como Ronald Inglehart e Pippa Norris argumentam que essa mudança faz parte de um processo mais amplo de modernização social. A partir de suas pesquisas históricas, é possível observar uma transição mensurável dos valores materialistas para os pós-materialistas à medida que as sociedades se desenvolvem. Nesse contexto, as pessoas se tornam mais propícias à mudança, à diversidade e a novas formas culturais quando suas necessidades básicas já estão garantidas.

No livro *Cultural Backlash*, Norris e Inglehart (2019) desenvolvem essa ideia ao examinar a reação contrária que surge da difusão dos valores progressistas. A tese é que, enquanto uma parcela significativa da população adota preocupações pós-materiais, outra parte pode sentir-se ameaçada pelas rápidas mudanças culturais, pela globalização ou pela transformação dos valores tradicionais. Essa reação pode se traduzir em apoio a movimentos populistas, muitas vezes autoritários, que prometem restauração e proteção.

Nesse contexto, causou repercussão um estudo feito por um agente do mercado financeiro no Brasil (COUTINHO *et al.*, 2025). Segundo a pesquisa, os cristãos evangélicos serão 36% da população em 2026, modificando o perfil do eleitorado brasileiro. Em 2010, os evangélicos eram 22%. Em 2022, 32%. Ainda, o número de templos dobrou entre 2010 e 2024, chegando a mais de 140 mil igrejas, com 5 mil novas sendo abertas anualmente.

De acordo com o estudo, a esquerda sofre em desvantagem com as mudanças. A pesquisa mostra que municípios com maior presença evangélica votam menos em partidos de esquerda. Ao mesmo tempo, igreja neopentecostais, como a Universal do Reino de Deus, têm forte influência na política brasileira, com apoio a candidatos alinhados com suas pautas conservadoras nos costumes e na economia. Uma chave aqui, dizem os autores, é que os evangélicos rejeitam mais a esquerda não só por serem conservadores, no campo dos valores, mas também por acreditarem que a prosperidade vem de Deus como recompensa pelo esforço, não como algo a ser provido pelo governo. "O evangélico quer prosperar. Diferentemente do pobre católico, que aposta no milagre, ele vai à luta: roda Uber, aprende a investir com o canal *Primo Pobre*, lê a Bíblia, o que o torna mais competente na escola, e pratica a oratória na igreja, melhorando a sua comunicação", comentou o especialista Juliano Spyer (2025).

Por outro lado, estudos eleitorais realizados no Brasil têm demonstrado uma diferença entre as bases do evangelismo e suas lideranças. Dependendo do tipo de denominação, há mais ou menos adesão ao discurso e a lideranças conservadoras de oposição. Membros de denominações históricas tendem a se manter mais próximos do discurso e de lideranças conservadoras, enquanto os neopentecostais votam com mais intensidade em líderes políticos que garantem mais benefícios materiais, via políticas públicas, ainda que líderes dessas religiões filiem-se ao discurso conservador mais radical (CERVI; ALCANTARA, 2024). Esses estudos demonstram como a renda do indivíduo, e não a religião, é a variável mais explicativa para a posição mais ou menos conservadores dos evangélicos brasileiros.

Além da nova cultura política "pós-material", que se aplica principalmente aos grupos sociais que já venceram a demanda por bens materiais, outro fator que modifica a avaliação dos governos são as mídias digitais ou a transformação recente do ambiente midiático. É preciso notar que o uso de mídias sociais, por exemplo, em eleições presidenciais no Brasil, começa no pleito de 2010, com Lula (PT), Marina (PV), José Serra (PSDB) e Plínio de Arruda Sampaio (PV) fazendo uso intensivo da rede social X. De fato, teve início, na virada do século, uma transformação que passou a ser vista como a passagem do sistema moderno de mídia para o sistema híbrido de mídia, o que trouxe uma série de consequências para a política e a democracia (ITUASSU, 2023).

O sistema moderno de mídia tinha o *broadcasting* como elemento fundamental, que pode ser definido como o processo de enviar uma mesma informação, sinal ou dado de uma fonte única para múltiplos destinos simultaneamente. Em comunicação (rádio, televisão, jornal impresso etc.), *broadcasting* se refere à transmissão de sinais para um grande público de forma simultânea. É o sistema da comunicação de massa, quando todo o público recebia a mesma mensagem emitida por um único comunicador.

A partir da chegada da internet, o ambiente se modificou completamente, adquirindo novas lógicas específicas da comunicação de nicho. Daí o nome "sistema híbrido de mídia", dada a multiplicidade de formatos de transmissão diferentes que o ambiente digital permite, seja interpessoal, com mensagens específicas para grupos específicos, seja uma mesma mensagem para um público muito grande.[2]

---

[2] Uma pesquisa de opinião pública desenvolvida pelo Instituto Nacional de Ciência e Tecnologia em Democracia Digital, em setembro de 2024, encontrou que, para o brasileiro médio, os meios de comunicação tradicionais ainda são os mais usados para informação política. Além disso, as informações recebidas dos meios tradicionais são mais confiáveis do que as dos ambientes digitais. No entanto, há uma clara diferença geracional. Os mais jovens já se informam mais sobre política por ambientes digitais e também confiam mais nas redes sociais online do que nas instituições políticas propriamente ditas.

Como não poderia deixar de ser, um dos elementos que se transforma completamente nessa transição do sistema moderno para o híbrido de mídia é a opinião pública. No sistema moderno, o jornalismo fazia o papel de mediador entre os políticos e os cidadãos. Isso fazia com que os jornalistas filtrassem, selecionassem e enquadrassem as demandas de um lado ou de outro. Com a perda relativa de poder do jornalismo como mediador da política e a possibilidade de os políticos produzirem comunicação política e a transmitirem diretamente aos seus potenciais eleitores, surge um mundo de novas consequências, entre elas uma nova organização da insatisfação com governos e presidentes.

É preciso notar, antes, que no sistema moderno uma parte essencial da insatisfação era gerenciada pelo jornalismo, quando tornava público os desmandos governamentais e gerava um efeito sobre o eleitorado. Agora, esse gerenciamento da insatisfação é muito mais descentralizado, difuso e constante. Sem falar na liberdade de comunicação, muito maior no sistema híbrido, que permite a transmissão de mensagens no limiar da ética ou mesmo antiéticas, como a desinformação. A insatisfação sempre foi parte da democracia, mas sua organização, difusão e linguagem se transformaram radicalmente com as mídias digitais.

Em suma, as mudanças estruturais que permeiam o cenário político contemporâneo evidenciam que a queda na aprovação dos governos vai muito além de crises momentâneas. A ascensão dos valores pós-materiais, a transformação irreversível do ambiente midiático e a reconfiguração do eleitorado – impulsionada, por exemplo, pelo crescimento expressivo dos evangélicos – revelam uma nova dinâmica na relação entre o Estado e a sociedade. Essa complexa interação de fatores não apenas altera as estratégias de comunicação e mobilização política, mas também impõe desafios inéditos à construção de consensos e à governabilidade. Portanto, compreender essas mudanças é essencial para repensar os modelos tradicionais de prestação de contas e de legitimação do poder, abrindo caminho para reflexões mais profundas sobre os rumos da democracia.

E a economia?

A clássica explicação para variações na avaliação de governo, antes de considerarmos os processos comunicacionais, é a economia. Variáveis macroeconômicas como desemprego e inflação tendem a apresentar alta capacidade explicativa sobre a piora ou melhora da avaliação na opinião pública. No entanto, também é possível que elas tenham poucos efeitos, em especial em períodos curtos de tempo, como são os 24 primeiros meses de um governo. Nesta seção, focaremos na taxa de desemprego, medida pelo IBGE, para tentar explicar as variações nas avaliações nos primeiros 24 meses do governo Lula 3. Espera-se que taxa de desemprego em queda aumente a avaliação positiva e diminua a negativa. Não utilizamos a inflação por se tratar de um índice com pouca variação nos primeiros 24 meses de governo e não apresentar efeitos significativos nos modelos descritivos.

O Gráfico 1 mostra como a avaliação do governo Lula mudou nos dois primeiros anos do terceiro mandato. Ele apresenta duas curvas principais: a avaliação positiva (soma de "bom" e "ótimo") e a avaliação negativa (soma de "ruim" e "péssimo"). As avaliações "regulares" foram desconsideradas para deixar mais clara a diferença entre aprovação e reprovação.

Além dos dados coletados pelas pesquisas de opinião, o gráfico inclui uma linha de tendência chamada "curva loess", em linha pontilhada. Essa técnica permite visualizar mudanças ao longo do tempo de maneira mais suave, captando variações de curto prazo sem depender de uma linha reta. O gráfico também mostra a taxa de desemprego mensal, medida pelo IBGE, entre 2023 e 2024.

Gráfico 1: Séries temporais de avaliação positiva, negativa e taxa de desemprego entre janeiro de 2023 e dezembro de 2024.

Av. positiva	Av. negativa	Taxa de desemprego
Média: 38	Média: 29	Média: 7,48
Mediana: 37	Mediana: 30	Mediana: 7,60
Mínimo: 34	Mínimo: 20	Mínimo: 6,10
Máximo: 55	Máximo: 34	Máximo: 8,80
Desv. padrão: 4,35	Desv. padrão: 4,04	Desv. padrão: 0,79
Dif. tempo: −19	Dif. tempo: +14	Dif. tempo: −2,70

Olhando para o gráfico, é possível notar que as duas curvas – a de aprovação e a de reprovação – vão se aproximando ao longo do tempo. Esse fenômeno é comum em mandatos presidenciais: no início, há uma expectativa alta, mas, conforme os meses se passam, a avaliação passa a refletir o desempenho real do governo.

A avaliação positiva caiu de maneira constante, mas em ritmos diferentes. Nos primeiros seis meses, a queda foi mais acentuada, de 47% para 40%, ou seja, sete pontos percentuais a menos. Depois disso, a diminuição foi mais lenta: ao longo dos 18 meses seguintes, a aprovação caiu de 40% para 35%, uma redução de cinco pontos percentuais.

Já a avaliação negativa seguiu o caminho oposto, mas sem ser exatamente um espelho da positiva. No primeiro ano, a reprovação cresceu de 22% para 32%, um aumento de dez pontos percentuais. No segundo ano, o crescimento desacelerou, subindo de 32% para 37%, ou seja, um aumento de cinco pontos percentuais. Isso significa que o desgaste do governo foi mais intenso no primeiro ano do que no segundo.

A terceira curva do gráfico mostra a taxa de desemprego, que caiu de quase 9% no início de 2023 para pouco mais de 6% no final de 2024. A maior queda aconteceu no segundo semestre de 2024. Isso levanta uma questão: será que a melhora no emprego ajudou a frear a queda na popularidade do governo nesse período?

Os números gerais ajudam a entender melhor essas tendências. A avaliação positiva teve uma média de 38%, com um mínimo de 34% e um máximo de 55%, resultando em uma diferença de 19 pontos percentuais entre o maior e o menor valor. Já a avaliação negativa apresentou uma média de 29%, variando entre um mínimo de 20% e um máximo de 34%, com um crescimento total de 14 pontos percentuais. A taxa de desemprego, por sua vez, teve uma média de 7,48%, oscilando entre 8,8% no início do período e 6,1% no final de 2024.

Com isso, a queda na aprovação do governo foi maior que o crescimento da reprovação, indicando que parte das pessoas que deixaram de aprovar Lula não migraram diretamente para a avaliação negativa, mas possivelmente passaram a uma posição neutra.

Para entender melhor os fatores que influenciaram essas variações, utilizamos um modelo estatístico chamado "autoregressivo de ordem 1 (AR1)". Esse modelo é útil para analisar séries temporais porque permite verificar como um valor muda ao longo do tempo e como ele é afetado por fatores externos – no caso, a taxa de desemprego.

Foram testados quatro modelos: o primeiro mede o efeito da passagem do tempo sobre a avaliação positiva; o segundo inclui a taxa de desemprego como fator adicional para a avaliação positiva; o terceiro analisa apenas o efeito do tempo sobre a avaliação negativa; e, por fim, o quarto considera a avaliação negativa levando em conta também a taxa de desemprego.

Os resultados mostram que o fator mais forte na queda da aprovação do governo foi simplesmente a passagem do tempo. No primeiro modelo, o efeito do tempo indicou uma queda de 0,31 ponto percentual por mês na aprovação. Quando o desemprego foi incluído na análise, o efeito do tempo ficou ainda mais forte, chegando a –0,503 ponto percentual por mês. Isso sugere que, apesar da redução do desemprego, o desgaste natural de governo teve mais impacto na popularidade do presidente.

No caso da avaliação negativa, o tempo teve um efeito inverso: a reprovação cresceu ao longo dos meses. No primeiro modelo, o crescimento mensal foi de 0,442 ponto percentual, e, no segundo modelo (com desemprego incluído), subiu para 0,703 ponto percentual. O impacto do desemprego sobre a reprovação do governo não foi estatisticamente significativo, o que indica que outros fatores podem ter sido mais determinantes para o aumento da insatisfação.

Olhando para os dois primeiros anos do governo Lula 3, fica claro que houve um padrão típico de desgaste inicial, com a aprovação caindo e a reprovação subindo. Esse processo foi mais intenso no primeiro ano e desacelerou no segundo. A taxa de desemprego caiu no período, o que poderia ter ajudado a frear a queda da popularidade do governo, mas os dados mostram que o tempo foi o principal fator para a mudança nos índices de avaliação.

Em resumo, a chamada "boca do jacaré" – o espaço entre aprovação e reprovação – foi se fechando ao longo do tempo, refletindo um processo natural de adaptação das expectativas da população à realidade do governo.

Conclusão

A queda na avaliação positiva do governo Lula 3 nos 24 primeiros meses foi contínua e gradual, assim como o crescimento da avaliação negativa. No entanto, as curvas não são espelhadas. A positiva caiu mais do que subiu a negativa. Além disso, as principais mudanças se deram no primeiro ano de governo, com redução das velocidades no segundo ano. A principal explicação para a dinâmica das duas curvas foi a passagem do tempo, com efeito negativo para avaliação positiva e o contrário para avaliação negativa. Os efeitos da variação na taxa de desemprego não foram os esperados: não apresentaram significância estatística em nenhuma das curvas. Isso indica que as explicações para variação da avaliação de governo Lula 3 são de outras dimensões que não a macroeconômica.

Em conclusão, o capítulo sugeriu que a persistente queda na aprovação dos governos não pode ser atribuída unicamente a fatores conjunturais, mas sim a uma transformação profunda e multifacetada no cenário político global. A substituição dos antigos paradigmas – nos quais benefícios sociais e crescimento econômico eram os principais motores de apoio popular – por uma realidade marcada pela volatilidade dos valores, pela descentralização da comunicação e pelo impacto de novas forças culturais redefine as relações entre governantes e governados. Essa reconfiguração impõe desafios significativos para a governabilidade e demanda uma revisão dos mecanismos tradicionais de articulação política. Reconhecer e compreender essas transformações é, portanto, imprescindível para a formulação de políticas e estratégias que respondam eficazmente às demandas de uma sociedade em constante evolução e para a preservação dos pilares democráticos em um mundo cada vez mais complexo e interconectado.

Lula 3: o persistente desafio da esquerda na arena digital

Marisa von Bülow e Max Stabile

Em abril de 2023, menos de quatro meses após a sua posse como presidente da República, Lula discursou para lideranças de movimentos sociais na abertura do I Fórum Interconselhos Nacional: "É importante que a gente valorize muito as redes sociais, e o movimento social aprenda a criar rede social para que possamos nos comunicar com aqueles que nós estamos representando, sem precisar só da imprensa oficial".[1] Esse chamado a ocupar e criar espaços digitais de comunicação reflete uma lição aprendida a duras penas pela esquerda brasileira, desde as Jornadas de Junho de 2013: a de que é necessário (e urgente) contrapor-se à hegemonia conquistada por setores da direita e da extrema direita na internet brasileira.

Como argumentamos neste capítulo, durante a pandemia de covid-19 e as eleições de 2022 a esquerda conseguiu competir de maneira cada mais equitativa com os setores à direita nas plataformas de redes sociais. No entanto, o discurso de Lula, quase exatos dez anos depois das Jornadas de Junho, demonstra que esse ainda é um desafio em aberto. Este capítulo contribui para entender as disparidades de poder digital entre esses campos ideológicos, a partir de uma análise dos usos de mídias sociais de autoridades políticas durante o governo Lula 3 – do início do mandato até as vésperas das eleições municipais de 2024. Ao separar as autoridades de acordo com grupos ideológicos, mostramos que há uma visibilidade decrescente nas publicações das autoridades à esquerda ao longo do período. Apesar dos esforços dos últimos anos, a esquerda ainda enfrenta grandes dificuldades para coordenar suas estratégias digitais e para disputar os espaços de mídias sociais com a direita.

Na próxima seção, apresentamos uma breve discussão sobre a construção da presença digital da direita no Brasil, tendo como ponto de partida as Jornadas de Junho de 2013. Em seguida, mostramos como, no contexto da pandemia e das eleições de 2022, atores à esquerda conseguiram altos níveis de engajamento

---

[1] Ver Verdélio (2023b).

digital. A terceira parte do capítulo apresenta os dados de uso de mídias sociais por parte de autoridades políticas durante o governo Lula 3 e discute suas implicações.

De 2013 a 2018: a construção da hegemonia digital da direita brasileira

A centralidade do uso de plataformas de redes digitais para organizar e difundir protestos passou a ser alardeada aos quatro ventos a partir no ano de 2011, quando ocorreram o ciclo de revoltas nos países árabes, as mobilizações dos indignados na Europa e as grandes passeatas estudantis no Chile. No Brasil, a primeira grande onda de protestos marcada pelo uso intensivo dessas plataformas aconteceu dois anos depois, em 2013, nas chamadas Jornadas de Junho. À época, ganhou destaque o uso da ferramenta de criação de páginas de eventos na rede social Facebook para chamar protestos que surpreenderam pela sua ampla adesão, porque eram muitas vezes convocados por indivíduos sem ativismo prévio, tampouco filiação partidária.[2] Nem tudo, no entanto, é explicado pelo voluntarismo de internautas.

À esquerda do espectro político, chamou a atenção a crescente importância do fenômeno dos coletivos midiativistas, dos quais a Mídia Ninja é possivelmente o exemplo mais notório. Como afirma Alonso (2023, p. 168): "A Mídia Ninja viveu sua glória, com cobertura ao vivo, no miolo do rolo, enquanto a polícia descia o cacete. A cobertura sem edição, nem pauta, em tempo real, no chão da rua, hipnotizou jovens sem paciência para as coberturas tradicionais de TV [...]. As redes sociais, que já serviam para organização e arregimentação, viraram, então, pátrias de exibição caudalosa e debate frenético dos protestos". A consigna de então, "Sejamos nós mesmos a mídia", já remetia ao chamado feito por Lula, uma década depois, para depender menos da imprensa para fazer a comunicação direta com a população. De fato, esses coletivos contribuíram para uma diversificação até então impensável das fontes de informação, a partir das novas possibilidades abertas, com destaque para a cobertura ao vivo dos eventos (e da repressão aos protestos).

No entanto, não houve uma apropriação homogênea das tecnologias digitais por parte de toda a esquerda. Tampouco houve uma onda crescente e cada vez mais poderosa de ativismo digital, como visões otimistas sobre o uso de tecnologias digitais poderiam nos levar a crer. Como Canavarro (2019) revela, ao longo do mês de junho de 2013, as páginas do Facebook (a plataforma de preferência à época) ligadas às organizações de esquerda perderam visibilidade e engajamento.

Ao mesmo tempo, atores à direita ocuparam esse espaço, do qual nunca mais saíram. As lições aprendidas em 2013 contribuíram para que se promo-

---

[2] Ver, por exemplo, a análise de Alzamora, Arce e Utsch (2014).

vesse um outro ciclo de protestos, mais longo e com importantes consequências para a democracia do país: a campanha a favor do *impeachment* da presidente Dilma Rousseff, em 2015 e 2016. À época, os ativistas digitais pró-*impeachment* mostraram sua capacidade de chegar a um grande número de internautas, enquanto os atores anti-*impeachment* se apoiaram em referentes do campo político da esquerda e tiveram mais dificuldades para romper a bolha e ir além de sua zona de influência (VON BÜLOW; DIAS, 2019).

A campanha presidencial de Jair Bolsonaro surfou na onda digital do antipetismo durante a campanha pró-*impeachment*. Ainda em 2016, as contas no então Twitter (hoje X) cujas mensagens eram mais reencaminhadas promoviam a candidatura presidencial de Bolsonaro, ao mesmo tempo em que difundiam a hashtag #ForaDilma (VON BÜLOW; DIAS, 2019). Não houve, portanto, uma adesão meramente espontânea ou desorganizada de internautas ao bolsonarismo. O êxito da campanha presidencial e as expressivas votações de líderes dos protestos que se elegeram em 2018 refletem uma estratégia de anos de construção de presença digital de diferentes setores à direita do espectro ideológico, amplificada por sucessivos ciclos multitudinários de protestos de rua.

De 2020 a 2022: a esquerda contra-ataca

Exemplos de sucesso de setores de centro e da esquerda nas arenas virtuais mostram que esses espaços não são necessariamente mais bem ocupados por setores de uma ideologia ou de outra. Podemos citar a mobilização virtual do movimento estudantil chileno desde 2011,[3] ou as campanhas transnacionais feministas, que têm conseguido, há pelo menos uma década, furar bolhas com o uso compartilhado de hashtags como #MeToo, #NiUnaMenos e #MeuPrimeiroAssédio.

No Brasil, a eleição de Bolsonaro e, especialmente, a pandemia de covid-19, propiciaram o contexto para uma reação digital da esquerda. A construção de uma rede de ativistas digitais de oposição ao governo de Bolsonaro ganhou maior relevância durante a pandemia, quando a ela se somaram muitos perfis que buscavam dar informações confiáveis sobre o vírus (e sobre uso de máscaras e vacinas) e lutar contra o negacionismo. Durante o funcionamento da Comissão Parlamentar de Inquérito (CPI) que investigou a resposta do governo federal à covid-19 (entre abril e outubro de 2021), esses internautas se juntaram e se articularam com senadores, assessores legislativos e jornalistas para influenciar os rumos dos debates (ABERS; VON BÜLOW, 2024). De fato, um aspecto surpreendente e sem precedentes das audiências da CPI foi a menção regular pelos senadores da

---

[3] Ver, por exemplo, von Bülow (2018).

ajuda que estavam recebendo de perfis anônimos do então Twitter. A participação foi além do que se observa normalmente – a publicação de comentários nas plataformas digitais sobre os acontecimentos legislativos (ABERS; VON BÜLOW, 2024). Ativistas digitais deram suporte durante os depoimentos, fornecendo aos senadores sugestões de perguntas e dados, os quais muitas vezes permitiram que os parlamentares desmentissem as alegações das testemunhas em tempo real.

Nas eleições de 2022, a coordenação digital entre atores antibolsonarismo continuou a render frutos. Pela primeira vez desde 2013, a esquerda, a partir da construção de uma ampla coalizão com outros setores em torno da candidatura de Luiz Inácio Lula da Silva, conseguiu, em determinados momentos e plataformas, melhores resultados de engajamento digital do que o campo de internautas mobilizado a favor da reeleição de Jair Bolsonaro. Por exemplo, uma comparação das publicações que geraram mais interações no Facebook em agosto e setembro de 2022 mostra que atores que apoiavam Lula foram capazes de conquistar melhores lugares no ranking de engajamento de publicações do que aqueles que apoiavam Bolsonaro (BARBABELA; FERES; MACHADO, 2024).

Nas próximas seções, analisaremos em que medida a esquerda conseguiu manter ou mesmo ampliar a influência digital conquistada durante o governo Bolsonaro, em comparação com a direita. Primeiro, apresentamos a base de dados da plataforma Autoridades Brasil e, em seguida, analisamos os dados de usos de mídias sociais de um conjunto-chave de autoridades políticas de acordo com suas filiações partidárias, desde a posse do presidente Lula até setembro de 2024.

Monitoramento digital de autoridades políticas

A plataforma Autoridades Brasil, do Instituto Brasileiro de Pesquisa e Análise de Dados (IBPAD), monitora contas públicas de autoridades políticas em mídias sociais, incluindo ocupantes de cargos dos Três Poderes nos níveis municipal, estadual e nacional.[4] Entre janeiro de 2023 e setembro de 2024, a plataforma coletou 8,7 milhões de publicações de 4.107 perfis de autoridades no Facebook, Instagram, X e YouTube.

A maior concentração de contas públicas monitoradas está no Instagram (38,5%), seguido pelo Facebook (31,2%), pelo X (19,6%) e pelo YouTube (10,5%). Em termos de volume de publicações, o Facebook lidera, com 49,47% do total das publicações, seguido pelo Instagram, com 33,3%, pelo X, com 15,6%, e pelo YouTube, com 1,5%. A relação entre publicações e autoridades é mais alta no Facebook,

---

[4] Para saber mais sobre a plataforma e a metodologia de monitoramento, acessar: autoridadesbrasil.com.br.

com uma média de 1.383 posts por autoridade, seguido pelo Instagram (757) e pelo X (695). O YouTube tem a menor média, com 129 publicações por autoridade.

Quanto ao engajamento, no entanto, a média de interações por publicação é maior no YouTube (8.236), que inclui visualizações nas interações. No Instagram, as publicações geram uma média de 1.111 interações, seguido pelo X, com 767, e pelo Facebook, com 137. Em termos de tamanho das contas das autoridades, o YouTube apresenta uma média de 378.773 seguidores por conta, seguido pelo X (269.485), enquanto no Instagram as autoridades têm, em média, 141.635 seguidores, e no Facebook, 122.590. Esses números indicam que, apesar de menor participação em termos de número de contas de autoridades e de publicações, o YouTube apresenta um impacto e engajamento elevados.

Quanto ao tipo de autoridade, a análise apresentada neste capítulo concentrou-se nos casos de ocupantes de cargos no Poder Legislativo e no Executivo. A maior parte (68% da base) é formada por deputados estaduais (32,2%) e vereadores (35,8%). Esses dois grupos foram responsáveis por 32,13% e 22,7% do total de publicações, respectivamente. Em comparação, os deputados federais, que representam 16,7% das autoridades monitoradas, produziram 23,2% das publicações.

No Poder Executivo, autoridades de cargos mais altos apresentaram um perfil distinto de engajamento e alcance. O presidente Lula, apesar de ter apenas 0,18% do total de publicações da base, alcançou a maior média de interações por publicação (13.716). Outros ocupantes de altos cargos, como ministros e governadores, também registraram médias de interações e alcance elevadas em relação aos parlamentares regionais. Ministros de Estado, que representam 1,1% das autoridades e 1,9% das publicações, alcançaram uma média de 3.490 interações e 370.612 seguidores. Governadores, que representam 0,87% das autoridades, contribuíram com 2,99% das publicações e tiveram uma média de 720 interações e 196.244 seguidores. Esses dados indicam que, enquanto a maioria das publicações originou de parlamentares regionais e municipais, as autoridades do Executivo federal, embora em menor número, alcançaram audiências amplas e obtiveram uma média de interações por publicação mais elevada.

A distribuição regional das publicações nas mídias sociais varia de acordo com a concentração de autoridades e o volume de atividade. No período monitorado, a região Sudeste teve a maior concentração de autoridades (36,5%), seguida pelo Nordeste (27,1%), enquanto o Centro-Oeste, Norte e Sul tiveram proporções menores, com 9,6%, 13,3% e 13,2%, respectivamente. O Sudeste também liderou em volume de publicações, com 39,57% do total, seguido pelo Nordeste (25,2%) e o Sul (16,3%). Em resumo, enquanto as regiões Sudeste e Nordeste concentram o maior número absoluto de autoridades e publicações, as regiões Centro-Oeste e Sul apresentam uma maior proporção de engajamento e alcance per capita. Essa dinâmica indica que, nessas regiões, o conteúdo das autoridades tem uma penetração mais intensa e gera uma resposta relativamente elevada da população.

A base de dados da plataforma Autoridades Brasil mostra, portanto, uma variação importante do comportamento e do impacto digital de autoridades políticas por região e tipo de cargo ocupado. A próxima seção foca em outra variável: o perfil ideológico dos atores.

Lula 3 e o desafio da visibilidade da esquerda nas mídias sociais

Os dados da plataforma Autoridades Brasil permitem analisar comparativamente o comportamento e impacto digital de um conjunto de atores-chave da política brasileira, a partir dos seus perfis ideológicos. Neste capítulo, interessa-nos especialmente comparar autoridades classificadas como de esquerda – aquelas filiadas ao Partido dos Trabalhadores (PT), Partido Socialismo e Liberdade (PSOL) e Partido Comunista do Brasil (PCdoB) – e autoridades classificadas como de direita – filiadas ao Partido Novo, Patriota, Partido Liberal (PL), Partido Renovador Trabalhista Brasileiro (PRTB) e Partido Trabalhista Brasileiro (PTB).

Com relação ao tamanho médio das contas, perfis associados à direita se destacaram por ter maior número de seguidores, apresentando consistentemente uma média muito superior à da esquerda. Em janeiro de 2023, as publicações realizadas pelos perfis de direita tinham em média um alcance estimado de 337 mil seguidores, em contraste com pouco mais de 179 mil por parte da esquerda. Ao longo do período, as autoridades de esquerda não conseguiram reverter essa situação. Pelo contrário. Em setembro de 2024, as publicações dos perfis de direita tinham um alcance médio de 354 mil seguidores, e as dos de esquerda, menos de 160 mil. Ou seja, autoridades alinhadas à direita mantiveram maior capacidade de atingir grandes audiências, com picos expressivos especialmente na primeira metade de 2024, quando chegaram a uma média de 467 mil seguidores por perfil (ou conta).

Outra maneira de compreender as assimetrias é analisando os dados de interações de internautas com as publicações. O Gráfico 1 compara não apenas esquerda e direita, mas também atores classificados como de centro-direita – isto é, autoridades filiadas ao Partido Democracia Cristã (DC), Partido da Mulher Brasileira (PMB), Podemos (PODE), Progressistas (PP), Partido da Social Democracia Brasileira (PSDB), Republicanos e União Brasil –, de centro – autoridades filiadas ao AGIR, Avante, Movimento Democrático Brasileiro (MDB) e Partido Social Democrático (PSD) – e de centro-esquerda – autoridades filiadas ao Cidadania, Partido Democrático Trabalhista (PDT), Partido Socialista Brasileiro (PSB), Rede Sustentabilidade e Partido Verde (PV). Para calcular a média de interações, considerou-se o total de interações recebidas por todas as publicações feitas por autoridades de um determinado espectro ideológico em cada mês (curtidas, comentários, compartilhamentos e visualizações de vídeo). A soma das interações de todas as publicações foi dividida pelo número de autoridades únicas desse espectro que estavam ativas no mês, gerando uma média de interações por autoridade. Esse cálculo permite observar o engajamento médio das postagens de cada grupo ideológico ao longo do tempo, independentemente do número total de publicações.

Como mostra o Gráfico 1, em termos de interações, a esquerda apresentou um pico de atividade no início do mandato do presidente Lula, provavelmente como fruto da atenção que se dava ao governo naquele momento, e à ocorrência dos ataques aos Três Poderes, em 8 de janeiro de 2023. No entanto, houve uma queda expressiva já a partir de fevereiro e uma oscilação ao longo do resto do período, em patamares bem menores do que os de janeiro de 2023. As autoridades à direita, por outro lado, foram capazes de aumentar suas interações durante o ano de 2024. De fato, apresentaram picos de interações muito acima de atores classificados como sendo de centro, centro-direita e centro-esquerda. Essa alta interação por publicação, combinada ao tamanho expressivo das contas, sugere uma audiência altamente engajada.

Gráfico 1 – Média de interações de publicações de autoridades, por posição ideológica (jan. 2023-set. 2024)

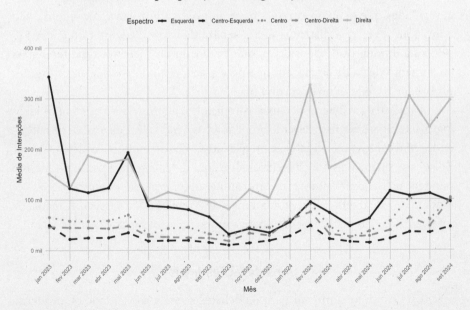

Fonte: IBPAD (2024).

Para aprofundar a comparação entre os polos ideológicos, também analisamos a capacidade de alcance das vinte autoridades mais bem posicionadas, à esquerda e à direita. Na esquerda, destaca-se o presidente Luiz Inácio Lula da Silva, com o maior alcance máximo, atingindo cerca de 13,2 milhões de pessoas (usuários) e obtendo uma média de 13,4 mil interações por publicação. Outros nomes relevantes incluem o ministro Fernando Haddad, com um alcance máximo de 2,9 milhões de pessoas e média de 4,6 mil interações, e a deputada Erika Hilton, que alcança 2,7 milhões de pessoas e uma média de 4,8 mil interações por publicação. No entanto, esses números são muito inferiores aos de Lula, mostrando uma concentração de engajamento em torno do presidente da República. A média de alcance máximo para os vinte principais nomes da esquerda (excluindo Lula) é de aproximadamente 1,1 milhão de pessoas, enquanto a média de interações por publicação é de 1,5 mil.

Por outro lado, as vinte autoridades à direita obtiveram média de alcance máximo acima de 3,4 milhões de pessoas, e média de interações por publicação de 11,7 mil. Embora haja também uma distribuição assimétrica – com destaque para a atuação do deputado federal Nikolas Ferreira, que consegue alcance máximo de 11,7 milhões de pessoas e média de interações de mais de 33 mil –, a capacidade de influência das autoridades à direita é melhor distribuída entre atores-chave, que ocupam cargos de deputado(a) federal ou senador(a) – apenas um governador consta da lista: Romeu Zema, de Minas Gerais.

Os dados mostram que, ao menos em termos da atividade digital das autoridades que ocupam cargos-chave na política brasileira, a esquerda não conseguiu reverter a distância que a separa da capacidade de influência dos setores à direita. Não apenas isso, mas parece haver inclusive uma tendência ao aumento dessa distância, em que pese à ocupação de posições importantes no Executivo federal no governo Lula 3.

Para se ter um diagnóstico mais completo das assimetrias entre campos ideológicos, futuras pesquisas deverão ampliar a base, indo além da análise de autoridades com cargos no Legislativo e no Executivo. Por exemplo, o ex-presidente Jair Bolsonaro, que não está incluso na análise aqui desenvolvida, possui, no mesmo período analisado, um alcance máximo muito superior a todos os outros atores – de esquerda ou de direita –, chegando a mais de 25 milhões de pessoas. A média de interações de suas publicações também é muito maior, alcançando quase 55 mil.

Considerações finais

Este capítulo contribui para os debates sobre a capacidade da esquerda brasileira de ocupar espaços nas plataformas de redes sociais digitais, contrapondo-se à hegemonia construída desde 2013 pelos setores mais à direita do espectro ideológico. Os dados da plataforma Autoridades Brasil oferecem uma visão parcial mas relevante sobre essa luta por visibilidade e influência digital. São dados que focam em atores que têm cargos e/ou mandatos eletivos e, portanto, têm centralidade nos debates políticos e influência nos processos decisórios.

Tanto o caso da pandemia de covid-19 como o das eleições de 2022 mostraram a relevância das estratégias digitais coordenadas entre redes de atores para que setores à esquerda alcançassem, pelo menos temporariamente, maior influência digital do que os à direita. Claro que a implementação de estratégias digitais coordenadas não é, no entanto, o único fator que explica diferenças entre direita e esquerda no ciberespaço. Outras variáveis, como os vieses de algoritmos das plataformas digitais e as desigualdades de acesso à internet e de recursos, também são fundamentais para explicar essas assimetrias. Longe de ser um campo aberto e neutro, disponível para ser ocupado por quaisquer atores que desejem ter visibilidade, o espaço digital é impactado pelas profundas desigualdades econômicas, sociais e políticas que permeiam a sociedade brasileira, e também é fruto das políticas de recomendação de conteúdo das empresas proprietárias das plataformas digitais.

A análise apresentada neste capítulo indica que as autoridades políticas à esquerda não têm conseguido níveis de presença e de visibilidade que permitam diminuir a distância dos setores à direita nas plataformas de redes sociais, com exceção do presidente da República. No entanto, uma análise que permita fazer afirmações mais gerais sobre a batalha ideológica na (e pela) internet deve ir além, incluindo outros atores importantes, como os movimentos sociais e atores políticos sem mandatos ou cargos, entre outros.

Lula 3 e a relação com a imprensa: a difícil retomada de um patamar civilizatório

Ana Paola Amorim

Na relação com a imprensa, as primeiras ações do terceiro governo do presidente Luiz Inácio Lula da Silva buscam recuperar o campo democrático perdido ao longo dos seis anos anteriores, em especial durante os quatro anos do governo do ex-presidente Jair Bolsonaro. "Vamos reabrir o governo, respeitar a transparência e garantir o cumprimento da Lei de Acesso à Informação": assim está escrito na seção "Defesa da democracia e reconstrução do Estado e da soberania", do documento de diretrizes para o programa Lula-Alckimin, registrado no Tribunal Superior Eleitoral (TSE). Também constavam as diretrizes relativas à defesa da democratização da comunicação e acesso aos meios de comunicação, fortalecimento do Marco Civil da Internet e combate à violência contra jornalistas e meios de comunicação, que depois foram detalhadas no programa de governo.

Logo de início, destaca-se o desempenho positivo do país nos primeiros relatórios de duas importantes organizações não governamentais internacionais: Article 19 (Artigo 19) e Repórteres Sem Fronteiras (RSF). No entanto, ainda é longo o percurso para cumprir a possibilidade de democratização do sistema de mídia no país, em especial da imprensa, sobretudo a imprensa ligada aos maiores grupos de mídia, que ainda detêm centralidade no fluxo das comunicações. Embora a dificuldade de promover padrões democráticos e plurais tenha raízes históricas, tal desafio torna-se ainda mais acirrado neste terceiro mandato do presidente Lula, diante do quadro de avanço da extrema direita no país e no mundo.

"Por que não se avança nas comunicações?" A pergunta abria, em tom de cobrança, o artigo do professor Venício de Lima, na avaliação que fez das políticas públicas de comunicação em um balanço dos dez anos dos dois primeiros governos Lula e dos primeiros dois anos de governo da ex-presidente Dilma Roussef.[1]

---

[1] O artigo do professor Venício faz parte do livro organizado por Emir Sader e coeditado pela Boitempo com a Flacso em 2013, intitulado *Lula e Dilma: 10 anos de governos pós-neoliberais no Brasil*.

Agora, o caminho encontra-se ainda mais difícil de trilhar, depois da desconstrução do pouco que foi realizado, como no caso da Empresa Brasil de Comunicação (EBC), que apesar da estrutura frágil, era um fator relevante para o campo da comunicação pública no país.

Pensando na nova configuração das redes de comunicação após o advento das plataformas digitais, não se pode analisar a relação do governo com a imprensa fora do contexto da nova configuração da internet. Este ensaio faz um pequeno recorte nesse panorama da mídia para refletir sobre a relação do presidente Lula com a imprensa. O objetivo é destacar alguns pontos que possam apresentar, ainda que parcialmente, a complexidade do desafio que se encerra em uma proposta de "reconstrução democrática do Estado e da soberania" no campo da comunicação e das mídias.

São destacados cinco aspectos: para começar, será feita uma apresentação dos resultados dos rankings de liberdade de expressão e de liberdade de imprensa elaborados pelo RSF e pelo Artigo 19, destacando o que diz respeito a garantias legais para o livre exercício da imprensa. Em seguida, tendo como referência pesquisas e artigos de pesquisadores do *Manchetômetro*,[2] será feita uma breve leitura de análises que mostram como a imprensa vê o governo, mostrando a relação tensa que sempre pautou a cobertura jornalística dos governos Lula. O terceiro ponto destacado diz respeito ao problema dos ataques aos jornalistas, dentro do quadro de violência política e violência de gênero, que, embora não seja um dado novo na história do Brasil, ganhou novos contornos após o crescimento da extrema direita. Essa discussão está ligada ao quarto ponto do ensaio, que traz algumas reflexões sobre o desafio de combater o ecossistema de desinformação e a necessidade de regulamentação das plataformas digitais. Por fim, será feita uma reflexão sobre os problemas da falta de pluralidade da mídia e o desmonte da comunicação pública.

Voltar ao passado, desejar o futuro

Em 2023, primeiro ano do terceiro governo Lula, quando comparado ao último ano do governo Bolsonaro, o Brasil registrou os melhores desempenhos entre os países avaliados por dois relatórios mundiais de liberdade de imprensa e de liberdade de expressão, em um movimento de resgate de condições mínimas

---

[2] O *Manchetômetro* é um site de acompanhamento da cobertura da grande mídia sobre temas de economia e política produzido pelo Laboratório de Estudos de Mídia e Esfera Pública (Lemep), sediado no Instituto de Estudos Sociais e Políticos (Iesp) da Universidade do Estado do Rio de Janeiro (UERJ).

de acesso à informação pública e respeito aos órgãos de imprensa. No *Global Expression Report*, editado pelo Artigo 19, o país teve o maior avanço mundial após a saída de Bolsonaro da presidência, saltando da 87ª posição para a 35ª. Pelo ranking elaborado pela ONG Repórteres Sem Fronteiras, mesmo em contexto mundial de piora das condições políticas para o exercício do jornalismo, o Brasil subiu dez posições na relação de jornalistas com o Executivo, também após saída de Bolsonaro, e saiu da "zona vermelha", onde tinha entrado pela primeira vez em 2021.

No relatório da Artigo 19, o Brasil melhorou em 17 dos 23 indicadores considerados no relatório de 2023 em relação ao ano de 2022. Entre os pontos positivos, estão os avanços em: participação de organizações da sociedade civil; liberdade de publicação de conteúdo político; monitoramento governamental na internet; violência política; liberdade religiosa e acadêmica, e transparência das leis. Entre os pontos negativos, encontra-se o fato de o país não ter conseguido implementar medidas efetivas contra a desinformação, e a "falta de disposição do governo para democratizar os meios de comunicação, em especial rádio e TV" (PINHO, 2024). Esses dois desafios serão tratados mais à frente neste ensaio.

No ranking da RSF, importa destacar que o relatório registra um contexto mundial desfavorável ao exercício do jornalismo, por conta de pressão crescente de autoridades políticas, pela falta de garantia de acesso à justiça nos crimes ligados ao exercício da profissão e pelo crescimento de campanhas massivas de desinformação por parte de autoridades, aumentando a desconfiança da sociedade em relação à imprensa (MELLO, 2024).

Embora sejam avanços expressivos, dizem mais sobre o tamanho do retrocesso provocado na área pelo *modus operandi* autoritário do ex-presidente do que indicam um avanço expressivo na democratização dos meios de comunicação que permita a construção de condições de formação de uma opinião pública democrática no país. Desde 2016, quando Michel Temer assumiu o governo logo após o afastamento da ex-presidente Dilma Roussef, o Brasil vinha registrando recuos nas condições de liberdade de expressão e de liberdade de imprensa, piorando ainda mais após a eleição de Bolsonaro, que, durante a campanha eleitoral e ao longo do seu governo, trabalhou com a estratégia de eleger a imprensa como inimigo comum, como relatamos no nosso ensaio publicado no livro anterior (AVRITZER; KERCHE; MARONA, 2021). O nível de agressividade do ex-presidente Bolsonaro, seus familiares e membros do governo foi amplamente documentado pela Federação Nacional de Jornalistas (Fenaj) e por outras entidades ligadas à imprensa e à defesa da liberdade de expressão, que denunciaram o governo Bolsonaro na 175ª audiência temática da Comissão Interamericana de Direitos Humanos por "violações sistemáticas à liberdade de expressão no país, ataques à imprensa, censura às liberdades artísticas e cultural, sufocamento dos espaços de participação social e acesso à informação pública" (FEDERAÇÃO NACIONAL DOS JORNALISTAS, 2024).

Ao registrar melhoras recordes de desempenho nos índices de liberdade de expressão e de imprensa no primeiro ano do governo Lula 3, o país retoma o patamar mais próximo ao que era antes de começar o desmonte democrático que, importante dizer, não foi ainda totalmente interrompido. Essa retomada não é feita sem perdas, pois o país continua com desafios que já existiam antes e tem novos, postos pelas ameaças às liberdades democráticas patrocinadas pelo crescimento da extrema direita, que usa a comunicação como um dos pilares de sua estratégia.

Persona non grata na imprensa

A muito conturbada relação da imprensa com o Executivo durante o governo Bolsonaro integrava uma estratégia dentro do governo de incluir a imprensa como inimigo público. No entanto, a mesma imprensa que Bolsonaro elegeu como inimiga reservou ao seu governo (e ao de Michel Temer) uma crítica bem menos contundente do que exerceu em relação aos governos da ex-presidente Dilma Roussef (FERES JÚNIOR, 2020).

Bolsonaro nunca foi o candidato preferido da grande imprensa, mas Lula foi menos ainda. Como Bolsonaro defendia uma política econômica sintonizada com os interesses dos grupos de mídia, os riscos ao retrocesso democrático que ele representava foram amenizados na crítica jornalística. Com o presidente petista acontece exatamente o inverso: como ele não se alinha ideologicamente à pauta econômica financista, mesmo firmando compromisso de reconstrução democrática e rigorosa observação das "regras do jogo", é visto sempre com desconfiança. Essa constatação é feita em artigo publicado logo após a eleição de 2022, no site do *Manchetômetro*, por Lidiane Vieira, Daniela Drummond e João Feres Júnior. Os pesquisadores analisam os editoriais dos três principais jornais do país – *O Globo, O Estado de S. Paulo* (*Estadão*) e *Folha de S.Paulo* – nas campanhas de 2018 e 2022. Em ambas as ocasiões, os jornais apostaram em uma solução pela "terceira via", que não vingou em nenhuma delas, e, logo no segundo turno, ajustaram as críticas. De acordo com os pesquisadores, após a vitória de Bolsonaro em 2018, principalmente o *Globo* e o *Estadão*, optaram pelo elogio e relativizaram suas falas polêmicas e o aumento da presença dos militares no governo.

Já em 2022, com a vitória de Lula, mesmo representando a possibilidade de normalizar a vida democrática, os editoriais mantiveram uma postura de insegurança quanto aos rumos econômicos do novo governo. Os jornais analisados apontavam a questão econômica como central e recomendavam (mais do que defendiam) ao presidente eleito uma "guinada ao centro", o que significaria uma adesão à política de austeridade fiscal. "Nem Bolsonaro em 2018 nem Lula em 2022 eram os presidentes ideais para a grande imprensa, mas o ex-capitão, acompanhado por Paulo Guedes e pelo mercado, foi recepcionado de maneira mais esperançosa que o petista" (VIEIRA; DRUMMOND; FERES JÚNIOR, 2022).

Ainda dentro da série de análise do *Manchetômetro*, verifica-se uma postura da imprensa que reforça a disposição de relativizar ainda mais as ameaças antidemocráticas de Bolsonaro: a "retórica da equivalência", que João Feres Júnior e Eduardo Barbabela observam em artigo de 2020. Na base de texto do *Manchetômetro*, eles identificaram catorze editoriais do *Estadão*, seis do *Globo* e seis da *Folha* que comparam a agenda do PT com a de Bolsonaro como "radicalizações equivalentes, uma à esquerda e outra à direita do espectro político-ideológico", afirmando que Lula e o PT representam uma ameaça à democracia "comparável ao bolsonarismo".

E ainda importa saber o comportamento da mídia impressa, em especial dos principais jornais de circulação nacional, quando a centralidade das comunicações passa, cada vez mais, pelas redes sociais digitais? Feres Júnior, Schaefer e Barbabela (2024) confirmam a relevância dos veículos de mídia tradicionais e contestam a tese segundo a qual eles teriam sido ultrapassados pelas plataformas digitais de mídia social. Os autores constatam que a mídia tradicional, particularmente os canais de TV aberta, continuam dominantes no Brasil como fontes de informação política, inclusive entre as pessoas que favorecem as mídias sociais como fonte de informação. A interação entre mídias tradicionais e sociais é bastante complexa. E, dentro da complexa rede do sistema nacional da mídia brasileira, os jornais impressos ainda influenciam o restante dos veículos. Mesmo que os jornais estejam perdendo assinantes e as tiragens impressas sejam cada vez menores, a mídia funciona dentro de um processo de retroalimentação de pautas, agendamentos e enquadramentos dos assuntos. Isso tem ainda mais relevância em um sistema concentrado, oligopolizado e de baixa pluralidade como o brasileiro.

Violência contra jornalistas

O relatório *Violência contra jornalistas e liberdade de imprensa no Brasil* elaborado pela Fenaj mostrou que em 2023 o número de casos de violência contra jornalistas caiu 51,86% em comparação a 2022: foram 181 casos, contra 376 registrados no ano anterior. Esse recuo mostra, principalmente, uma desinstitucionalização da violência contra jornalistas, uma vez que a queda de agressões se deu pela retração do número de episódios em duas categorias que tinham sido infladas durante o governo Bolsonaro: descredibilização da imprensa e censura. Os tipos de violência mais comuns em 2023 foram ameaças e intimidações, violência física, agressões verbais e ataques virtuais, e as agressões ainda tiveram relação direta com a violência política: os maiores agressores eram políticos, assessores e parentes (responsáveis por 24,31% dos episódios registrados).

Em fevereiro de 2023, o Ministério da Justiça e da Segurança Pública criou o Observatório da Violência Contra Jornalistas, com objetivo de monitorar e acompanhar os ataques à categoria.[3] Coordenado pela Secretaria Nacional de Justiça, foi lançado oficialmente em outubro de 2023 com a criação de um canal de denúncias de violência contra jornalistas e comunicadores. Entretanto, os movimentos por parte do governo para restabelecer as bases democráticas de defesa do livre exercício do jornalismo ainda não são considerados suficientes e ainda são altos os índices de violência contra jornalistas.

A violência se intensifica principalmente no período eleitoral, como mostra o monitoramento feito durante as eleições municipais de 2024 pela Coalizão em Defesa do Jornalismo (CDJor), em parceria com o Laboratório de Internet e Ciência de Dados (Labic), da Universidade Federal do Espírito Santo (Ufes). A CDJor, formada por onze organizações de liberdade de imprensa, foi lançada em maio de 2024 para tratar de temas relacionados à defesa dos jornalistas. Para esse trabalho, foram monitoradas mais de 450 contas de jornalistas, meios de comunicação e candidatos às prefeituras das redes sociais X e Instagram a partir do dia 15 de agosto de 2024, véspera do início oficial da campanha. Após o bloqueio da plataforma X no Brasil pelo STF,[4] foi incluído o monitoramento do TikTok.

---

[3] O Observatório é composto por 32 membros, entre pesquisadores, juristas e representantes de entidades de defesa da liberdade de imprensa e de expressão. As entidades representativas públicas que integram o Observatório são: Universidade de São Paulo (USP); Secretaria-Geral da Presidência da República; Departamento de Liberdade de Expressão da Secretaria de Comunicação Social da Presidência da República (Secom-PR); Ministério das Mulheres; Ministério Público de São Paulo (MP-SP); e Procuradoria Federal dos Direitos do Cidadão do Ministério Público Federal (MPF). Ver Portaria MJSP n.º 306, de 16 de fevereiro de 2023.

[4] Por decisão do STF, a plataforma X (antigo Twitter) esteve suspensa no país por 39 dias, do final de agosto até 8 de outubro, depois de se negar a cumprir decisões judiciais referentes às investigações sobre os atos golpistas de 8 de janeiro de 2023 e de descumprir a exigência legal de manter representante legal no país. A plataforma retornou ao ar após pagamento de multa e cumprimento das condições definidas pelo STF.

Em sete semanas, a CDJor contabilizou mais de 44.200 ataques contra a imprensa nessas plataformas, sendo que a plataforma X se destacou nas três primeiras semanas, antes do bloqueio da rede social. Nesse período, houve mais de 34.700 publicações, comentários ou menções que faziam alusão a algum tipo de violência contra jornalistas ou meios de comunicação. Após o bloqueio da plataforma X, o TikTok assumiu a frente, com cerca de 4.400 ataques a jornalistas e meios de comunicação em vinte dias. No Instagram, foram mais de 4.800 em sete semanas de monitoramento. No segundo turno, o TikTok confirmou sua condição de "novo espaço de violência contra jornalistas", aponta o relatório. A plataforma X voltou a funcionar no país após a liberação do STF em 8 de outubro de 2024, mas com um volume de publicações e ofensas bastante reduzido em relação ao relatório anterior, com 127 ataques. No segundo turno, a prática de insultos a jornalistas se manteve nas redes, mesmo com a redução do número de postagens sobre o contexto eleitoral.

O complexo ecossistema de desinformação

A complexidade das estruturas das redes de comunicação dá a dimensão do desafio de enfrentamento do ambiente de desinformação crescente. As plataformas digitais são o foco de muitas das ações de responsabilização por produção e disseminação de conteúdos falsos e de discursos de ódio e incitação à violência. No entanto, o problema exige que se pense em combate a um ecossistema da desinformação, entendido como uma cadeia de fenômenos informacionais relacionados à desinformação que abrange várias modalidades de propagação. Esse termo relaciona-se ao conceito de desordem da informação, incluindo produção, difusão e consumo de informações falsas e de qualquer ato em que esteja embutida a intenção de desinformar,[5] podendo ser considerada uma "indústria da desinformação", sustentada por relações econômicas e políticas.[6]

Nesse ponto, é relevante a criação da Secretaria de Políticas Digitais, dentro da Secretaria de Comunicação da Presidência da República, logo no início do governo Lula 3, com a função de formular e implementar políticas públicas para promoção da liberdade de expressão, do acesso à informação e de enfrentamento

---

[5] Para uma breve revisão do conceito de ecossistema da desinformação, ver Moura (2023) e Souza e Salles (2019).

[6] O NetLab, grupo de estudos sobre a internet e redes sociais da Escola de Comunicação da UFRJ, desenvolveu uma linha de pesquisa voltada para estudar a economia política da desinformação, com o objetivo de reunir evidências sobre as relações econômicas e políticas que sustentam a indústria da desinformação online.

à desinformação e ao discurso de ódio na internet. A estrutura da secretaria conta com dois departamentos: o Departamento de Promoção da Liberdade de Expressão e o Departamento de Direitos na Rede e Educação Midiática.

No combate à estrutura de desinformação, as atenções da opinião pública estão voltadas para a discussão em torno do PL 2630/2020, que propõe instituir a "Lei Brasileira de Liberdade, Responsabilidade e Transparência na Internet". Popularmente conhecida como "PL das Fake News", foi aprovada em junho de 2020 no Senado, mas sua tramitação encontra-se parada na Câmara dos Deputados. A última ação legislativa foi registrada em 2 de maio de 2023, e os impasses em torno da tramitação do PL pediriam um ensaio à parte, dada a complexidade dos interesses envolvidos.

O PL vem sofrendo pressões por parte das plataformas e por parte de políticos e ativistas da extrema direita. Em junho de 2024, o presidente da Câmara, deputado Arthur Lira (PP-AL), instituiu um grupo de trabalho, formado por vinte parlamentares, para tratar do assunto e trabalhar os impasses em torno do projeto. No entanto, o grupo encontra-se inoperante. Especialistas e ativistas ligados à discussão de direitos na rede criticam a manobra de Lira, argumentando que ele está ignorando o acúmulo de discussão em torno do projeto, e veem a criação do GT como uma estratégia para colocar o projeto "no limbo".

Se internamente o governo tem enfrentado dificuldades para avançar nessa discussão e não encontra ambiente propício para articular a votação de um marco legal para as redes, há iniciativas importantes no sentido de buscar apoio internacional para combater o ecossistema de informação, principalmente no campo de acordo multilateral. Em 2024, o Brasil assumiu a presidência do Grupo de Trabalho de Economia Digital do G20 e conseguiu aprovar uma declaração ministerial que inclui o tema da integridade da informação como um dos quatro eixos centrais para o futuro digital mundial. Os outros três eixos são: conectividade significativa, governo digital e inteligência artificial. A declaração foi a primeira elaboração sobre o tema da integridade da informação, negociada e aprovada no âmbito multilateral, com essa amplitude. Ainda que a declaração não tenha aspecto vinculante e não produza desdobramentos objetivos imediatos por parte dos países do G20, não deixa de ser uma decisão de alta repercussão, sobretudo pela possibilidade de pautar o assunto em âmbito internacional. Se vai haver envolvimento ou não dos demais países nessas discussões, vai depender muito da correlação de forças na política internacional. A eleição de Donald Trump para a presidência dos Estados Unidos já cria uma correlação desfavorável às possibilidades de acordos multilaterais nessa área.

Definir ações de enfrentamento de um ecossistema de desinformação é um ponto central na estratégia para defender a soberania digital do país e, no limite, da própria soberania. A disputa que o bilionário naturalizado estadunidense Elon Musk protagonizou contra o presidente do STF, Alexandre de Moraes, é uma mostra significativa dos interesses corporativos e políticos envolvidos. E, com a vitória de Trump, Musk ganha poder político dentro do governo republicano.

Como foi observado no ensaio publicado no livro anterior, a lógica neoliberal seguida pelo ex-presidente Bolsonaro e pelas lideranças da extrema direita em outros países não se mostra incompatível com os princípios antiliberais e autoritários e com alinhamento político às correntes do tradicionalismo e da direita religiosa (LIMA, 2020a; 2020b). Ao contrário, esses princípios dão suporte aos projetos expansionistas, e a lógica das redes sociais tem contribuído para reforçar essas ideias.

O desafio da comunicação pública

Na discussão de combate às chamadas *fake news*, a imprensa tem reivindicado o papel de produção confiável de informação. Contudo, nem sempre ela desfaz a lógica do sistema de desinformação, principalmente considerando que ela integra um sistema predominantemente privado, concentrado e avesso à pluralidade. A Constituição de 1988 define que a comunicação social não pode ser objeto de monopólio nem de oligopólio, mas a realidade é de concentração de propriedade das grandes redes que se intercruzam e dominam audiências territoriais com propriedade cruzada. Por isso, as informações que a imprensa faz circular com mais visibilidade recebem um mesmo viés informativo e ideológico, ligados aos interesses dos grupos que controlam as empresas de comunicação.

A chapa Lula e Alkmin se elegeu em 2022 destacando em seu programa de governo a necessidade de regulamentar "o acesso e a utilização dos meios eletrônicos de comunicação, conforme previsto nos artigos 220 a 224 da Constituição Federal". Historicamente, o setor de comunicação social no Brasil se organizou atendendo aos interesses das classes empresariais e teve a conivência de todos os governos, independentemente da orientação política, sem exceção. Agora, dada a correlação de forças desfavorável, essa discussão está ainda mais distante de ser feita.

Cabe (e resta) ao governo investir na recuperação do campo da comunicação pública, também historicamente desvalorizada no país e que, nos governos Temer e Bolsonaro, sofreu um grande retrocesso, desconstruindo o pouco (porém relevante) que foi feito nos dois primeiros governos Lula: a criação da Empresa Brasil de Comunicação (EBC), em 2007, por meio da Medida Provisória 398, convertida na Lei n.º 11.652, de 7 de abril de 2008. A EBC não foi vendida, como tinha sido prometida pelo ex-presidente Bolsonaro, e nem extinta, mas teve sua estrutura pública desmantelada pelo ex-presidente Temer (destituiu o então presidente da EBC em 2016, alterou a lei que impedia esse tipo de interferência do presidente da república na empresa e extinguiu o Conselho Curador, que tinha autonomia editorial). Bolsonaro continuou o desmonte, promovendo a fusão entre a TV Brasil (canal público) e a NBR (canal do Executivo), com o argumento de promover a otimização de recursos (AVRITZER; KERCHE; MARONA, 2021). Sem participação social do Conselho Curador e sem a separação entre comunicação pública e governamental, o governo passou a controlar e direcionar toda a programação das emissoras estatais na TV Brasil. Essas ações acentuam ainda mais o problema da concentração e desequilíbrio do sistema brasileiro de mídia, porque compromete também o princípio da complementaridade entre os sistemas privado, público e estatal que, segundo a Constituição, deveria orientar a organização da radiodifusão no país. Mas o artigo 233 da Constituição, que trata dessa questão, nunca foi regulamentado (como não foi regulamentado o § 5º do artigo 220, que proíbe a formação de monopólio e oligopólio na comunicação social brasileira). No entanto, a mera existência de uma estrutura de comunicação pública contribui para um longo processo de construção de uma relação um pouco menos desequilibrada.

A separação entre comunicação pública e governamental e o retorno da participação social na EBC foram as principais reivindicações das entidades ligadas à defesa da democratização da comunicação. O governo Lula 3 recebeu fortes críticas no primeiro ano de mandato por parte de entidades da sociedade civil ligadas ao tema. E em novembro de 2023, criou, por meio da portaria n.º 19 da Secretaria de Comunicação da Presidência da República, o Sistema Nacional de Participação Social na Comunicação Pública (Sinpas). No final do ano, instituiu um grupo de trabalho com participação da Secretaria de Comunicação da Presidência da República, da EBC, de representantes do antigo Conselho Curador e representantes dos trabalhadores da empresa para apresentar a proposta de funcionamento da estrutura de participação.

Houve um consenso entre o governo e os demais integrantes do GT de que não há correlação de forças favoráveis para aprovar uma nova lei para a EBC, e, por isso, optaram pela estruturação do Comitê Editorial e de Programação da empresa, criado pelo decreto 12.005 em abril de 2024. Também foi criado o Comitê de Participação Social, Diversidade e Inclusão. No entanto, com as enchentes no Sul e a transferência do ministro-chefe da Secom, Paulo Pimenta, para a Secretaria Extraordinária de Apoio à Reconstrução do Rio Grande do Sul, a nomeação dos colegiados foi adiada. O processo para escolha dos membros dos colegiados se iniciou no início de outubro deste ano, com a publicação dos editais de chamada para indicação dos membros.

O Comitê Editorial e de Programação é um órgão mais limitado do que era o Conselho Curador, não tem as atribuições de governança, mas torna-se uma forma de reabrir a participação social na programação da EBC. Embora as entidades ligadas à pauta reconheçam que é o arranjo possível, cobram do governo uma maior autonomia editorial da empresa, de modo a recuperar (ou começar a recuperar) o caráter público da EBC.[7]

A separação entre comunicação pública e governamental é um arranjo também ainda muito frágil. Segundo nota da Frente em Defesa da EBC e da Comunicação Pública, editada em setembro, a separação aconteceu em julho de 2023, com a estreia do Canal Gov, separado da TV Brasil, e da Agência Gov. No entanto, a entidade argumenta que essa separação foi feita às custas da parte pública, que cedeu funcionários para a parte da comunicação governamental e se mantém à mercê das decisões do governo.

A valorização da EBC, por si, não resolve os problemas de comunicação do governo, tampouco institui um círculo virtuoso nas comunicações do país ou cria um ambiente por definição livre de manipulações de informação. Mas sem essa condição, não se pode avançar na democratização da comunicação do país, e a abertura para participação social na gestão da EBC é um espaço que pode ser trabalhado pela sociedade civil organizada no sentido de pressionar o governo para avançar na discussão nos espaços que ainda restam. No entanto, a defesa de um sistema público de comunicação ainda carece de ser reconhecida como "problema público"[8] e conseguir envolver mais segmentos da sociedade para além das entidades corporativas.

No processo de reconstrução democrática após os retrocessos verificados nos governos Temer e Bolsonaro, o governo Lula adota medidas para desinstitucionalizar a censura, a violência contra jornalistas e contra a imprensa e os mecanismos de disseminação da desinformação. Institucionaliza o combate à desinformação, os mecanismos de transparência e de acesso à informação e

---

[7] Os pilares para garantia do caráter público de uma empresa de comunicação são autonomia editorial e autonomia financeira. Nascida vinculada à Secom, a EBC era financiada com rubrica do orçamento da União mais verbas de publicidade institucional, patrocínio de programas e prestação de serviços. A gestão centrada no governo e as fontes de financiamento restritas revelavam a fragilidade sobre autonomia da empresa. Mas pelo menos três mecanismos permitiam um espaço de tensionamento para construir uma dimensão pública: a estabilidade do mandato do diretor-presidente, o Conselho Curador (que foi extinto) e a Curadoria (que foi enfraquecida).

[8] Para discussão sobre o conceito de "problema público" e, especificamente, a aplicação desse conceito na discussão sobre o desmonte e o desafio para fortalecimento da EBC, ver Dionízio (2022).

recupera a credibilidade do país no que se refere ao respeito das regras democráticas e promoção da liberdade de expressão e de imprensa. Mas o desafio de combater todos esses riscos vai além. Não basta conter a concentração de poder da autoridade governamental. A censura nasce da concentração de qualquer poder, inclusive o econômico; o ecossistema da desinformação se sustenta e é sustentado por uma trama complexa de muitos interesses econômicos e políticos; o ambiente de violência se dissemina em outras esferas políticas e sociais. O fluxo da informação e da comunicação ainda é controlado por poucos e grandes grupos econômicos, e o desafio é instituir um ambiente para que se tenha um sistema de mídia livre e plural, com espaço para muitas vozes. O caminho da reconstrução é lento, tortuoso e difícil.

Bibliografia consolidada

ABERS, R. (Org.). *Ativismo institucional: criatividade e luta na burocracia brasileira* [online]. Brasília: Ed. UnB, 2021.

ABERS, R. N.; SILVA, M. K.; TATAGIBA, L. Movimentos sociais e políticas públicas: repensando atores e oportunidades políticas. *Lua Nova: Revista de Cultura e Política*, São Paulo, n. 105, p. 15-46, dez. 2018.

ABERS, R.; ALMEIDA, D. R. et al. *1ª Oficina Participação digital de grupos historicamente excluídos: os desafios do Brasil Participativo*. Brasília: Grupo de Pesquisa Resocie; Cidade Democrática, 2024.

ABERS, R.; ALMEIDA, D. R.; VON BÜLLOW, M. *A disputa pela democracia no Brasil: ativismos em contextos turbulentos*. Porto Alegre: Zouk, 2023.

ABERS, R.; SERAFIM, L.; TATAGIBA, L. Repertórios de interação estado-sociedade em um estado heterogêneo: a experiência na Era Lula. *Dados: Revista de Ciências Sociais*, Rio de Janeiro, v. 57, n. 2, p. 325-357, jun. 2014.

ABERS, R.; VON BÜLLOW, M. *Ativismo digital contra o negacionismo: o caso da CPI da Covid*. Congresso Internacional da Associação Brasileira de Ciência Política. *Anais* [...]. Salvador: ABCP, 2024.

ABRANCHES, S. H. H. Presidencialismo de coalizão: o dilema institucional brasileiro. *Dados: Revista de Ciências Sociais*, Rio de Janeiro, v. 31, n. 1, p. 5-34, 1988.

ABRANCHES, S. Presidencialismo de coalizão em transe e crise democrática no Brasil. *Revista Euro latinoamericana de Análisis Social y Político*, Santa Fe, v. 2, n. 3, p. 67-79, 2021.

ABRUCIO, F. L. A coordenação federativa no Brasil: a experiência do período FHC e os desafios do governo Lula. *Revista de Sociologia e Política*, Curitiba, n. 24, p. 41-67, 2005.

ABRUCIO, F. L. A singularidade da gestão educacional. *GV-executivo*, v. 17, n. 1, p. 16-19, 2018.

ABRUCIO, F. L. Bolsonarismo e educação: Quando a meta é desconstruir uma política pública. *Governo Bolsonaro: Retrocesso democrático e degradação política*, v. 1, p. 255-269, 2021.

ABRUCIO, F. L. *Os barões da federação: o poder dos governadores no Brasil pós-autoritário*. Dissertação (Mestrado em Ciência Política) – Faculdade de Filosofia, Letras e Ciências Humanas, Universidade de São Paulo, São Paulo, 1995.

ABRUCIO, F. L. *Os barões da federação: os governadores e a redemocratização brasileira*. 2. ed. São Paulo: Hucitec, 1998.

ABRUCIO, F. L. *et al*. Combate à COVID-19 sob o federalismo bolsonarista: um caso de descoordenação intergovernamental. *Revista de Administração Pública*, Rio de Janeiro, v. 54, n. 4, p. 663-677, jul./ago. 2020.

ABRUCIO, F. L.; FERNANDES, G.; LOPES; A. A.; COUTO, C. G. Educação municipal como alavanca. *GV-Executivo*, v. 23, n. 3, p. e92042-e92042, 2024.

ABRUCIO, F. L.; SEGATTO, C. I.; MARQUES, F. C. Colaboração 360 graus na educação. *GV-Executivo*, São Paulo, v. 21, n. 2, 2022.

ADORNO, L.; MARÍN, L. 1/3 dos ministros de Lula se diz negro; n.º recorde veio de cobrança. UOL, 12 jan. 2023. Disponível online.

AGÊNCIA BRASIL. 876 mil pessoas foram diretamente atingidas pelas enchentes no Rio Grande do Sul. *Agência Brasil*, Brasília, 12 jul. 2024a. Disponível online.

AGÊNCIA BRASIL. Governo anuncia plano para assentar 295 mil famílias até 2026. *Agência Brasil*, Brasília, 10 abr. 2024b. Disponível online.

AGÊNCIA BRASIL. Lula destaca atuação do STF contra o arbítrio e o retrocesso. *Agência Brasil*, Brasília, 1 fev. 2023a. Disponível online.

AGÊNCIA BRASIL. MST cobra novo plano de assentamento de famílias sem terra. *Agência Brasil*, Brasília, 20 abr. 2023b. Disponível online.

AGÊNCIA BRASIL. Veja fatos que marcaram os dois anos do governo Temer. *Agência Brasil*, Brasília, 15 maio 2018. Disponível online.

AGÊNCIA CÂMARA DE NOTÍCIAS. Orçamento de 2024 é sancionado com veto a R$ 5,6 bilhões em emendas parlamentares. *Câmara dos Deputados*, Brasília, 22 jan. 2024. Disponível online.

AGÊNCIA GOV. Em 18 meses, Mais Médicos praticamente dobra número de profissionais. *Agência Gov*, Brasília, 11 jul. 2024a. Disponível online.

AGÊNCIA GOV. Lula abre a 79ª Assembleia Geral da ONU. Veja íntegra e principais pontos do discurso. *Agência Gov*, Brasília, 24 set. 2024b. Disponível online.

AGÊNCIA SENADO. Após acordo com o governo, projeto que anularia regras sobre armas sai de pauta. *Senado Notícias*, Brasília, 27 ago. 2024. Disponível online.

AGÊNCIA SENADO. Senadores criticam pronunciamento de Bolsonaro sobre eleições. *Senado Notícias*, Brasília, 1 nov. 2022. Disponível online.

AGÊNCIA SENADO. Transmissão da faixa ocorreu no parlatório. *Senado Notícias*, Brasília, 1 jan. 2003. Disponível online.

AGOSTINE, C. Lula diz esperar que Bolsonaro tenha 'sensatez' para aceitar resultado da eleição se for derrotado. *Valor Econômico*, São Paulo, 24 out. 2022. Disponível online.

AKERMAN, M. S. *et al*. Intersetorialidade? IntersetorialidadeS! *Ciência & Saúde Coletiva*, Rio de Janeiro, v. 19, n. 11, p. 4291-4300, 2014.

ALBALA, A. Lula III: a volta da presidência "normal"? *In*: INÁCIO, M. (Org.). *Presidente, gabinete e burocracias: o que a nova administração Lula precisa saber.* São Paulo: Hucitec, 2023.

ALBANO, A. O impacto federativo da reforma tributária: a emenda constitucional n.º 132/2023. *Revista Carioca de Direito*, Rio de Janeiro, v. 5, n. 1, p. 67-84, dez. 2024.

ALBUQUERQUE, A. L.; LINHARES, C. Ato com Bolsonaro no 7/9 terá Malafaia "duríssimo" contra Moraes sob impulso de Musk. *Folha de S.Paulo*, São Paulo, 6 set. 2024.

ALENCASTRO, L. F. O fardo dos bacharéis [1981]. Tradução de Antônio Flávio Pierucci. *Novos Estudos Cebrap*, São Paulo, ed. 19, v. 3, p. 68-72, dez. 1987.

ALESINA, A.; FAVERO, C.; GIAVAZZI, F. The Output Effect of Fiscal Consolidation Plans. *Journal of International Economics*, Elsevier, v. 96, p. S19-S42, 2015.

ALFANO, B. De regras de quartéis a padrão estético: escolas cívico-militares são questionadas, mas ganham apoio popular. *O Globo*, Rio de Janeiro, 6 abr. 2024. Disponível online.

ALMEIDA, A. *Governo presidencial condicionado: delegação e participação legislativa na Câmara dos Deputados.* Tese (Doutorado em Ciência Política) – Centro de Ciências Sociais, Instituto de Estudos Sociais e Políticos, Universidade do Estado do Rio de Janeiro, Rio de Janeiro, 2018.

ALMEIDA, A. Relações Executivo-Legislativo e governabilidade à luz da crise da Covid-19. *Nota Técnica*, Rio de Janeiro, n. 34, Diretoria de Estudos e Políticas do Estado, das Instituições e da Democracia; Instituto de Pesquisa Econômica Aplicada (IPEA), 2024.

ALMEIDA, D. R. Bolsonaro (não) me representa. *In*: AVRITZER, L.; KERCHE, F.; MARONA, M. (Orgs.). *Governo Bolsonaro: retrocesso democrático e degradação política.* Belo Horizonte: Autêntica, 2021. p. 409-426.

ALMEIDA, D. R. Beyond the dichotomy representation vs. participation. In: CORDIER, L; SINTOMER, Y. (Orgs.). *Handbook of Participatory Democracy.* Cheltenham, UK; Northampton, MA, USA: Edward Elgar Publishing Ltd. No prelo.

ALMEIDA, D. R. *Representação além das eleições: repensando as fronteiras entre Estado e sociedade.* Jundiaí: Paco Editorial, 2015.

ALMEIDA, D. R. Representação como participação: os mandatos coletivos no Brasil. *Revista de Sociologia e Política*, Curitiba, n. 31, p. 1-20, 2023.

ALMEIDA, D. R. Representation as Participation: The Case of Collective Mandates in Brazil. *In*: CORDIER, L.; SINTOMER, Y. (Eds.). *Handbook of Participatory Democracy.* Cheltenham: Edward Elgar Publishing, 2018.

ALMEIDA, M. H. T. Recentralizando a federação? *Revista de Sociologia e Política*, Curitiba, n. 24, p. 29-40, jun. 2005.

ALMEIDA, R. A religião de Bolsonaro: populismo e neoconservadorismo. *In*: AVRITZER, L.; KERCHE, F.; MARONA, M. (Orgs.). *Governo Bolsonaro: retrocesso democrático e degradação política.* 1. ed. Belo Horizonte: Autêntica, 2021. p. 409-426.

ALMEIDA, R. Bolsonaro presidente: conservadorismo, evangelismo e a crise brasileira. *Novos Estudos Cebrap*, São Paulo, v. 38, n. 1, p. 185-213, jan./abr. 2019. Disponível online.

ALMOND, G. A. A Developmental Approach to Political Systems. *World Politics*, [Princeton], v. 17, n. 2, p. 183-214, jan. 1965.

ALONSO, A. *Treze: a política de rua de Lula e de Dilma*. São Paulo: Companhia das Letras, 2023.

ALTMAN, D. *Direct Democracy Worldwide*. Cambridge: Cambridge University Press, 2011. Disponível online.

ALVAREZ, S. E. *Engendering Democracy in Brazil: Women's Movements in Transition Politics*. Princeton: Princeton University Press, 1990.

ALVAREZ, S. E. Protesto: provocações teóricas a partir dos feminismos. *Polis*, Santiago, v. 21, n. 61, 25 jan. 2022.

ALVAREZ, S. Para além da sociedade civil: reflexões sobre o campo feminista. *Cadernos Pagu*, Campinas, v. 43, p. 13-56, 2014.

ALZAMORA, G.; ARCE, T.; UTSCH; R. Acontecimentos agenciados em rede: os eventos do Facebook no dispositivo protesto. *In:* SILVA, R. H. A. (Org.). *Ruas e redes: dinâmicas dos protestos BR*. Belo Horizonte: Autêntica, 2014.

AMARAL, O. E. Partidos políticos e o governo Bolsonaro. *In*: AVRITZER, L.; KERCHE, F.; MARONA, M. (Orgs.). *Governo Bolsonaro: retrocesso democrático e degradação política*. Belo Horizonte: Autêntica, 2021. p. 111-120.

AMES, B. Electoral Rules, Constituency Pressures and Pork Barrel: Bases of Voting in The Brazilian Congress. *The Journal of Politics*, Boston, v. 57, n. 2, p. 324-343, May 1995.

AMES, B. *Os entraves da democracia no Brasil: estruturas federativas e coalizões de interesses*. Tradução de Maria Beatriz de Medina. São Paulo: Ed. FGV, 2003.

AMITRANO, C. R.; ARAUJO, M. M.; SANTOS, C. H. M. *Carta de Conjuntura*, Brasília, IPEA, n. 64, 30 set. 2024. Disponível online.

AMORIM NETO, O. Gabinetes presidenciais, ciclos eleitorais e disciplina legislativa no Brasil. *Dados: Revista de Ciências Sociais*, Rio de Janeiro, v. 43, n. 3, p. 479-519, 2000. Disponível online.

AMORIM NETO, O. *Presidencialismo e governabilidade nas Américas*. Rio de Janeiro: Ed. FGV, 2006.

APIB, Articulação dos Povos Indígenas do Brasil. *Carta enviada ao STF*. Destinatário: Ministros do Supremo Tribunal Federal, juízes auxiliares, autoridades presentes e indígenas de todo o Brasil. [S.l.], 28 ago. 2024. 1 carta. Disponível online.

ARAGUSUKU, H. O percurso histórico da "ideologia de gênero" na Câmara dos Deputados: uma renovação das direitas nas políticas sexuais. *Agenda Política*, São Carlos, v. 8, n. 1, p. 106-130, 2020.

ARANTES, R. B. Direito e política: o Ministério Público e a defesa dos direitos coletivos. *Revista Brasileira de Ciências Sociais*, São Paulo, v. 14, n. 39, p. 83-102, fev. 1999.